한국어 교육과정과 정책의 실제

저자 조항록, 정서영, 정혜란, 이순애, 우승희,
안화현, 잠발 민진르함, 정호선, 정서윤,
박선영, 이유인, 김민수, 손평, 유주명, 강병석

한글파크

서문

한국어 교육이 발전해 오는 과정에서 여러 특징이 나타나는데 '교육 현장의 다변화'와 '정부의 적극적 참여'도 그 중의 하나이다. 오랜 기간 국내외의 주요 대학과 한글학교 중심의 교육은 이제 국내외의 수많은 대학, 중고등학교, 사회교육기관, 사설 학원 등으로 확장됨으로써 현장의 다양화가 괄목할 만하게 이루어졌다. 이와 함께 오랜 기간 민간 중심으로 발전해 오던 한국어 교육은 1990년대에 들어오면서 한국 정부의 참여가 본격적으로 나타나기 시작하여 2000년대 이후에는 정부 내 여러 부서가 한국어 교육과 관련하여 크고 작은 역할을 수행하고 있다. 이러한 현장 변화는 한국어 교육 연구자로 하여금 많은 과제를 제기하는데 이 책에서 다루는 교육과정과 정책이 바로 그것이다.

우선 '교육 현장의 다변화'는 한국어 교육 주체로 하여금 현장 특성을 고려한 다양한 교육을 실시하도록 요구하는데 그 시작이 바로 교육과정이다. 교육은 교육과정의 개발로부터 시작하여 평가로 마무리된다는 말이 있듯이 교육과정은 교육의 실시를 가능하게 하는 요체이다. 교육과정은 교육의 목표를 제시하고 그 목표를 달성할 수 있는 내용을 선정하여 배열하고 조직화한다. 이는 이후 교재, 교수법, 교사와 같은 교육 현장의 3대 요소를 정립하는 기본이 되고 평가의 대상이 되기도 한다. 한국어 교육 현장의 다변화는 자연스럽게 한국어 교육과정의 다양화 논의를 가져온다. 이 책의 1부에서는 그동안 크게 변화해 온 한국어 교육 현장과 관련한 교육과정 논의를 중심으로 살펴보고 있다.

다음으로 한국어 교육에 대한 '정부의 적극적 참여'는 한국어 교육 정책 논의의 중요성을 제기한다. 기본적으로 정책은 정책 환경에서 비롯되는 다양한 요구와 지지가 정책 결정 체계를 거쳐 산출된다. 이 과정에서 정부 내 다양한 부서는 정책의 목표를 정하고 정책 성과를 극대화하기 위한 정책 결정 과정을 거친다. 사실 한국에서의 교육은 오랜 기간 국민을 대상으로 하는 국민교육만을 대상으로 하였기 때문에 외국인을 대상으로 하는 한국어 교육은 교육 정책의 범주에 들지 못하였다. 다만 재외국민만이 한국어 교육 정책의 대상이었다. 그러나 시간이 지나면서 국가가 주체가 되는 교육의 대상이 국민에 국한하지 않고 한국 내 이민자, 세계 각지의 한국어 학습자도 다양한 유형으로 교육의 대상에 포함되었다. 이는 곧 정부 내 여러 부서로 하여금 한국어 교육 정책에 참여하도록 하였고 자연스럽게 한국어 교육학계에서도 정책 논의가 활발해졌다.

이 책이 다루고 있는 한국어 교육과정과 정책은 이러한 배경에서 논의의 의미가 있다. 이 논의에 참여한 연구자는 모두가 동일한 연구 현장을 거쳐왔다. 1인은 지도교수이고 14인은 동일한 현장에서 일부 예외는 있지만 정책 또는 교육과정의 실제와 관련한 주제로 박사학위 논문을 작성하였다. 어찌 보면 정책과 교육과정의 실제와 관련하여 논의가 활발한 현장을 공유한 것으로 볼 수 있다. 그리고 이제 그동안의 연구 성과를 모아서 한 권의 책으로 출간하기에 이르렀다.

이 책은 교육과정과 정책의 이론적 논의보다는 실제에 대한 논의가 주를 이룬다. 한국어 교육학이 현장 중심의 응용 학문이라는 점에서 실제에 관한 논의가 이론에 관한 논의 못지않게 의미가 크다고 본다. 이 책에서의 논의가 한국어 교육과정과 정책 논의의 하나의 자료가 되기를 소망한다.

마지막으로 이 책의 출간을 흔쾌히 수락하신 한글파크의 엄태상 대표님과 편집과정의 번거로움을 도맡아 해결해 주신 권이준 편집장님에게 감사를 드린다.

2023년 11월
저자 일동

목 차

<제1부> 한국어 교육과정

01 한국어교육학의 학문적 정체성:
교육과정과 정책 논의에의 함의(**조항록**) 6

02 학문 목적 한국어 교육과정(**정서영**) 31

03 사회통합프로그램 한국어 교육과정(**정혜란**) 56

04 한국 내 이주 노동자를 위한 한국어 교육과정(**이순애**) 88

05 한국어 학습자를 위한 한국 예술문화 교육(**우승희**) 116

06 태국 내 대학교의 한국어 전공 교육과정(**안화현**) 143

07 재한 몽골학교 한국문화 교육(**잠발 민진르함**) 178

<제2부> 한국어 교육 정책

08 한국 내 다문화 사회의 진전과 언어 정책(**정호선**) 206

09 이주 배경 청소년과 한국어 교육 정책(**정서윤**) 228

10 내러티브 탐구를 통한 베트남 결혼이주여성의 정체성(**박선영**) 247

11 유럽국가의 이주 배경 학생을 위한 정책과 교육 제도(**이유인**) 272

12 외국어로서의 한국어교원 정책(**김민수**) 292

13 한국어 해외 확산을 위한 세종학당 추진 정책(**손평**) 319

14 한 · 중 외국어로서의 자국어 교사 양성 정책(**유주명**) 338

15 한국적 상호문화주의와 사회통합 정책(**강병석**) 355

제 1 부

한국어 교육과정

01 한국어교육학의 학문적 정체성: 교육과정과 정책 논의에의 함의 – 조항록

02 학문 목적 한국어 교육과정 – 정서영

03 사회통합프로그램 한국어 교육과정 – 정혜란

04 한국 내 이주 노동자를 위한 한국어 교육과정 – 이순애

05 한국어 학습자를 위한 한국 예술문화 교육 – 우승희

06 태국 내 대학교의 한국어 전공 교육과정 – 안화현

07 재한 몽골학교 한국문화 교육 – 잠발 민진르함

01 한국어교육학의 학문적 정체성: 교육과정과 정책 논의에의 함의

조항록

1. 들어가기

한국 내 대학에서 체계적으로 한국어 교육을 실시한 지 60여 년, 국외 대학에서 한국어 교육을 실시한 지 140여 년이 지나는 동안 한국어 교육은 괄목할만한 성장을 이루어냈다. 그러나 한국어 교육을 학문적으로 논하고 학문적 정체성을 정리하는 일은 매우 늦게 시작되었다. 어찌 보면 한국어 교육을 학문적으로 고민하기 전에 이미 교육 현장은 국내외에 폭넓게 펼쳐져 있는 상태로서 학문적 정체성 정립 없이 한국어 교육이 실제화된 셈이다.

한국어교육학의 학문적 정체성에 대한 논의가 빈약한 이유는 여러 면에서 찾을 수 있다. 첫 번째로 들 수 있는 이유는 한국어 교육이 현장 중심의 실용적 영역이고 본격적인 학문적 논의 이전에 이미 광범위하게 현장 교육이 실시되면서 이를 아우르고 이론적으로 뒷받침이 되는 학문적 성격을 규명하는 일이 쉽지 않았다는 점이다. 두 번째로 들 수 있는 이유는 한국어 교육이 일반적인 교육 발전과는 다르게 민간 영역에서 시작하여 민간 중심으로 발전되어 왔기 때문에 한국어 교육 현장을 위한 종합 지원 체계와 이론 연구의 기반이 뒤늦었다는 점이다.

이와 같이 한국어 교육 현장이 급속하게 확대되면서 한국어 교육과 관련한 학술 활동의 대부분이 현장 교육을 지원하기 위한 기술적 지원, 즉 교재 개발이나 교수방법론의 개발과 같은 응용 영역에 치우침으로써 학문적 정체성과 같은 기초 논의가 부족할 수밖에 없었다.

한국어교육학에 대한 진지한 논의의 시발은 2000년대 들어서부터라고 해도 과언이 아닐 정도로 뒤늦었다. 조항록(2005)에서는 외국어로서의 한국어교육학에 대한 학문적 논의를 정리하고 있는데 여기에서는 김은주(2001)의 논의를 최초인 것으로 소개하고 있다. 그리고 비록 학문적 논의는 아니나 백봉자 외(2001)에서 학문적 논의에 시사하는 바가 큰 한국어 교사 교육의 내적 구조 논의, 한국어 교사 자격 인증에 요구되는 하부 구조 논의가 시작되었음을 밝히고 있다. 이와 같이 한국어교육학의 학문적 정체성이나 대학(원)에서의 한국어 교육 관련 학과(전공)에 대한 논의는 2000년대 이후에 본격화하였다. 문제는 이렇게 늦었음에도 불구하고 한국어교육학에 대한 학문적 정체성 규명이나 학문적 하부 구조 논의를 위하여 한국어교육학계가 총의를 모으는 일이 아직도 빈약하다는 점이다. 여기에서는 그동안 진행되어 온 한국어교육학의 학문적 정체성 논의의 예를 소개하고 향후 학문적 정체성 논의의 방향성과 관련한 몇몇 의견을 제시하고 이 책의 발간 취지에 맞추어 교육과정과 정책 논의에의 함의를 제시하고자 한다.

2. 한국어 교육 관련 학술 활동의 발전 과정

대학 차원에서 외국인을 대상으로 하는 한국어 교육의 시작은 국외에서 1880년, 국내에서 1959년이다. 일본의 동경외국어학교가 1880년에 한국어 교육을 시작하였고 연세대학교 한국어학당이 1959년에 한국어 교육을 시작한 것을 최초의 기록으로 볼 수 있다.[1] 그러나 한국어 교육과 관련한 학술 활동의 시작은 1969년을 최초로 들 수 있다.[2] 이후 한국어교육학의 발전은 민간의 학술 연구 활동, 정부의 한국어 교육 관련 정책(국외 보급 정책 등)을 통하여 발전되어 오는데 한국어교육학의 정체성 정립에 시사하는 바가 큰 주요 활동의 최초 기록들을 정리하면 아래와 같다.

[표 1] 한국어교육학의 학문적 정체성 논의와 관련이 있는 최초 기록들[3]

한국어 교육 관련 최초의 석사학위 논문	노대규(1969) –이후 두 번째 논문은 70년대이나 다음부터는 80년대 중반 이후임
한국어 교육 관련 최초의 박사학위 논문	최용재(1974) –이후 두 번째 논문은 90년대에 들어와서임
이중언어 교육 관련 최초의 학회	이중언어학회(1981)
한국어 교육 관련 최초의 학회	국제한국어교육학회(1985)
한국어 교육 관련 최초의 국제학술회의	문교부 후원의 한국어 교육 국제학술심포지엄(1985년, 연세대 한국어 학당)
이중언어교육 관련 최초의 학술지	이중언어학 제1호(1983)
한국어 교육 관련 최초의 학술지	Korean Language Education Vol. 1(1989)
한국어 교육 관련 최초의 학과	한국외국어대 한국어 교육과(1974) –한국어 교육이라기보다는 국어교육적 성격이 강함 –한국어 교육과 또는 한국어학과가 개설된 것은 90년대 후반의 일임
한국어 교육의 학문 분야 등재	한국학술진흥재단 연구 분야 분류표(2002)

1) 조항록(2005)에 따른 것으로서 대학 차원의 한국어 교육 실시를 그 논의의 대상으로 한 것이다.

2) 여기에서 말하는 학술 활동이라는 것은 교재 개발이나 문법서 개발 같은 교육 지원 활동이 아닌 순수 연구 활동으로서 학위 논문의 작성 또는 학술 논문의 학술지 게재 활동 등을 의미한다. 그리고 본 연구에서 다루는 학술 활동은 본 연구자 역량의 한계로 주로 국내에 한정하고 있음을 밝힌다.

3) 조항록(2005)에서 제시하고 있는 한국어 교육 연구와 관련이 있는 최초의 기록에 관한 표를 바탕으로 하여 내용을 보강하여 제시하였다.

한국어 교육 담당 교사에 대한 인증제 도입	한국어세계화재단의 한국어 교육능력인증시험(2002)
한국어교원자격 취득을 위한 한국어교육학의 하위 영역 분류 및 교과목 예시	국어기본법시행령의 별표로 확정 고시(2004년)
한국어교육학과 인접 학문 사이의 관계를 주제로 한 학술 회의	국제한국언어문화학회 제2차 국제학술대회(주제: 한국언어문화학의 학문적 정체성. 2005년)
한국어교육학의 학문적 정체성을 주제로 한 최초의 국제학술회의	국제한국어교육학회 국제학술대회 제17차 국제학술대회(주제: 한국어 교육학의 학문적 정체성. 2007년)
범용 한국어 교육과정 개발의 시작과 종료	국제 통용 한국어 표준 교육 모형 개발 시작과 종료(2010년, 2017년, 국립국어원)
한국어교육학 사전의 개발	2014년 출간(서울대학교 국어교육연구소)
정부의 한국어교원 교육 기관 실태 조사	2016년(국립국어원)
한국어 교육 국가 표준 고시	2020년(문화체육관광부)

이렇게 한국어교육학의 학문적 정체성에 시사하는 바가 큰 학술 활동 또는 정부/학계의 유관 활동은 2000년대 이후에서야 시작이 되었고 2007년에 국제학술대회의 주제로 채택이 될 만큼 학계의 관심을 끌기도 하였다. 그러나 이후 관련 학술 활동은 주로 개인적 차원에서 진행되어 오다가 2010년대 중반에 들어서 한국어교육학사전의 출간과 정부의 한국어교원 교육기관 실태 조사, 한국어 교육 표준 교육과정 개발을 거치면서 다시 관심을 사기 시작한 것으로 볼 수 있다.

3. 한국어교육학의 학문적 정체성과 관련한 주요 논의의 개요

한국어교육학의 학문적 정체성은 2000년대 초기에는 주로 크게 두 가지로 진행이 되었다. 하나는 기존 연구 활동을 바탕으로 하여 한국어교육학의 하위 영역 구분을 시도한 귀납적 연구로서 김은주(2001), 강승혜(2003), 손성옥(2003), 김중섭

(2005) 등을 들 수 있다. 여기에 더하여 학술서에서 제시된 내용으로 민현식(2005)을 들 수 있다. 민현식(2005)에서 한국어교육학의 대영역으로 한국어학(이론언어학, 응용언어학), 한국어교과학, 한국어교육과정학으로 분류하고 각각의 세부 영역과 과목을 예시하고 있다. 이들 연구 중 이후 여러 논저에서 인용되고 있는 대표적인 연구로 강승혜(2003)를 들 수 있는데 여기에서는 아래와 같이 인접 학문과의 관련성을 정리하여 제시하고 있다.

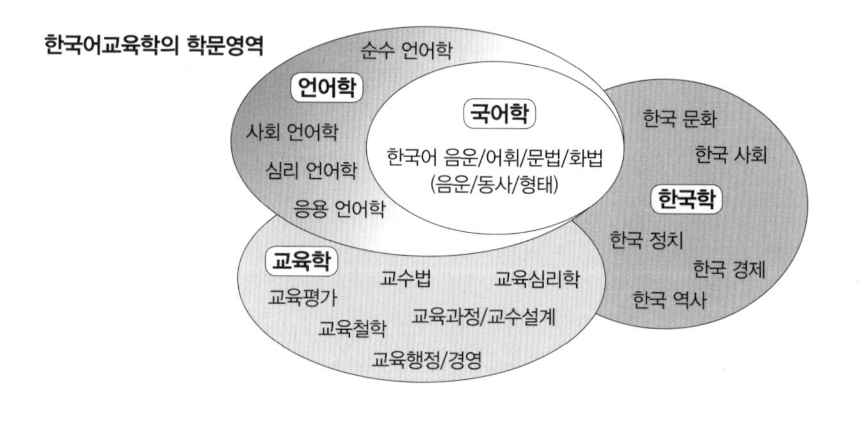

다음으로는 한국어교육학의 성격 규명과 방향성 제시를 위한 연구로서 김하수(2004)를 들 수 있는데 여기에서는 한국어교육학의 학문적 고유성/독자성 확보가 중요하며 이를 위해서 '한국어'에 대한 접근 방법과 언어 정책, 교육심리학, 계량언어학, 심리언어학, 문화와 사회, 사회언어학의 역할에 주목할 필요가 있음을 강조하고 있다. 특히 이 연구에서는 한국어교육학이 외국어교육학의 수입 모방품이 되어서는 안 되고 응용국어학이나 인접 학문과의 관계에서 논의되는 한계를 극복해야 한다고 강조하였다.

한편 조항록(2005)에서는 김하수(2004)의 논의에 동조하면서 한국어교육학의 연구 방향으로 한국어 교육이 역사적으로 이루어낸 성취로부터 귀납적으로 학문적 성격을 일부 도출할 수 있으며 한국어 교육이 수행하는 실제로부터 성격을 끌어내는 노력이 필요하다고 보았다. 특히 한국어 교육이 갖는 학문 이론적인 논의도 중요하지만 현장 응용 영역으로서 교육적 역할과 함께 국가 사회적 기능도 크게 존재하는 만큼 한국어 교육의 목표 설정 논의부터 진행하여 이를 뒷받침할 수 있는 학문적 성격의 설정이 중요함을 강조하였다. 구체적인 예로 기존에 진행된 인접 학문과의 연계 논의를 좀 더 확장하여 논의를 심화함과 동시에 한국어 교육 실제로부터 교육 목표를 설정하고 한국어교육학의 고유성과 독창성을 확보하기 위한 논의를 전개하였다.

이렇게 한국어교육학과 관련한 초기 연구는 후에 몇몇 주요 연구로 이어지는데 대표적인 논의로 서상규(2007), 강현화(2009), 김정숙(2012)을 들 수 있다. 서상규(2007)는 한국어교육학이 인접 학문과 연계를 가지되 고유성을 확보해야 함을 강조하면서 기초 학문과의 연계 사례를 제시하고 있다. 이 논의에서는 특히 기초 학문이 한국어교육학과 연계 되는 과정에서 한국어 교육의 실천에 도움이 되도록 설정해야 하며 한국어 교육의 발전 목표와 과제 해결에 이바지해야 함을 주장하는데 공감이 가는 바가 크다. 강현화(2009)에서는 기존에 한국어교육학의 연구 동향을 논하면서 기존에 진행되어 온 인접 학문과의 관련성을 정리하고 이를 좀 더 체계화하여 제시하는데 인접 학문으로서 언어학(국어학), 문화인류학(한국문화) 등이 내용학을, 교육학, 심리학, 사회학 등이 교수학을 제공하고 이들 내용학과 교수학 사이의 긴밀한 관계성을 제시하고 있다. 한편 김정숙(2012)은 기존의 한국어교육학의 학문적 정체성 논의를 종합하면서 한국어교육학의 발전 방향을 제시하는데 첫째로 한국어교육학 연구나 교육에 기초를 제공하고 교수나 연구에 필수적인 영역 및 내용은 한국어교육학의 하위 학문에 포함해야 하며, 둘째로 한국어교육학의 인접학문 영역을 학습자의 요구를 반영하여 확대해야 함을 강조하고 있다. 이때 확대해야 하는 학문 영역의 예에 사회과학, 공학, 교육학, 통계학 등이 포함된다.

한편 윤여탁(2007)은 '한국학'과의 포용과 협력을 강조하는데 이는 기존의 언어학 계열, 언어 교수학 계열과는 차별성을 갖는 것으로 주목할 만하다. 윤여탁(2007)은 한국학을 크게 국학으로서의 한국학과 지역학으로서의 한국학으로 나누어 제시하면서 특히 한국어교육학은 지역학으로서의 한국학과의 연계가 중요함을 제시하고 있다.

한국어교육학에 대한 학문적 논의를 직접적으로 다룬 것은 아니지만 2005년부터 시행되고 있는 국어기본법시행령의 별표에서 제시한 한국어교원 자격 취득을 위한 필수 이수 학문 영역 분류 역시 한국어교육학의 학문적 정체성 정립 과정에서 시사하는 바가 크다. 백봉자 외(2001)에서 이미 이러한 기초 연구의 일단을 엿볼 수 있듯이 국어기본법시행령의 별표 내 영역 분류와 세부 교과목 설정은 2000년부터 본격화한 한국어세계화추진위원회의 활동으로부터 비롯되었다. 한국어세계화추진위원회가 향후 한국어교원 자격 취득을 위한 교사 교육과 관련한 세부 영역 구축 논의를 전개하였고 그 결과는 국어기본법시행령 제정 시 중요한 참고 자료가 되었다. 이러한 내용은 한국어교원 자격 취득 요건을 정하는 기능을 하지만 결국 한국어교원 육성을 위한 대학과 대학원의 학문적/교육적 활동을 규정하는 것으로 한국어교육학이 응용 학문이라는 점을 고려할 때 의미있게 받아들일 수 있다. 모두 5개 영역으로 구분한 하위 영역에서 소정의 학점을 취득하도록 한 이 법은 지금까지도 대학과 대학원의 한국어 교육 관련 학과와 전공의 교과과정 수립에 큰 영향을 끼치고 있다.

이후 한국어교육학의 학문적 정체성 정립에 큰 영향을 준 학술 활동은 국제한국어교육학회와 서울대학교 국어교육연구소이다. 국제한국어교육학회의 제17차 국제학술대회(2007년)에서는 한국어교육학의 학문적 정체성 규명을 위한 다양한 논의를 진행하는데 특히 외국어교육학의 정체성 논의와 인접 학문과 한국어교육학 사이의 관계 설정 등이 주 내용을 이루게 된다.[4] 이후 서울대학교 국어교육연구소가 한국학중앙연구원의 지원으로 2년 동안 진행한 한국어교육학사전 편찬 활동에서는 한국어교육학의 하위 영역 분류를 시도하고 각각의 하위 영역 및 세부 학술 용어에 대한 개념 정의를 시도하였는데 여기에서 자연스럽게 한국어교육학의 학문적 정체성에 대한 관점의 설정 및 개념화가 이루어졌다.

4) 앞에서 제시한 서상규(2007), 윤여탁(2007)이 이 자리에서 논의된 대표적인 예이다.

4. 한국어교육학의 학문적 정체성 확립을 위한 접근 원리[5)]

4.1 한국어 교육 실제와의 연계를 통한 다차원적 목표의 설정

지금까지 국내에서 60여 년 동안 한국어 교육이 실시되어 왔지만 한국어 교육이 궁극적으로 추구해야 하는 목표가 무엇인가에 대한 논의가 부족하다. 한국어 교육의 목표는 각 교육 현장, 교육의 유형에 따라 달라질 수 있으나 국가적 차원에서 기본적으로 추구하는 방향이 제시되어야 할 것이다. 그리고 학문적 차원에서도 한국어 교육이 나아갈 방향을 제시한다면 한국어교육학의 학문적 정체성 논의는 빠르게 진전될 것이다. 여기에서 한국어 교육의 목표를 제시해 보면 다음과 같다.

첫째, 한국어 교육은 기본적으로 한국어로의 의사소통 능력을 키워야 한다. 한국인과의 교제를 목표로 하든, 한국 여행 시 편리함을 도모할 목적이든, 한국어를 통하여 직무를 수행할 목적이든 한국어를 사용하여 의사소통할 수 있는 능력을 키우는 일은 한국어 교육의 1차적인 목표가 될 것이다. 한국어 교육을 통하여 한국어로의 의사소통 능력을 키우기 위한 계획 및 내용은 2020년 11월에 한국 정부(문화체육관광부)가 발표한 한국어 교육 표준 교육과정에 잘 담겨 있다. 국립국어원이 국제한국어교육학회에 의뢰하여 2010년부터 2017년까지 4년(2011년, 2012년, 2016년, 2017년) 동안 진행된 국제통용한국어표준교육과정 개발 사업의 결과물을 바탕으로 한 한국어 교육 표준 교육과정은 등급 체계가 1급부터 6급까지 6단계로 설정되었으며 등급 기준은 주제, 언어기술, 언어지식, 문화 등 네 개의 영역으로 나뉘어 기술되어 있다. 이 교육과정이 적용되거나 이를 참조하여 개발된 교육과정이 적용되는 한국어 교육 현장이라면 기본적인 의사소통 능력(1급)으로부터 전문적인 분야에서 다양한 기능을 발휘하며 과업을 수행하는 데에 필요한 의사소통 능력(6급)까지 갖추게 될 것이다.

둘째, 한국어 교육은 국제화 시대 시민교육의 기능을 수행하여야 할 것이다. 국제화 시대는 결국 국가 간의 교류 증대를 기본 전제로 하는 것이며 이 과정에서 외국어

---

5) 이 부분은 조항록(2005)의 내용 중 해당 부분을 전재하였음을 밝힌다.

능력의 습득은 국제화를 촉진하는 중요한 역할을 한다. 국제화 시대는 큰 나라든 작은 나라든 개별 국가가 중요한 행위자가 되며 모든 인간이 또한 행위자의 의미를 갖는다. 한국도 국제 사회에서 하나의 행위자가 되고 한국과 외국 사이의 교류는 증대될 것이다. 이 과정에서 한국어는 최소한 한국과 관련이 있는 국제화를 촉진하는 역할을 할 것이고 결국 한국어 사용 외국인은 국제화 시대 시민으로서의 역량을 갖추게 된다. 이렇게 볼 때 한국어 교육은 세계 시민 교육의 의미도 갖는 것으로 볼 수 있다.

셋째, 한국어 교육은 국제 사회에 한국의 사회와 문화를 적절하게 이해시키는 의미를 가져야 할 것이다. 한국어 학습자의 대부분은 한국과의 교류, 한국인과의 의사소통을 목적으로 한국어를 배울 것이다. 그들은 한국어를 통하여 한국인과 교제하고 한국 회사에서 일하며 한국에 대한 정보를 획득하고 한국 문화를 향유하려 할 것이다. 그리고 오늘날의 외국어 교육은 언어와 문화의 통합적 접근을 기본 전제로 하고 있는 만큼 한국어 교육에서 자연스럽게 한국의 사회와 문화에 대한 올바른 정보를 담아내는 일은 중요해진다. 한국어 교육용 교재에 포함되는 내용과 맥락의 설정, 한국어 교수-학습 과정에서 도입되는 상황의 설정 등은 상당 부분이 한국의 사회와 문화에 기반을 둔 것이 될 것이다. 물론 한국어 능력을 키우는 것이 중심 목표가 될 것이나 한국어 학습 과정에서 한국에 대한 기본적인 이해가 요구될 것이며 심지어는 한국에 대한 지적 호기심도 일 수가 있다. 다만 중요한 것은 한국어 교육은 1차적으로 언어 교육이라는 점을 간과해서는 안 될 것이며 한국 사회와 문화에 대한 가치 전제가 있어서는 안 될 것이다. 있는 그대로 필요한 범위 안에서 한국의 사회와 문화가 교육의 내용으로 도입되어야 할 것이다.

넷째, 한국어 교육은 국외의 일부 학습자에게는 민족교육의 의미를, 국내의 일부 학습자에게는 사회통합 교육의 의미를 갖도록 해야 할 것이다. 전자의 경우는 전 세계 750만 명에 이르는 재외동포 사회 내 약 1백만 명으로 추산되는 재외동포 후손을 대상으로 하는 한국어 교육이 해당이 되며 후자의 경우는 2023년 8월말 기준 240만 명이 넘는 한국 내 체류 외국인 중 한국 사회에 정주하고자 하는 결혼이민자 등이 대상이 된다. 재외동포 후손 중 2023년 기준으로 약 12만 명이 약 2천 곳의 한국학교(한글학교)에서 한국어를 배우고 있으며 국내 체류 외국인 중 2023년 상반기 기준으로 약 8만 명이 사회통합프로그램을 통해 한국어를 배우고 있다. 이들의 한국어 학습 목적은 단지 한국어로의 의사소통 능력 향상에 국한하지 않고 전자의 경우 한민족으로서의 얼과 정체성을 유지하고 후자의 경우 한국 내 이민자로서 한국 사회 구성원에게 요구되는 한국어와 한국문화 능력을 키우는 데에 있음을 부인할 수 없다. 이렇게 볼 때 한국어 교육은 특정 교육 현장에 있어서는 민족교육적 의미 또는 사회통합교육적 의미를 갖도록 해야 한다.

이상에서 살펴본 바와 같은 한국어 교육의 다양한 기능은 현장 중심의 학문인 한국어교육학의 하부 구조 및 세부 내용 논의의 밑바탕으로 작용할 수 있다. 즉 한국어교육학 하부 구조로서 교과 내용의 체계 구축과 교과 교육 방법의 개발은 이러한 기능을 수행하는 데에 요구되는 요소들을 바탕으로 해야 할 것이다. 이러한 점에서 한국어교육학의 학문적 정체성 논의에서 한국어 교육이 수행하는 다양한 기능에 대한 논의는 중요성을 갖는다.

4.2 인접 학문과의 연계를 통한 접근

앞에서 살펴본 바와 같이 한국어교육학 논의의 주된 흐름은 기존의 인접 학문과의 연계 논의였다. 한국어 교육이 뒤늦게 보편화 되었고 내용 체계의 구축이나 교육 방법의 개발에서 기존의 인접 학문에서 정립하고 발전시켜 온 논의를 일정 수준 활용하는 것은 원론적인 측면에서도 타당성을 가질 수 있고 실제적인 측면에서도 효용성을 충분히 가질 수 있다. 다만 한국어교육학과 관련이 있는 기존의 학문 영역이 지금까지 한국어 교육의 발전에 기여한 몇몇 학문에만 국한할 것인가는 논의거리가 된다. 한국어교육학 논의에서 교육 현장을 기본 전제로 해야 한다는 점에서 인접 학문의 범위는 기존의 논의보다 훨씬 넓어질 수 있을 것이다. 그리고 인접 학문에서의 논의를 활용한다고 해도 한국어 교육이 갖는 고유한 특성을 고려한다면 연계의 수준과 방법에도 많은 논의가 요구된다. 여기에서 기존의 인접 학문과의 연계에서 고려할 점을 제시하면 다음과 같다.

첫째, 한국어교육학은 다양한 기초 학문을 바탕으로 해야 한다. 비록 한국어교육학이 현장 적용을 중시하는 응용 학문적 성격이 강하다고는 하지만 모든 응용 학문이 그러하듯이 기초 학문의 도움 없이는 실질적인 성과를 내기가 어렵다. 이렇게 볼 때 한국어교육학은 다음과 같이 기초 학문에 관심을 가져야 할 것이다.

① 1차적으로 교수–학습의 내용이 언어이다. 언어학 영역이 필요하다.

② 교수–학습의 내용이 되는 언어는 구체적으로 한국어이다. 국어학 영역이 필요하다.

③ 교수–학습의 내용이 되는 언어는 사회, 문화와 불가분의 관계에 있다. 인류학적 접근, 사회학적 접근이 필요하다.

둘째, 한국어 교육은 기본적으로 교수–학습으로 이루어지는 응용 영역이다. 교육 내용의 설정 못지않게 학습, 습득이 중요하다. 아래와 같은 응용 영역에 대한 논의가 필요하다.

① 언어 자체에 대한 이해보다는 언어 사용을 중시해야 한다. 총체적으로 응용언어학적 접근이 필요하다.

② 기본적으로 교수–학습의 과정이 존재한다. 심리언어학, 교육심리학, 대조언어학, 오류 분석론, 외국어 교수학습론이 필요하다.

③ 교수–학습의 대상은 한국어이다. 다양한 한국어 교수법 논의가 필요하다.

④ 학습과 함께 습득의 과정이 수반된다. 언어습득론에 해당하는 다양한 논의가 필요하다.

⑤ 교육은 주로 제도를 통해 이루어진다. 교육과정론, 교사론, 평가론, 교재론, 정책론 등 다양한 교육과정학적 접근이 요구된다.

⑥ 학습자 중 다수는 재외동포들이고 이들 중 일부는 어렸을 때부터 현지어와 함께 한국어를 습득하기도 하고 학습하기도 한다. 언어습득론, 이중언어교육론이 필요하다.

⑦ 학습자 중 다수는 이미 제1언어를 지닌 성인 학습자이고 이를 바탕으로 한국어를 학습하는 경우가 많다. 대조언어학이 필요하다.

셋째, 한국어교육학이 연구의 대상으로 삼는 언어는 한국인이 사용하는 언어이다. 다양한 응용국어학 접근이 필요하다.

넷째, 한국어는 한국 사회, 한국 문화, 한국인과 불가분의 관계에 있다.

① 한국 사회와 문화에 대한 폭넓은 이해가 필요하다. 넓은 의미의 한국학이 필요하다.

② 한국어는 한국 사회를 바탕으로 하고 한국인이 1차적으로 사용하는 언어이다. 그리고 언어와 문화는 불가분의 관계에 있다. 한국언어문화 관련 연구가 필요하다.

③ 한국인은 세계에 폭넓게 분포되어 있고 이들 중 다수가 한국어를 배운다. –문화인류학, 기초 수준의 국제학이 필요하다.

한국어교육학 논의와 관련하여 이와 같이 다양한 학문 영역과의 관련성을 논하는 것은 한국어교육학이 종합 응용 학문의 성격을 띠고 있음에 기인한다. 실제로 그동안 한국어 교육의 발전 과정에서 중심적인 역할을 해 온 학문 영역을 살펴보면 이를 확인할 수 있다. 국내에서 한국어 교육을 이끌어 온 연구자 현황을 일별할 때 1980년대 중반까지는 국어학 전공자가 중심이었으며 1980년대 중반에 외국어학 전공자가 가세하였고 1990년대 중반부터는 국어교육학 전공자가 한 축을 이루면서 국어학–외국어학–국어교육학 연구자가 한국어교육학 연구를 이끌어왔다. 이와 함께 국외에서는 응용언어학 전공자가 한국어, 한국어 교육을 대상으로 연구하면서 응용언어학과 연계가 되어 종합 응용 학문의 성격을 좀 더 드러내었다. 이와 같이 기존에 정립된 인접 학문의 도움을 받아 학문적 정체성의 기반을 마련한 한국어교육학은 1980년대 중반 이후 크게 확대된 교육 현장으로부터 산출된 실증적인 데이터, 다양한 교수 학습 경험 등이 축적되면서 학문적 고유성을 확보해 나갔으며 마침내 2002년에 한국연구재단으로부터 독립적인 연구 분야로 인정을 받게 되었다.

이와 같이 인접 학문과의 관계에서 한국어교육학이 발전한 것은 여러 면에서 의미를 갖지만 종합 응용 학문의 성격을 충분히 띨 만큼 인접 학문과의 연계가 이루어졌다고는 볼 수 없다. 한국어 교육의 내용을 구성하는 두 축인 '언어'와 '문화'라는 측면에서 볼 때 그동안 인접 학문과의 연계는 '언어'에 한정되어 있음을 부인할 수 없다. 즉 민속학, 문화학, 사회학, 역사학, 경제학, 예술학 등등 '문화'와의 연계가 거의 진행되지 않았으며 '심리학'과 같은 기초 학문과의 연계 역시 매우 부족한 실정이다.

4.3 한국어교육학의 고유성 확보 및 개념 정립

앞에서 살펴본 바와 같이 한국어교육학의 학문적 정체성 확립을 위해서는 무엇보다도 먼저 한국어교육학의 고유성 확보가 필요하다는 점이 지적되었다. 실제로 교육 내용의 설정이나 교육 방법론의 모색은 한국어 교육에 적절한 것이어야 할 것이다. 비록 국어학적 이론을 빌려오든 외국어교육학적 이론을 빌려오든 한국어 교육에 들어와서는 한국어교육학의 한 부분으로서의 의미를 가져야 할 것이다. 이렇게 본다면 앞에서 언급한 바와 같은 인접 학문과의 협력은 필수적이라 해도 한국어교육학의 고유성은 나름대로 창출될 수 있을 것이다. 그것이 학문적으로 우월하냐 열등하냐의 문제가 아니라 한국어 교육의 성격에 맞고 한국어 교육을 뒷받침할 수 있는 고유한 학문으로 발전되어 나가는 것이 중요하다. 향후 한국어교육학을 연구하는 연구자가 많아지면 한국어교육학은 점진적으로 발전해 나갈 것이다.

이와 같이 한국어교육학이 고유성을 확보하기 위해서는 인접 학문을 그대로 도입하여 한국어교육학의 하위 영역으로 그대로 배치하는 것은 아닐 것이다. 도입하는 과정에서 한국어 교육에 적절하게 논리 구성, 내용 구성이 이루어져야 하는데 이는 전통문법과 학교문법의 관계에서 하나의 방법을 도출해 낼 수 있을 것이다. 즉 문법에 대한 실질적인 연구는 전통문법학에서 진행되지만 그것이 학교에서 그대로 적용될 수 없기에 학교 교육을 위해서 학교문법론이 발전하게 되었다. 마찬가지로 한국어 교육에서 문법을 다룬다고 할 때에는 외국어로서의 한국어 교육에서 교육의 내용으로 삼아야 할 문법을 체계적으로 정리할 필요가 있는데 이를 '(외국어로서의) 한국어문법론'으로 명명할 수도 있을 것이다. 실제로 한국어 교육이 발전해 오면서 '(외국어로서의) 한국어문법론의 체계화가 정립되어 온 것으로 볼 수 있다. 같은 맥락에서 '한국어 교수 학습론'도 외국어 교수 학습론의 영향을 받았지만 외국어 또는 제2언어로서의 한국어를 대상으로 하는 고유한 교수 학습론으로 정립이 된 것으로 볼 수 있다.

한국어교육학의 고유성 확보를 위한 논의로서 인접 학문의 도움을 받는 일은 의미있는 일이지만 고유성을 확보하는 것은 당위성과 타당성을 갖는 일이다. 이런 맥락에서 자연스럽게 한국어교육학의 고유성이 드러나는 세부 논의가 요구되는데 몇몇 예로 '한-일 대조언어학', '한국어 교육과정론', '외국인을 대상으로 하는 한국 문화론', '한국 개관' 등을 들 수 있다.

5. 한국어교육학의 하위 영역 분류와 세부 교과목 설정의 실제

앞에서 언급한 바와 같이 한국어교육학의 하위 영역 분류와 관련하여 한국어교육학계의 합의된 논의 또는 현재 진행 중인 논의가 존재하지 않는 상태에서 하위 영역을 어떻게 분류할 것인가를 논하는 일은 쉽지 않다. 향후에 한국어교육학계를 비롯하여 유관 학계가 진지한 논의를 거쳐 보편적으로 수용이 가능한 안을 도출하여야 할 것이다. 따라서 한국어교육학계 등이 합의하는 안이 도출되기 전까지의 논의는 다분히 개인적인 안이고 주관적일 수밖에 없다. 그러나 이러한 개인적인 논의는 향후 합의 도출을 위한 중요한 논의거리로서 의미를 갖게 될 것이다. 본 연구에서는 한국어교육학의 하위 영역 분류와 세부 교과목 설정과 관련하여 앞에서 제시한 접근 원리와 함께 그동안 한국어교육학계와 인접 학문 분야, 정부 내 유관 연구 기관의 협력 활동으로 산출된 몇몇 사례를 소개하고 한국 내 대학과 대학원의 한국어교육학과 또는 전공에서 개설하고 있는 세부 교과목을 일별함으로써 하위 영역 분류와 세부 교과목 설정의 시사점을 찾아보고자 한다.

지금까지 한국어교육학과 관련하여 하위 영역 분류 논의와 관련한 의미있는 성과로는 서울대학교 국어교육연구소의 한국어교육학사전과 문화체육관광부 관련 법안인 국어기본법시행령의 별표상에서 제시하고 있는 한국어교원 자격 취득에 필요한 필수 이수 영역과 세부 교과목 예시이다. 서울대학교 국어교육연구소의 한국어교육학사전은 국어교육학계와 한국어교육학계의 전문가들로 자문위원회, 편찬위원회, 집필위원회 등을 구성하고 편찬된 것으로서 편찬 과정에서 세부 집필 분야를 설정하였는데 다분히 이 논의는 한국어교육학의 하부 구조 논의의 성격을 갖는다. 이 논의는 아래의 표에서 보는 바와 같이 17개 대분류와 118개의 세부 항목을 담고 있다. 바로 여기에서 제시한 17개의 대분류 영역은 한국어교육학의 하부 구조로서의 한 예가 될 수 있다.

[표 2] 한국어교육학사전에서의 하위 영역 분류

대분류	중분류
언어학	언어학, 구조주의언어학, 생성주의언어학, 체계기능 언어학, 응용언어학, 인지언어학, 사회언어학, 심리언어학, 신경언어학, 담화, 텍스트 언어학, 말뭉치언어학, 컴퓨터언어학, 비교언어학
습득론	기본 개념, 이론적 배경, 언어적 요인, 인지적 요인, 학습자 요인, 사회문화적 요인, 대조분석, 오류분석, 중간언어
연구방법론	양적 연구, 질적 연구, 혼합 연구
발음교육	음성과 음운, 자음, 모음, 음절, 음운규칙, 운율, 학습자 모어별 발음지도
어휘교육	어휘, 품사, 담어의 형성, 어휘의 의미관계, 어휘의 통시적 변화, 어종, 어휘의 사회적 특징, 관용표현, 어휘력
문법교육	한국어문법 교육의 개념, 문장 성분, 문장 종결, 문장의 확대, 부정표현, 시제 동작상, 피동, 사동, 높임표현, 양태
의미 · 화용교육	의미, 화용
표기 · 문자/ 한국어사	문자, 표기법, 문자 교육, 어문교육, 언어유형론, 계통론, 고대 한국어, 중세 한국어, 근대 한국어
교육과정	교육과정의 개념, 교육과정의 개발 단계, 교육과정 모형, 교수요목 유형
교재	교재의 이해, 교재의 변천사, 교재의 유형, 교재의 개발, 교재의 선정과 평가
교수법	교수법의 개념과 배경이론, 교수법의 변천, 교수법의 유형, 교수 모형, 수업 설계와 운영
평가	평가의 개념, 평가의 틀, 평가의 요건, 평가도구의 개발, 평가의 유형, 문항분석이론, 문항분석지수, 채점, 언어 능력 평가의 사례
기능교육	구어와 문어, 이해교육, 듣기교육, 읽기 교육, 표현교육, 말하기교육, 쓰기교육, 매체와 기능교육, 기능통합교육, 통역과 번역
교육정책	언어정책, 한국어 교육정책기관, 한국어교원양성, 국내의 한국어 교육 현황, 국외의 한국어 교육 현황
문화교육	문화의 본질, 문화 분류의 유형, 문화 연구, 문화 능력, 문화교육, 문화학습 모형
다문화교육	다문화사회 정책, 다문화사회 모델, 다문화교육 체제, 다문화교육의 실제
문학교육	문학의 본질, 문학교육의 모델, 문학교육의 자료, 문학 교육의 모델, 문학교육 방법, 문학교육 활동

한국어교육학의 학문적 정체성 논의나 하부 구조 논의에서 한국어교육학사전의 편찬은 큰 의미를 갖는다. 한국어교육학사전이 제시한 하위 영역이 얼마나 타당한지에 대한 논의는 향후 진행되겠지만 주요 참고 사례로서의 의미는 크다. 그러나 한국어교육학사전이 갖는 명시적인 한계도 드러나는데 대표적인 예가 한국어교육학의 내용 체계를 구성하는 주요 영역인 한국어학 영역과 한국 문화 영역을 독립적으로 다루지 않았다는 점이다. 특히 한국어학의 주요 내용은 관련 교육 영역 안에서 함께 다루었지만 한국 문화의 내용 영역은 집필의 범위 안에 포함하지 않았다. 이는 한국어교육학사전의 집필이 다분히 응용 영역인 사전 편찬에 맞추어져 나온 결과라는 점에서 이해가 되나 향후 한국어교육학의 정체성 논의나 하부 구조 논의에서 제한적인 활용 가치를 갖도록 하는 요인이 된다.

한국어교육학의 학문적 정체성과 하부 구조 논의에서 중요한 시사점을 주는 또 하나의 사례로 들 수 있는 것은 문화체육관광부 관련 법안인 국어기본법시행령의 별표에서 제시하고 있는 한국어교원 자격 취득에 필요한 필수 이수 영역과 세부 교과목 예시이다. 이 예시의 기원은 앞서 언급한 백봉자 외(2001)에 기원을 두는 것으로 문화체육부의 지원을 받아 수행한 한국어세계화 추진 사업의 일환으로 진행된 연구에서 비롯되었다. 한국어세계화 추진 사업 중 한국어 교사 교육을 위한 세부 영역과 교과목 개발을 주제로 진행된 이 연구에서는 한국어학, 언어학과 응용언어학, 한국어교수법, 한국문화, 한국어 교육 실습을 하위 영역으로 설정하였고 일부 교과목을 해당 영역의 예시 과목으로 제시하였다. 이를 바탕으로 하여 국어기본법시행령이 제정되는 과정에서 국립국어원 주관으로 수 차례의 전문가 토론이 있었고 최종적으로 예시안이 마련되어 법령에 포함되었다. 그리고 이 예시안은 시행 이후 대학, 대학원, 교원양성과정 등 한국어 교사 교육 현장에 큰 영향을 주었다. 즉 한국어 교사 교육 기관은 교과과정을 수립함에 있어서 이 예시안에 맞춘 교과목을 포함하였으며 실제로 과목 개설 운영에서도 필수 이수 학점을 충족하는 수준을 보장하게 되었다.

[표 3] 한국어교원 자격 취득에 필요한 영역별 필수이수학점 및 필수이수시간
(제13조 제1항관련)

번호	영역	과목 예시	대학의 영역별 필수이수학점		대학원의 영역별 필수이수 학점	한국어 교원 양성과정 필수이수 시간
			주전공 또는 복수전공	부전공		
1	한국어학	국어학개론, 한국어음운론, 한국어문법론, 한국어어휘론, 한국어의미론, 한국어화용론(話用論), 한국어사, 한국어어문규범 등	6학점	3학점	3~4학점	30시간
2	일반언어학 및 응용언어학	응용언어학, 언어학개론, 대조언어학, 사회언어학, 심리언어학, 외국어습득론 등	6학점	3학점		12시간
3	외국어로서의 한국어 교육론	한국어 교육개론, 한국어 교육과정론, 한국어평가론, 언어교수이론, 한국어표현교육법(말하기, 쓰기), 한국어이해교육법(듣기, 읽기), 한국어발음교육론, 한국어문법교육론, 한국어어휘교육론, 한국어교재론, 한국문화교육론, 한국어한자교육론, 한국어 교육정책론, 한국어번역론 등	24학점	9학점	9~10학점	46시간
4	한국문화	한국민속학, 한국의 현대문화, 한국의 전통문화, 한국문학개론, 전통문화현장실습, 한국현대문화비평, 현대한국사회, 한국문학의 이해 등	6학점	3학점	2~3학점	12시간
5	한국어 교육 실습	강의 참관, 모의 수업, 강의 실습 등	3학점	3학점	2~3학점	20시간
합계			45학점	21학점	18학점	120시간

※ 한국어교원 자격의 취득에 필요한 영역별 과목의 적합 여부, 필수이수학점 및 필수이수시간에 대한 세부 심사 기준은 문화체육관광부령으로 정한다.

한편 한국 내 대학과 대학원에서의 교과목 개설 역시 한국어교육학의 학문적 정체성 논의에 시사하는 바를 갖는다. 비록 많은 대학과 대학원의 교과목 개설이 현실적으로 수요자 요구에 맞추어서 한국어교원 자격 취득에 필요한 교과목을 우선 개설

하고 있다는 점에서 학문적 정체성 논의와의 관련성에 한계가 있으나 박사과정을 개설한 대학원의 경우 한국어교육학 연구자를 육성하는 기능을 수행하므로 대학원에서의 교과목 개설은 의미가 크다. 2016년 8월 기준으로 국립국어원에 한국어교원 교육기관으로 등록된 곳은 대학(학부) 41곳, 대학원 93곳, 학점은행제 16곳이다. 그리고 교원양성과정과 같은 비학위과정은 75곳이다.[6] 그러나 한 대학(원)이 두 개 이상의 과정을 운영하는 경우도 있어 실제로 한 연구에 따르면 한국어 교육을 학과 또는 전공으로 운영하는 곳은 대학이 54곳, 대학원과 교육대학원이 107곳이다.[7] 대학의 개설 교과목 중 다수 대학이 개설한 교과목은 다음과 같다. 이들 대학(원)에서 개설하고 있는 교과목 중 빈도수가 높은 것을 국어기본법시행령의 별표에 있는 영역별 분류에 따라 제시하면 아래와 같다.[8]

[표 4] 한국 내 대학과 대학원의 한국어 교육 관련 학과/전공의 개설 교과목 사례

영역 분류	대학	대학원
한국어학	한국어학개론, 한국어어문규범, 한국어문법론, 한국어음운론, 한국어의미론, 한국어사, 한국어형태론, 한국어화용론	한국어학개론, 한국어문법론, 한국어어문규범, 한국어음운론, 한국어의미론, 한국어어휘론, 한국어화용론, 한국어사, 한국어형태론, 한국어통사론
언어학과 응용언어학	언어학개론, 외국어습득론, 대조언어학, 사회언어학, 응용언어학	외국어습득론, 대조언어학, 언어학개론, 사회언어학, 응용언어학, 심리언어학, 국어정보학, 대조오류분석, 담화분석, 이중언어교육론, 대화분석
한국어 교수법	한국어표현(말하기/쓰기)교육론, 한국어이해(듣기/읽기)교육론, 한국어 교육개론, 문화교육론, 한국어문법교육론, 한국어발음교육론, 한국어교수이론, 한국어교재론, 한국어어휘교육론, 한국어교평가론, 한국어 교육과정론, 한자교육론, 매체활용교수법, 한국어번역론	일반 교수학습이론, 범주교육론(발음, 어휘, 문법), 기능교육론(말하기, 듣기, 쓰기, 읽기), 문화교육론, 문학교육론, 한자교육론, 교육과정론, 교재론, 평가론, 교육정책론, 교사교육론, 매체활용교육론, 한국어 교육공학, 특수목적한국어 교육론, 학습자집단별한국어 교육론, 한국어번역론, 한국어오류분석 및 지도법, 한국어교실운영방법, 교안작성방법, 한국어 교육경영론, 한국어화법교육론

6) 이선웅 · 김유미(2016) 참조

7) 김승환(2016) 참조

8) 김승환(2016) 참조

한국문화	한국문학, 한국문화의 이해, 한국민속학, 현대한국사회, 한국역사, 한국전통문화체험/실습	한국문학개론, 한국현대문학, 한국고전문학, 한국소설, 한국시, 문학사, 문학비교, 문화일반, 전통문화, 한국민속학, 현대문화, 비교문화, 다문화, 한국사회, 한국사상, 한국의 종교, 대중문화, 한국역사, 문화재, 언어문화, 문화사, 한국영화와 문화, 예술문화, 한국학개론, 한국문화콘텐츠, 지리문화

위에서 제시한 개설 교과목은 빈도수가 높은 것으로 한국어교육학의 연구와 실천 영역인 대학과 대학원에서 한국어교육학에 어떻게 접근하고 있는지를 보여주는 예가 될 수 있다. 이들 교과목을 볼 때 대학과 대학원은 다분히 응용 영역으로서의 한국어교육학의 단면을 보이고 있다. 교과 내용 체계를 이루는 한국어학과 언어학/응용언어학의 경우 하위 영역을 포괄적으로 접근하는 반면에 교과교육 영역인 한국어 교수법의 경우 교과목의 세분화가 이루어지고 있음을 알 수 있다. 그리고 한국 문화의 경우 범위가 광범위하고 교과목 개설에 있어서 포괄적인 교과목과 함께 세부 교과목의 개설이 병행되고 있음을 알 수 있다. 이는 아마도 한국어교육학과 관련하여 인접 영역인 한국 문화의 개념 설정 및 범주 설정이 아직 그리 진전되지 않았음에 기안하는 것으로 볼 수 있다. 예를 들어 한국영화와 문화, 한국문화콘텐츠라는 이름의 교과목이 다수의 대학원에 개설이 되었는데 한국어교육학의 하부 구조 논의에서 이들 교과목의 비중을 어느 정도로 평가해야 하는지, 한국문학개론은 다수 개설되었으나 한국문화개론은 개설된 예가 없는 점을 어떻게 받아들여야 할 것인지 등도 논의거리가 될 것이다. 다시 말해 일부 영역의 경우 기본 교과목의 개설의 예를 찾을 수 없는 데 비하여 현시점 관심을 끄는 일부 사회 영역과 관련한 세부 교과목이 개설된 사례는 한국어교육학의 하부 구조 논의에 시사하는 바가 크다고 본다.

6. 교육과정과 정책 논의에의 함의

이상에서 외국어로서의 한국어교육학의 학문적 정체성 논의의 실제와 현시점 한국어교육학계에서의 연구 및 실천 동향을 살펴보았다. 앞에서 언급한 바와 같이 한국어교육학은 아직 정체성에 대한 학계의 합의가 부재하고 보편화된 학문 체계가 충분히 정립되었다고는 보기 어렵다. 그런 상황에서 한국어교육학의 현장 적용 영역으로서 대학과 대학원의 관련 학과와 전공이 대규모로 운영되고 있다. 대학과 대학원의 한국어 교육 관련 학과와 전공은 국어기본법시행령의 별표에서 정하고 있는 한국어교원 자격 취득 요건의 영향을 받고 있음은 주지의 사실이다. 한국어교육학의 학문적 정체성과 하부 구조 정립을 위한 학계의 노력이 절실히 요구된다.

이와 함께 한국어교육학의 학문적 정체성과 하부 구조 논의의 시급성을 요하는 배경에는 국외에서의 한국어학과, 한국학과, 한국어교육학과의 교과과정 정립에 국내외 한국어교육학계 성과의 공유 필요성이다. 전세계적으로 한국어 교육이 확산되면서 대학과 대학원에서 한국어 교육과 관련한 학과의 신설이 늘고 있다. 국내에서의 한국어교육학의 학문적 정체성과 하부 구조 논의의 성과는 외국에서 주요 참고자료가 될 것이다. 전세계에 보편적으로 적용될 수 있는 교과과정은 존재하지 못한다 해도 이론적으로 타당하고 실제적으로 현장 적용이 가능한 한국어교육학의 하부 구조 논의를 학계 차원에서 진행할 필요가 있다.

이상의 논의를 바탕으로 하여 이 책의 집필 의도에 맞추어 교육과정과 정책 논의에의 시사점을 정리하고 실제 적용 가능한 예시를 제시하면 다음과 같다.

우선 교육과정 논의와 관련하여 한국어 교육과정은 다양한 특수 목적 교육과정 논의를 활성화할 필요가 있다. 앞에서 살펴보았듯이 한국어교육학이 종합 응용 학문이고 실용적 가치가 크다는 점을 고려할 때 한국어 교육 현장에 대한 고려가 적극적으로 이루어져야 한다. 한국어 교육 현장에 대한 고려는 1차적으로 한국어 교육이 갖는 교육적, 국가 사회적 기능을 중시해야 하는데 일반 교육 목적 이외에도 세계시민교육적 기능, 민족교육적 기능, 사회통합적 기능을 수행한다는 점은 교육과정 논의에 반영되어야 할 것이다. 이는 곧 Dudley-Evans, T. & St. John, M. J.(1998)에서 제시하고 있는 특수 목적 외국어 교육에 머무르지 않고 민족교육 목적의 한국어 교육과정, 이주 적응 목적의 한국어 교육과정이 비중있게 논의되어야 하고 직업 목적의 한국어 교육과정도 실제 한국어 교육 현장의 특성을 고려하여 작업장 한국어의 비중을 좀 더 중시할 필요가 있다.[9] 이를 종합적으로 정리하여 제시하면 [표 1]과 같다.

[표 1] 논의 대상으로서의 한국어 교육과정

유형		주요 내용
일반 목적		– 한국어 교육 표준 교육과정 등 범용성을 가진 교육과정 – 국내 한국어 교육기관의 정규 과정을 비롯한 국내외의 다양한 정규 교육과정 – 국내외 한국어 교육기관의 단기 프로그램 교육과정 등 다양한 비정규 교육과정
특수 목적	학문목적	– 대학교 등에서 인문과학, 사회과학, 자연과학, 공학, 의약학 등을 등을 전공하는 학습자를 대상으로 개설되는 교양/기초/전공 한국어 교육과정
	직업목적	– 국내외 한국어 교육 현장에서 정보 분야 군인, 외교관, 비즈니스 종사자, 의료 종사 인력, 관광 가이더 등을 대상으로 운영하는 교육과정 – 한국 내 이주 (예비)이주노동자를 대상으로 하여 국내외에서 운영하는 작업장 한국어 교육과정
	이주 적응 목적	– 사회통합프로그램 등 한국 내 이민자의 한국 사회 적응을 목적으로 하는 한국어 교육과정
	민족교육 목적	– 국외 재외동포 후손의 한민족으로서의 얼과 정체성을 키우기 위하여 실시하는 한국어 교육과정(한글학교 교육과징 등)
기타		– 선교 한국어 교육과정 – 입양인 한국어 교육과정 – 귀국자 자녀 한국어 교육과정 등

9) 다만 이러한 논의에서 최근 대규모 학습자 집단을 형성하고 있는 한류 기반의 학습자를 대상으로 하는 한국어 교육을 일반 목적으로 볼지 특수 목적으로 볼지에 대한 논의가 요구된다. 여기에서는 한류 기반의 학습자가 독립적으로 한류만을 향유하기 위하여 지속적으로 한국어를 학습하기보다는 일반적인 한국어 의사소통 능력을 키우기 위한 목적에 병합되는 경우가 더 많은 것으로 보고 특수 목적 한국어 교육과정으로 분리하지 않고 있음을 밝힌다. 다만 한류 기반 학습자를 대상으로 하는 단기 교육의 경우 교육과정 측면보다는 프로그램 측면에서 논의가 필요하다고 보며 이 경우 언어와 문화의 통합적 접근 차원에서 논의하는 것이 바람직하다고 보고 일반 목적 내 다양한 비정규 교육과정의 범주에 포함되는 것으로 보고자 한다.

다음으로 교육정책 논의와 관련하여 한국어 교육정책은 내용학이 되는 한국어학과 함께 문화학을 중시할 경우 사회과학적 논의의 중요성이 부각된다. 이는 이미 앞에서 살펴본 여러 논의에서도 제기되었지만 한국 사회와 문화에 관한 전반적인 내용이 적절한 수준과 방법으로 한국어 교육에 도입되어야 함을 의미한다. 뿐만 아니라 한국어 교육이 한국어를 모어로 하지 않는 전세계의 이문화 배경을 가진 학습자를 대상으로 하여 한국 사회에 대한 올바른 이해를 갖도록 하고, 이를 통해 한국의 국가 이익을 도모하는 정책적 목적도 존재하는 만큼 정책학적 논의의 필요성이 제기된다. 이는 결국 한국어와 한국 문화를 적절히 포함하고, 교수 학습의 효과를 가져올 수 있는 수단과 방법을 동원하고, 국가의 정책 결정과 집행을 통해 한국어 교육이 실시 될 것을 기대하도록 한다. 이를 다시 종합하면 한국어 교육 정책 논의에서는 어떻게 하면 국가가 주체가 되어 국가의 다양한 자원을 투입하고 국가의 시스템을 동원하여 한국어 교수 학습의 효율성을 높이고 한국어 교육 실시의 성과를 높일 것인가에 대한 논의로 집약될 수 있다. 전자의 경우 한국어 교육 내적 영역이고 교육 전문성을 중심으로 한다는 측면에서 상대적으로 미시적 논의의 성격이 강한 반면에 후자의 경우에는 국가의 정책 결정 과정과 추진 체계 등이 논의에 포함되어야 하는 만큼 상대적으로 거시적 논의의 성격을 갖는 것으로 볼 수 있다, 이러한 논의는 결국 아래의 [표 2]와 같은 쟁점들을 주로 대상으로 하는 것으로서 한국어 교육정책 논의의 주요 의제가 될 수 있다.

[표 2] 한국어 교육 정책과 관련한 주요 쟁점[10]

미시적 차원의 논의 쟁점	거시적 차원의 논의 쟁점
– 재외동포 자녀, 국내의 이민자 집단, 한류 기반 학습자 등을 대상으로 하는 한국어 교육의 목표 설정 및 효율적 실시 방안 – 국가 수준의 표준교육과정 및 표준교재 개발 논의 – 한국어 교원의 육성, 인증, 신분 · 처우, 재교육 등과 관련한 정부의 역할 – 한국어능력시험(TOPIK)의 효율적 운영과 발전	– 한국어 교육 효율성 제고를 위한 정부의 노력[11] – 인류사적 시대 변화, 국제사회에서의 한국의 위상 변화와 한국어 교육의 관련성 – 한국과 개별 국가 사이의 관계와 한국어 교육 관련성 논의 – 한국어 교육의 기본 성격에 대한 논의(문화 정책과 교육 정책 사이의 조화 등) – 국내 이민자 증가와 한국어 교육 관련성 – 세계시민교육과 한국어 교육 관련성 – 민족정책(재외동포 정책), 외국인 정책(이민 정책)과의 관계 논의

이상에서 한국어 교육학의 학문적 정체성 논의로부터 한국어 교육과정과 교육정책 논의의 대상을 일별하였다. 이러한 논의는 내용과 방법론이 기존의 인접 학문과 겹치거나 유사한 경우가 많겠지만 논의의 목표, 내용, 방법에서는 한국어 교육학적 접근을 요구하게 될 것이다. 아직까지 한국어 교육학의 학문적 정체성 정립이 부족하고 실제 연구 방법론 논의도 충분하지 않은 상태에서 본 연구의 내용이 하나의 시론으로서 의미를 갖게 되기를 기대한다.

10) 이의 주요 내용은 조항록(2023)에서 가져왔음을 밝힌다.

11) 미시적 차원에서 논의하는 쟁점은 거시적 차원의 논의에서 하나의 세부 논의 쟁점으로 자연스럽게 포함이 됨을 밝힌다.

참고문헌

강승혜(2003), 외국어로서의 한국어 교육의 학문적 정체성, 외국어로서의 한국어 교육 제28집, 연세대학교 언어연구교육원 한국어학당.

강현화(2007), 한국어교육학의 내용학의 발전 방향 모색, 국제한국어교육학회 제17차 국제학술대회 발표논문집.

국제한국어교육학회(2007), 외국어로서의 한국어교육학 – 교육과 연구의 방향성 정립 –, 국제한국어교육학회 제17차 국제학술대회 발표논문집.

김승환(2016), 학점은행제 원격평생교육원의 '외국어로서의 한국어학 전공'의 문제점과 개선 방안 연구, 한국언어문화학 제13권 2호, 국제한국언어문화학회.

김은주(2001), 한국어 교육의 학문적 위상 정립과 학문으로서의 미래 조망, 외국어로서의 한국어 교육 제25/26집, 연세대학교 언어연구교육원 한국어학당.

김정숙(2012), 한국어교육학의 학문적 정체성 및 연계학문적 특성 연구, 한국어교육, 23권 2호, 국제한국어교육학회.

김중섭(2005), 한국어 교육의 이해, 한국 문화사.

김하수(2004), 외국어로서의 한국어교육학, 외국어로서의 한국어교육학, 2004년 이중언어학회 제16차 전국학술대회 춘계대회 발표 논문집.

민현식(2005), 한국어교육학 개관, 민현식, 조항록, 유석훈, 최은규 편, 한국어교육론1, 한국문화사.

백봉자 외(2001), 한국어 교사 · 교육 연수 프로그램 교과과정 및 교수요목 개발 최종 보고서, 한국어세계화재단/한국어세계화추진위원회.

백봉자(2007), 외국어로서의 한국어교육학을 다시 생각한다, 국제한국어교육학회 제17차 국제학술대회 기조연발표문.

서울대학교 국어교육연구소(2014), 한국어교육학사전, 도서출판 하우.

서상규(2007), 한국어교육학과 기초 학문, 한국어교육 18권 3호, 국제한국어교육학회.

손성옥(2003), 외국어 교육학에서의 학문 영역과 교과과정 구축, 외국어로서의 한국어 교육 제28집, 연세대학교 언어연구교육원 한국어학당.

윤여탁(2007), 한국어교육학과 국제학, 국제한국어교육학회 제17차 국제학술대회 발표논문집, 국제한국어교육학회.

이선웅 · 김유미(2016), 한국어교원 교육기관 실태조사 연구, 2016 한국언어문화교육학회 제23차 추계 전국학술대회 발표 논문집.

조항록(2005), 한국어교육학의 학문적 정체성 연구 방법론 소고, 한국언어문화학 제2권 1호, 국제한국언어문화학회.

조항록(2023), 신한국어교육정책론, 한글파크.

조항록 외(2003), 한국어 교사 · 교육 연수를 위한 표준 교육과정 시행 시안 개발 최종 보고서, 한국어세계화재단/한국어세계화추진위원회.

한재영 외(2013), 한국어 교육 연구의 현황, 신구문화사.

Dudley−Evans, T. & St. John, M. J.(1998), Developments in English for specific purposes. Cambridge: Cambridge University Press.

국어기본법 시행령

02 학문 목적 한국어 교육과정[1)]

정서영

1. 서론

본 연구는 학문 목적 한국어 교육과정 개발을 위한 기초연구로 학문 목적 한국어 교육에서 적합한 교육의 핵심 요소가 되는 내용을 추출하는 것을 목적으로 한다.

1959년 외국인 학습자를 위한 한국어 교육이 연세어학당에서 최초로 시작한 이래 지난 60여 년간 한국어 교육은 질적, 양적으로 많은 발전을 이루었다. 2000년대 이전까지의 한국어 학습자들은 주로 여행이나 취미 등의 일반 목적으로 한국어를 배우거나 직업상 한국에 머물러야 하는 외교관이나 주재원 등이 한국어를 학습하였는데 2000년대 들어서는 이러한 학습자들 이외에도 한국 대학에 진학하기 위해 한국어를 공부하려는 학문 목적의 학습자들이 크게 증가하였다.

이러한 유학생의 급격한 증가는 정부의 정책과도 무관하지 않다. 정부는 2001년

---

1) 이 글은 정서영(2016)의 박사학위 논문 '학문 목적 한국어 교육과정 개발 연구–인문 · 사회계열의 대학수학기초과정을 중심으로'의 내용을 바탕으로 하였으며 몇몇 데이터는 최근 시점에 맞춰 수정하였으나 전체적인 논점은 2016년 당시에 맞춰져 있음을 밝힌다.

'외국인 유학생 유치 확대 종합방안'을 수립하고 2004년 12월부터 추진된 '스터디 코리아 프로젝트(Study Korea Project)'로 유학생을 적극 유치하고자 했다. 그 결과 2008년 4월부터 2010년까지 유학생 5만 명 유치 목표를 초과 달성하였고 2012년까지 외국인 유학생 10만 명 유치를 목표로 2차 프로젝트를 계속 추진하였다. 이처럼 정부의 적극적인 외국인 유학생 유치 프로젝트와 한류 문화의 전파에 힘입어 한국 내 외국인 유학생 수는 기하급수적으로 증가하였다. 그러나 이러한 증가세는 2011년을 기점으로 정체되기 시작했다. 국내 대학에 진학하여 학업을 목표로 하는 학습자들이 늘어나면서 이들을 관리해야 할 필요가 생겼기 때문이다. 교육부는 2011년부터 '외국인 유학생 유치 · 관리 역량 인증제'를 시행하고 있는데 이렇게 '외국인 유학생 유치 · 관리 역량 인증제'를 시행하게 된 여러 가지 배경 중 하나는 재학 중이던 유학생이 대학 졸업을 하지 못하고 중간에 학업을 포기하는 유학생이 늘어난 것에 있다. 학업을 중도에 포기하는 학생들의 큰 이유 중의 하나로 한국어 숙달도 문제가 제기되면서 정부는 한국 내의 대학 입학에 요구되는 외국인 한국어 능력을 낮추었다.

한국 내의 대학 입학 기준 완화는 외국인 유학생에게 국내 대학 입학의 폭은 넓혀 주었지만, 외국인 유학생의 학문 수행 능력 부족을 우려하게 하는 요인이기도 하다. 이에 대학기관은 일반 목적 한국어를 중심으로 발전해 오던 한국어 교육은 유학생에게 학문 연구로서의 한국어 교육과 대학 수학능력 향상을 위해서 여러 가지 방안들을 모색하게 되었고 무엇보다 이들을 위한 학문 목적 한국어 교육과정 개발이 요구되었다(조항록, 2008: 12).

국내 대학에 진학하는 유학생 중 특정 학문계열에 진학하는 유학생의 수도 증가했는데 전체 학위과정 중에 반수 이상이 인문 · 사회계열 학과를 전공하고 있다. 이렇게 특정 전공계열에 진학하는 유학생이 급증하면서 전공 기초지식의 부족으로 대학 강의를 어려워하는 유학생이 많아졌다. 특히 인문 · 사회계열을 전공하는 유학생은 다른 계열에 비하여 강의 중심의 수업과 전문 분야의 서적을 이해하기 위한 수준 높은 한국어 능력이 필요하였다.

대학의 전공을 수학하기 위해서는 기본적으로 대학 강의를 이해하고 학업 수행을 할 수 있을 정도의 한국어 능력이 유학생에게 필요하다. 일부 고급반에서 교양 · 시사의 주제나 내용을 학습하지만 실제 국내 대학에서 공부하는 전공 교과목의 내용과 상이할 뿐만 아니라 학부 과정에서 수강하는 교양 한국어의 내용 역시 이들의 전공 내용과는 다르다. 일부 국내 대학에서는 외국인 전용 교양 한국어 교과목을 개설하고 있지만 한 학기에 2~3학점 교양 한국어 강의만으로는 한국어 능력 향상을 크게 기대할 수 없다. 이러한 학문적 어려움을 해결하기 위해서는 현실적으로 국내 대학의 교양교육 체계와 학부 유학생의 요구를 실질적으로 반영하고, 유학생들의 대학 수학 능력을 향상시킬 수 있는 특정 학문 목적 한국어 교육과정 개발이 시급하다.

이에 본 연구에서는 학문 목적 한국어 교육에 가장 적합한 교육을 내용 기반 교육으로 보고 내용 기반 언어 교육에서는 학문을 목적으로 하는 외국인 학습자들을 위해서 무엇을 가르쳐야 하는가에 대해 살펴보고자 한다.

2. 이론적 배경

한국어 교육에서도 다양한 목적을 가진 학습자가 증가하면서 학문 목적 한국어 교육은 한국어 교육의 한 영역으로 자리 잡고 있다. 학문 목적 한국어 교육 관련 논문을 살펴보면 2005년까지 학위 논문 수는 10편 이하였으나 2005년 이후 급속히 증가하여 2015년까지 10여 년 동안 석 · 박사 학위 논문은 약 200편이 넘는다. 이중 석사학위 논문은 186편이고 박사 학위 논문은 17편이다. 학술지 논문까지 포함한다면 이보다 더 많은 연구가 되었을 것이다. 연구된 논문 수만 봐도 알 수 있듯이 학문 목적 한국어 교육은 수요자 증가라는 외적 요인으로 2000년 중반 국내 대학에 진학하는 유학생이 꾸준히 늘면서 새로운 학습자 집단으로 부상한 가운데 연구자들에게 폭발적인 관심의 대상이 되었다(정서영, 2017: 9).

학문 목적 한국어 교육의 초기 연구는 한국어 교육기관에서의 일반 한국어 교육과의 차별성을 밝히고 학문 목적 한국어 교육과정 설계를 위한 요구분석을 통하여 학문 목적 한국어의 연구 기반을 마련하고자 하였다. 학문 목적 교육과정 및 교수요목에 대한 연구는 지금까지 꾸준히 진행되어 오고 있는 연구 분야이며 최근에는 전공과 관련 특정 목적 한국어의 교육과정과 교수요목에 대한 연구가 꾸준히 연구되고 있다. 이에 관한 연구는 김정숙(2000), 이해영(2001, 2004), 김인규(2003), 이덕희(2003), 송지현(2005), 황현주(2005), 김순옥(2011) 등이 있다. 이 밖에 학문 목적 한국어 교육과정의 현황을 살펴본 연구로는 최정순(2006), 박석준(2008), 최은규(2009), 한송화(2010), 박진욱(2014) 등의 연구가 있는데, 국내 대학의 학문 목적 한국어 현황을 제시하고 유학생의 학업 수학에 필요한 한국어 능력을 함양하기 위해 학문 목적 한국어 교육과정이 나아가야 할 발전적 방향과 내용을 모색하고 있다.

2.1 학문 목적 한국어 교육과정 이론

학문 목적 영어 교육의 역사적 배경을 살펴본 후 학문 목적 한국어 교육에 대한 논의를 진행하고자 한다.

학문 목적 외국어 교육은 특수 목적 외국어 교육의 하위 영역으로 특수 목적 외국어 교육의 전문적인 업무와 연구를 수행하기 위해 전문적인 언어 기능을 학습하는 데 목적을 둔 교육과정이다. 특수 목적 언어교육에 대한 논의는 학습자의 요구에 좀 더 적합한 영어를 제공하려는 노력과 함께 영어 교육 분야에서 처음 시작되었는데 Strevens(1977)의 연구에 의하면 특수 목적 영어의 등장은 1576년 외국 관광객을 위해 출간된 도서가 기원이라고 보고 있지만 대체적으로 제2차 세계대전 이후부터 1960년대까지를 본격적인 활성화시기로 보고 있다. 'English for Academic Study' 이란 단어는 1974년에 처음 나타났는데 1975년에 'English for Academic Purposes'와 'English Occupational Purposes' 차이에 대한 고찰이 있은 후 1976년부터 'English for Academic Purposes'가 통용되기 시작하였다(Dudley-Evans & St. John(1998: 19).

특수 목적 영어 교육은 영어권 나라마다 다르지만 학문 목적 영어가 발전할 수 있었던 요인을 성명희(2002)에서는 3가지 요인으로 보고 있다. 첫째는 급속한 경제, 과학, 기술 활동의 발달로 전 세계적으로 영어가 국제 공용어로 대두되면서 직업현장에서 사용되는 영어가 필요하게 되었고 학생들이 학문 연구와 졸업 후 전문직에 종사하는 데 적합한 영어를 배울 수 있도록 교재를 개발하고 교수요목을 설계할 필요성이 나타나게 된 것이다. 둘째, 교수 · 학습이론에서는 학습자의 요구와 동기를 파악하고 이에 맞는 영어 교육의 필요성이 강조되었다. 셋째는 언어 규칙에 중점을 두고 접하던 외국어 교육 방식에서 실제 일어나는 상황이 의사소통 중심의 영어 교육으로 관심이 옮겨간 것이 또한 특수 목적 영어로 발전된 것이다.

특수 목적 영어는 연구자에 따라 그 범주와 하위 영역이 달리 설정되었는데 Hutchinson & Waters(1987)와 Dudley Evans & St. John(1998) 연구가 많이 활용되고 있다. Hutchinson & Waters(1987)는 'the ESP tree(1987: 17)'에서 학문 목적 영어 체계를 모국어로서의 영어(EMT: English as a Mother Tongue), 외국어로서의 영어(EFL)와 제2외국어로서의 영어(ESL)로 분류하였다. 분류 체계의 시작을 모국어로서의 영어(EMT)에서 출발했다는 점에서 학습자 중심으로부터의 접근이라는 평을 받았다. 다음 EFL을 다시 일반 목적 영어(GE: General English, 현재 EGP)와 특수 목적 영어(ESP)로 나누었다. 그리고 특수 목적 영어의 하위 범주로 English for Science and Technology(EST), English for Business and Economics(EBE), English for Social Sciences(ESS) 등으로 세분화하였다. 그리고 각 전공 분야에서 학문 목적 영어와 직업 목적 영어로 나누었다. 그 다음은 Dudley Evans & St. John(1998: 6)의 연구에서 분류 학습자의 학문, 직업 등의 전문적 상황으로 구분하였다. 자세한 분류 체계를 보면 특수 목적 영어는 직업 목적 영어와 학문 목적의 영어로 나누고 각각의 하위 범주를 학문 목적 영어의 경우 과학 기술, 의학 등 전공별로 세분화하였다. 직업 목적·영어의 경우는 전문직을 위한 영어, 기술직 영어로 구분하고 있다. Dudley Evans & St. John(1998)의 학문 목적 영어 교육의 분류는 다음과 같다.

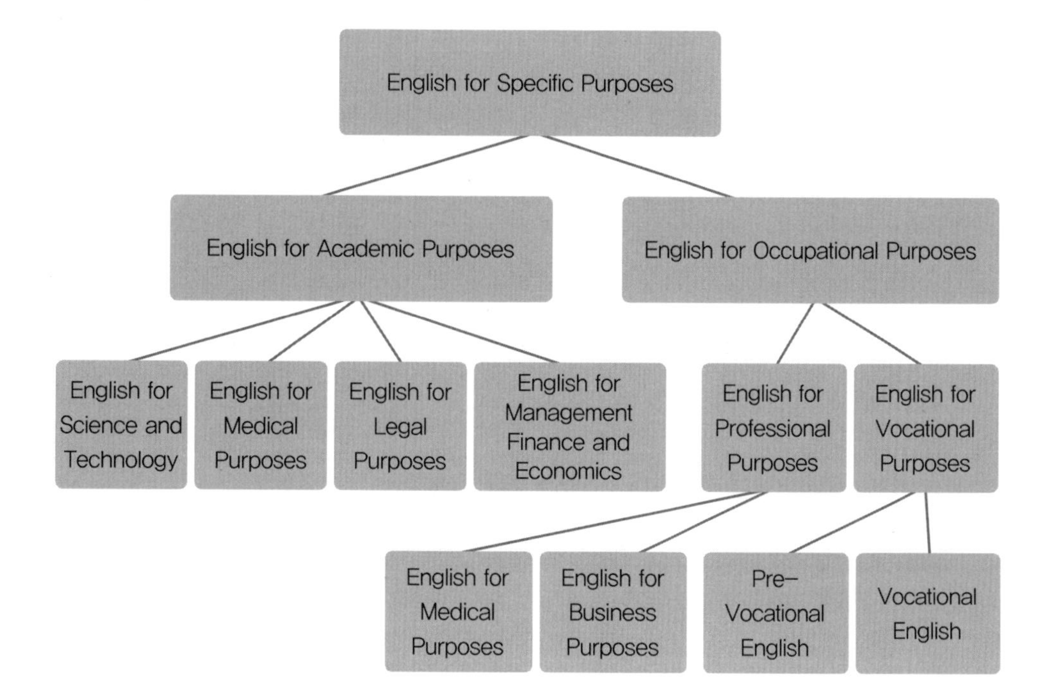

[그림 1] Dudley-Evans & St. John(1998)의 ESP의 분류

한국어 교육에서 학문 목적 한국어의 개념과 분류에 대한 연구는 유승금(2005), 최정순(2006), 박석준(2008), 정미혜(2012), 박진욱(2014), 정서영(2017) 등이 있는데 대체로 학문 목적 영어의 기준이나 분류 체계를 기반으로 하고 있다.

유승금(2005), 최정순(2006)은 Hutchinson & Waters(1987)의 분류 체계를 동의하고 적용하고 있다. 최정순(2006)은 한국어의 하위분류를 이분법적으로 나누지 않고 '제1언어로서의 한국어', '외국어로서의 한국어', '제2언어로서의 한국어'로 구분하고, 일반 목적 한국어와 특수 목적 한국어가 어느 정도 숙련도에 이르기까지는 구분하지 않는 공통의 구분을 두고 '공통 한국어(General Korean)'를 설정해야 함을 주장하였다. 일정한 수준에 도달한 후에 학습자의 한국어 학습 목적에 따라 최종 목표점을 통해 '한국어'가 세분화되어 학습하는 것이 합리적이라고 하였다. 다시 말해 외국어로서의 한국어는 학습 목적에 따른 하위분류 전에 공통의 한국어를 설정해야 한다고 하였다. 또한 일반 목적 한국어와 특수 목적 한국어로 구분되더라도 완전히 구분되는 것이 아니라 실제적으로 두 한국어가 동시에 교수 · 학습되다가 숙달도가 높아지면서 특수 목적 한국어가 우세해지는 것으로 파악해야 한다고 보았다. 박진욱(2014)은 학문 목적의 단계를 전공 진입 전과 전공 진입 후의 단계로 구분하고 전공 진입 전 단계의 한국어 교육에 초점을 맞추어 학문 목적 한국어 교육과정의 범위와 목표를 설정하였다. 또한 학문 목적의 한국어 학습 역량과 학습 역량의 구체적인 세부역량을 설정하고 한국어 학습 역량 모형을 제안하였다. 박석준(2008), 박진욱(2014)은 학문 목적 한국어 교육과정을 대학 진학 후의 과정으로 분류하여 기존의 일반 목적 한국어와 학문 목적 한국어를 나누던 기존의 관점을 탈피하고 일반 목적과 학문 목적이 연속적인 관계로 보았다. 정미혜(2012)와 정서영(2017)은 대학 진학 후 수행하게 될 전공별 학문 목적 한국어를 연구했다. 정서영(2017)은 한국대학교육협의의 표준분류표를 기준으로 대학의 전공과를 5계열로 구분하고 외국인 유학생의 진학률이 높은 인문 · 사회계열을 위한 학문 목적 한국어 교육과정 설계를 내용 중심 교수 방법 중의 하나인 주제 중심 교수 방법으로 접근하였다. 이를 위해 각 대학의 교양체계와 교양교과목을 분석하여 40개의 주제어를 추출하여 내용을 선정하였다. 정서영(2017)의 학문 목적 한국어 교육의 분류는 다음과 같다.

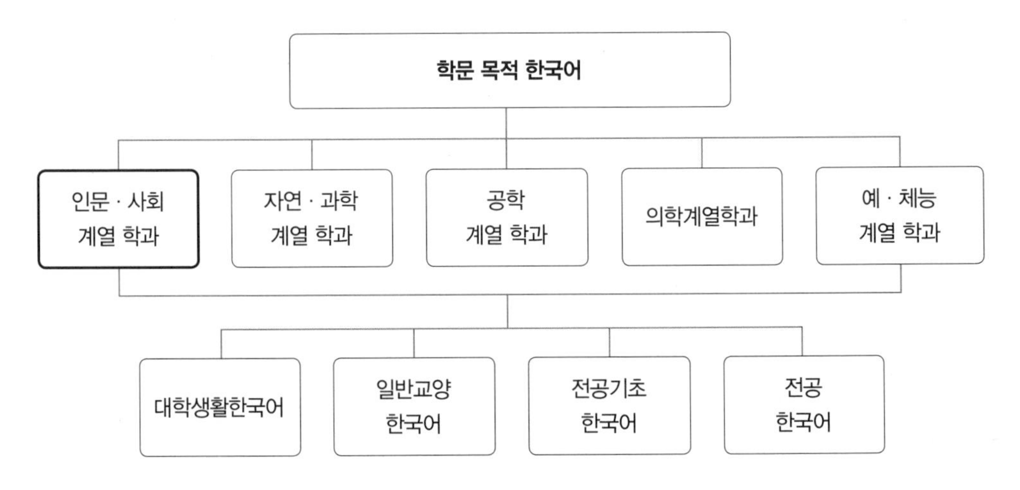

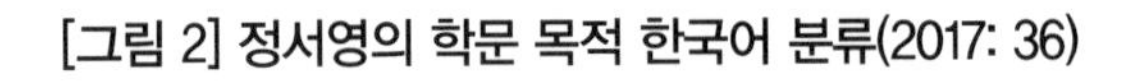
[그림 2] 정서영의 학문 목적 한국어 분류(2017: 36)

2.2 내용 중심 교수법

외국어 학습의 중심이 교사나 교육기관에서 학습자로 바뀌면서 외국어 학습의 목적은 교육 방법이나 내용을 결정하는 중요한 요소가 되었다(안정호, 2016). 학문 목적 외국어 학습은 학문의 내용을 다루는 데에 익숙해질 필요가 있다. 외국어 교수법에서 학습자가 학습하게 될 언어와 내용을 분리하여 가르치는 것보다 내용에 중심을 두고 접근하는 방법이 내용중심 접근법(Content-Based Instruction: CBI)인데 이 접근법은 1980년대 이후 학습자의 다양한 언어 학습 목적에 따른 학습자의 요구에 부응하는 접근법으로 널리 사용이 되었다. 언어 학습과 내용 학습을 통합한다는 것은 구체적으로 어휘, 문법, 발음으로 나눠서 학습하는 것이 아니라 총체적으로 학습된다고 보는 총체적 언어 접근법(Whole language approach)에 기반을 두고 있음을 의미한다. 이를테면 언어 중심적 학습에 중심을 두지 않고 목표 언어를 통하여 다양한 과목의 내용이나 주제 등을 자연스럽게 이해하며 언어 수행능력을 향상해 나가는 교수 방법이다.

지금까지의 언어 교수는 언어 교육에 비중을 두었는데 내용중심 접근법은 목표 언어를 직접 가르치는 것이 아니라 목표언어를 통하여 다양한 과목의 내용이나 주제 등을 이해하며 언어 수행을 구현하고 언어를 동시에 가르치는 수업방식이다(Brinton, 1989: 17). 즉 언어 교수가 언어적 유형이나 다른 유형의 교수요목보다는 학습자가 습득할 내용 혹은 지식 중심으로 조직된다. 여기에서 내용(content)이란 의사소통을 하기 위한 언어가 아니라 언어를 통해서 학습할 내용을 이해하며 학습하는 것이다. 다시 말해서 언어 자체의 학습에 목표를 두고 언어 학습을 하기보다는 오히려 정보를 얻는 수단으로 외국어를 더 성공적으로 학습할 수 있다는 것이다.

내용중심 접근법의 특징은 학습자들이 다양한 교과를 목표언어를 통해 학습하게 된다는 것이다. 따라서 학습자들의 언어능력뿐만 아니라 지식수준에 따라 도입되는 내용들의 종류와 정도는 다양하다. 초급자에게 적용할 수 있는 내용은 일상적인 사회활동에 필요한 의사소통을 위한 기초적인 내용을 담고 있으며 중 · 상급자에게는 전문적이고 심층적인 내용들이 제공된다. 또한 실제적 자료를 활용하여 학습자들에게 학문적 · 직업적으로 필요성을 반영한 내용을 집중함으로써 내적 동기와 흥미가 유발되어 목표언어를 성공적으로 학습하게 된다. 학문을 목적으로 하는 외국어 학습자들의 궁극적인 목적은 국내 대학에 진학하여 대학 생활을 하면서 학문적 활동을 원활히 수행하는 것이라고 할 수 있다.

내용중심 언어 교수의 교수 모형은 연구자에 따라 약간 차이를 보이고 있으나 Brinton(1989)에서는 내용중심 교수의 세 가지 유형으로 주제중심 교수 모형(Theme-based instruction), 내용보호 교수 모형(Sheltered content instruction), 언어병존 교수 모형(Adjunct language instruction)을 소개하고 있다. 세 가지 모형은 언어 교육과 내용 교육의 통합 정도와 범위에 따라 차이가 있다. 주제중심 교수 모형은 언어 교육 위주의 유형으로 학습자의 목표 언어 능력 향상이 그 목적이라면 내용중심 교수 모형, 언어병존 교수 모형은 내용교수 중심 수업으로 학습자의 내용 전달 및 이해가 목적이다.

주제중심 교수 모형(Theme-based instruction)은 언어 학습 교실에서 주제나 내용에 대한 언어 능력 향상과 주제 관련 이해를 돕기 위한 수업이다. 이는 내용중심 접근법 중에서 내용과 언어의 통합 정도가 가장 약한 것으로, 학습자는 자신이 학습할 내용과 관련된 주제를 활용하여 언어 학습을 배양한다. 내용 학습보다는 언어 학습에 초점을 맞추고 있다. 그래서 특정 주제나 내용에서 학습자가 내용의 이해를 돕기 위한 수업이다.

내용보호 교수 모형(Sheltered content instruction)은 목표 언어를 모국어로 사용하는 국가 내에 있는 교육기관에 적용하는 모형으로 목표 언어로 수업하는 정규 교육과정에서 목표 언어에 익숙하지 않은 학습자를 대상으로 수업에 적용되는 특정 내용과 관련된 내용을 교육하는 수업이다. 즉 목표 언어를 하는 학습자와 목표어가 모국어인 학습자 간의 수업 중 언어 수준 차이에서 오는 불안감이나 학업에 대한 스트레스를 갖지 않도록 특정 영역의 내용을 이해하는 데 도움을 주는 것을 목표로 한다.

언어병존 교수 모형(Adjunct language instruction)은 교육과정의 내용 교육과 언어 교육을 병행하며 유기적으로 연계하여 수업이 이루어진다. 내용 교육과 언어 교육이 공동 과제를 통해 내용과 목표 언어 교육이 원활하게 이루어지도록 하되 언어 교육보다는 내용 교육을 중심으로 하는 모형이다. 이 모형은 짧은 기간에 다룰 수 있는 내용을 통해 학습하기 보다는 적어도 학기를 넘어서는 전문 과정에서 내용과 언어 능력을 향상시키려는 것이다. 따라서 이 모형은 대학 교육과정에서 원어민과 동일한 강의실에서 실행될 경우에 이 수업에 참여하는 학습자는 먼저 언어 교사와의 언어 교육과정을 마친 후에 전공강의를 수강하는 것이다. 내용 교사는 언어적 측면을 강의하지 않고 전공 내용을 깊이 있게 가르칠 수 있다. 이때 언어 교육은 전공강의의 이해를 위한 보조적인 역할을 하기 때문에 언어 교육보다는 내용 중심으로 이루어지는 수업모형이다. 그렇기 때문에 전공에 대학 지식을 학습과 언어 수업을 통해서 언어 실력을 향상시킬 수 있다.

Celce-Murcia(2014: 439)에서는 다음과 같이 그림을 통해 내용 기반 외국어 교육에서의 내용 교육과 언어 교육의 비중을 보여주었다.

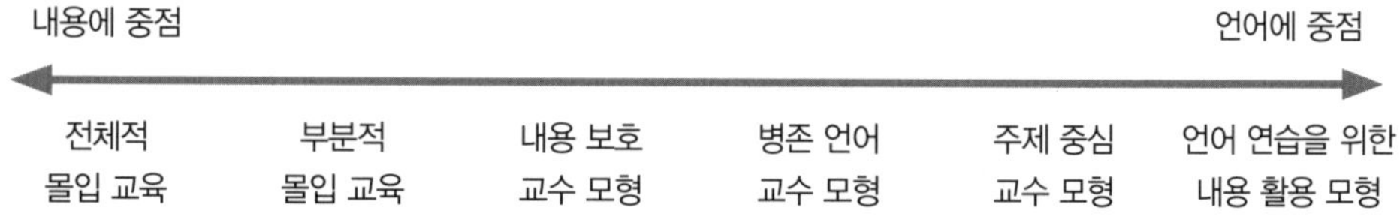

[그림 3] 내용중심 언어 모형의 내용과 언어의 비중 정도

지금까지 제시한 내용중심 교수 방법은 학습자가 알고자 하는 지식습득의 요구와 언어 학습 요구의 두 가지 목표를 얻을 수 있다는 점에서 학문 목적 학습자에게 적합한 언어 교수법이라는 것을 알 수 있다.

3. 학문 목적 한국어 교육과정과 프로그램의 실제

국내 한국어 교육은 시작된 이래로 대학 부설 한국어 교육기관을 중심으로 이루어졌다. 국내로 유학 온 유학생의 대다수가 대학에 입학하기 전 대학 부설 한국어 교육기관에서 한국어를 학습한다. 또한 학문 목적 한국어 교육은 학습자가 국내 대학 진학을 목적으로 하는 한국어 교육인 만큼 대학 부설 한국어 교육기관에서 한국어 교육을 받고 있다. 이에 국내 대학 한국어 교육기관을 중심으로 학문 목적 한국어 교육과정을 살펴보고자 한다.

3.1 한국어 교육기관의 학문 목적 한국어 교육

국내 학문 목적 한국어의 교육과정 현황을 알아보기 위해서, 국내 대학의 500명 이상 규모의 30개 대학의 한국어 교육기관을 대상으로, 1차로 한국어 교육기관 홈페이지를 통해서 학문 목적 한국어 교육 운영 여부를 알아본 후, 2차로 학문 목적 한국어 교육 프로그램을 운영하고 있는 기관의 교육 내용을 알아보았다. 조사 방법은 기관 설문조사 및 전화 인터뷰, 학술지 자료를 참고하여 학문 목적 한국어 교육과정의 교과 운영을 살펴보았다. 이를 정리하면 다음과 같다.

[표 1] 한국어 교육기관의 한국어 교육과정

(2016년 기준)

일반 목적 한국어 (1급~6급)	학문 목적 한국어		
	최고급반(7급)	특별반	학문 목적반
경기대학교, 건국대학교 경북대학교, 경희대학교 계명대학교, 국민대학교 동국대학교, 부산대학교 성균관대학교, 세종대학교 영남대학교, 우송대학교 이화여자대학교, 인하대학교 전북대학교, 중앙대학교 충남대학교, 충북대학교 호남대학교, 홍익대학교	가천대학교 상명대학교 선문대학교 전남대학교 한양대학교 서울대학교	고려대학교 한국외국어대학교	연세대학교 서강대학교

국내 한국어 교육기관에서 학문 목적 한국어 교육과정의 목적과 목표를 제시하여 교육과정을 운영하고 있는 대학은 연세대학교 단 한 곳뿐이다. 서강대학교는 3급 이상 학습자를 대상으로 학문 목적 글쓰기 반을 운영하고 있다. 이외에 대부분의 대학은 학문 목적 교육보다는 일반 목적 한국어 교육의 6급 연장선상의 교육으로 최고

급반(7급)을 운영하고 있는데, 운영 대학은 서울대학교(연구반), 상명대학교(대학예비반), 선문대학교(심화반), 전남대학교(작문반, 발표반), 가천대학교(최고급반), 한양대학교(심화반)로 조사되었다. 이 과정은 학문 목적을 위한 교육과정보다 학생들이 국내 대학 입학 전까지 국내에 머물러야 하는 상황을 고려하여 한국어 교육기관이 한시적으로 개설하여 운영하는 것으로 보인다. 실제로 몇몇 대학은 학생의 수요나 요구가 있으면 한시적으로 최고급반(7급)을 운영하고 있다. 이외에 대학의 특성상 특화된 학문 목적 한국어를 운영하고 있는 두 대학이 있는데, 한 곳은 고려대학교의 3급 · 4급 · 5급의 특별 수업이고, 다른 하나는 한국외국어대학교의 한국어 번역과정과 한국어 통역 과정이다.

위의 조사한 30개 대학의 한국어 교육기관 한국어 교육과정을 살펴보면서 주목할 점이 두 가지가 있는데 첫째는 한국어능력시험(Test of Proficiency in Korean: TOPIK) 수업이다. 대부분 대학이 특별반 과정으로 한국어능력시험반을 운영하고 있다. 이는 국내 대학의 인문 · 사회계열 입학이 한국어능력시험 3급을 획득해야 하고 졸업을 위해서는 4급을 획득해야 하기 때문이다. 국내 대학에 성공적인 유학을 위해서는 한국어능력시험은 유학생에게 없어서는 안 되는 필수사항이다. 한국어 교육기관 또한 이런 학생들의 요구와 국내 대학의 입시 환경으로 인해 한국어 정규과정 이외에 특별한 형태로 한국어능력시험반을 운영하는 것으로 보인다. 두 번째는 이화여자대학교, 경희대학교, 한양대학교 등의 일부 대학에서는 대학에 입학한 신입생 중 한국어 숙달도가 낮은 외국인 신입생을 대상으로 한국어 교육기관에 교육을 위탁하는 경우가 있다. 이에 대해 한송화(2010)의 연구에 의하면 한국어 숙달도가 낮은 유학생은 국내 대학 내 교육기관에서 한국어 위탁교육을 실시하고 일정 수준 이상의 유학생만을 대상으로 학점과 연계한 교양 선택이나 필수의 한국어 교과목을 개설하는 것을 제안했다. 이는 한국어 언어능력의 부족 상태에서 국내 대학 입학 후의 학점을 이수하지 못해 휴학이나 자퇴하지 않도록 대학수학기초 능력을 키우기 위한 방안으로 해석할 수 있다.

지금까지 살펴본 국내 한국어 교육기관의 학문 목적 한국어 교육과정은 체계화가 되어 있다고 보기 어렵다. 국내에 유입되는 대부분의 유학생이 국내 대학 진학을 목표로 공부하고 있음에도 불구하고, 국내 한국어 교육기관은 유학생의 요구에 더디게 반응하고 있는 것으로 보인다.

다음은 한국어 교육기관에서 운영하고 있는 국내 대학 입학 전 학문 목적 한국어 교육의 운영 사례와 국내 대학에서 외국인 유학생을 위해 개설하고 있는 특별 프로그램에 대해 더 알아보고자 한다.

3.1.1 기관 I

기관 I 은 2010년 학문 목적 한국어 교육과정의 학부예비과정을 개설하였다. 학부예비과정은 대학 입학 전 과정으로 1학기 250시간 4등급(초급, 중급1, 중급2, 고급)으로 1년 과정을 운영하였다. 이후 2011년에 대학한국어과정으로 개명하고 등급은 5단계로 조정하였다. 대학한국어과정은 1학기 7주, 6학기제로 운영하고 있으며 최종 도달하고자 하는 목표는 교양 교과목 강의의 내용을 듣고 이해할 수 있으며 교양 서적도 읽고 이해할 수 있을 정도의 수준이다.

본 연구의 대학수학기초과정의 목표로 하고 있는 교양 과목을 듣고 이해할 수 있는 정도의 목표와 비슷하다. 대학한국어과정의 학문 목적 교육과정은 다음과 같다.

[표 2] 기관 I 의 학문 목적 한국어 교육과정

등급		5등급(초급1, 초급2, 중급1, 중급2, 고급)
교육기관		1년 6학기제
필수과목 수업 시간 수		7주(200시간)
선택과목	과목	한국어능력시험준비특강
선태과목	시수	10시간(의무)
수업일		주5일 수업(월요일~금요일)

수업시간	1일 6시간				
	시간	초급1 · 2	중급1	중급2	고급
	1교시	어휘–문법			
	2교시				
	3교시	어휘–문법/읽기	어휘/문법/읽기(생활, 강의)		문화/읽기(강의)
	4교시	읽기(생활)	읽기(생활, 강의)		읽기(강의)
	5교시	말하기/듣기 쓰기(생활)/ 토픽준비반	말하기/듣기 쓰기(생활, 강의)/ 토픽준비반	말하기/듣기쓰기(강의) 토픽준비반	
	6교시				

기관Ⅰ은 학문 목적 한국어 능력이 어떤 세부 능력과 기능으로 향상할 수 있는지를 보여준다. 또한 기관Ⅰ은 학문 목적 한국어 교육을 위한 교재로 대학생활을 위한 한국어(듣기, 쓰기, 말하기: 초급, 중급Ⅰ, 중급Ⅱ)와 대학 수강을 위한 한국어(듣기, 쓰기, 말하기, 읽기: 초급, 중급Ⅰ, 중급Ⅱ, 고급) 교재를 사용한다. 이와 같이 학문 목적 한국어 교육과정의 숙달도 목표를 제시했다는 데 의의가 있다.

3.1.2 기관Ⅱ

기관Ⅱ는 학문 목적 한국어 교육과정으로 'KAP(Korean for Academic Purpose) 200'수업을 이원화로 운영하고 있다. 오전은 정규과정과 동일한 한국어 과정이고 3급부터 6급까지 오후에 학문 목적 글쓰기 반이 운영하고 있다. '학문 목적 글쓰기' 반은 쓰기수업 활동 이외에 다른 활동과도 연계하여 수업을 운영하지만 수업의 중점은 글쓰기이다. 교재는 학문 목적 글쓰기 교재 1~4까지 개발하여 사용하고 있다. 기관Ⅱ에서의 학문 목적 한국어 과정은 외국인 유학생의 글쓰기 수업을 주목하고 학문 목적 글쓰기 반이 초급부터 단계별 글쓰기 수업을 운영하고 있다는 점이 눈여겨 볼 만하다. 기관Ⅱ의 학문 목적 한국어 교육과정은 다음과 같다.

[표 3] 기관Ⅱ의 학문 목적 한국어 교육과정

<table>
<tr><td>과정명칭</td><td colspan="3">KAP(Korean for Academic Purpose) 200
학문 목적을 위한 한국어 과정</td></tr>
<tr><td>등급</td><td colspan="3">1~6급 일반 목적 한국어 교육과정과 동일
3급부터 학문 목적 쓰기1,2,3,4로 구성</td></tr>
<tr><td>학기운영</td><td colspan="3">4학기(오후에만 운영)</td></tr>
<tr><td>수업시간</td><td colspan="3">200시간13:30~17:30(1일 4시간 × 5일)</td></tr>
<tr><td>사용교재</td><td colspan="3">서강 학문 목적 글쓰기
(1~4급)</td></tr>
<tr><td>과목구성</td><td colspan="3">말하기, 읽기, 듣기, 쓰기</td></tr>
<tr><td>학습목표</td><td colspan="3">쓰기1(3급): 프레젠테이션
쓰기2(4급): 긴 단락쓰기, 주제문
쓰기3(5급): 대학교 수학에 필요한 쓰기 능력(노트필기, 시험답안지쓰기, 보고서쓰기)
쓰기4(6급): 5급이 교양 수업의 수준이라면 6급은 전공 수업의 수준으로</td></tr>
<tr><td rowspan="5">1일
수업설계</td><td>1~3급</td><td>4급</td><td>5~6급</td></tr>
<tr><td>말하기</td><td>듣고말하기</td><td>비디오</td></tr>
<tr><td>말하기</td><td>듣고말하기</td><td>읽고말하기</td></tr>
<tr><td>읽기듣기</td><td>읽기</td><td>읽고 말하기</td></tr>
<tr><td>쓰기</td><td>쓰기</td><td>쓰기</td></tr>
<tr><td>특징</td><td colspan="3">– 말하기 중심의 수업
– 쓰기 능력 향상 목표</td></tr>
</table>

3.1.3 기관Ⅲ

기관Ⅲ 은 학문 목적 한국어과정은 한 학기에 200시간 1년에 4학기 과정으로 운영하고 있다. 2급까지는 일반 목적 한국어와 동일 과정이고 3급부터 5급까지는 일반 목적 한국어 수업 이외에 학문 목적을 위한 한국어 수업으로 '특별 수업'과 '토픽 대비 수업'을 나누어 운영하고 있다. 특별 수업은 선정한 주제어를 조사 발표하는 수업으로 운영한다. 기관Ⅲ의 학습 목표는 구체적으로 제시하지 않았지만 특별 수업은 수준별로 다르게 제시하여 운영하는 것을 알 수 있으며 특히 글쓰기 수업에 집중하는 것을 알 수 있다. 기관Ⅲ의 학문 목적 한국어 교육과정은 다음과 같다.

[표 4] 기관Ⅲ의 학문 목적 한국어 교육과정

<table>
<tr><th>과정명칭</th><th colspan="4">학문 목적 한국어 과정</th></tr>
<tr><td>등급</td><td colspan="4">4학기</td></tr>
<tr><td>학기운영</td><td colspan="4">200시간</td></tr>
<tr><td>수업시간</td><td colspan="4">3~5급</td></tr>
<tr><td>사용교재</td><td colspan="4">재미있는 한국어 3~5권, 유인물, 토픽 기출문제</td></tr>
<tr><td>과목구성</td><td colspan="4">교재 수업(일반과정과 같음)
특별 수업(대학 수학을 위한 한국어기능, 주제중심 수업)
토픽 대비 수업(토픽 기출 문제)</td></tr>
<tr><td>학습목표</td><td colspan="4"></td></tr>
<tr><td rowspan="7">1일
수업설계</td><td></td><td>3급</td><td>4급</td><td>5급</td></tr>
<tr><td>특별 시간</td><td>40시간</td><td>60시간</td><td>80시간</td></tr>
<tr><td>말하기</td><td>의견나누기</td><td>토론하기</td><td>설명하기
토론하기</td></tr>
<tr><td>쓰기</td><td>정의하기
개요쓰기</td><td>보고서 쓰기</td><td>시험답안
작성하기</td></tr>
<tr><td>읽기</td><td>글의 중심찾기</td><td>읽고 요약하기</td><td>참고 자료
읽고 쓰기</td></tr>
<tr><td>듣기</td><td>–</td><td>강의 듣기</td><td>– 강의, 강연듣기</td></tr>
<tr><td>공통</td><td colspan="3">프로젝트 조사발표, 주제 발표
뉴스 및 다큐
토픽수업 4회 8시간</td></tr>
<tr><td>특징</td><td colspan="4"></td></tr>
</table>

한국어 교육기관에서의 학문 목적 한국어 교육은 일부 대학에서 운영하고 있지만 초기 개발로 현장에 적용하고 있는 단계이다. 이렇게 학문 목적 한국어 교육이 더디게 발전하는 것은 교육과정 개발의 절차를 충분히 따르지 않았을 뿐만 아니라 학습자의 요구에 대한 상황 분석 및 학문적 학습 상황 · 활동에서 적합한 의사소통 능력과 학업 능력을 향상하기 위한 교수 방법, 교수요목 설계 등의 연구가 충분하지 않았기 때문이다.

최은규(2009)에서는 대학부설 한국어 교육기관이 이러한 문제를 해결하기 위해 학문 목적 교육과정을 개설하고 외국인 유학생 전용 교과목을 개설하고 있지만 여전히 해결해야 할 과제들이 있다고 지적하고 한국어 교육기관에서의 문제점을 제기하였다. 첫째, 한국어 교육현장에서는 학문 목적 프로그램의 수강 인원이 불규칙하고 학습자들이 요구하는 목적이 각각 다르기 때문에 운영하는데 어려움이 있다. 둘째, 학문 목적 한국어 교육과정에 대한 목표와 연구가 부족하여 정체성이 불명확함을 지적하였다. 일부 대학의 경우에는 한국어과정과 교양과정의 교육 내용이 중복되기도 하는 등 학내 관련 기관의 협력과 연계가 이루어지지 않고 있다. 셋째, 대부분 대학에서 학문 목적 한국어 학습자의 한국어 수준을 한국어능력시험 급수의 기준으로 판단하고 있다. 그러나 한국어능력시험은 일반 목적 한국어능력시험이므로 이를 기준으로 학문 목적 한국어 학습자의 한국어 능력을 평가하기에는 부적절하다. 넷째, 학문 목적 한국어 학습자를 대상으로 하는 교재가 부족한 상태이다. 학문 목적 한국어 교재는 초 · 중급 학문 목적 한국어 학습자를 대상으로 하는 교재와 일반 학문 목적 한국어 교재, 특수 목적 한국어 교재로 분류해야 한다고 하였다.

3.2 대학 내 학문 목적 한국어 교육 프로그램

국내 대학에 외국인을 위한 전용 교양교과목이 언제 처음 개설되었는지는 알 수 없으나 외국인 유학생의 국내 대학의 진학이 증가하면서 국내 대학에 외국인을 위한 교양과목도 늘어났다. 외국인 교양과목 개설의 증가는 두 가지 의미에서 해석할 수 있는데 하나는 한국사회의 이해를 위한 교과목 증가와 다른 하나는 유학생의 한국어 숙달도 능력 향상을 위한 한국어 관련 교과목이다. 대학에 진학한 유학생에게 한국어와 한국사회에 관련된 어떤 교과목이 개설되었는지 살펴보고자 한다. 교양교과목은 한국어 관련 교과목과 한국어 교육 이외의 교과목으로 한국사회 · 문화로 나누어 분석하였다.

국내 대학에 개설된 교양 교과목을 좀 더 살펴보기 위해서 2015년 외국인 유학생 현황 수를 기준으로 상위 30개 대학의 외국인 유학생을 위한 전용 교과목을 살펴보고자 한다. 조사방법은 각 대학의 대학요람을 열람하여 알아보았다. 일부 대학에서는 대학요람으로 유학생 전용교과목 개설여부로 알 수 없는 대학도 있었다. 한국어 및 한국사회에 관련된 교양교과목은 대부분 외국인 전용 교과목으로 순수외국인, 재외동포를 모두 포함하는 교과목이 대부분이었다. 30개 대학 중에 한국어 및 한국어 관련 교과목을 개설한 대학은 24개 대학으로 모두 209개의 교과목이 개설되어 있었다. 외국인 유학생의 숙달도 향상을 위한 교양과목으로서의 한국어 교육과 한국사회의 이해를 위한 교과목을 중심으로 알아보았는데 조사한 30개 대학의 209개 외국인 전용교과목을 크게 교양 한국어, 한국학 관련, 한국문화로 나누어 분석하였다. 교양 한국어를 좀 더 세분화하여 언어 기능과 언어 기술로 구분하여 제시하고 한국학 관련해서는 한국문화를 별도로 나누어 살펴보았다. 이를 분석한 결과는 다음과 같다.

[표 5] 외국인 전용 교양교과목 분석

(30개 대학)	외국인 전용 교양교과목				
	교양 한국어 (듣기기술, 말하기기술 읽기기술, 쓰기기술		한국학 관련 (한국사회, 한국 정치, 한국역사, 한국 지리 등)	한국 문화	기타
209과목	듣기	4	27	39	14
	말하기	18			
	읽기	11			
	쓰기	23			
	문법	4			
	발표보고서 읽기쓰기	10			
	통합한국어	59			
	전체	129			

대학 내 외국인 전용 교양교과목을 분석한 결과 대체로 교양 한국어 교과목 개설이 전체 129과목(62%)을 차지하고 있었으며 그중에서도 통합(종합)한국어가 59과목이 개설되어 있었다. 통합(종합)한국어로 분류한 교과목은 한국어1 · 2, 실용한국어, 초급한국어, 중급한국어, 고급한국어 등으로 한국어 숙달도에 따른 초급부터 고급까

지 개설되어 있고 교과목명으로 유추하면 의사소통 중심의 한국어 강의가 집중되어 있는 것을 알 수 있었다. 또한 외국인 유학생을 위한 전용 교양 교과목의 교과명이 대체로 혼잡스러워 보인다. 일부 대학은 비슷한 교과목이 여러 개설이 되어 있어 교과명만으로는 두 수업을 구분하기 어려워 보인다. 언어기능별로 살펴보면 제일 많이 개설된 교과목은 쓰기이다. 쓰기와 결합한 다른 기능과 합해보면 33과목으로 교양 한국어의 26%를 차지하고 있으며 대학에서 외국인 유학생의 글쓰기 향상을 위한 교양 수업이 강조되고 있는 것을 알 수 있었다. 한국학 관련 교과목 27개 중에는 대부분 '한국사회의 이해' 혹은 '한국역사의 이해'가 개설되어 있었다. 한국문화 관련 교과목은 한국학 관련 교과목보다 많은 39개 교과목이 개설되었는데 한국학 관련 교과목보다 다양하고 폭넓은 주제가 개설되었음을 알 수 있었다. 기타 교과목으로 주목할 만한 교과목이 있었는데 한자 교과목이다. 한국어의 어휘 특징 중의 하나가 한국어의 약 60%를 차지하는 것이 한자어이며 특히 학문적 텍스트에서는 한자어의 출현 빈도가 높다. 글로벌 리더십 교과목 개설은 국내 대학이 글로벌 · 세계화를 추구하면서 대학생들의 지도자로서의 리더십 교육을 하였는데 이런 수업을 대학이 외국인 유학생도 확대 개설이 되면서 대학이 추구해 나가야 하는 인재교육에 외국인 유학생도 포함이 되는 것으로 보인다.

다음은 대학 내의 교양 · 기초교과목의 체계를 알아보고 각 대학의 공통 교양교과목을 추출하기 위해서 임의로 선정한 5개 대학의 교양교과목을 분석했다. 교과목 분석은 한국대학교교육협의회 '표준분류표'를 기준으로 인문 · 사회계열의 교양 교과목이 전체 교양 교과목에서 차지하고 있는 정도를 알아보고자 했다.

각 대학에 개설된 1,297개 교양교과목을 '표준분류표'의 대분류를 기준으로 분류하였다. 각 대학에 개설된 교과목을 살펴보면 학생 수 1만 명 미만인 대학인 상명대학교 153개 교과목으로 가장 적은 교양 교과목이 개설되어 있었고 3만 명 미만인 동국대학교, 성균관대학교, 충남대학교는 250개 교양교과목이 개설되었으며 재학생 수 3만 명 이상인 연세대학교는 400개에 가까운 교양교과목이 개설되어 있었다.

각 대학의 교양교과목을 대분류로 분류한 결과 4개의 대학은 '인문 · 사회계열 교과목 〉 자연 · 과학계열 교과목 〉 예 · 체능계열 교과목 〉 공학계열' 교과목 순으로 개설하고 있는 것으로 나타났고, 상명대학교는 '인문 · 사회계열교과목 〉 예 · 체능계열 교과목 〉 자연 · 과학계열 교과목 〉 공학계열' 교과목 순으로 나타났다. 이는 다음과 같다.

[표 6] 전공계열별 교양 · 기초교과목 대주제 분류

대분류	동국대	상명대	성균관대	연세대	충남대
인문 · 사회계열	178 [73.8%]	105 [68.6%]	204 [77.5%]	267 [68%]	138 [55.4%]
자연 · 과학계열	34 [14.1%]	15 [9.8%]	44 [16.7%]	61 [15.6%]	63 [25.3%]
공학계열	5 [2%]	6 [3.9%]	7 [2.7%]	7 [1.7%]	13 [5.2%]
의학계열	–	–	–	–	–
예 · 체능계열	24 [10%]	27 [17.6%]	8 [3%]	56 [14.3%]	35 [14%]
합계	241	153	263	391	249
총합	1,297과목				

인문 · 사회계열 교양교과목 개설은 평균 68.7%로 전체 교양교과목의 2/3를 차지하고 있었다. 성균관대학교는 인문 · 사회계열 교과목 개설이 가장 많이 개설된 것으로 조사되었는데 이는 성균관대학교의 인문사회과학캠퍼스에만 개설된 교양교과목만 분류를 했기 때문에 타 대학에 비해 평균보다 8%가 더 높게 조사되었다. 충남대학교는 자연 · 과학대학, 공과대학, 농업생명과학대학, 생명시스템과학대학 등 조사한 다른 대학보다 이공계 학과가 많이 조사되었다. 자연 · 과학대학 교양교과목 개설은 평균 16.3%로 가장 많은 교과목이 개설된 대학은 충남대학교이며 자연 · 과학대학 전공과가 많지 않은 상명대학교는 가장 적은 자연 · 과학계열 전공과목이 개설된 것을 알 수 있었다. 예 · 체능계열 교과목 교양교과목 개설은 평균 11.8%로 조사되었는데 상명대학교는 인문 · 사회계열 교양교과목 다음으로 예 · 체능계열 교과목이 가장 많이 개설되었다. 공학계열 교양교과목 개설은 평균 3.1%로 대부분 10개미만의 공학계열 교양교과목이 되었는데 충남대학교는 5.2%로 15과목의 공학계열 교양교과목이 개설되었다.

4. 한국어 교육과정 개선 방안: 인문 · 사회계열의 예

학문 목적 한국어 교육은 일반 목적 한국어 교육보다 학습의 주제와 내용이 무겁고 학습에 대한 부담감이 클 것으로 예상되기 때문에 무엇보다 학습자들의 학습 동기를 적극 이끌어내는 것이 중요하다. Grabe & Stroller(1997: 13)에 의하면 내용중심 접근법은 학습자의 동기와 흥미를 유발하며 내용중심 수업에서 학생들은 복잡한 정보를 받아들이고 지식이 수행 과제와 적절히 어울릴 때 동기가 유발되어 학습동기를 증가시킨다고 강조하였다.

일반 목적 한국어 교육은 한국어 교육의 다양한 주제에 폭넓은 주제 '일반성'으로 한국어를 배우는 것을 목표로 했다면 계열별 분리 교육을 시도한 후에 '인문 · 사회계열'이라는 '특수성'을 내세우면 전공을 위한 기초 수학능력을 향상하도록 해야 할 것이다.

이를 위해 학문 목적 한국어 교육은 한국어 교육기관에서의 학문 목적 한국어 교육과 국내 대학 진학 후의 학문 목적 한국어 교육을 구분하여 논의하되 학문 목적이라는 연결선 상에서 같이 논의해야 할 필요가 있으며 한국어 교육기관은 학문 목적 한국어 교육과정에 대학의 교과체계를 이해하고 대학 진학 후 학업 수행을 위한 학업 활동과 학업 기술 등을 연구 · 분석하여 학문 목적 한국어 교육과정에 반영하도록 해야 한다.

인문 · 사회계열 학과의 전공은 학업 능력의 기초 학문으로 교양과목 강의의 수강 능력을 향상하기 위한 것이다. 먼저, 교양교육 수강 능력이라는 것은 첫 번째 교양교육 체계에 맞춘 주제(교과목)별 지식 습득에 필요한 한국어능력으로 각 주제별 개념, 기본 지식에 필요한 내용 영역을 이해하는 데 있다. 두 번째 내용영역은 크게 대학에서 요구되는 일반 교양교육 영역, 이를테면 대학의 교육이념과 양성하고자 하는 인재상을 위해 개설된 영역의 능력을 키워주는 것이다. 인문 · 사회계열 전공자에게 요구되는 언어문학, 인문학, 법학, 사회과학, 경제경영, 교육 등 국내 대학에서 추구하는 교양교육이다. 세 번째로 대학 교양교육은 주로 강의 형식의 수업으로 이루어지기 때문에 관련 강의 교재/자료를 읽고 분석하고, 보고서를 쓰고, 발표하는 학업 수행 능력/역량을 키워야 한다.

이를 위해 인문 · 사회계열 유학생이 대학 수학 과정에서 부딪히는 여러 학문적 어려움을 해결하기 위한 대안으로 대학 입학 전 · 후의 대학수학기초과정을 운영할 것을 제안하고자 한다.

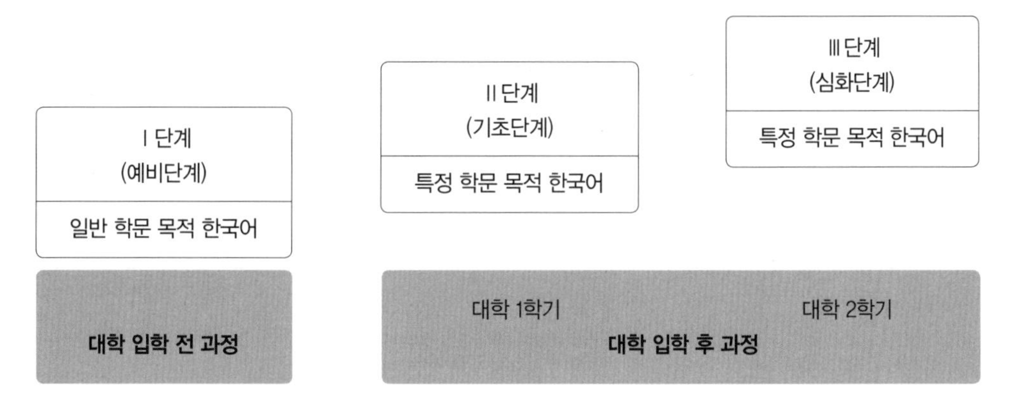

[그림 4] 대학수학기초과정 체제(정서영, 2017: 192)

[그림 4]에서와 같이 대학수학기초과정 Ⅰ단계는 대학 입학 전 단계로 일반 학문 학습자들을 위한 예비단계의 성격이다. 이 단계는 일상생활에 필요한 기초적인 의사소통 능력 향상을 목표로 하여 가장 보편적인 주제를 중심으로 한국어 교육이 이루어진다. 대학수학기초과정 Ⅱ단계는 특정학문을 수학하는 목적으로 학문목적 학습자들을 위한 기초단계이다. 기본적인 학문적 능력 대학 생활과 학업을 수행할 수 있도록 대학 수학 능력의 신장하는 것을 목표로 한다. 3단계는 대학수학기초과정 Ⅲ단계로 특정학문을 수학하는 목적으로 학문 목적 학습자들을 위한 심화과정으로 대학 수학 능력을 신장하는 것을 목표로 한다.

본 과정은 국내 대학에 입학 허가를 받은 외국인 예비신입생에게 대학 입학 허가를 받은 후부터 대학 1학년 때까지의 약 1년 정도 운영 과정으로 대학 전공 진입 전 과정의 교양교과목 및 전공 기초 영역 강의를 원활하게 수강할 수 있도록 하기 위한 한국어 과정이다. 또한, 유학생이 봄 학기와 가을 학기 입학을 앞두고 여름방학(7 · 8월)과 겨울방학(1 · 2월) 시기에 실시할 수 있는 과정이다. 일부 학습자들은 대학 진학을 목표로 앞두고 대학 합격이라는 것에 큰 의미를 갖고 한국어 학습에 더 집중해야 하는 시기에 한국어 학습에 집중하지 않고 오히려 한국어 학습을 방치하는 경우가 있다. 이에 대학은 이 시기에 학생 관리 및 언어 지원 측면에서 유학생이 지원한 대학에서 입학예정자로 합격한 외국인 유학생에게 대학에 진학 후 겪게 되는 대학 예비생활 안내 및 예비과정의 성격인 대학수학기초과정을 운영할 수 있다.

5. 결론

본 연구는 대학 수학 목적을 가지고 국내 대학에 입학한 외국인 유학생을 위한 학문 목적 한국어 교육이 시급히 요청되고 있는 실정에서 대학 학업 수행에 필요한 한국어 능력을 키워 주고자 하는 데서 시작하였다. 특히 국내 대학 전공 분야에서 절반이 넘는 유학생이 재학 중인 인문 · 사회계열 유학생의 대학 기초 학문영역인 교양교과목의 수강이 가능한 능력을 키우고 더 나아가 전공 학업 수행을 잘할 수 있도록 하기 위한 학문 목적 한국어 교육 내용 선정에 대해 연구하고자 하였다. 인문 · 사회계열 전공자를 예로 하여 전공의 기초에 대한 교육을 받고 실제적인 내용 지식을 전달할 수 있도록 개선 방안을 제시해 보았다.

학문 목적 한국어 교육에 대한 필요성이 크게 요구되는 가운데 학문 목적 한국어 교육과정의 초기 연구라 할 수 있다. 앞으로 학문 목적 한국어 교육은 다각적인 연구가 논의되어야 할 것이다.

참고문헌

강승혜(2005), 교육과정의 연구사와 변천사, 국제한국어교육학회(편), 한국어 교육론 1, 한국문화사, 107–125.

곽지영(2016), 학문 목적 한국어 교재의 개발의 실제, 국제한국어교육학회 국제학술발표논문집, 국제한국어 교육, 167–174.

김경훤(2014), 외국인 유학생을 위한 한국어집중교육과정: 성균관대학 사례를 중심으로, 교양교육연구 12(8), 한국교양교육학회, 169–196.

김미소(2008), 내용중심 교수법을 적용한 초등학교의 통합 영어 교육 효과–주제중심 모형을 중심으로, 전주대학교 박사학위논문.

김성수 외(2014), 유학생을 위한 기초 · 교양 강좌의 운영 현황과 과제–연세대학교의 경우, 교양교육연구 8(6), 한국교양교육학회, 197–231.

김연아(2010), 학문 목적 한국어 교육과정 설계 방안–대학 입학 전 과정을 중심으로, 상명대학교 석사학위논문.

김유미 · 박동호(2009), 학문 목적 학습자를 위한 한국어 교육과정 설계 연구: 한국 어학 전공생을 위한 내용 중심 교수법, 언어와 문화 5(3), 한국언어문화교육학회, 193–215.

김인규(2003), 학문 목적을 위한 한국어 요구 분석 및 교수요목 개발, 한국어 교육 14(3), 국제한국어교육학회, 81–118.

김정숙(2000), 학문적 목적의 한국어 교육과정 설계를 위한 기초 연구: 대학 진학생을 위한 교육과정을 중심으로, 한국어 교육 11(2), 국제한국어교육학회, 1–19.

김정숙(2002), 한국어 교수요목 설계와 교재 구성, 21세기 한국어 교육현황과 과제, 31–59.

민현식(2008), 특수 목적 한국어 교육의 현황과 과제, 국제한국어교육학회 제18회 국제학술대회자료집, 19–39.

박석준(2008), 국내 대학의 학문 목적 한국어 교육 현황 분석, 한국어 교육19(3), 국제한국어교육학회, 169–200.

박진욱(2014), 학습역량 기반 학문 목적 한국어 교육과정 연구–전공 진입 전 과정을 중심으로, 고려대학교 박사학위논문.

배두본(2014), 영어 교재론 개관, 한국문화사.

서영인 외(2013), 대학의 외국인 지원 관리 및 지원 체계 강화 방안 연구, 한국교육개발원.

서정목(2014), 특수목적 언어, 교양과목 및 전공과목의 융 · 복합 프로그램 구성과 운영에 관한 연구–국내 중국인 유학생을 중심으로, 교양교육연구 8(3), 한국교양교육학회, 353–394.

안미란 · 최정순(2007), 특수 목적 한국어 교육을 위한 언어 능력 기술, 한국어 교육 18(1), 국제한국어교육학회, 207–234.

안정호(2016), 학문 목적 한국어 학습자를 위한 내용 기반 언어 교육 연구, 한양대학교 박사학위논문.

이덕희(2004), 요구분석을 통한 학문 목적의 한국어 교육과정 설계 연구, 연세대학교 석사학위 논문.

이미혜(2013), 한국어 교수법의 실제와 적용–학문 목적 학습자를 위한 과제 및 교실 활동 개발을 중심으로, 제1차 한국어교원 공동연수회 발표집, 국립국어원.

정다운(2011), 내용 중심 교육과 장르 중심 교육을 통합한 한국어 쓰기 수업 구성 방안 연구, 한국언어문화학 8(1), 국제한국언어문화학회, 131–158.

정서영(2017), 학문 목적 한국어 교육과정 개발 연구–인문 · 사회계열의 대학수학기초과정을 중심으로, 상명대학교 박사학위논문.

조항록(2008), 한국어 교육 환경의 변화와 발전을 위한 과제, 한국어 교육 19(1), 국제한국어교육학회, 1–25.

최은규(2009), 국내 학문 목적 한국어 교육의 현황과 과제, 어문연구 37(1), 한국어문학연구회, 333–358.

황인교(2015), 학문 목적 한국어 교육을 위한 교재 연구–현황과 발전 방향을 중심으로, 외국어로서의 한국어 교육 43, 연세대학교 언어교육연구원, 315–34.

Cummins, J. (2000), Language, power, and pedagogy: Bilingual children in the crossfire 23. Multilingual Matters.

Chamot, A. U., & O'malley, J. M. (1987), The cognitive academic language learning approach: A bridge to the mainstream. TESOL quarterly, 21(2), 227–249.

Dudley–Evans, T., & St John, M. J. (1998), Developments in English for specific purposes: A multi–disciplinary approach. Cambridge university press.

Grabe, W. & Stoller, F. (1977), Content–based Instruction: Research found ations. In M, Snow & D. Brinton (Eds.). The Content–Based Classroom: Perspectives on integrating language and content. Addison Wesley Longman.

Hutchinson, T & Waters, A(1987), English for Specific Purposes. Cambridge: Cambridge University Press.

Munby, J. (1981), Communicative syllabus design: A sociolinguistic model for designing the content of purpose–specific language programmes. Cambridge University Press.

03 사회통합프로그램 한국어 교육과정

정혜란

1. 서론

전 세계적으로 국가적, 경제적, 환경적인 측면에서 더 나은 삶을 누리기 위하여 국가의 경계를 넘는 이민자의 수가 늘고 있다. 세계 각국은 자국으로 유입된 이민자가 국가 구성원의 일원으로 안정적으로 정착하고 자국민과 함께 더불어 살아갈 수 있도록 다양한 정책과 제도를 시행하고 있다. 이때 각국은 이민자가 어떠한 목적과 의도로 유입되었는지, 그리고 이민자가 국내의 정치, 경제, 사회, 문화 등 다방면에 걸쳐 어떠한 영향을 줄 것인가를 예측하며 자국의 환경에 알맞은 방법으로 이민자들의 적응을 돕고 이민자와 자국민이 서로 조화롭게 살아가기 위한 방안을 마련하고 있다. 한국 역시 국내에 체류하는 이민자를 한국 사회의 한 구성원으로 한국 사회와 문화에 적응할 수 있도록 이민자 집단의 성격에 알맞은 정책과 제도를 마련하고자 노력하고 있다.

---

1) 이 글은 정혜란(2023)의 박사학위 논문 '이민자 대상 사회통합프로그램의 개선 방안 연구'의 내용을 바탕으로 하였음을 밝힌다.

1980년대까지 이민 송출국이었던 한국은 지난 1990년대 이후 국내 체류 외국인의 수가 증가하기 시작하여 2007년에는 체류 외국인이 100만 명이 넘었으며 2016년에는 200만 명을 돌파했다. 100만 명에 도달하기까지는 시간이 오래 걸렸지만 그로부터 다시 100만 명을 넘기는 데에는 10년이 채 걸리지 않아 이민자 증가 속도가 무척 빠르다는 것을 알 수 있었는데 코로나19 감염병이 확산되기 직전인 2019년에는 체류 외국인의 수가 약 252만 명까지 증가하기도 하였다. 이후 코로나19로 인해 국내로의 입국이 제한되면서 체류 외국인의 수가 다소 줄었으나 최근에는 그 수가 다시 증가하기 시작하였다. 2023년 6월 법무부 출입국 · 외국인정책 통계월보에 따르면 국내 체류 외국인이 241만여 명으로 늘어 한국 전체 인구의 약 4.7%[2]로 나타났다.

이와 같이 급속하게 증가한 체류 외국인은 유입 배경 및 체류 자격에 따라 다양한 집단으로 나눌 수 있는데 규모 면에서 살펴봤을 때 재외동포, 이주 노동자, 결혼이민자, 유학생 등이 주를 이루고 있다. 이들 체류 외국인은 과거에 비하여 국내에 정주하고자 하는 특징을 보이고 있다. 재외동포 집단은 기본적으로 한국 내에서 체류 기한이 영속적이라고 할 정도로 체류 자격 연장이 가능하고 이주 노동자는 일반적으로 4년 10개월, 더 나아가서는 9년 8개월의 체류가 가능하다. 결혼이민자는 궁극적으로 국민으로 편입되는 집단이고 유학생 역시 일반적으로 5년 안팎으로 한국에 체류할 수 있으며 그 이후에는 거주와 영주 자격으로의 전환이 이전보다 수월해진 상황이다. 이렇게 체류 외국인의 규모가 크고 정주화가 가속화하고 있다는 점은 한국 정부로 하여금 외국인 정책, 특히 장기 체류 외국인에 대한 근본적인 정책 변화를 요구하는 요인으로 작용하고 있다. 이에 따라 외국인 정책의 기본 패러다임이 체류 외국인을 한국 사회의 구성원으로 인식하고 기존 구성원과의 공존을 통하여 다양성과 조화의 가치를 존중하는 정책으로 변화하고 있음은 주지의 사실이 되어가고 있다.

이러한 정책 기조의 변화에 따라 한국 정부는 이민자를 대상으로 하는 법과 제도를 도입하고 기존의 법을 정비하였다. 그러나 초기에는 한국적 다문화사회에 대한 진단과 향후 이민 정책의 방향성에 대한 이해나 논의가 충분히 이루어지지 않은 상

2) 한국의 총 인구수는 2023년 6월 행정안전부의 통계를 기준으로 51,392,745명으로 집계되었다.

황에서 급조된 정책이라는 평가를 받았다. 또한 체계적이지 못한 정책의 시행과 각 부처별 중복된 다문화 관련 프로그램 및 각종 서비스가 오히려 이민자의 안정적인 사회 통합을 저해하는 요소가 되고 있다는 비판도 있었다. 다문화 관련 정책이 체계적이고 보다 장기적인 안목을 가지고 시행되어야 할 필요성이 제기되자 정부는 '재한외국인 처우 기본법'에 따라 국가 차원에서 중장기 정책 방향을 설정하였다. 이러한 배경 하에 2008년 '제1차 외국인 정책 기본 계획'을 시작으로 5년에 걸쳐 새로운 계획이 수립되었으며 2023년에는 '제4차 외국인 정책 기본 계획'이 수립될 예정으로 지속적으로 사회통합 정책을 펼치고 있다.

특히 법무부에서는 2009년부터 한국 내에 거주하는 이민자가 한국 사회의 한 구성원으로서 적응하고 자립하는 데 필요한 기본 소양을 체계적으로 함양하기 위해 사회통합프로그램(Korea Immigration and Integration Program: KIIP)을 시행하고 있다. 이 사회통합프로그램은 이민자의 한국 사회로의 적응뿐만 아니라 장기적으로는 이민자와 국민이 상호 조화를 이루어 한국 사회를 폭넓고 다양하게 만들어가고자 하는 고차원적인 정책적 가치를 지니고 있어 현재에 이르기까지 이민자 사회통합 정책의 핵심적인 역할을 수행하고 있다.

2. 한국의 사회통합 정책과 사회통합프로그램

이민자 사회통합은 이민자가 한국 사회에 적응하여 우리 사회의 한 구성원으로서 자신의 능력을 발휘하여 한국 국민과 평등하고 동등한 권리를 가지며 살아갈 수 있도록 하고, 이민자와 기존 구성원인 한국 국민이 서로를 이해하고 존중하며 협력하면서 조화로운 사회를 이루어 감을 의미한다. 이러한 이민자 사회통합의 의미를 실현하기 위하여 정부는 효과적인 사회통합 정책을 시행하여 구성원들의 자발적인 참여로 사회통합을 이끌어 낼 수 있도록 해야 하며, 집단 간의 갈등을 최소화하도록 조정 · 관리하여 소수 집단이 다수 집단과 함께 공정하고 공평하게 사회활동을 하도록 보장할 수 있어야 할 것이다. 이러한 맥락에서 이민자 사회통합 정책은 이민자와 기존 구성원이 서로 이해하며 존중하는 마음을 바탕으로 평등한 위치에서 갈등을 최소화하고 한국 사회의 구성원으로서 자신의 능력을 개발, 발휘할 수 있도록 지원하는 국가 정책이라고 정의할 수 있다.

이민자의 사회통합을 위해 시행되고 있는 사회통합프로그램은 한국에 체류하는 이민자[3]가 한국 사회의 한 구성원으로 적응하고 자립하는 데 가장 기본적으로 필요한 기본 소양(한국어와 한국문화, 한국사회에 대한 이해)을 체계적으로 함양할 수 있도록 지원하기 위해 마련한 교육이다. 이민자가 한국어와 한국문화를 가능한 빨리 익혀 국민과 원활하게 의사소통을 할 수 있도록 도움을 주며 그들이 지역 사회의 한 일원으로 국민들과 자연스럽게 화합할 수 있도록 지원하고 있다. 또한 이민자에 대한 다양한 지원 정책을 사회통합프로그램으로 표준화하고 이를 이수한 이민자에게는 한국 내 체류 허가, 영주권 및 국적 부여 등 다양한 혜택을 제공하여 참여자의 성취도를 높이고 있다.

이 사회통합프로그램은 토론회, 공청회 등을 통하여 각계각층의 의견을 수렴한 후 2009년 1월에 시범적으로 운영되면서 시작되었다. 1년간의 시범 운영 기간이 끝난 후인 2010년 1월부터 사회통합프로그램이 본격적으로 시행되었고 매년 운영 기관의 수와 참여자 수가 늘어 이민자의 사회통합을 위한 정책으로 안정적으로 자리 잡게 되었다. 사회통합프로그램 도입 첫해인 2009년에는 전국의 20개의 운영 기관에서 교육이 시행되었는데 2021년에는 347개로 그 수가 크게 증가하였으며 참여자 수도 2009년에 1,331명에서 2019년에는 56,535명으로 꾸준한 증가세를 보였다. 이후 코로나19의 확산세로 인하여 참여자 수가 급감하였으나 지난 2021년에는 사회통

3) 이민자 중 외국인등록증이나 거소신고증을 소지한 합법 체류 외국인 및 귀화자가 사회통합프로그램의 대상이 된다.

합프로그램에 43,552명의 이민자가 참여하여 다시 증가세를 보이고 있다.[4)]

앞에서 언급한 바와 같이 사회통합프로그램이 본격적으로 추진되고 운영 기관이 전국 각지로 확산되면서 참여자 수도 크게 증가하는 등 양적인 성장이 확대되었다. 사실 사회통합프로그램은 한국어와 한국문화 교육에 집중되어 있는 정책이므로 교육 체계가 우선적으로 구성되어야 했으나 그렇지 못한 채 양적인 측면에서의 확대가 먼저 이루어졌다. 해를 거듭하면서 교육 체계를 정립하기 위한 노력이 병행되어 2011년 12월에는 사회통합프로그램의 평가 체계를, 그 이듬해인 2012년에는 교육과정을 개편하여 이민자를 대상으로 하는 한국어 교육 프로그램을 더욱 체계화하였다. 이후 사회통합프로그램은 교육 체계의 고도화를 위한 노력이 뒤따르는데 변화된 정책 환경과 현장의 요구를 반영하여 사회통합프로그램 전용 교재 개발[5)], 사회통합프로그램 평가 체계의 재개편, 자격을 갖춘 강사의 채용, 다문화사회전문가의 양성, 강사 재교육 프로그램의 운영 등이 그것이다.

한편 2012년에는 정부 각 부처에서 이민자 집단별로 시행하던 유사한 한국어 교육 프로그램을 사회통합프로그램으로 일원화하였으며 2020년부터는 여성가족부의 가족센터 한국어 교육과정이 사회통합프로그램으로 통합되었다. 또한 한국어 교육 연계 과정의 도입으로 타 기관에서 중급2(4급)의 한국어 교육을 이수한 경우 사회통

4) 법무부에서는 코로나19의 확산을 차단하고자 2020년 1월 28일부터 사회통합프로그램 정규 과정을 중단하였다. 이후 2020년 4월 22일부터 온라인 화상교육으로 수업을 재개하여 이민자가 사회통합프로그램에 참여할 수 있도록 하였다. 그리고 2022년 4월 18일부터 사회적 거리두기 조치가 해제됨에 따라 5월 8일부터 일부 사회통합프로그램이 집합교육으로 진행되었다. 이러한 변화에 따라 사회통합프로그램의 참여자 수에도 변동이 있었다. 법무부의 통계연보를 토대로 연도별 사회통합프로그램 운영 기관 수 및 참여자 현황(단위: 개소/명)을 살펴보면 다음과 같다.

구분 \ 연도	2009	2010	2011	2012	2013	2014	2015
운영 기관	20	77	150	271	278	304	308
교육 참여자	1,331	4,429	6,519	12,444	14,014	22,361	25,795
구분 \ 연도	2016	2017	2018	2019	2020	2021	2022
운영 기관	300	309	309	308	348	347	339
교육 참여자	30,515	41,500	50,639	56,535	36,620	43,552	42,163

5) 사회통합프로그램이 처음 실시되었을 때에는 사회통합프로그램용 교재가 따로 마련되어 있지 않아 기존에 이미 개발이 되어 있던 일반 교재를 선정하여 사용하였다.

합프로그램 중간평가에 응시하도록 했으며 사회통합프로그램 연계 평가 제도 등을 도입하였다. 이러한 제도적인 변화는 기존의 중복된 업무와 예산 등으로 인한 문제점, 타 교육과의 연계되지 않음으로 인한 불편함 등을 개선한 것으로 사회통합프로그램이 보다 체계적이고 효율적으로 운영되고 있음을 보여 준다.

법무부는 지역의 출입국 · 외국인청을 통하여 사회통합프로그램 거점 운영 기관을 관리하는데 거점 운영 기관은 총괄 부처로서 일반 운영 기관을 관리하고 감독하는 업무를 수행하고 있다. 상술한 사회통합프로그램의 발전 과정을 시간적 흐름에 따라 정리하면 다음 [표 1]과 같다.

[표 1] 사회통합프로그램의 발전 과정

년도	주요 내용
2007	사회통합프로그램 도입 안 마련
2008	'이민자 사회통합프로그램 및 그 운영 등에 관한 규정' 제정
	국적법 시행규칙 제 4조(귀화적격심사) 제5조(KIIP이수자 귀화 필기시험 면제)
	다문화 이해증진 및 사회통합거점대학사업(ABT: Active Brain Tower)[6]
2009	사회통합프로그램 시범 운영(전국 20개 ABT대학 선정)
	'사회통합프로그램 기본 소양 평가 관리 규정' 제정
2010	사회통합프로그램 본격 추진(전국 76개 운영 기관 지정)
	사회통합프로그램 한국어 과정 『사회통합프로그램을 위한 한국어』 교재 개발
2011	사회통합프로그램 평가 체계 개편
2012	타 부처 한국어 교육의 사회통합프로그램으로의 일원화
	사회통합프로그램 교육과정 개발
	사회통합프로그램 한국사회 이해 과정 『사회통합프로그램을 위한 한국사회 이해』 교재 개발

6) ABT(Active Brain Tower)대학은 학술 연구나 실제적인 교육 지원을 통하여 정부 정책의 개발이나 정책 집행을 지원하는 대학으로, 법무부의 이민자 사회통합 정책을 추진하기 위한 핵심 대학을 지칭한다.

2013	다문화사회전문가 교육과정 규정 마련(2013.2.25. 법무부훈령 제888호)
	결혼이민자 중급 과정 이수 의무화 적용
	사회통합프로그램 한국어 과정 교재 개발 –『이민자를 위한 한국어와 한국문화』 기초, 초급1, 초급2, 중급1, 중급2
2014	한국어 교육 중급 연계 과정 도입
2015	사회통합프로그램 연계 평가 제도 도입
2018	귀화 필기시험의 사회통합프로그램 종합평가로의 대체
2019	법무부 주관 평가 유료화 및 한국이민재단 위탁 운영
	사회통합프로그램 한국어 과정 교재 『이민자를 위한 한국어와 한국문화』 개발
	사회통합프로그램 한국사회 이해 과정 교재 『한국사회 이해』 개발
2020	중간평가, 종합평가 불합격 시 재수료 후 재응시 최저 점수(40점) 초과 획득 후 이수 완료 (동일 단계 3회 반복 수료 후 이수 완료 폐지)
2022	전국 339개 운영 기관에서 사회통합프로그램 운영

3. 사회통합프로그램의 실제

한국 정부는 국내로 유입된 이민자가 사회통합프로그램을 통하여 한국어 실력과 한국 사회에 대한 이해 능력을 키워서 이민 사회의 한 구성원으로서의 역량을 갖추도록 하고 있다. 이는 곧 당사자에게는 이민의 목표를 달성하고 자신의 인권, 생존권, 경제권 등 사회적 권리를 누릴 수 있는 역량을 부여하는 것으로 볼 수 있다. 국가 · 사회적으로는 이민자를 기존 사회 구성원과 유리되어 사회적 약자로 존재하는 것을 예방함으로써 사회적 비용을 줄일 수 있고 한국 사회 구성원이 지닌 다양성을 존중하고 조화의 가치를 실현하는 일이 된다.

결국 사회통합프로그램을 통한 국가 · 사회적 기능의 실현은 현실적으로 이민자를 수용하는 한국의 입장에서 이민자와 함께 하는 사회가 갖는 긍정적인 측면을 극대화하는 한편 이민자로 인하여 발생할 수 있는 차별, 갈등 등을 예방하여 문화의 다양성을 인정하고 그들과 함께 더불어 살아가는 진정한 이민 국가를 실현할 수 있도록 하는 것으로 볼 수 있다.

이러한 사회통합프로그램은 여러 근거 법령에 의거하여 시행되고 있다. 특히 기존의 출입국관리법에 제39조와 제40조가 2012년 1월에 신설되면서 사회통합프로그램이 법적 근거를 갖게 되었다. 그 후 2012년 10월 15일에 출입국관리법 시행령에 사회통합프로그램 관련 법령이, 2013년 1월에는 출입국관리법 시행규칙이 신설되어 사회통합프로그램의 효율적인 운영을 위한 내용이 명시되어 있다. 이외에도 재한외국인 처우 기본법, 국적법, 법무부훈령, 법무부예규 등에서도 사회통합프로그램 운영 등의 법적 근거를 찾아볼 수 있다. 그 중 사회통합프로그램 이수자에게 부여하는 혜택은 출입국관리법 제40조와 국적법 시행규칙 제4조의2의 내용을 참고할 수 있다. 구체적인 이수 혜택은 사회통합프로그램의 수료 여부와 종합시험의 합격 여부 등과 관계가 깊다. 구체적인 이수 혜택은 다음 [표 2]와 같다.

[표 2] 사회통합프로그램 이수 완료자의 이수 혜택

이수완료 구분 / 이수혜택 구분	한국이민귀화적격 과정 이수 완료자		한국이민영주적격 과정 이수 완료자	
	평가 합격	재수료	평가 합격	재수료
① 귀화면접심사 면제	인정			
② 귀화 신청자의 종합평가 합격 인정	인정	인정		
③ 영주 기본 소양 요건 충족 인정	인정	인정	인정	인정
④ 일반 체류 자격 변경 시 혜택	인정	인정	인정	인정
⑤ 사증 발급 시 혜택	인정	인정	인정	인정

(출처: 2022년도 사회통합프로그램 운영 지침)

3.1 사회통합프로그램의 교육과정

사회통합프로그램의 정규 교육과정은 0단계에서 5단계로, 0단계에서 4단계까지는 '한국어와 한국문화' 교육, 5단계는 '한국사회 이해' 교육으로 구성되어 있다. 사회통합프로그램 정규 교육과정의 교육 내용, 총 교육 시간과 교육 기간, 평가 등은 다음 [표 3]과 같다.

[표 3] 사회통합프로그램의 정규 교육과정

구분 \ 교육명	한국어와 한국문화					한국사회 이해	
단계	0단계	1단계	2단계	3단계	4단계	5단계	5단계
교육과정	기초	초급1	초급2	중급1	중급2	기본	심화
교육 내용	한국어 기초	한국어 초급1 및 한국문화	한국어 초급2 및 한국문화	한국어 중급1 및 한국문화	한국어 중급2 및 한국문화	영주, 귀화 공통 소양	귀화 심화 소양
교육 시간	15시간	100시간	100시간	100시간	100시간	70시간	30시간
수료 인정 출석 시간	10시간 이상	80시간 이상	80시간 이상	80시간 이상	80시간 이상	56시간 이상	24시간 이상
교육 기간	1~2주	각 단계별 8~17주				5~8주	3~5주
평가	없음	1단계평가	2단계평가	3단계평가	중간평가	영주용 종합평가	귀화용 종합평가

(출처: 2022년도 사회통합프로그램 운영 지침)

'한국어와 한국문화'는 한글 자모 수업으로 구성된 기초(0단계)부터 초급1(1단계), 초급2(2단계), 중급1(3단계), 중급2(4단계)까지 총 5개 과정으로, 이민자의 한국 생활에 필수적인 언어 실력을 키우기 위한 한국어 교육과정이다. 이민자는 사전평가의 결과 또는 본인이 이미 획득한 한국어능력시험(TOPIK) 급수 등에 따라 자신의 수준에 맞는 단계에 참여하게 되는데 기초 과정은 15시간, 나머지 한국어 교육과정은 각각 100시간 동안 진행된다.

사회통합프로그램 5단계인 '한국사회 이해' 과정은 기본 과정과 심화 과정으로 구분된다. 기본 과정은 70시간 동안 이루어지며 영주자와 같은 장기 체류 외국인에게 사회, 문화, 정치, 경제, 법, 역사, 지리 영역 전반에 걸쳐 한국 생활에 필요한 기본 소양을 교육한다. 심화 과정은 총 30시간으로 이루어져 있으며 기본 과정을 수료한 자에 한하여 대한민국 국민으로서 갖추어야 할 국가 정체성, 국가안보, 통일, 외교, 헌법 가치 등을 종합적으로 교육하고 있다.

사회통합프로그램의 정규 교육과정은 원칙적으로 1년에 3학기제로 운영이 되고 있는데 예산이나 참여자의 수요에 따라 운영 기관별로 그 기간이 변동되어 운영될 수 있다. '한국어와 한국문화' 과정의 0단계는 일수일 이상으로 편성하고 1단계부터 4단계는 8주 이상으로 편성할 수 있다. 그리고 '한국사회 이해' 기본 과정은 5주 이상으로, 심화 과정은 2주 이상으로 기간을 정할 수 있으며 일주일에 총 12시간 이내(0단계는 15시간)로 2회 이상 운영하는 것을 원칙으로 한다. 그러나 이민자의 개인적인 상황이 달라 농어촌 거주자, 근로자 등 지역 및 참여자의 특성에 따라 일주일에 1회로 주말반이 개설될 수도 있다. 이때 하루 최대 교육 시간은 평일에는 6시간 이내, 주말은 8시간 이내로 제한된다.

이외에도 '시민교육', '지자체 연계 프로그램', '이민자 멘토 교육' 등이 이루어져 학습자가 한국에 성공적으로 정착할 수 있도록 다양한 교육 프로그램을 제공하고 있다.

3.2 사회통합프로그램의 교재

사회통합프로그램에서는 지난 2020년에 새로 개편된 사회통합프로그램 전용 교재를 사용하고 있다. 사회통합프로그램 한국어 교육과정 교재 개발을 위한 연구는 한국어 교육 전문가와 사회통합프로그램 현장 전문가 등이 대거 참여한 연구로 총 3차년에 걸쳐 진행되었다. 2018년에는 사회통합프로그램 강사와 학습자를 대상으로 요구 조사를 실시하여 참여자 특성, 교육 현황과 교재에 대한 만족도와 요구 사항을 파악하여 교재 개발 방향을 설정하였다. 이미혜 외(2018)는 이 연구를 진행하면서 기존의 한국어 교육과정이 주어진 시간(100시간) 동안에 학습해야 할 어휘와 문법의 분량이 많아 단계별 학습 목표를 성취하기가 쉽지 않고, 이민자 집단별 학습 능력의 편차가 커 교수-학습에도 어려움이 있다고 지적하였다. 이러한 교육과정을 보완하기 위하여 교재 개발에 앞서 법무부, 국립국어원과 협의를 하였으나 기존의 수준(한국어능력시험(TOPIK) 3.8급[7])을 유지하는 것으로 결정하였다. 기존의 방식을 고수

7) 이미혜 외(2018)는 사회통합프로그램의 교육과정을 모두 끝내면 한국어능력시험(TOPIK)을 기준으로 했을 때 3.8급에 도달한다고 하였다.

한 채 교재 개발이 이루어져야 하므로 필수적인 교육 내용을 선정하고 효율적인 교육 방법을 모색하는 한편, 본교재 외에 워크북이나 보조 자료를 활용하는 방식으로 수업 시수의 부족 등을 보완하고자 하였다. 2019년에는 이민자 집단별 심층면접조사를 통하여 각 집단에 필요한 학습 주제, 과제, 문화 정보 등을 선정하여 본교재 5권(0~4단계)과 유형별 보조 자료(4종)를 개발하고, 교재 샘플 단원을 시범 사용하여 현장 적합성을 검증하였다. 2020년에는 개발한 교재를 수정 · 보완하였으며 익힘책, 교사용 지도서, 수업용 PPT를 개발하여 사회통합프로그램 전체 교재 개발을 완료하였다.

한국사회 이해 교재 중 기본 과정 교재는 한국의 사회, 교육, 문화, 정치, 경제, 법, 역사, 지리 분야에서 선정한 주제로 집필한 50개 단원과 대단원 정리 8개 단원으로 구성되어 있다. 심화 과정 교재는 대한민국 국민과 헌법, 현대사와 사회변동, 정치외교, 경제, 법 분야에서 선정한 주제로 20개 단원과 대단원 정리 5개 단원으로 구성되어 있다.

사회통합프로그램 교재는 여러 해에 걸쳐 집필이 되어 각 단계별 본교재뿐만 아니라 교사용 지도서, 익힘책, 탐구활동 등이 함께 출간되었다. 본교재, 교사용 지도서, 익힘책과 탐구활동은 출판물로, 이민자 유형별 보조 자료는 PDF 파일로 제작되어 활용되고 있다.[8] 기존에 사용하던 교재와 차별되는 가장 큰 특징은 학습자의 변인에 따른 이민자 유형별 보조 자료[9]의 존재이다.

지난 2021년에는 일부 이민자 집단의 한국 사회 적응을 위한 맞춤형 사회통합 교육의 하나로 맞춤형 과정이 신설되었다. 이 과정은 이민자 집단 중에서 중급 수준의 외국국적 동포, 이주아동 · 청소년을 대상으로 하며 한국어 교육과 한국사회 이해 기초1, 기초2 교육이 함께 진행된다. 한국어 중급 수준의 초기 입국 이민자들에게 필수

---

8) 사회통합프로그램 한국어와 한국문화 교재는 국립국어원 한국어교수학습샘터(https://kcenter.korean.go.kr/)에서 전자책(E-BOOK)의 형태로도 제공된다. 이민자 유형별 보조 자료 PDF 파일은 사회통합정보망(www.socinet.go.kr) 자료실에서 다운로드할 수 있다.

9) 이 보조 자료의 제작은 이민자의 다양한 유형을 고려한 교육과정과 교재 개발이 필요하다는 요구를 반영한 것으로 정책적인 한계가 있음에도 이민자 대상별 교재를 구현했다는 점에서 의미가 있다.

적인 한국 사회 적응에 관한 내용을 다루고 있으며 3단계와 4단계의 100시간 수업 시수에서 일부 시수(15~20시간)를 배정하여 운영하고 있다. 일원화된 사회통합프로그램의 교육과정을 기본으로 하되 이민자 집단별로 변형하여 운영하는 방안은 이민자의 다양한 요구와 필요를 충족시키면서 기존의 사회통합프로그램의 운영 방식에 영향을 미치지 않아 긍정적으로 평가할 수 있다.

3.3. 사회통합프로그램의 평가

사회통합프로그램의 평가는 사전평가, 단계평가, 중간평가, 종합평가로 구성되어 있다. 먼저 그 평가 체계를 살펴보면 다음과 같다.

[표 4] 사회통합프로그램 평가 체계

			사전평가	단계평가			중간평가	종합평가	
				1단계	2단계	3단계		영주용	귀화용
출제범위			1~5단계 수준	1단계	2단계	3단계	1~4단계	1~4단계+5단계(기본)	1~4단계+5단계(기본+심화)
시험시간(분)			70	40			60	70	70
총 문항 수			55	25			35	45	45
문항 구성	필기	객관식	48	20			28	36	36
		단답형	2	0			0	0	0
		작문형	0	0			2	4	4
	구술		5	5			5	5	5
평가의 성격			숙달도	성취도					

(출처: 2022년도 사회통합프로그램 운영 지침)

사전평가는 법무부가 주관하며 이민자의 실력에 알맞은 교육단계 배정을 위하여 이민자의 한국어 실력과 한국문화 이해도를 측정하는 숙달도 평가이자 배치 평가이다.[10] 0단계부터 참여하는 자, 한국어능력시험(TOPIK) 등급 보유자, 연계 과정을 통하여 중간평가에 합격한 자는 사전평가에 응시하지 않아도 된다. 또한 한국어능력시험(TOPIK) 성적증명서 1급, 세종학당 등 법무부 지정 해외 한국어 교육기관에서의 교육 이수증을 제출하고 결혼사증을 발급받아 입국한 결혼이민자인 경우에는 사전평가 없이 2단계에 배정되어 사회통합프로그램에 참여할 수 있다.[11] 사전평가는 필기시험 50문항, 구술시험 5문항 총 55문항으로 필기시험은 객관식 48문항, 단답형 주관식 2문항으로 구성되어 있고, 구술시험은 읽기, 이해하기, 대화하기, 듣고 말하기 형식으로 구성되어 있다. 사전평가 결과 85점 이상의 영주 신청자는 희망할 경우 한국어와 한국문화 교육과정에 참여하지 않아도 종합평가를 신청할 수 있다. 그러나 합격하더라도 사회통합프로그램을 이수한 것이 아니므로 영주를 위한 기본 소양 능력만 충족한 것으로 인정된다.

단계평가는 한국어 초급1, 초급2, 중급1의 각 과정을 종료한 수료자가 다음 단계로 진급하기 위하여 치르는 성취도 평가[12]이다. 단계평가는 해당 사회통합프로그램을 운영하고 있는 기관에서 주관하고 있다. 단계평가의 문항은 거점 기관으로부터 여러 세트의 문항을 전달 받고 그 안에서 문항을 선제하여 평가하는 방식으로 진행된다. 단계평가는 필기시험 20문항, 구술시험 5문항 총 25문항으로 다른 평가와 달

---

10) 숙달도 평가는 수행 능력을 평가하는 것으로 어느 학습자의 전반적인 언어능력을 측정하는 도구로 쓰인다. 학습자의 반별 배치나 선별, 외국어 실력에 대한 객관적인 등급을 부여하는 평가 방식으로, ILR Scale, JLPT, HSK, TOPIK 등이 그 예이다. 배치 평가는 신입생이나 편입생이 어느 단계에 배정될지를 측정하는 평가이다. 어느 특정한 교육과정에 한정되는 것이 아닌 학습자의 전반적인 언어능력을 측정하여 학습자의 등급을 구분 짓는다는 점에서 숙달도 평가와 유사한 면이 있다.

11) 한국어능력시험(TOPIK) 성적증명서를 가진 학습자는 사전평가를 거치지 않고 사회통합프로그램에 참여할 수 있으며 각 등급보다 한 단계 위로 배정된다. 이때 한국어능력시험(TOPIK)의 결과가 5급이나 6급이라고 해도 사회통합프로그램 5단계 과정에 배정되는데 이는 5단계의 교육과정이 한국어 실력 향상을 위한 과정이 아니라 한국 생활에 필요한 기본 소양을 교육하기 위한 과정이기 때문으로 보인다.

12) 성취도 평가는 일정한 기간 동안에 이루어진 교육의 효과를 측정하여 교육의 학습 효과가 목표에 어느 정도 도달했는지를 평가한다. 일반적으로 중간시험이나 기말시험 등이 이에 속한다.

리 필기시험 내에 주관식 문항이 없으며 객관식 문항으로만 구성되어 있다.[13] 각 단계를 수료한 후에 단계평가를 보게 되는데 60점 이상인 경우에 다음 단계로 승급이 된다. 60점 미만인 경우에는 동일 단계를 재수료해야 다음 단계로 진급할 수 있다. 이때 재시험을 치르지 않고 있는데 이러한 부분은 학습자가 해당 단계를 성취하는 데에 장애가 되고 있다. 실제로 성적 미달인 학습자는 동일 단계를 재수강하기만 해도 진급이 가능하기 때문에 해당 단계의 목표를 달성할 필요성을 느끼지 못하는 경우가 많다. 수업에 집중하지 못하거나 다른 학습자의 수업에 방해가 되는 경우도 있어 이에 대한 제도적인 변화가 필요할 것이다.[14]

중간평가는 4단계를 마친 학습자가 치르는 시험으로 법무부의 주관 하에 전체 한국어 교육과정에 대한 내용을 평가하는 성취도평가로 전체 한국어 과정의 이수 여부를 결정한다. 평가 문항으로 단락의 글을 완성하는 작문형 문항이 출제되고 있는데 이는 앞서 기술한 단계평가에서는 볼 수 없었던 유형이다. 중간평가도 단계평가와 마찬가지로 합격점이 60점이다. 60점 이상인 경우에 5단계인 한국사회 이해 교육과정으로 진입이 가능하며 60점 미만인 경우에는 동일 단계를 재수강해야 한다. 동일 단계를 수강한 후에는 다시 중간평가를 치러야 하는데 이때 합격 최저점은 41점이다.

종합평가는 영주용 종합평가(KIPRAT: Korea Immigration and Permanent Residence Aptitude Test)와 귀화용 종합평가(KINAT: Korea Immigration and Naturalization Aptitude Test)로 구분된다. 이 두 평가는 법무부 주관으로 시행되는데 영주용 종합평가는 한국사회 이해(5단계) 기본 과정을 수료한 자 또는 사전평가에서 85점 이상을 획득한 자[15]를 대상으로 하고, 귀화용 종합평가는 한국사회 이

---

13) 단계평가에 주관식 문항이 출제되고 있지 않아 학습자가 쓰기 활동을 타 영역의 학습보다 소홀히 여기는 경향이 있다. 실제 언어생활에서 쓰기 활동이 빈번히 일어나지 않는다고 해도 말하기, 듣기, 쓰기, 읽기 네 영역이 어느 정도 균등하게 발달될 필요가 있다. 또한 중간평가 내에 단락의 작문형 글쓰기 문항이 포함되어 있는 만큼 단계평가에서도 작문형 또는 단답형 문항의 출제가 필요할 것으로 보인다.

14) 단계평가는 불합격한 후에 동일 단계 재이수하여 진급하는 제도가 여전히 유효하지만 중간평가와 종합평가는 상기와 같은 사유로 2020년 7월에 재이수 제도가 폐지되었다.

15) 2018년 9월에 출입국관리법 시행규칙이 개정되면서 영주 자격의 취득 요건 중 기본 소양 요건이 '사회통합프로그램 이수 또는 종합평가 합격'으로 변경되어 사전평가에서 85점을 획득한 고득점자는 사회통합프로그램 교육에 참여하지 않고도 영주용 종합평가에 응시하는 것이 가능하게 되었다.

해(5단계) 전체 과정을 모두 수료한 자를 대상으로 한다. 각각의 시험은 영주 자격 또는 귀화 허가를 신청한 이들이 한국어와 한국문화, 한국사회 이해 정도 등 기본 소양을 충분히 갖추었는지를 평가하고 있다.

사회통합프로그램 5단계 기본 과정을 수료하고 영주용 종합평가에서 60점 이상을 획득한 합격자는 영주적격 과정을 이수 완료했으므로 영주를 위한 기본 소양 요건이 충족되었음을 인정받는다. 사회통합프로그램 5단계의 기본과 심화 과정을 모두 마친 학습자인 경우 귀화용 종합평가에서 60점 이상 획득하면 귀화적격 과정을 이수 완료했으므로 영주용 종합평가의 합격자와 동일하게 영주를 위한 기본 소양 조건이 충족되었음을 인정받는다. 이들은 귀화면접심사를 면제받을 수 있다. 그러나 사회통합프로그램 5단계 전체 과정을 수료하지 않고 귀화용 종합평가에 합격한 경우[16]에는 영주 기본 소양을 충족했다고 인정하나 귀화면접심사 면제 대상에 해당되지 않는다. 이러한 사회통합프로그램 이수 완료자의 합격 여부는 다양한 혜택의 기본 요건이 되고 있다.

영주용 종합평가에 불합격한 자 중에서 사회통합프로그램 5단계 기본 과정을 수료한 자는 희망할 경우에 영주용 종합평가에 재응시할 수 있다. 사전평가 결과 85점 이상 득점하고 영주용 종합평가에 불합격한 자는 해당 평가에 재응시하여 합격하거나 5단계 기본 과정을 1회 재수료하고 해당 평가에 재응시하여 최저점 41점 이상을 득점하면 이수를 완료할 수 있게 된다.

종합평가에 합격한 자에게는 관할 출입국관서의 장 명의로 합격증 또는 이수증이 발급된다. 영주용 종합평가에 합격한 5단계 기본 과정 수료자는 한국이민영주적격시험 합격증, 한국이민영주적격 과정 이수증이 발급되고 귀화용 종합평가에 합격한 5단계 전체 과정 수료자는 한국이민귀화적격시험 합격증, 한국이민귀화적격 과정 이수증이 발급된다. 5단계 기본 과정 또는 5단계 전체 과정을 수료하지 않은 합격자는 각 시험의 합격증을 받을 수 있으나 해당 과정 '미이수'로 표기되며, 각 과정의 이수증은 발급받을 수 없다.

---

16) 2017년 3월 1일 이후 귀화 필기시험이 사회통합프로그램 종합평가로 대체되었다. 그래서 귀화 허가를 신청한 이들은 사회통합프로그램 5단계 이수와 상관없이 귀화를 하고자 하면 귀화용 종합시험에 응시하게 된다.

사회통합프로그램 사전평가, 중간평가, 종합평가는 법무부가 주관하여 운영하고 있어서 매년 그 일정이 평가 홈페이지에 공지되고 있다. 사전평가는 보통 1년에 8회, 중간평가는 4회, 종합평가는 10회에 걸쳐 진행된다. 단계평가는 운영 기관이 자체적으로 시행하고 있어 운영 기관에 따라 시행일이 각기 다르다. 최근 한국이민재단에서는 2022년 3월 14일부터 사회통합프로그램 기본 소양 평가 응시자의 편의를 확대하여 소규모 상시평가인 컴퓨터기반평가(CBT)를 실시하고 있다. 사전평가가 가장 먼저 시행되어 운영되고 있으며 8월부터는 귀화용 종합시험을 컴퓨터기반평가(CBT)로 운영하는 등 이민자의 편의를 위하여 지속적으로 노력하고 있다.

3.4 사회통합프로그램의 강사

사회통합프로그램의 교육을 담당하고 있는 강사에 대한 자격 요건은 출입국관리법 시행규칙 제53조의2 제2항에서 자세히 살펴볼 수 있다. 한국어 교육과정 강사는 한국어교원 3급 이상의 자격을 소지하거나 한국어교원 양성과정 이수자 등 한국어 교육을 할 수 있는 자격이나 학력을 갖춘 자여야 하며, 한국사회 이해 교육과정 강사는 다문화사회전문가여야 한다. 강사는 교육 이외에 행정적인 업무(출결 관리, 단계평가 감독 협조, 설문 협조 등)를 수행해야 하며 전문성 향상을 위한 직무 교육에 적극 참여해야 한다.

사회통합프로그램의 강사는 기본적으로 교수하고 있는 교육에 대한 전문적인 지식을 갖추어야 하며 그것을 학습자에게 제대로 전달할 수 있도록 교수법을 알아야 한다. 또한 학습의 대상이 되는 학습자에 대한 이해가 필요하다. 사회통합프로그램은 참여하고 있는 학습자의 체류 자격이나 국적이 다양하고 광범위하며 사회적인 변화에 따라 학습자의 학습 환경이 달라질 수 있으므로 강사가 수업을 운영함에 있어 이들에 대해 알고 이해하는 것은 중요하다. 또한 사회통합프로그램이 국가 차원의 교육 프로그램이며 한국어와 한국문화, 한국 사회에 대한 이해를 체계적으로 함양함에 그 목적이 있으므로 사회통합프로그램의 강사는 다방면에 있어 전문성을 갖추어야 할 것이다.

3.5 사회통합프로그램의 주요 쟁점

사회통합프로그램은 지난 13년 동안 이민자를 대상으로 한국 사회로의 통합을 앞장서서 이끌어 왔고 법과 제도의 정비, 사회통합 교육의 체계화 및 표준화, 효율적인 운영 등 정책적 측면에서도 체계를 갖추어 운영되고 있다. 그리고 교육적 측면에서도 안정적으로 운영이 되고 있다. 특히 사회통합프로그램의 체재 개편, 교육과정과 교재 개발, 평가 도구의 개발, 전문성을 갖춘 강사의 양성 등을 통하여 교육의 전문성을 확보하였으며 국내 거주 이민자의 한국 사회로의 적응과 생활에 있어 가장 기초가 되는 한국어와 한국문화에 대한 이해를 높여 그들에게 긍정적인 영향을 미쳐왔다. 종합적으로 살펴봤을 때 사회통합프로그램이 한국의 사회통합 정책의 일환으로써 사회통합프로그램이 이민자의 바람직한 사회통합에 괄목할 만한 성과를 거두었다고 평가할 수 있다. 그러나 사회통합프로그램의 운영에 있어 분명하게 살펴봐야 할 몇 가지 쟁점이 있다.

첫째, 사회통합프로그램이 사회통합을 위한 대상을 전체 이민자를 대상으로 삼고 있는가이다. 사회통합프로그램의 시행 초기에는 이민자의 참가율이 전체 이민자의 1% 내외에 그쳤으며, 그중 결혼이민자의 비율이 2009년에는 69%, 2010년에는 74%로 매우 높았다.[17] 전체 이민자를 대상으로 하는 프로그램임에도 초기에는 결혼이민자를 중심으로 운영되어 왔다고 볼 수 있는데 법무부에서는 기본 취지에 알맞게 사회통합프로그램의 대상을 정주 외국인 모두에게 확대하고자 노력하였다. 사회통합

---

17) 시행 초기에 비하면 최근 사회통합프로그램에 참여하는 결혼이민자의 비율이 30~40% 내외로 낮아지기는 했으나 전체 이민자 수에 비하면 여전히 그 비율이 높은 편이다. 2012년부터 2021년까지의 결혼이민자의 사회통합프로그램 참여 비율(단위: 명)은 다음과 같다.

구분	2012년	2013년	2014년	2015년	2016년
결혼이민자	8,280(67%)	8,572(61%)	13,131(59%)	14,537(56%)	16,563(54%)
일반이민자	4,164(33%)	5,442(39%)	9,230(41%)	11,258(44%)	13,952(46%)
총 참여자	12,444	14,014	22,361	25,795	30,515
	2017년	2018년	2019년	2020년	2021년
결혼이민자	18,763(45%)	17,645(35%)	18,373(32%)	13,828(38%)	18,096(42%)
일반이민자	22,737(55%)	32,994(65%)	38,162(68%)	22,792(62%)	25,456(58%)
총 참여자	41,500	50,639	56,535	36,620	43,552

프로그램을 이수한 경우에 이민자 유형에 알맞은 혜택을 부여하였고 이를 더욱 확대하자 다양한 유형의 이민자가 자발적으로 사회통합프로그램에 참여하였다. 특히 유학생 수가 많아지고 있는데[18] 이는 최근에 거주 비자를 비롯한 체류 자격 변경, 영주권 취득에 사회통합프로그램 이수가 혜택으로 작용하도록 한 정부의 노력이 반영된 것으로 보인다. 학사 이상의 학위를 소지한 유학생 중에서 E-1~7(E-6-2 제외) 자격에 해당하는 분야에 취직하기 위하여 연수를 받거나 구직활동을 하고자 하는 자는 D-10(점수제 구직비자)으로 체류 자격 변경 신청을 할 수 있다.[19] 그리고 국내에서 석사 이상의 학위를 취득한 유학생도 교수(E-1)부터 전문인력(E-7-1)까지, 또는 취재(D-5)부터 무역 경영(D-9)에 해당하는 체류 자격의 직종에 취업을 한 경우에 F-2-7(점수제 거주비자)으로 비자 변경이 가능하다. 사회통합프로그램 이수를 한 경우에 가산점을 받을 수 있기 때문에 대학교나 대학원에 다니면서 사회통합프로그램을 이수하는 유학생의 수가 점차 늘고 있다.

한편 사회통합프로그램에 참여하는 이주 노동자의 수도 꾸준히 늘고 있는데 전체 이주 노동자 수에 비하면 실제 사회통합프로그램에 참여하는 이주 노동자의 비율이 낮은 편이다. 이는 이주 노동자 특성상 평일에는 회사 업무로 인하여 사회통합프로그램에 참여할 시간적 여유가 없고 사업장에서도 사회통합프로그램에 대한 인지도가 낮기 때문으로 보인다. 그러나 이혜경(2018)은 이주 노동자의 사회통합프로그램 참여 욕구가 증가하고 있고 그들의 한국어 실력이 일상생활과 직무 적응 제고에 중요한 요인이 되므로 사회통합프로그램에 참여할 수 있는 환경이 적극적으로 조성되어야 한다고 보았다. 이를 위해서는 이주 노동자 관할 정부 부처의 정책적 협력이 필요할 것이며 이주 노동자의 일반적인 특성을 반영한 교육과정의 개발이 필수적이

---

18) 법무부 출입국외국인정책 통계연보(2009~2022)를 살펴보면 체류 자격에 따른 사회통합프로그램의 참여자 중 D-2(유학 비자)를 소지한 이민자가 2009년에 14명에서 2020년에는 3,456명으로 246배 이상 증가했음을 확인할 수 있다.

19) 이 비자로 변경하려면 총 190점의 점수 중 기본 항목에 해당하는 점수가 20점 이상이면서 총 득점 60점 이상을 받아야 한다. 이 점수는 연령, 최종 학력, 최근 10년 이내 근무 경력, 국내 유학 경력, 기타 국내 연수, 교육 경력, 그리고 한국어 실력을 점수화하고 이를 합산하여 계산한다. 한국어 실력에 대한 점수 배점은 2단계, 3단계, 4단계, 5단계 이상인 경우 각각 5점, 10점, 15점, 20점이다.

다. 주지하듯 사회통합프로그램에 참여하는 이민자 집단의 특성에 따라 참여율에 차이를 보이고 있는데, 사회통합프로그램이 정책의 도입 취지[20]를 분명히 하고 프로그램의 정체성을 확립하기 위해서는 사회통합의 대상을 특정 집단으로 제한할 것인지, 확대할 것인지 등을 고민할 필요가 있다. 전체 이민자를 대상으로 한다면 사회통합프로그램에 다양한 집단의 이민자가 자발적으로 참여할 수 있는 방안, 또한 혜택을 부여하는 데에만 치중하지 않고 교육적 실효성을 고려함과 동시에 내실을 탄탄히 할 수 있는 제도적 장치를 마련해야 할 것이다.

둘째, 사회통합프로그램을 이수한 참여자가 실질적으로 한국 사회로의 적응 능력을 갖추었는지를 점검할 필요가 있다. 사회통합프로그램의 전체 교육과정의 최종 목표는 한국어능력시험(TOPIK) 4급에 해당한다. 사회통합프로그램의 모든 과정을 이수한 이민자인 경우에 이 정도의 한국어 능력과 한국문화 이해 능력이 어려움 없이 한국 생활을 하는 데에 충분한지에 대한 실제적인 논의가 요구된다. 이러한 한국어 능력 실효성에 대한 논의는 김선정(2018)에서도 찾아볼 수 있는데 중급까지만 운영하는 사회통합프로그램만으로는 결혼이민자의 한국어 교육 목표를 달성하고, 그들의 다양한 요구를 충족시키는 데에 어려움이 있을 것으로 보았다.

한편 이미혜 외(2018)는 사회통합프로그램의 교재 개발을 위하여 사회통합프로그램 주관기관인 법무부, 한국어교재 개발 연구 주관기관인 국립국어원, 교재개발 연구진과 협의를 진행하였다. 교재 개발에 앞서 이민자의 한국어 실력을 향상시키고자 교재의 난이도 조정, 각 단계별 운영 시수 조정[21] 등을 논의하였으나 한국사회 이해

---

20) 사회통합정보망(https://www.socinet.go.kr)에 명시된 사회통합프로그램의 도입 취지는 다음과 같다. 첫째, 이민자가 우리말과 우리문화를 빨리 익히도록 함에 따라 국민과의 원활한 의사소통으로 지역 사회에 쉽게 융화될 수 있도록 지원함에 있다. 둘째, 재한외국인에 대한 각종 지원정책을 사회통합프로그램으로 표준화하고 이를 이수한 이민자에게는 국적취득 필기시험의 면제 등 다양한 인센티브를 제공하여 자발적이고 적극적인 참여의 기회를 부여함에 있다. 셋째, 이민자에게 꼭 필요하고 적절한 지원정책 개발과 세부지원 항목 발굴을 위하여 이민자의 사회적응지수를 측정하고 이를 이민자 지원정책 등에 반영함에 있다.

21) 각 단계별 수업 시수가 부족하다는 의견은 사회통합프로그램이 시행된 이후 여러 해에 걸쳐 많은 연구자들에게 제기되었다. 일반적으로 한국어능력시험(TOPIK) 4급 수준에 이르기 위해서 각 급별 200시간씩 총 800시간의 교육 시간이 소요되는데 사회통합프로그램은 4단계 수준에 도달하기까지 각 급별 100시간씩 총 400시간이 소요된다. 이는 단순하게 살펴보아도 시수의 차이가 2배가량 나기 때문에 사회통합프로그램을 4단계까지 이수한 자와 한국어능력시험(TOPIK) 4급 소지자와의 한국어 실력에는 어느 정도 차이가 있을 것으로 보인다.

과정과의 간극, 사회통합프로그램과 한국어능력시험(TOPIK)과의 연계 방안 등 여러 문제를 고려하여 사회통합프로그램의 최종 난이도와 각 단계별 시수를 현행 방식으로 유지해야 함을 확인하였다. 사회통합프로그램이 단순한 언어 교육 프로그램이 아닌 정부의 시책으로 운영되는 만큼 정부의 정책적인 결단이 사회통합프로그램에 상당 부분 영향을 미치는 것은 당연한 일이다. 그러나 사회통합프로그램의 근본적인 목표가 한국어 실력과 한국문화 이해를 높여 기본 소양을 길러 주고 결국 이민자의 적응과 자립을 지원하는 데에 있으므로 한국어 교육 효과를 높일 수 있는 대안을 마련할 필요가 있다.

셋째, 사회통합프로그램의 평가 체계 중 재이수 제도가 적절한가이다. 1단계, 2단계, 3단계에 참여하는 이민자는 해당 과정이 끝나면 단계평가를 통하여 해당 단계의 성취도를 측정하게 된다. 이때 60점 미만의 점수를 받거나 시험에 참여하지 못해 해당 평가에 합격하지 못하는 경우에는 동일한 단계를 재수료하면 해당 단계를 이수한 것으로 하여 다음 단계로 승급할 수 있게 된다. 이 제도는 이민자의 한국어 실력이 해당 단계의 목표에 도달하지 못하더라도 다음 등급으로 승급할 수 있도록 하여 당장의 어려움을 해소해 주고 있다. 그러나 이러한 방식으로 승급한 이민자는 다음 단계의 수업을 듣기에 언어적인 어려움을 느낄 것이며 결국 그 단계의 언어 목표 수준에 도달하기가 힘들 것이다. 이러한 문제는 계속 누적되어 반복될 가능성이 크다.[22] 이러한 입장에서 정경일(2019)은 단계평가 불합격자가 동일한 단계를 재이수 후 평가 없이 진급하는 제도가 폐지되어야 함을 주장하였다. 비교적 성공적인 이민자 사회통합 정책을 펼치는 몇몇의 해외 사례를 살펴봤을 때 독일은 교육에 참여한 이민자가 최종 목표인 B1에 도달하지 못하게 되면 300시간의 수업을 추가로 받도록 하고, 네덜란드는 2년 이내에 추가 교육을 받도록 하고 있다. 또한 덴마크에서는 한 단

---

22) 정경일(2019)의 사회통합프로그램 평가 제도의 분석 결과를 살펴보면 중간평가 합격자가 종합평가에 합격할 확률이 높다는 것을 알 수 있었다. 이는 중간평가 불합격자가 종합평가에도 불합격할 확률이 높다는 것을 반증하는 것으로 이러한 결과의 원인이 참여자가 단계별 언어 목표를 달성하지 못한 채 해당 단계를 재이수하여 다음 단계로 진급하였기 때문인 것으로 보았다. 해당 단계를 재이수를 하여 다음 단계로 승급하는 제도는 해당 단계 목표 언어 수준의 미달, 형평성 문제 등 이민자의 언어 수준 미달뿐만 아니라 사회통합프로그램의 운영에 있어서도 부정적인 영향을 미친다.

계를 이수하고 시험에 합격해야만 다음 단계의 강의를 들을 수 있는 자격을 부여하고 있다(민진영 외, 2019). 이러한 과정을 거친 후에도 언어 수준이 일정 수준에 이르지 못하여 추가 교육에 참여하는 경우에는 일정 비용을 납부하도록 하는 등 보다 적극적인 입장에서의 대안이 마련될 필요가 있다. 평가 체계의 미비함으로 인하여 이민자가 교육을 받고도 일정 언어 수준에 이르지 못한다면 교육의 의미가 무색해질 수도 있다. 이민자가 국가 차원의 언어 교육을 받는 만큼 소기의 성과를 거둘 수 있도록 규정을 보완할 필요가 있다.

넷째, 사회통합프로그램이 교육의 전문성을 제대로 갖추었는지를 고려해야 한다. 사회통합프로그램은 사회통합의 정책을 위한 도구로 볼 수 있지만 본질적으로는 교육 프로그램이다. 그래서 전문성을 갖춘 교육 자료나 훈련된 강사는 사회통합프로그램의 목표를 달성하는 데에 있어 기본적인 요건이 된다고 할 수 있다. 사회통합프로그램은 교육의 대상이 광범위하나 영주권이나 국적 취득을 목적으로 하는 이민자 집단이 많은 비중을 차지하기 때문에 이들을 대상으로 하는 사회통합프로그램 교육에는 주가 되는 이민자 집단의 특수성이 반영되어 있다. 이해영 외(2016)는 사회통합프로그램 한국어 교육은 '한국문화를 이해하는 한국어 과정'이며 '한국사회 이해를 위한 한국어 과정'이므로 사회통합프로그램 교원의 한국문화와 한국 사회에 대한 선행 이해는 필수적이라고 하였다. 또한 대학 부설 기관의 한국어 교육과 사회통합프로그램 한국어 교육이 지향하는 한국 언어문화 교육은 그 목표와 방향성이 다르므로 강사의 배경에 맞는 전문 역량을 보완할 심화 과정이 필요하다(이해영 외, 2016). 이러한 차원에서 사회통합프로그램의 한국어 강사와 대학 부설 기관 등의 한국어 강사와 자격 요건에 있어 큰 차이가 없다고 하여도, 실제성을 반영한 교육을 위해서는 사회통합프로그램 한국어 강사에게 추가적인 교육이 필요할 것으로 보인다.

다섯째, 사회통합프로그램 참여자 중에는 사회통합프로그램 이수 후에 얻는 혜택을 얻기 위함을 목적으로 교육을 받는 경우가 많다. 이러한 사회통합프로그램 참여자에게 부여하는 이수 혜택이 타당한지 살펴볼 필요가 있다. 예를 들어 사회통합프로그램을 이수한 이민자에게 귀화시험을 면제해 주는 혜택을 부여하고 있는데 기존의 국적 부여에 요구되는 수준을 사회통합프로그램이 충분히 대체하고 있는지, 즉 귀화시험의 합격 수준이 사회통합프로그램 이수의 수준과 동일한가에 대하여 신중히 고려해 봐야 할 것이다. 귀화시험 면제 혜택 외에도 이민자 집단별로 차등적으로 부여하는 각종 사회통합프로그램 이수 혜택을 전면적으로 재검토하여 기존의 기준에 부합하는 것인지 살펴보는 연구가 필요할 것으로 보인다. 그리고 이러한 혜택의 방향성을 눈앞의 이익에만 둘 것이 아니라 사회통합프로그램의 이수를 통하여 이민자가 한국어 능력을 갖추게 되어 한국 사회의 구성원으로서 잘 적응하고 자신의 능력을 발휘하며 한국 국민과 공존하며 살아갈 수 있도록 하는 장기적인 측면에서의 교육적 효과를 이민자가 누릴 수 있도록 해야 할 것이다.

또한 사회통합프로그램이 가족센터 한국어 교육 프로그램 등 유사 프로그램을 흡수하는 형태로 발전해 왔는데 과연 이것이 적절한지도 고려할 필요가 있다. 사회통합프로그램은 표준화된 교육과정으로 다양한 학습자를 대상으로 일원화하여 운영되고 있으나 학습자 다양성을 고려할 때 수요자 중심의 다양한 프로그램에 대한 요구가 꾸준히 있어 왔다. 최근에는 사회통합프로그램의 교재가 개편되면서 자습용이기는 하나 이민자별 보조 자료가 개발되었으며 외국국적 동포, 이주아동 · 청소년을 대상으로 하는 맞춤형 과정이 신설되어 이민자 집단별로 교육과정을 변형하여 운영하는 프로그램이 개설되기도 하였다. 일부 집단에 해당하는 것이지만 이러한 움직임은 매우 고무적인 일로 사회통합프로그램이 보다 다양한 이민자 집단에게 적합한 교육 프로그램을 제공하기 위한 첫걸음이라 여겨진다. 이러한 맞춤형 과정이 확대되어 다양한 이민자에게 적절한 교육을 제공한다면 이민자들에게 실질적인 도움을 줄 수 있으며 앞서 언급했던 첫 번째 쟁점의 해결 방안이 되어 다양한 이민자의 자발적인 참여를 장려하리라 생각된다. 또한 이러한 교육의 내실화와 다양성의 확보는 한국어와 한국문화, 한국사회 이해 교육을 통하여 이민자가 한국으로의 이주를 통하여 자신이 목표한 바를 이룰 수 있는 방향을 제시해 줄 것이다.

여섯째, 사회통합프로그램의 이수를 의무화하는 방안과 관련한 좀 더 진전된 논의가 필요하다. 문병기 외(2016)는 해외 사례를 통하여 사회통합프로그램의 의무화를 주장하였는데, 유입국 사회에 초기 적응한 이민자를 대상으로 도입적 사회통합을 촉진하고 궁극적으로는 정착적 사회통합에 이르는 과정을 밀도 있게 연결시키기 위해 유입국의 필수적인 정책적 노력, 즉 사회통합프로그램의 의무화가 필요하다고 보았다. 또한 사회통합프로그램이 외국인의 사회통합을 위한 유일한 통로가 된다는 측면에서 사회통합이 요구되는 장기 체류 외국인에 대한 사회통합프로그램의 이수 의무화는 당면한 국가적 과제라고 언급하였다. 그런데 실제적으로 사회통합프로그램은 무료로 운영되는 데다가 이민자의 자율적인 참여로 이루어지고 있어 사회통합프로그램의 효과를 높이지 못하는 경우가 있다. 사회통합프로그램은 이민자가 한국 사회에 안정적으로 적응하는 데에 도움을 주기도 하지만 정부의 입장에서는 이민자의 한국 사회의 부적응으로 인한 사회 문제를 예방한다는 측면에서 사회통합프로그램 의무화를 고려할 필요가 있다.

현재 한국의 사회통합프로그램은 기본적으로 참여자의 자발적이고 능동적인 참여로 운영되고 있다.[23] 문병기 외(2016)는 사회통합프로그램 이수 의무화에 대한 필요성을 인식하고 이와 관련한 설문조사를 실시하였는데 다수의 이민자들이 이수 의무화에 찬성하고 있다는 결과를 도출하였다.[24] 의무화에 반대하는 의견을 가진 운영 기관 담당자도 있었으나 점진적인 의무화에는 긍정적인 의견을 보이고 있어 사회통합프로그램의 의무화에 대한 사회적 요구가 높음을 알 수 있다.[25] 그러나 사회통합프로그램 이수 의무화를 실현하기 위해서는 몇 가지 제도적 기반이 필요하다. 법무부 등 정부 각 부처는 기존의 정책적인 여건을 고려해야 하며 정책 추진과 직접적인 관련이 있는 운영 기관은 업무 체계를 재정비해야 할 것이다. 또한 세부적으로는 이민자의 국내 체류 자격, 사회통합의 요구 수준 등에 따라 의무화 단계를 설정하거나 늘어난 참여자들을 응대할 행정 인력과 강사 충원, 운영 기관의 확충 또한 필요할 것이다. 사회통합프로그램 이수 의무화가 되면 사회통합프로그램이 확대가 될 것이고, 그에 따라 추가적으로 발생하는 교육의 수요가 매우 커질 것이다. 현재보다 더 많은

---

23) 2018년 9월 21일부터 영주권을 신청하기 위해서는 사회통합프로그램을 이수 완료하거나 종합평가에 합격해야 한다. 사회통합프로그램의 이수를 완료하려면 사회통합프로그램 참여가 필수이므로 영주권을 신청하고자 하는 일부 이민자는 사회통합프로그램에 의무적으로 참여해야 한다. 영구적으로 정주 및 정착할 수 있는 이민자의 지위를 부여받는 영주권자들에게 수준 높은 한국어 구사 능력과 한국 사회에 대한 심층적인 이해가 있어야 함은 당연한 것으로 보인다.

24) 이에 대하여 운영 기관 담당자는 이민자들이 한국의 정책적 수혜를 받는 입장이므로 정부 정책의 방향에 순응하는 태도를 가지고 있어 이러한 결과가 나온 것으로 설명하였다.

25) 사회통합프로그램 이수화를 찬성하는 입장의 운영 기관 담당자는 이민자의 비자발적인 참여로 인한 참여자의 학습 태도 저하와 성과의 하락으로 인한 문제점을 근거로 들고 있다.

행정적, 재정적인 지원이 필요할 텐데 이에 따른 국민들의 국세 지출 등 불만이 제기될 가능성이 있으므로 외국인의 사회통합 기금을 마련할 수 있는 방안도 고려해 볼 만하다. 사회통합프로그램 이수 의무화에 따라 발생할 수 있는 다양한 가능성과 문제를 미리 예측하여 충분히 논의하고 검토한다면 사회통합프로그램이 더 안정적이고 실효성 있는 정책으로 자리 잡게 될 것이다.

4. 사회통합프로그램의 개선 방안

2009년부터 실시되어 오는 사회통합프로그램은 시간이 지나면서 교육 체계와 평가 체계가 고도화되고 운영 효율화를 기해 오고 있음은 여러 논의를 통해 확인할 수 있다. 그러나 사회통합프로그램이 더욱 발전하기 위해서는 다음과 같은 사항을 개선할 필요가 있다.

4.1 사회통합프로그램 운영 목표의 재설정

현행 사회통합프로그램의 실시 배경은 2000년대 후반 국내 이민자 집단에 대한 한국 정부의 정책이 급속하게 다문화 정책으로 선회하면서 대두되었음은 주지의 사실이다. 당시 결혼이민자의 급속한 증가와 이들로 이루어지는 가정에서 태어나는 자녀에 대한 적극적인 지원 정책의 필요성이 1차적인 배경이 되며 결혼이주여성과 그들의 자녀(혼혈아)에 대한 범정부 차원의 대책 수립이 출범의 모태가 되었다. 결혼이주여성과 그들의 자녀에 대한 범정부 차원의 대책의 세부적인 대안으로 재한외국인처우 기본법이 제정되고 이의 집행법으로 다문화가족지원법이 제정됨과 동시에 출입국관리법을 개정하여 사회통합프로그램 실시의 법적 근거를 확보하게 되었다. 이는 곧 사회통합프로그램 실시 배경에 특정 집단에 대한 정책적 고려가 작용하였음을 알 수 있고 이는 사회통합프로그램 실시 초기 참여자 변인에서 이들 집단이 절대 다수를 차지한 것을 통해서 확인할 수 있다. 뿐만 아니라 조항록(2012)에서 알 수 있듯이 초기 사회통합프로그램 실시 과정에서는 결혼이민자 집단에게 차별적인 혜택이 주어지기도 하였다.

2022년을 기준으로 할 때 국내 체류 외국인의 집단별 변인은 2000년대 초반과 크게 다르다는 것을 알 수 있다. 가장 큰 변화는 결혼이민자 집단 이외에도 이주 노동자 집단의 정주화 경향이 크게 확대되면서 체류 외국인의 정주화 가능성을 높이는 다양한 정책들이 실시되고 있다는 점이다.[26] 이와 같은 정주화 경향의 증대는 사회통합프로그램의 중요성을 뒷받침하는 것으로써 사회통합프로그램이 특정 집단에 대한 고려를 초월하여 한국 내에서 정주화의 과정에 있는 모든 체류 외국인을 위한 한국 사회 적응 능력과 자세를 키우는 프로그램으로 재정립되어야 함을 의미한다. 이는 곧 한국 정부가 체류 외국인에 대하여 한국 사회 구성원으로서 어엿하게 자리를 잡고 기존 국민과 결속하고 공존하도록 하는 사회통합 정책의 구체적인 실천적 대안으로서의 성격을 갖는 것이다.

이렇게 볼 때 사회통합프로그램은 한국 내에서 정주화의 과정에 있는 모든 이민자가 원하면 참가할 수 있는 프로그램으로서 개방성을 갖추고 교육의 내용도 체류 외국인 모두에게 보편적으로 적용될 수 있는 내용으로 정립되어야 한다. 최근 사회통합프로그램 교재가 개편되어 전체 이민자를 대상으로 하는 교재가 사용되고 있어 내용적인 측면에서의 개선은 진행이 되었다고 볼 수 있다. 그러나 여전히 결혼이민자가 다수인 점은 다른 이민자 집단의 참여를 주저하게 하는 요소가 될 수도 있다. 지금까지는 비중이 크지 않았던 유학생(D-2), 일반 거주자(F-2), 이주 노동자(E-9, E-7) 등에게도 친밀감이 있는 프로그램으로 인식되도록 하는 방향성의 전환이 요구된다. 사회통합프로그램의 이러한 방향성 전환은 이미 추진되어 왔지만 이를 좀 더 명확히 하여 향후 한국 사회의 이민자 집단의 변화에도 선제적으로 대응할 필요가 있다.

---

26) 이는 앞에서도 논의했지만 이주 노동자가 과거 산업연수생 시기에는 최장 체류 기간이 3년, 고용허가제 실시 이후 4년 10개월이었다. 최근에는 여러 특례 등을 통하여 최장 9년 8개월까지 합법적으로 체류할 수 있고 상황에 따라서는 E-7-4 등 체류 자격의 변경까지도 인정하는 정책적 변화가 있어왔다(2023년에 고용허가제가 개편되면 이주 노동자는 최대 10년+a 동안 체류가 가능해질 것이다).

한국 사회는 저출산 · 고령화의 급속한 진행으로 인하여 노동력 부족 현상이 나타났으며 이를 극복하기 위한 방안으로 정부는 이민자를 지속적으로 받아들일 것으로 보인다. 한국 내 체류 외국인의 수가 지속적으로 늘 것으로 예상되는 만큼 사회통합프로그램은 이들 모두를 위한 한국 사회 적응 능력을 키우는 프로그램이 되어야 할 것이다.

4.2 운영 체계의 다원화

사회통합프로그램은 처음에 한국어 교육과정 4단계(한국어 기초 단계 포함 5단계)와 한국사회 이해 교육과정 1단계로 실시되었다. 이후 한국사회 이해 교육과정의 교육 시간을 확대하면서 2단계로 세분화되는 변화를 보이고 있다. 이는 사회통합프로그램이 갖는 기능적 측면을 세분화한 것으로 한국 체류 이민자 집단의 속성 변화와 이에 대한 정부의 대응이 관련이 있다고 볼 수 있다. 이는 한국에서 정주화의 과정에 있는 체류 이민자의 수가 증가하면서 영주를 희망하는 이민자도 더불어 증가한 것에 기인한다. 사회통합프로그램 이수에 국적 취득에 관한 혜택을 주었던 것이 영주권을 획득하는 과정에서 주어지는 혜택을 추가하는 상황으로 변화된 것이다. 이러한 변화는 사회통합프로그램이 현실을 반영하고 정부 정책의 방향 전환을 구체적으로 실현하는 의미를 갖는다.

사회통합프로그램의 현실 변화 대응은 현시점 또 다른 측면에서 고려되어야 하는데 이는 운영 체계의 다원화로 귀결이 될 수 있다. 앞에서 언급한 바와 같이 사회통합프로그램 참여자 변인이 다양해지고 이들 중에는 유학생 집단, 특정업무종사자 집단이 늘고 있는 상황에서 이들에게 요구되는 한국어 능력은 기존의 사회통합프로그램을 통해서 도달할 수 있는 능력을 상회할 수도 있다. 즉 한국어 교육과정 4단계 400시간에 만족하지 않고 그 이상의 교육 시간과 한국어 도달 목표를 희망할 수도 있다. 이는 정혜란(2023)의 사회통합프로그램 참여자 요구 조사에서도 잘 나타나는데 참여자 중 32.6%[27]는 현재의 교육 시수보다 더 많은 시수의 학습을 요구하였다. 뿐만 아니라 일부 참여자는 사회통합프로그램을 통해서 도달할 수 있는 최종적인 한국어 능력으로 한국어능력시험(TOPIK) 기준 4급 이상을 희망하는 것으로 나타났다.

이렇게 본다면 사회통합프로그램은 기존의 한국어 교육과정 4단계 400시간을 중심으로 하지만 더 많은 학습 요구를 가진 참여자를 위하여 심화 단계나 특별 과정을 개설할 필요가 있다. 실제로 해외의 사회통합 정책의 일환으로 운영되는 언어교육 사례를 살펴보면 이러한 교육과정이 존재한다는 것을 쉽게 살펴볼 수 있다. 독일에서는 모든 이민자를 대상으로 하는 일반통합과정 외에 이민자를 집단별로 구분하여 교육하는 특수통합과정(catch-up 과정, 알파 통합과정), 학업 능력이 우수한 이민자를 따로 선별하여 교육하는 속성과정 등 언어 교육과정이 세분화되어 활발하게 운영되고 있다. 또한 호주에서는 일반적인 상황의 이민자를 대상으로 하는 AMEP와 이민자의 호주 거주 목적과 학습 목적에 따라 SPP(정규 학교 교육을 제대로 받지 못한 인도주의 비자 입국자들 중 학습에 어려움이 있는 25세 미만 성인 이민자 대상), SLPET(취업 관련 요구를 가진 이민자), AMEP Extecd(510시간의 영어 수업을 이수했으나 본인의 목표 수준의 영어 실력을 갖추지 못한 이민자), SEE(호주에 거주한 지 6개월 이상이 되었으나 교육이 더 필요한 이민자) 등의 추가 교육이 운영되고 있다(민진영 외, 2019).

이러한 해외 사례와 같이 이민자의 다양한 입장과 요구에 알맞은 교육과정을 개설한다면 프로그램 운영에 추가로 소요되는 비용 요인, 기존의 민간 교육기관에 미칠 영향 등도 고려해야 할 것이다. 그러나 이는 또 다른 측면에서 유료화 등 대안을 고려할 수도 있을 것이다.

---

27) 정혜란(2023)의 설문조사에 참여한 학습자 43명 중 1~4단계 수업 시수가 적절하지 않다고 응답한 14명에 해당하는 수치이다.

4.3 교육 전문성 제고

사회통합프로그램은 최초 실시 이후 교육과정의 정립, 평가 체계의 정립, 사용 교재의 개발 및 고도화, 강사 자격 요건 강화 등 교육 진문성을 높이기 위한 노력을 실시해 왔으며 그 성과를 인정받는 것으로 보인다. 정혜란(2023)에 따르면 사회통합프로그램 참여자와 강사는 현행 교재에 대하여 만족하는 것으로 나타났으며 강사의 교육 내용 지식, 교수 방식, 다문화 수용성, 한국사회 이해 지식에 대해서도 대체로 만족도가 높은 것으로 나타났다. 그러나 교재 및 강사와 관련하여 개선의 필요성을 제기하는 몇몇 응답에 유의할 필요가 있다. 교재와 관련해서는 교재의 유용성, 체계성, 적절성 등 많은 측면에서 만족도가 높으나 난이도의 측면에서는 보통 이하의 응답을 보였다. 특히 한국사회 이해 교재는 난이도가 높다는 의견이 56.1%로 나타나 한국어 교육과정과 한국사회 이해 교육과정 사이의 다리 역할을 하는 장치가 필요할 것으로 보인다.

교육 전문성의 측면에서 제기되는 개선의 필요성은 강사 요인에서 더욱 크게 나타난다. 강사 스스로 인식하는 전문 역량과 학습자가 인식하는 전문 역량에 차이가 나타나고 있다는 점이다. 사회통합프로그램이 본질적으로 교육 프로그램이고 교육의 효과를 높이기 위해서는 역량을 갖춘 강사의 확보와 강사의 지속적인 역량 계발이 요구된다는 점을 고려한다면 강사 관련 요인에 대한 검토가 필요하다. 좀 더 구체적으로 강사 채용 시의 요건 강화, 강사료 인상, 허용하는 범위에서 최대한의 강사 지위 향상이 요구된다. 이와 함께 강사 재교육 프로그램을 개발하여 실시할 필요가 있다. 사회통합프로그램 운영지침에 명시된 강사 재교육과 관련한 교육은 국립국어원의 사회통합프로그램 한국어교원 연수, 중앙거점기관의 신규 강사 직무 교육과 강사 역량 강화 교육, 다문화사회전문가 보수 교육[28]이 있다. 이 중에 반드시 참여하도록 권장하는 교육은 신규 강사 직무 교육과 다문화사회전문가 보수 교육이다. 사회통합프로그램 운영지침에서는 전문성 향상을 위한 직무 교육에 적극적으로 참여해

28) 5단계 강의 배정을 받고자 하는 강사는 5단계 강의 배정 전 3년 이내에 다문화사회전문가 보수 교육을 수료해야 한다. 만약 보수 교육을 받지 않고 5단계 강의 배정을 받은 경우에는 해당 연도에 보수 교육에 반드시 참가해야 한다.

야 한다고 명시하고 있으나 교육의 인원 제한이 있기 때문에 인원이 초과되거나 강사의 일정과 교육의 일정이 맞지 않으면 참여하지 못하는 경우도 있어 반드시 참여해야 하는 교육이라고 보기 힘들다. 이렇듯 사회통합프로그램 강사의 교수 역량을 키우기 위한 제도적 장치가 마련되어 있기는 하나 강사의 자율적인 참여에 달려 있어 그 효용성을 확보하기가 어렵다. 사회통합프로그램 강사의 교수 역량을 키우기 위한 제도적 장치를 더욱 보강할 필요가 있다.

한편 사회통합프로그램 강사 역량 강화와 관련하여 Wallas의 자기성찰 모델(reflective model)은 시사하는 바가 크다.[29] Wallas의 자기성찰 모델은 전형적인 교사 훈련 방식인 이론경험적 방법과는 다르게 현장 강사가 자신의 교수 상황을 지속적으로 성찰하여 교수 역량을 향상시켜 나가는 방식으로 최근의 영어 교사 훈련에서 가장 주목 받는 방식으로 알려져 있다. 사회통합프로그램 한국어 강사 역량 강화에 이러한 방식을 적용하는 것에는 큰 의미가 있다. 2022년 12월 기준 전국적으로 293곳의 사회통합프로그램 운영 기관에서 강의를 하는 한국어 강사의 규모는 매우 크다. 이 사회통합프로그램은 국내의 대학 부설 전문 한국어 교육기관의 프로그램과 운영 체계에서 많은 차이를 보인다. 뿐만 아니라 강사 집단 내에서의 위계화와 조직화의 수준에도 큰 차이가 있다. 이러한 상태에서 강사의 강의 방식과 수준에 대한 냉정한 성찰은 이루어지기가 쉽지 않다. 각자가 키운 전문성을 바탕으로 현장에서 책임과 열정을 가지고 강의를 진행한다 해도 각자의 방식이 얼마나 효과적인지에 대한 자체 인식이 부족할 수 있다. 사회통합프로그램 운영기관 내에서 또는 거점 운영기관별로 강사 워크숍을 갖고 이러한 방식을 적용하여 강사 역량을 강화하는 노력을 고려할 필요가 있다. 이러한 노력들은 궁극적으로 강사의 교육 전문성을 제고하여 사회통합프로그램의 성과를 더욱 높일 수 있을 것이다.

29) Wallas의 자기성찰 모델은 한국어 교육계에서는 조항록(1997)에서 최초로 소개된 바 있다.

4.4 사회적 기능 확대

이민정책연구원(2021)에서는 다양한 이민자의 증가와 이민 목적국으로서 한국의 지위가 변함에 따라 정부 주도의 이민 정책이 더욱 성숙해졌다고 평가하고 있다. 한국의 사회통합 정책에 대한 이러한 전향적인 평가의 선두에는 사회통합프로그램의 역할이 컸음을 인정하지 않을 수 없을 것이다. 사회통합프로그램은 최초 실시 시기부터 이수자에 대한 혜택을 부여하여 프로그램 실시 성과가 실시 주체인 국가는 물론 참여자에게도 이익을 실현하는 프로그램으로 인식되도록 하였다. 즉 국가가 필요하여 사회통합프로그램을 실시하지만 이에 호응하는 참여자도 이익을 얻는 프로그램으로 인식되도록 한 것이다.

사회통합프로그램의 이러한 운영 방식은 시간이 지나면서 더욱 확대되어 현시점 사회통합프로그램 이수자에 대한 혜택의 영역이 매우 다양해졌다. 국적 취득, 영주권 취득, 체류 자격 변경 등에서 다양한 혜택이 주어진다. 이러한 방식은 참여자 확보 및 참여자의 참여 수준을 높이는 결과를 가져옴으로써 사회통합프로그램의 사회적 기능을 강화하고 있다. 이민자에게는 한국 사회 적응 능력을 갖추도록 하여 궁극적으로는 한국 사회 구성원으로서 자신의 이익을 실현하고 한국의 이익에도 기여하는 결과를 가져올 것이다. 그리고 이는 곧 사회통합프로그램의 기능 강화로서 사회통합프로그램을 실시하는 한국 정부에게 정책 효과를 부여하는 결과가 된다. 즉 정책 추진의 정당성을 부여하는 것으로 정책 추진 효과를 입증하는 셈이 된다.

이러한 흐름에서 사회통합프로그램의 사회적 위상을 강화할 수 있는 방안을 여러 측면에서 모색할 수 있다. 지금까지는 주로 국적 취득, 영주권 취득과 같은 체류 자격 변경 등에 초점이 주어졌다면 이제는 사회통합프로그램 실시의 전후방 효과에 대한 고려가 요구되는 시점이다. 이선주 외(2009)에서는 성공적인 이민자 사회통합을 위하여 이민자와 유입국 사회 간의 쌍방향적 통합, 세대 간의 통합 준비, 언어 통합과 경제적 통합의 연계가 필요하다고 보았는데 이 중 언어 통합의 영역은 사회통합프로그램을 통하여 실현된다고 할 수 있다. 사회통합프로그램을 이수하여 한국어와 한국문화, 한국 사회 이해 실력을 향상시킨다면 이민자는 이를 한국 사회에서 자신의 위치를 공고히 하며 자립을 꾀하는 도구로 활용할 수 있을 것이다. 예를 들어 법무부가 사회통합프로그램에 성공적으로 이수한 이민자를 대상으로 사회통합프로그램 이수자 풀 제도를 운영하여 그들이 한국 사회에서 어떠한 역할을 담당할 수 있도록 기회를 제공하는 것도 하나의 방안이 될 것이다. 좀 더 구체적으로 이민자 대상의 지원 프로그램 등에서 강사로 활동하도록 하거나 취업을 알선하는 것을 들 수 있다. 이미 정부 내 일부 부서에서는 결혼이민자의 취업 지원을 위한 제도적 뒷받침을 마련하여 실시하는 것으로 알려져 있다. 이러한 정책과 연계하여 사회통합프로그램 이수자로서 입증이 된 한국어 능력과 한국사회 이해 능력이 이민자의 취업 등에서 유용하게 활용되는 방안을 모색할 수 있을 것이다.

앞에서 살펴본 바와 같이 현시점 체류 이민자에 대한 정책이 사회통합 정책을 중심으로 하는 만큼 사회통합프로그램의 사회적 기능이 확대된다면 사회통합 정책의 효율적 추진이라는 성과 달성에도 기여하는 일이 될 것이다.

5. 결론

현재 국내로 유입되는 이민자의 국내 체류 목적이 다양화되고 있으며 이민자의 수도 꾸준히 늘고 있다. 앞으로도 이민자의 유입이 지속될 것으로 예측되고 있는 만큼 이민자와 기존 구성원 간의 조화로운 공존이 어느 때보다 불가피하여 사회통합프로그램의 중요성은 더욱 강조되고 있다. 사회통합프로그램의 교육 목표는 한국어와 한국문화, 한국사회 이해 관련 교육 차원에만 머물러 있는 것이 아니라 궁극적으로 이민자가 한국 사회에 적응하여 한국 사회의 일원으로 자신의 능력을 발휘하며 한국 국민과 더불어 살아갈 수 있도록 함에 있다. 이러한 사회통합프로그램의 정책적 효과를 강화하기 위하여 그동안의 성과와 쟁점 등을 살펴보는 것은 의미 있는 과정일 것이다. 앞으로도 사회통합프로그램에 관련한 논의와 연구가 꾸준히 지속되기를 기대한다.

참고문헌

김선정(2018), 결혼이민자 대상 한국어 교육 프로그램 개선 방안–프로그램 구성과 운영 방안을 중심으로–, 언어와 문화 제14권 4호, 한국언어문화교육학회, 33–54.

문병기 · 이향수 · 황민철(2016), 사회통합프로그램 이수 의무화 방안 연구, 법무부 출입국외국인정책본부.

민진영 · 박소영(2019), 사회통합프로그램의 한국어 교육 현황 및 개선 방안, 국제한국어교육학회 춘계학술발표논문집, 국제한국어교육학회, 145–163.

법무부(2009~2021), 출입국 · 외국인 정책본부 통계연보.

이미혜 외(2018), 사회통합프로그램 한국어 교재 개발 기초 연구, 국립국어원.

이미혜 외(2019), 사회통합프로그램 한국어 교재 개발(1차 연도), 국립국어원.

이미혜 외(2020), 사회통합프로그램 한국어 교재 개발(2차 연도), 국립국어원.

이민정책연구원(2021), 제4차 외국인정책기본계획 수립을 위한 연구, 법무부 출입국외국인정책본부.

이선주 외(2009), 다민족 · 다문화사회로의 이행을 위한 정책 패러다임 구축(Ⅲ)–다문화 사회의 사회통합과 다각적 협력체계 증진방안, 한국여성정책연구원.

이해영 외(2016), 국내 한국어교원 재교육 관련 연수 프로그램 개발 연구, 국립국어원.

이혜경(2018), 외국인근로자의 사회통합프로그램 참여와 정책적 함의, 철학사상문화 제26권, 동국대학교 동서사상연구소, 213–246.

정경일(2019), 사회통합프로그램(KIIP) 종합평가 결과 분석을 통한 운영효율화 방안, 2019년 한국이민정책학회 동계학술대회, 한국이민정책학회, 1–13.

정혜란(2023), 이민자 대상 사회통합프로그램의 개선 방안 연구, 상명대학교 일반대학원 박사학위 논문.

조항록(1997), 한국에서의 한국어 교사 연구: 현황과 발전 방안, 한국어 교육 제8권, 국제한국어교육학회, 107–130.

조항록(2011), 이민자 사회통합 정책의 실제와 과제, 다문화와 평화 제5집 2권, 성결대학교 다문화평화연구소, 5–31.

조항록(2012), 사회통합프로그램 한국어 교육의 확대 실시 방안 연구, 이중언어학 제50호, 이중언어학회, 235–267.

조항록 외(2011), 사회통합프로그램 발전방안 연구, 법무부 출입국 · 외국인정책본부 연구 보고서.

조항록 외(2016), 사회통합프로그램 평가 체계 개편 연구 보고서, 법무부 출입국 · 외국인정책본부 정책연구보고서.

04 한국 내 이주 노동자를 위한 한국어 교육과정[1)]

이순애

1. 들어가기

본 연구는 고용허가제를 통해 입국한 비전문취업(E-9) 자격의 이주 노동자를 대상으로 하는 한국어 교육에서 활용할 수 있는 표준 교육과정 개발을 목적으로 한다. 현재 국내 이주 노동자 집단은 규모 면에서 최대의 이주민 집단으로 자리잡았고 체류 기간 역시 최대 9년 8개월까지 보장됨으로써 정주 이주민 집단으로 자리매김하게 되었다. 또한 저출산 · 고령화에 따른 생산가능인구 감소로 인해 노동력 공급에 심각한 문제를 겪고 있는 산업 및 생산 현장에서 이주 노동자는 이미 핵심적인 역할을 하고 있다. 이 과정에서 이주민의 한국어 능력의 중요성은 여러 측면에서 커졌으며, 이들의 한국어 능력을 키우기 위한 다양한 제도와 지원책이 대두되어 왔다. 이러한 제도적, 정책적 뒷받침과 함께 이주 노동자 개인의 한국어 학습 동기도 다양하게 존재하면서 이주 노동자의 한국어 교육의 중요성은 그 어느 때보다 중요해지고 있는 실

1) 이 글은 이순애(2023)의 박사학위 논문 '이주 노동자 대상 한국어 교육을 위한 표준 교육과정 개발'의 내용을 바탕으로 하였음을 밝힌다.

정이다. 그러나 이주 노동자에 대한 한국어 교육은 대상자 집단의 규모나 국가 사회적 중요성에 비하여 체계화가 덜 갖추어져 있고 교육의 전문성 역시 다른 한국어 교육 현장에 비하여 부족한 것으로 알려져 있다.

이러한 상황에 교육의 시발이라고 볼 수 있는 교육과정의 표준화는 여러 면에서 중요한 의미를 지닌다. 첫째, 이주 노동자 대상 한국어 교육 프로그램의 기본적인 틀을 제공할 수 있다. 표준 교육과정은 외국인노동자지원센터를 비롯하여 수많은 개별 기관이 교육과정을 설계하는 데 있어서 중요한 참고 자료로 활용될 수 있을 것이며 그동안의 경험과 접목하여 교육과정의 체계화를 이루는 데에 기여할 것이다. 둘째, 표준 교육과정은 개별 기관이 운영하는 한국어 교육 프로그램의 토대로 작용할 수 있으며 교육 목적과 교육 목표를 명확히 제시할 수 있을 것이다. 셋째, 개별 기관과 교사들이 참고할 수 있는 공통의 기준 역할을 하고 학습자의 특성과 요구가 반영된 교육 내용의 체계를 제시할 수 있을 것이다. 현시점에서 이주 노동자 대상 한국어 표준 교육과정을 개발한다는 것은 이주 노동자 대상 한국어 교육의 체계화를 앞당기고 전반적인 질적 향상을 가져올 수 있을 것이며 무엇보다 중요한 학습자 중심 교육을 실현하는 일이 될 것이다. 그리고 이러한 과정을 거쳐 이주 노동자의 한국어 능력이 향상된다면 이주 노동자 본인의 가치 실현은 물론 이주 노동자와 함께 하는 한국 사회의 사회통합에도 기여하게 될 것이다.

본 연구는 고용허가제를 통해 입국한 비전문취업(E-9) 자격의 이주 노동자를 대상으로 하는 한국어 표준 교육과정을 개발하기 위해 먼저 표준 교육과정 개발에 대한 이론적 고찰을 하고 국외 표준 교육과정 사례와 한국어 교육에서 현재까지 개발된 표준 교육과정 개발 연구를 분석하여 표준 교육과정의 개발 방향 및 원리, 내용의 기초를 마련하였다.

다음으로 이주 노동자를 대상으로 시행되는 제도 중 한국어 능력을 활용하고 있는 제도를 분석하고 입국 전 · 후, 취업 후 이주 노동자 대상 한국어 교육 현황을 파악하였다. 또한 국가 단위 및 지자체 단위의 이주 노동자 지원 기관을 중심으로 이주 노동자 대상 한국어 교육과정에 대해 분석하여 그 결과를 바탕으로 문제점과 개선 방안을 도출하였다.

다음 단계로 이주 노동자 대상 한국어 교육과정 설계 시 고려해야 할 관련 인적 변인에 대해 학습자, 교사, 한국어 교육 기관의 운영 담당자를 중심으로 설문 조사를 진행하였다.

이러한 과정을 통해 얻은 문헌 자료 분석, 한국어 교육과정 분석, 요구 분석의 결과를 바탕으로 이주 노동자 대상 한국어 표준 교육과정 개발의 원리와 표준 교육과정 개발 절차에 따라 이주 노동자 대상 한국어 교육을 위한 표준 교육과정을 개발하여 제시하였다.

2. 이주 노동자 대상 한국어 교육과정의 실제

이주 노동자 대상 한국어 교육과정의 실제를 고용노동부 산하의 외국인노동자지원센터(거점)[2], 지자체 산하 이주 노동자 지원 센터를 중심으로 살펴보면 다음과 같다.[3]

2.1 교육 목적과 목표

외국인노동자지원센터 거점센터와 경기도 산하 외국인복지센터의 각 홈페이지에 제시된 교육 목적을 살펴보면 '의사소통 능력', '한국 사회 적응', '안정적이고 원만한 직장 생활', '갈등 해소'와 같은 어휘가 반복적으로 나타난다. 이를 종합하여 이주 노동자 대상 한국어 교육의 목적을 정리하면 '한국어 의사소통 능력을 바탕으로 언어 소통의 한계로 인한 문제와 갈등 해소 및 방지, 한국 사회에의 안정적 정착과 원만한

2) 외국인노동자지원센터(거점)는 「외국인근로자의 고용 등에 관한 법률」 제24조 제1항에 따라 고용노동부로부터 재정적 지원을 받아 E-9과 H-2 자격의 이주 노동자를 대상으로 한국어 교육을 실시하고 있다.

3) 외국인노동자지원센터(거점)는 전국의 9개 거점을 모두 대상으로 하였으나 지자체 산하 이주 노동자 지원 센터는 활동이 가장 활발한 경기도 산하 외국인복지센터를 대상으로 하여 살펴보았음을 밝힌다. 그리고 교육과정의 실제를 파악하는 방법으로는 각 기관의 한국어 교육 운영 담당자에 대한 서면 또는 전화 인터뷰로 진행하였음을 밝힌다.

생활을 영위'라 할 수 있을 것이다. 각 기관에서 비교적 명시적으로 교육 목적을 밝히고 있음을 확인할 수 있었으나 교육 목적을 달성하기 위한 교육 목표를 제시하고 있는 곳은 찾아보기 어려웠다. 학습자의 최종 목표와 등급별 목표는 교육과정의 최고 도달 수준과 등급 설정의 기준이 되는 매우 중요한 부분이다. 이러한 교육 목표가 설정되지 않으면 교육 체계의 타당성 및 안정성을 확보하기 어려울 것이다.

2.2 교육 프로그램

각 기관의 한국어 교육 프로그램을 종합적으로 살펴보고 교육과정 편성 및 등급 체계에 대해 분석하고자 한다. 기관별 운영 프로그램을 정리하면 [표 1], [표 2]와 같다.

[표 1] 외국인노동자지원센터 한국어 교육 프로그램 현황

		한국	의정부	김해	창원	인천	대구	천안	광주	양산
교육 기간		2학기 21주	2학기 20주	2학기 21주	2학기 20주	2학기 20주	2학기 20주	2학기 21주	2학기 20주	2학기 20주
수업 시간		매주 일요일 2시간								
개설반		초중고급	레벨 1,2,3,4	기초 초중고급	자모반 1,2,3,4 단계 고급	1,2,3,4 단계	기초 초중고급 초중고급 회화	1,2,3,4 단계	자모음 기초 초급 회화2,3	입문 기초A,B 초중급
		토픽중고급 쓰기반	토픽 초중고급	토픽	토픽II 쓰기반	토픽I 토픽II	토픽 초중고급	토픽 초중고급 토픽 쓰기	토픽1, 2 토픽스피킹	토픽 I , II 토픽쓰기 듣고말하기 읽고쓰기
교재		세종한국어 1~7 세종한국어 회화1~2	서강 한국어 1A~2A	한국어 표준교재 I, II	한국어 표준교재 I, II	한국어 표준교재 I, II	한국어 표준교재 I, II 세종한국어 회화 1~3	세종한국어 1~8	한국어 표준교재 I, II	한국어 표준교재 I, II

출처: 이순애(2022: 945)

[표 2] 경기도 외국인복지센터 한국어 교육 프로그램 현황

		남양주시	수원시	시흥시	안산시	화성시	김포시	성남시	용인시	여주시
교육 기간		2학기 18~20주	2학기 18주	2학기 17주	3학기 8주	3학기 10주	2학기 18주	3학기 12주	2학기 20주	2학기 17주
수업 시간		매주 일요일 2시간	매주 일요일 2시간	매주 일요일 2시간	매주 일요일 3시간	매주 일요일 2시간	매주 일요일 2시간	매주 일요일 2시간	매주 일요일 3시간	매주 토/일요일 2시간
개설 반		기초 초중급	초급1,2,3 중급1,2,3	한국어 1,2,3,4,5	기초	기초 초중고급	기초 초중급	입문 기초 초중고급	초급1,2 중급	기초 중급 고급
		토픽 시험반	토픽1~6급	토픽 II	토픽1~4급 토픽고급	토픽	토픽1 토픽2	–	토픽	토픽
교재		열린한국어 초급1~중급2	세종 한국어 1~6	세종 한국어	한국어와 한국문화	Easy Korean	Easy Korean 1~3B	처음 만나는 한국어/결혼이민자와 함께하는 한국어 1~4	표준 한국어	서울대 1~2B

각 기관의 교육과정 편성을 살펴보면 학기, 수업 기간, 수업 시간 등에서 약간의 차이를 보이고 있었다. 먼저 학기를 보면 다수의 교육 기관이 1년 2학기제로 운영되며 한 학기는 17~21주 정도였다. 수업은 대다수의 기관이 주 1회 일요일에 2시간씩 진행되며 1년 단위로 보았을 때 수업 시간은 60~84시간 정도로 조사되었다. 이는 대학 기관을 제외한 사회통합프로그램 및 세종학당의 교육과정과 비교할 때 교육 기간은 긴 편이나 교육 시간은 매우 적음을 알 수 있다. 국내 이민자를 대상으로 하는 사회통합프로그램의 교육과정에 따르면 1년에 최소 300시간을 학습하게 되나 현실적으로는 1년에 200시간을 학습하게 된다.[4] 국외 학습자를 대상으로 하는 세종학

4) 사회통합프로그램의 각 단계 배정 시간은 100시간으로 한 학기 교육 기간은 8주 이상이며 연간 학기는 3학기 이내로 규정하고 있다. 조항록(2011: 50)에서는 0단계부터 5단계까지 2년 4개월 정도 걸린다고 하였다. 이로 미루어 볼 때 평균적으로 1년에 200시간 정도 학습하게 된다.

당의 경우 1년 단위의 교육 시간은 최소 135시간에서 최대 312시간이다.[5] 회당 학습 시간이 적을 경우 학습 기간이 길어질 수밖에 없는데 이러한 상황에서는 학습자의 끈기 있는 노력이 없이는 지속적인 학습이 유지되기 힘들며 오랜 기간 학습하여도 한국어 수준이 향상되지 않아 포기하는 학습자가 발생하기도 한다. 따라서 적정 기간 내에 학습자가 만족할 수 있는 언어 능력의 수준 향상을 고려하여 교육이 이루어져야 할 것이다.

개설 반을 중심으로 등급 체계를 살펴보면 외국인노동자지원센터와 경기도 산하 외국인복지센터의 단계별 수준은 초급에 집중되어 있음을 알 수 있었다. 각 기관의 단계별 명칭이 다르고 교육 수준을 파악하기 어려웠으나 초급 이하의 단계가 기초, 입문, 자모 등으로 세분화되어 있었다. 또한 중고급 단계가 개설되어 있으나 초급 단계에 비해 개설 반 수가 적은 것으로 보아 고급 수준의 학습자가 많지 않음을 알 수 있었다. 이는 고용허가제를 통해 지속적으로 발생하는 신규 입국자와 한국어 학습에 참여하지 않았던 이주 노동자들이 참여하면서 초급 단계 학습자의 비율이 높기 때문일 수도 있겠으나, 부족한 학습 시간으로 인해 학습 속도가 더뎌 중고급 단계로 가지 못하고 초급 단계에 정체되어 있을 가능성도 있을 것이다.

각 기관의 사용 교재를 통해 알아본 기관별 최고 도달 수준은 중급 단계로 파악되었다. 외국인노동자지원센터의 경우 〈한국어 표준교재 I, II〉를 사용하는 곳이 다수인데 II권의 수준을 중급 정도로 볼 수 있을 것이다. 외국인복지센터의 경우 다양한 교재를 사용하고 있었는데 대다수의 기관이 중급 수준까지 사용하고 있었다. 현실적으로는 기관별 학습자의 수준에 따라 개설 단계가 다르고 높은 단계로 갈수록 학습자의 수가 적어 개설이 어려운 경우도 있으나 교육 기관 차원의 한국어 최고 도달 수준을 중급으로 설정하고 있음을 알 수 있었다.

---

5) 세종학당의 경우 연간 학기는 3학기, 한 학기의 교육 기간을 15주로 권장하고 있으며 각 유형의 총 시수는 45~104시간이다.

2.3 교재

각 기관에서 사용하는 교재를 살펴보면 외국인노동자지원센터의 경우 〈한국어 표준교재〉를 주로 사용하고 있었으며 외국인복지센터의 경우 대학 기관 교재, 세종학당 교재, 이민자 대상 한국어 교재 등 다양한 교재를 사용하고 있었다. 교재는 각 기관의 한국어 교사에 의해 선택되는 경우가 많았는데 학습자와의 적합성과 난이도를 가장 중요하게 보았다. 그러나 교재의 내용과 난이도가 이주 노동자와 맞지 않아 적절한 교재를 찾기 위해 반복적으로 교재를 바꾸는 등의 노력이 이루어지고 있었다. 교재가 바뀌는 것은 수업의 안정성과 교육의 질적 수준을 보장하기 힘들다는 문제를 유발한다. 실제로 조사 과정에서 교육 현장의 가장 큰 어려움이 교재 선정의 문제이며 이주 노동자 대상 교재 개발이 급선무라는 의견을 다수 접하였다. 이는 교재 개발과 그를 위한 한국어 교육과정 개발의 시급함을 의미하는 것으로 볼 수 있다.

3. 이주 노동자 대상 한국어 교육과정 개발을 위한 요구 분석

3.1 요구 분석의 절차 및 도구

본 연구에서는 이주 노동자 대상 한국어 교육과정 개발을 위한 학습자와 교육 현장의 요구를 파악하기 위해 설문 조사를 실시하였다. 대상은 E-9 자격의 이주 노동자, 한국어 교사, 한국어 교육 기관 운영 담당자로 나누어 진행하였다. 설문 대상은 사회통합프로그램과는 별개로 이주 노동자를 대상으로 한국어 교육을 시행하는 기관을 선정하였으며 [그림 1]과 같은 절차로 진행되었다.

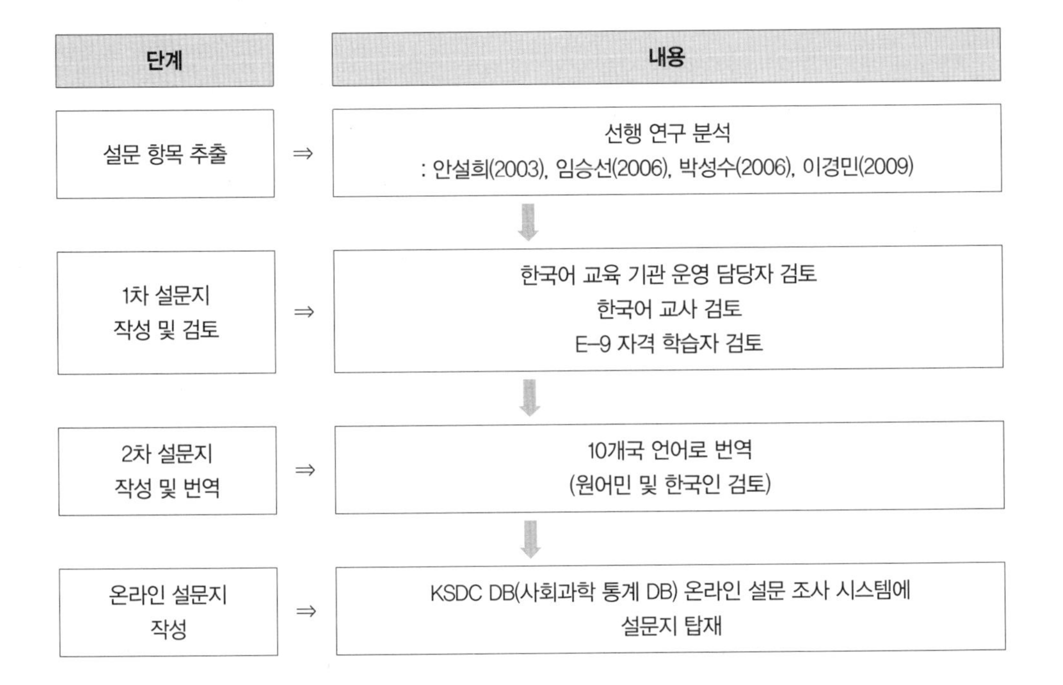

[그림 1] 설문 조사 진행 절차

설문 조사 기간은 2022년 11월 05일부터 11월 20일까지이며 외국인노동자지원센터 거점센터 9개소, 소지역센터 17개소[6], 경기도 산하 외국인복지센터 9개소(소지역센터 포함), 서울시 산하 외국인노동자센터 3개소, 그 외의 행정구역별 민간 지원 단체 9개소 총 47개소의 기관에 이메일과 전화 통화로 설문 조사 협조를 요청하여 14개소의 기관으로부터 동의를 얻어 설문 조사를 진행하였다. 설문 응답은 학습자의 경우 194개의 응답 중 중복 제출된 응답을 제거하고 유효한 응답으로 178개이며, 교사는 85개, 기관 운영 담당자 24개가 회수되었다. 회수된 응답은 IBM SPSS 27.0 통계 분석 프로그램의 빈도분석, 교차분석을 실시하였고, 복수응답을 허용한 문항에 대해서는 다중반응 분석(Multiple Response Analysis)을 실시하였다.

설문 조사 항목은 학습자, 교사, 기관 담당자로 나뉘어 내용이 달리 구성되었다. 학습자에 대한 설문 항목은 인적 사항과 관련된 기초 정보, 한국어 학습 현황, 한국

---

6) 외국인노동자지원센터 소지역센터 31개소 중 이메일 주소 확인이 가능한 곳을 우선적으로 선정하였다.

어 학습에 대한 요구, 의사소통 상황으로 나누어 문항을 구성하였으며 세부 조사 내용은 [표 3]과 같다.

[표 3] E-9 학습자용 설문지 개요

구분	세부 조사 내용
1. 기초 정보	성별, 나이, 국적, 체류 기간, 체류 지역, 직종
2. 한국어 학습 현황	한국어 학습 기간/동기/학습 요일 및 시간, 현재 한국어 수준
3. 한국어 학습 요구	한국어 수업 요일, 적정 수업 시간 및 기간, 목표 한국어 수준 희망하는 한국어 유형/한국어 영역 및 기능 온라인 수업 희망 여부/수업 요일 및 적정 수업 시간 TOPIK 수업 희망 여부/이유/취득 희망 급수
4. 의사소통 상황	한국어 사용 대상 일상생활에서 자주 가는 장소/한국어가 필요한 상황/자주 사용하는 한국어 기능 직장 생활에서 자주 경험하는 상황/한국어가 필요한 상황/자주 사용하는 한국어 기능

한국어 교사에 대한 설문 항목은 인구 통계학적 특성 및 강의 경력과 관련된 기초 정보, 이주 노동자 대상 교육과정의 편성 및 등급 체계, 학습자에게 필요한 한국어 교육 내용 등을 알아보기 위한 문항과 표준 교육과정의 필요성에 대해 묻는 문항으로 구성되었다. 한국어 교육 운영 담당자에 대한 설문 항목은 교육 기관 현황과 관련된 기초 정보, 이주 노동자 대상 교육과정의 편성 및 운영 체계, 표준 교육과정의 필요성에 대해 묻는 문항으로 [표 4]와 같이 구성되었다.

[표 4] 한국어 교사/교육 기관 담당자용 설문지 개요

구분	한국어 교사용	한국어 교육 기관 담당자용
1. 기초 정보	나이, 강의 기관, 자격 사항, 총 강의 경력, 기관 강의 경력	소속 기관, 운영 기간, 강사 수, 강사 자격 사항
2. 교육과정 편성 및 등급 체계	적정 수업 요일/학기 구성/총 기간 적정 최고 도달 수준 등급을 세분화의 필요성 및 정도	적정 수업 요일 및 시간 학기 구성 한국어 학습 총 기간

3. 한국어 교육 요구	학습자가 요구하는 한국어 기술 온라인 수업의 필요성 토픽 수업의 필요성	온라인 수업의 필요성 토픽 수업의 필요성
4. 교육과정의 표준화	표준 교육과정의 필요성 표준화의 범위	표준 교육과정의 필요성 표준화의 범위

3.2 요구 분석 결과 및 시사점

본고에서는 E-9 자격의 학습자, 한국어 교사, 한국어 교육 기관 운영 담당자에 대한 요구 분석 결과를 교육과정 개발 시 반영되어야 할 요소를 중심으로 통합하여 살펴보고자 한다.

3.2.1 교육 목적과 관련한 시사점

먼저 E-9 자격의 학습자를 대상으로 한국어 학습 목적을 파악하기 위해 한국어 학습 이유에 대해 질문한 결과, '비자 변경 등 체류 허가 시 혜택을 받기 위해서'라는 응답이 가장 높게 나타났다. 이는 그 자체가 학습의 목적이라고 보기는 어려우나 한국어 학습에 대한 참여 동기가 되는 것으로 학습 목적으로서의 의미를 지닌다고 볼 수 있다. 따라서 '비자 변경 등 체류 허가 시 혜택을 받을 수 있는 수준의 한국어 능력을 쌓기 위해서'라고 해석 가능하다. 한국어 학습의 근본적인 목적은 의사소통 능력의 함양에 두고 대상 학습자에게 어떠한 의사소통 능력이 필요한지를 파악하여 교육 목적을 설정해야 할 것이다. 이러한 점을 볼 때 '비자 변경 등 체류 허가 시 혜택을 받을 수 있는 수준의 한국어 능력을 쌓기 위해서', '직장에서 일할 때 도움이 되므로', '한국 사회에 적응하기 위해서', '직장 밖에서 한국 사람들과 소통하기 위해서' 등의 응답이 교육 목적 설정 시에 반영되어야 할 것이며 이는 다수의 선행 연구 결과와 크게 다르지 않음을 알 수 있다. 다만, 체류 허가 시 혜택 등을 얻기 위한 수단으로서의 목적이 강하다면 교육과정 개발 시 그러한 부분들이 반영되어야 할 것이라 본다. 이전에는 이주 노동자들의 학습 수준을 기초 의사소통 능력 습득에 두었다면 앞으로는 수단으로서의 목적이 달성될 수 있도록 학습의 수준을 보다 높은 단계까지 설정하는 것에 대해 고려할 필요가 있을 것이다. 이는 교육과정의 최고 도달 수준과 등급 설정에 단계에서 반영되어야 할 것이다.

3.2.2 최고 도달 수준과 관련한 시사점

이주 노동자를 대상으로 하는 한국어 교육과정의 최고 도달 수준을 설정하기 위해 E-9 자격 학습자를 대상으로 희망하는 목표 수준에 대해 질문을 하였는데 4급 이상이라는 응답이 높게 나타났다. 이에 반해 교사를 대상으로 최고 도달 수준에 대해 질문을 하였는데 3~4급이라는 응답이 높게 나타났다. 이는 학습자의 목표 수준과 기관에서 운영하는 교육 프로그램의 최고 단계라는 차이에서 오는 결과로 보인다. 그러나 이주 노동자에게 필요하고 요구되는 한국어 능력이 중급 수준임을 도출해 낼 수 있으며 최소 능력이 초급 이상임에 동의하는 것으로 실제 교육 현장에서 이루어지는 교육이 초급 단계에 집중되어 있는 상황에 대한 개선 방안이 필요하다고 본다.

3.2.3 교육과정 편성과 관련한 시사점

교육과정의 편성 및 운영 체계를 설계하기 위해 수업 요일 및 시간, 학습에 소요되는 총 기간, 학기 구성 등에 대해 요구 조사를 하였다.

먼저 한국어 수업 요일과 관련하여 E-9 자격 학습자와 기관 담당자의 경우 일요일에 대한 선호가 매우 높은 것으로 나타났으며 교사의 경우는 평일, 토요일에 대한 선호도 높게 나타났다. 교사의 경우 주 1회 학습이 부족하기 때문에 평일과 토요일에도 추가적인 수업이 이루어져야 한다고 생각하기 때문으로 보인다. 주 1회 운영하는 경우 일요일에 시행하며 주 2회의 경우 토요일에 추가 시행을 하는 것이 바람직해 보인다.

다음으로 한국어 수업 시간에 대해 주당 수업 횟수와 총 수업 시간으로 나누어 살펴보면 학습자와 담당자의 경우 과반이 넘는 수가 주 1~2회를 선호하였고, 교사의 경우 주 1회가 가장 높았다. 총 수업 시간은 세 그룹의 1~2순위의 결과를 종합하면 4~8시간에 대한 선호도가 높은 것으로 분석된다. 따라서 세 그룹의 한국어 수업 시간에 대한 요구는 주당 1~2회, 4~8시간으로 최소 주 1회 2시간에서 최대 주 2회 8시간으로 정리할 수 있다. 교육과정 개발 시 이러한 점을 반영하여 수업 시간을 탄력적으로 운영할 수 있도록 구성되어야 할 것이다.

한국어를 배우는 데 걸리는 총 기간에 대한 응답은 [표 5]와 같이 학습자의 경우 1년 미만과 3년 이상이라는 응답이 높게 나타났고, 교사의 경우 1년 6개월~2년 미만이라는 응답이 높게 나타났으며, 담당자의 경우 3년 이상이라는 응답이 높게 나타났다. 학습자의 경우 길지 않은 기간을 선호할 것이나 교사의 입장에서는 의사소통 능력을 기르기 위해서는 일정 기간의 교육이 필요하다는 견해로 해석할 수 있다. 담당자의 경우는 오랜 기간 이주 노동자들을 경험하면서 축적된 데이터를 기반으로 한 것이라 볼 수 있다. 세 그룹의 요구를 종합해 보면 3년 이상이라는 응답이 가장 높음을 알 수 있다. 이주 노동자들에게 필요하고 한국 사회에서 요구되는 한국어 의사소통 능력을 쌓기 위해서는 어느 정도의 교육 기간이 필요하며 그러한 점을 반영하여 교육과정이 개발되어야 할 것이다.

[표 5] 한국어 총 학습 기간(전체)

한국어 총 학습 기간				
	학습자(N=178)	교사(N=85)	담당자(N=24)	총계
1년 미만	29.8%	2.4%	0%	11%
1년~1년 6개월 미만	14.0%	16.5%	4.2%	12%
1년 6개월~2년 미만	10.7%	28.2%	20.8%	20%
2년~2년 6개월 미만	3.9%	22.4%	12.5%	13%
2년 6개월~3년 미만	8.4%	12.9%	20.8%	14%
3년 이상	28.1%	17.6%	41.7%	29%
기타	5.1%	0%	0%	2%
전체	100.0%	100.0%	100.0%	100%

연간 학기 구성과 관련하여 교사와 기관 담당자를 대상으로 한 학기의 적정 기간과 연간 학기 수에 대해 질문한 결과 [표 6]에서 볼 수 있듯이 교사의 경우 10주 4학기라는 응답이 가장 높았으나 담당자의 경우 20주 2학기라는 응답이 높게 나타났다. 1년 단위로 볼 때 기간은 40주로 동일하나 학기 수에 있어 차이가 있다. 이는 교사의 입장에서는 한 학기의 기간이 길어질수록 학습 의욕이 떨어져 학습자의 참여율이 낮

아질 수 있음을 감안한 것으로 보인다. 실제로 교육 현장에서는 이러한 점을 고려하여 한 학기의 기간을 길지 않게 설정하는 것이 일반적이다. 그러나 10주 4학기는 개강과 종강을 제외하면 실제 수업 일수가 적어 선호하지 않는 것으로 분석된다. 이에 반해 운영자의 입장에서 학기 수가 많아지면 프로그램 운영 준비 단계와 마무리 단계에서 필요한 시간과 인력으로 인해 부담이 높아지게 된다. 이러한 상황은 실제로 15주 3학기로 운영되는 교육 기관이 매우 적다는 사실을 통해 확인할 수 있다. 연간 학기 구성은 교육 기관의 여건, 학습자의 상황 등 실제 교육 현장에 따라 달라질 수 있으므로 이러한 상황 등이 고려되어야 할 것이며 각 기관의 현실에 맞게 적용하여 운영할 수 있도록 탄력적으로 설계되어야 할 것이다.

[표 6] 적정 학기 기간/연간 개설 학기 수(전체)

한 학기 기간 / 연간 개설 학기 수		교사(N=85)	담당자(N=24)	총계
유효	10주 4학기	38.8%	8.3%	24%
	12주 3학기	17.6%	20.8%	19%
	15주 3학기	15.3%	12.5%	14%
	20주 2학기	28.2%	54.2%	41%
	기타	0%	4.2%	2%
	전체	100.0%	100.0%	100%

3.2.4 표준 교육과정의 필요성과 관련한 시사점

이주 노동자를 대상으로 하는 한국어 교육과정의 표준화와 관련하여 한국어 교사와 기관 담당자를 대상으로 표준 교육과정의 필요성에 대해 요구 조사를 실시하였다. 교사와 담당자 모두 표준 교육과정이 필요하다는 응답이 95% 이상으로 나타났다. 그에 대한 이유로 두 그룹 모두 이주 노동자 대상 한국어 교육의 체계 구축이 필요하다는 의견이 가장 높게 나타났다. 표준 교육과정은 기관마다 교육 수준이 다른 문제점을 개선하고 학습자가 지역을 옮겨도 유사한 교육을 제공할 수 있으며, 교사에게는 체계화된 교육 내용을 제공할 수 있기 때문이라는 응답도 높게 나타났다. 또한 개별 기관에 운영 모델을 제시할 수 있기 때문이라는 응답도 적지 않았다. 이는 표준 교육과정이 학습자, 교사, 교육 기관에 어떠한 역할을 하며 무엇을 제공해야 하는지를 말해 주고 있다고 볼 수 있다. 따라서 표준 교육과정은 이러한 것들을 모두 담고 있어야 할 것이다.

4. 이주 노동자 대상 한국어 표준 교육과정의 체계와 내용

본 연구에서는 고용허가제로 입국한 비전문취업(E-9) 자격에 해당하는 이주 노동자 대상 한국어 교육을 위한 표준 교육과정을 개발하고 그 모형을 제시하고자 한다. 본 장에서는 문헌 자료 분석, 한국어 교육과정 분석, 요구 분석의 결과를 바탕으로 이주 노동자 대상 한국어 교육을 위한 표준 교육과정을 제시하고자 한다.

4.1 표준 교육과정 개발의 기본 방향

이주 노동자 대상 한국어 표준 교육과정을 개발함에 있어 내적으로 타당성과 유기성을 지니기 위해서는 지침이 되는 개발 방향과 원리가 명확해야 할 것이다. 이주 노동자 대상 한국어 교육과정은 국내 한국어 교육과정이라는 테두리 안에 있으며, 이민자 대상 한국어 교육의 범주에 포함되고, 직업 목적 학습자를 대상으로 하는 언어 교육과정이다. 이러한 복합적인 요인과 특징들을 반영하여 다음과 같은 개발 방향을 설정하였다.

첫째, 등급별 목표 설정 및 교육 내용의 선정은 기존에 한국 정부 또는 한국어 교육계에서 개발하여 제시하고 있는 표준 교육과정 또는 범용성을 가진 한국어 교육과정을 바탕으로 설정되어야 한다. 이는 한국어 교육과정이라는 큰 테두리 안에서 연계성을 지녀야 하기 때문이다. 따라서 이주 노동자 대상 한국어 표준 교육과정이 참고하는 표준 교육과정은 국제 통용 한국어 표준 교육과정을 중심으로 한다.

둘째, 정부의 이민 정책 및 외국인력 정책의 방향을 반영한다. 이주 노동자 대상 한국어 교육은 한국 내 이민자 대상 한국어 교육의 일부이다. 따라서 전체 이민자를 대상으로 하는 사회통합프로그램의 교육과정이 가지고 있는 특성, 이주 노동자 대상 한국어 표준교재가 담고 있는 교육과정 측면 등을 고려해야 하며 변화하는 이민 정책을 반영하여 한국어 능력 활용의 확장성을 고려해야 한다.

셋째, 이주 노동자의 특성을 반영하여 직장 생활과 일상생활의 요구를 충족시킬 수 있는 목표를 지녀야 한다. 이주 노동자의 한국 체류의 일차적인 목적은 취업 활동이다. 따라서 한국어 교육을 통해 작업 현장에서의 업무 수행과 안전을 도모하여 고용주의 요구 사항을 충족시킴과 동시에 경제 활동에 기여할 수 있도록 하여야 한다. 아울러 한국 사회에 적응을 도와 안정적인 생활을 영위할 수 있도록 하는 목표를 지녀야 한다.

넷째, 의사소통 능력 향상을 우선으로 하는 교육과정을 마련해야 한다. E-9 자격의 이주 노동자는 국내 유입 과정에서 이미 한국어에 대한 다양한 학습 경험을 거침에도 불구하고 의사소통 능력이 부족하다. 취업 후 한국어 교육과정의 제일의 목표는 의사소통 능력 신장에 두어야 할 것이다.

다섯째, 학습자 중심의 교육과정을 개발해야 한다. 교육 내용의 선정과 배열에 있어 이주 노동자의 필요도와 학습 요구가 높은 것을 우선적으로 반영해야 할 것이다.

여섯째, 다양한 교육 현장에서 적용이 가능한 실제적인 교육과정을 개발해야 한다. 이주 노동자를 대상으로 한국어 교육을 시행하는 기관은 국가 지원 기관부터 영세한 종교 단체까지 매우 다양하다. 이러한 다양한 기관들이 교육 현장에 맞추어 적용할 수 있도록 실제성 있는 운영 방안을 담아야 한다. 이러한 교육과정의 실제 적용 효과를 극대화하기 위해 교육 현장의 요구와 필요를 최대한 반영해야 하며 포괄성과 범용성을 지니도록 하여야 할 것이다.

이상과 같은 교육과정 개발 방향을 기반으로 하여 참조 기준으로서의 역할을 할 수 있는 이주 노동자 대상 한국어 표준 교육과정을 개발하고자 한다.

4.2 등급 체계 및 교육과정 편성

세종학당, 사회통합프로그램의 교육과정 등은 모두 국제 통용 한국어 표준 교육과정을 기본으로 하여 교육 목표 설정 및 내용 선정 배열이 이루어졌다. 이주 노동자 대상 표준 교육과정도 이러한 방식을 따르는 것이 가장 합리적이라고 본다. 그러나 앞에서 기술한 바와 같이 제반 교육 환경 및 여건이 특수하고 기본 등급 체계는 고유하게 개발하여 제시해야 하는 만큼 이와 유사하게 진행되고 교육 시간 등에서 큰 차이가 없는 사회통합프로그램 교육 체계를 준용하고자 한다.

4.2.1 등급 체계

등급 체계를 설정함에 있어 기본이 되는 것은 시작 단계와 최고 도달 수준의 설정이 될 것이다. 고용허가제를 통해 입국하는 이주 노동자는 EPS-TOPIK을 거쳤다고는 하나 한국어 의사소통 능력이 전무하다고 볼 수 있으므로 한글 입문 단계로 설정하는 것이 바람직할 것이다. 국내 이민자를 대상으로 하는 사회통합프로그램과 국외 세종학당 일반과정은 4등급 체계로 구성되어 있다.[7] 이주 노동자 대상 한국어 교육과정은 이러한 등급 체계를 준용하여 최고 도달 수준을 한국어능력시험 4급으로 설정하고 등급은 4등급으로 구성한다. 그러나 이러한 최고 도달 수준이 모든 이주 노동자들에게 요구되는 것은 아니다. 중급 이상의 수준은 사회적 영역에서의 의사소통 능력이 크게 요구되는 수준으로 실제 이주 노동자들의 언어 사용 환경에서 요구되는 한국어 능력 수준은 그보다 낮을 것이다. 그러나 현재 이주 노동자를 대상으로 시행되고 있는 제도 내에서 중급 수준의 한국어 능력을 요구하고 있으며, 그로 인해 한국어 학습에 대한 이주 노동자들의 요구도 높아지고 있다. 따라서 표준 교육과정은 최소한 초급 수준의 한국어 능력을 담보하고 그보다 높은 수준의 단계까지를 목표로 하는 것이 바람직할 것이다. 이는 학습자의 희망 학습 수준과 교사의 최고 도달 수준에 대한 요구 분석 결과와도 일치하는 부분이다.

그러나 이주 노동자의 학습 시간 부족과 학습 속도 등을 고려하여 각 등급에 2단

---

7) 사회통합프로그램 한국어 교육과정의 목표 수준은 일반 목적 한국어 교육과정보다 수준을 다소 낮게 설정하여 4단계 교육을 마친 학습자는 한국어능력시험(TOPIK) 3.8급 도달을 목표로 한다(이미혜, 2020: 18). 세종학당의 일반과정의 등급을 살펴보면 최고 도달 수준을 4급으로 설정하고 4개 등급에 2단계의 하위 단계를 두어 총 8단계로 구성되어 있다.

계의 하위 단계를 두어 1A, 1B, 2A, 2B, 3A, 3B, 4A, 4B로 등급을 세분화하는 방안을 제안한다. 이는 교사에 대한 요구 조사에서 등급의 세분화가 필요하며 2단계가 적당하다는 분석 결과를 반영한 것이다. 이를 정리하여 기본형의 모형을 제시하면 [표 7]과 같다.

[표 7] 이주 노동자 대상 한국어 교육과정 등급 체계 기본형

한국어능력시험(TOPIK)	1급		2급		3급		4급	
이주 노동자 대상 한국어 교육과정	1A	1B	2A	2B	3A	3B	4A	4B

그러나 운영 기관의 특성에 따라 최종 도달 등급의 설정이 달라지는 경우도 있을 것이며 이주 노동자의 학습 속도가 기본형의 과정을 현장에 적용하기 어려운 상황이 존재할 것이다. 이에 초급에 해당하는 1급과 2급의 경우 3단계나 4단계로 세분화하는 방안을 제안한다.[8] 이를 도식화하여 변이형 모형을 제시하면 [표 8]과 같다.

[표 8] 이주 노동자 대상 한국어 교육과정 등급 체계 변이형

<table>
<tr><th>한국어능력시험</th><th colspan="12">1급</th><th colspan="12">2급</th><th colspan="2">3급</th><th colspan="2">4급</th></tr>
<tr><td>기본형</td><td colspan="6">1A</td><td colspan="6">1B</td><td colspan="6">2A</td><td colspan="6">2B</td><td>3A</td><td>3B</td><td>4A</td><td>4B</td></tr>
<tr><td>확장형1</td><td colspan="4">1A</td><td colspan="4">1A+</td><td colspan="4">1B</td><td colspan="4">2A</td><td colspan="4">2A+</td><td colspan="4">2B</td><td colspan="2"></td><td colspan="2"></td></tr>
<tr><td>확장형2</td><td colspan="3">1A</td><td colspan="3">1A+</td><td colspan="3">1B</td><td colspan="3">1B+</td><td colspan="3">2A</td><td colspan="3">2A+</td><td colspan="3">2B</td><td colspan="3">2B+</td><td colspan="2"></td><td colspan="2"></td></tr>
</table>

이러한 세분화 방안을 통해 지역별, 기관별 상황에 맞게 교육과정을 적용할 수 있도록 해야 한다. 아울러 실제 교육 현장의 여건과 학습자에 맞게 최고 도달 수준을 유연하게 적용하고 그에 따라 교육과정의 등급을 조정하는 것이 필요하다. 이러한 탄력적인 등급 체계는 학습자가 증가함에 따라 중간 단계나 최고 단계의 새로운 학

8) 이는 해외 초 · 중등학교 교육과정의 '통합적-분지적 접근'을 적용한 것이다.

습자 집단이 형성되는 상황에도 적용 가능한 방안이 될 것이다.

4.2.2 교육과정 편성

교육과정 편성 및 운영 체계는 교육 기관에서 한국어 교육을 시행하기 위한 기본 체계로 교육 시간, 학기 구성, 총 소요 기간 등을 의미한다. 현재 이주 노동자 대상 한국어 교육은 주 1회, 일요일 2시간 진행이 일반적이다. 이는 학습자와 교육 기관의 여건을 고려하여 선택한 가장 적절한 방법일 것이다. 그러나 교육 시간이 적을 경우 한국어 학습에 소요되는 총 기간이 길어져 학습자의 참여도가 낮아질 가능성이 있으며 학습의 효과가 축적되기 위해서는 충분한 시간이 보장되어야 한다. 그러한 점에서 이주 노동자 대상 한국어 교육과정은 4시간 교육 시간을 기본으로 설정하였다. 수업 시간에 대한 요구 분석 결과 주당 4시간에 대한 요구가 가장 높았으며 교육 기관의 실제 적용 가능성을 감안하여 주당 4시간을 기본형으로 설정하였다. 학기 구성은 한 학기 기간에 대한 요구 분석 결과 10주에 대한 교사의 요구가 높았으나 교육 기관에서의 운영 가능성을 고려하여 1년 2학기, 20주로 설정하였다. 이는 오랫동안 실제 교육 현장에서 시행되어 온 운영 체계로서 교육 현장을 존중하고 현장의 혼란을 최소화함과 동시에 현장의 요구를 바람직한 교육적 방향으로 이입시키는 다각적 목적이 적용된 것이다. 이러한 학기 구성으로 최고 도달 수준인 4급까지의 최장 교육 기간을 4년으로 설정하였다. 이는 이주 노동자의 기본 체류 기간이 3년이며 1년 10개월의 1회 연장 기간을 고려한 것이다.

이주 노동자 대상 한국어 교육과정의 편성 및 운영 체계는 교육 시간을 기준으로 최소 시간부터 최대 시간을 설정하여 기본형과 축약형, 확장형의 다원적 체계를 두어 교육 현장 및 학습자 여건에 따라 탄력적인 운영이 가능하도록 설계하였다. 구체적인 내용은 [표 9]와 같다.

[표 9] 이주 노동자 대상 한국어 교육과정 편성 및 운영 체계

	축약형	기본형	확장형
학기 구성	주당 2시간 X 20주	주당 4시간 X 20주	주당 6시간 X 20주
연간 학기 수	2학기	2학기	2학기
1년 교육 시간	80시간	160시간	240시간
최장 교육 기간	4년	4년	4년
최고 도달 등급	3급	4급	4급 이상

기본형은 한 학기의 학습 시간이 80시간으로 사회통합프로그램의 한 단계 교육 시간에 준하는 것이며, 1년 단위로 볼 때 160시간은 대학 교육 기관의 한 학기 교육 시간인 200시간에 준하는 것이라 할 수 있다. 그러나 주 1회라는 제약으로 인해 학습의 연속성이 떨어지는 점과 이주 노동자의 학습 속도를 감안하여 한 등급의 학습 시간을 1년으로 설정하는 것이 바람직할 것이다. 이러한 학기 구성으로 최고 도달 수준인 4급까지 소요 기간은 4년으로 설정하였다.

이러한 교육과정 편성 및 운영 체계는 이주 노동자들의 한국어 학습 참여가 늘고 교육 기관의 여건이 어느 정도 갖추어진다면 점차적으로 기본형과 확장형으로의 변화를 시도하는 것이 바람직한 것이다. 한국어 의사소통 능력이 향상되기 위해서는 일정 시간 이상의 교육이 이루어져야 하는데 최소 한 학기 80시간 이상의 학습이 이루어져야 교육의 효과가 나타날 것이며 그에 따른 학습자의 만족도 역시 높아질 것이다.

4.3 교육 목적과 목표

4.3.1 교육 목적

교육 목적(aims, goals)은 교육의 최종적인 도달점이며 학습자가 성취해야 하는 결과이다. 명확한 교육 목적이 설정되어야 그 목적을 이루기 위한 구체적인 교육 목표가 설정될 수 있으며 교육과정의 나아가야 할 방향성이 흔들리지 않을 것이다. 이러한 교육 목적은 학습자가 한국어를 왜 배우는지, 무엇을 배우고자 하는지와 연결

되어 있다. 이주 노동자의 경우 직업과 관련된 상황에서의 의사소통을 위한 한국어 학습이 우선적으로 필요하나 일상생활을 영위하고 한국 사회에의 적응을 위한 일반적인 한국어 의사소통 능력 역시 학습되어야 한다. 또한 이주 노동자들의 업무는 작업 현장을 중심으로 이루어지기 때문에 일차적인 언어 사용 환경은 작업 현장이 되며 그들에게 우선적으로 필요한 것 역시 작업 현장 관련 한국어가 될 것이다. 따라서 이주 노동자를 대상으로 하는 직업 목적 한국어는 작업 현장을 중심으로 직장 생활 관련 내용을 모두 담고 있어야 할 것이다. 이러한 내용을 종합하면 이주 노동자 대상 한국어는 일반 목적 한국어와 직업 목적 한국어가 통합되어야 하며 직업 목적 한국어는 작업 현장 한국어가 중심이 되어야 할 것이다. 이상의 내용을 바탕으로 본 연구에서는 이주 노동자를 대상으로 하는 한국어 교육과정의 목적을 다음과 같이 설정하고자 한다.

첫째, 한국어 의사소통 능력 배양이다. 이주 노동자는 한국에서 성인으로서 일상생활에 무리가 없어야 하며 한국인과 교류하기 위해서 한국어 의사소통 능력이 필요하다. 또한 직장 생활에서 업무 관련 의사소통에 지장이 없으며 한국인 동료와 교류가 원활할 정도의 한국어 능력이 요구된다. 따라서 이러한 한국어 의사소통 능력을 갖출 수 있도록 해야 한다.

둘째, 업무 수행 능력 향상이다. 이주 노동자는 한국어 능력을 바탕으로 직장에서 자신이 수행해야 하는 업무 능력을 향상시켜야 하며 직장에서의 맡은 역할에 부족함이 없도록 해야 한다. 또한 직장에서 한국어 능력 부족으로 인한 사고가 발생하지 않도록 위기에 대처할 수 있고 안전을 도모할 수 있는 한국어 능력을 갖추도록 해야 할 것이다.

셋째, 한국 사회에의 안정적인 적응이다. 이주 노동자는 기본적으로 3년 이상을 체류하기 때문에 한국 사회에의 안정적인 적응이 이루어져야 한다. 개인의 안정이 직장 및 사회의 안정에 바탕이 될 것이며 이는 이주 노동자 집단 전체로 확대해 보았을 때 한국 사회의 중요한 과제가 될 것이다.

넷째, 개인과 한국 사회의 가치 실현의 기여이다. 이주 노동자 역시 한국 사회의 구성원으로서의 자격을 지닌다. 취업 활동을 목적으로 체류하고 있다고는 하나 개인으로서의 가치를 추구하며 살 것이다. 한국어 능력을 통해 한국 사회에의 적응하는 과정에서 개인의 가치가 실현될 수 있도록 해야 할 것이며 이를 통해 한국 사회의 가치가 실현될 수 있도록 바람직한 방향으로 나아가야 할 것이다. 따라서 한국어 교육을 통해 그러한 방향으로의 안내가 이루어져야 할 것이다.

이와 같은 교육 목적을 통해 다음과 같은 교육 목표를 도출할 수 있을 것이다.

1. 일상생활을 무리 없이 유지하고 한국인과의 교류에 필요한 한국어 의사소통 능력을 기른다.
2. 직장 생활에서 업무 관련 의사소통 및 한국인 동료와의 원만한 교류에 필요한 한국어 의사소통 능력을 기른다.
3. 직장에서 수행해야 할 업무 수행 능력과 관련된 한국어 의사소통 능력을 기른다.
4. 직장에서 작업 상황에서 발생하는 사고를 예방하고 위기 상황에 대처할 수 있는 한국어 의사소통 능력을 기른다.
5. 문화 간 소통에 필요한 한국어 능력과 한국문화의 이해 능력을 기른다.
6. 한국 사회에서 안정적인 삶을 영위하며 개인의 가치와 한국 사회의 가치를 실현하는 데 기여할 수 있는 역량을 기른다.

4.3.2 등급별 총괄 목표

등급별 총괄 목표는 교육을 통해 각 단계별로 학습자가 도달해야 하는 내용을 제시하는 것이다. 이주 노동자 대상 한국어 교육과정의 총괄 목표는 국제 통용 한국어 표준 교육과정의 내용을 기본으로 하며 국내 성인 이민자를 대상으로 개발된 사회통합프로그램의 각 단계별 목표와 내용을 준용한다. 다만 이주 노동자의 특성을 반영하여 1급부터 4급까지 일상생활과 직장 생활 및 작업장 관련 내용을 함께 제시하였다. 등급별 의사소통 능력은 기초적이고 필수적인 의사소통 능력에서 사회적이고 공적인 의사소통 능력으로 확장하였다. 이러한 목표 설정에 있어 교실에서의 한국어 교육뿐만 아니라 교실 밖에서 이루어지는 교육적 경험을 통한 학습도 고려하였다. 총괄 목표 기술은 주제, 언어 지식, 언어 기능, 문화의 내용이 종합적으로 반영되도록 하였으며 각 단계를 마친 학습자가 한국어를 통해 무엇을 할 수 있는지를 제시하는 방식으로 하였다. 이주 노동자 대상 한국어 표준 교육과정의 총괄 목표는 다음과 같다.

[표 10] 이주 노동자 대상 한국어 표준 교육과정의 등급별 총괄 목표

등급	목표
1급	• 일상생활 및 직장 생활에서의 기초적인 의사소통을 할 수 있다. • 일상생활 및 직장 생활에서의 기초적 어휘와 간단한 문장을 이용해 짧은 대화를 할 수 있고, 자주 접하는 소재에 대한 짧은 글을 읽고 쓸 수 있다. • 작업장에서의 작업 및 안전과 관련된 기초적이고 필수적인 표현을 이해하고 사용할 수 있다. • 인사하기, 소개하기, 물건 사기 등의 기초적인 의사소통 기능을 수행할 수 있다. • 기초적인 한국의 일상생활 및 직장 생활 문화를 이해하고 자국의 문화와 비교할 수 있다.
2급	• 일상생활 및 직장 생활에서의 기본적인 의사소통을 할 수 있다. • 공공장소 및 직장에서의 기본적인 어휘와 단순한 문장을 이용해 자주 접하는 상황에서 간단한 대화를 할 수 있고, 그러한 상황에 대한 짧은 글을 읽고 쓸 수 있다. • 작업장에서의 작업 및 안전과 관련하여 일반적으로 접하는 상황에서 필요한 표현을 이해하고 사용할 수 있다. • 정보 묻고 답하기, 메시지 주고받기 등의 기본적인 의사소통 기능을 수행할 수 있다. • 기본적인 한국의 일상생활 및 직장 생활에 관련된 문화를 이해하고 자국의 문화와 비교할 수 있다.
3급	• 일상생활 및 직장 생활에서의 대부분의 상황과 자주 접하는 사회적 상황에서 필요한 의사소통을 할 수 있다. • 일상생활 및 직장 생활에서 사용되는 대부분의 어휘를 이해하고 사용할 수 있으며, 비교적 복잡한 문장을 사용하여 친숙한 사회적 주제에 대해 자신의 생각을 표현할수 있고 그러한 상황에 대한 비교적 복잡한 글을 읽고 쓸 수 있다. • 산업 안전 및 이주 노동 대상 법규와 관련하여 기본적인 표현을 이해하고 사용할 수 있다. • 정보 교류하기, 비교하기, 조언하기 등의 의사소통 기능을 수행할 수 있다. • 일상생활 및 직장 생활에 관련된 대부분의 문화를 이해하고 이에 반영된 한국인의 사고를 이해할 수 있으며, 자국의 문화와 비교할 수 있다.
4급	• 일상생활 및 직장 생활에서의 공적인 상황과 사회적인 관계에서 필요한 의사소통을 할 수 있다. • 공적인 맥락과 상황에서 사용되는 어휘 및 문어와 구어의 기본적인 특징을 이해하고 사용할 수 있다. 업무나 공적인 관계에서 격식과 비격식을 구분하여 대화를 할 수 있고, 그러한 상황에 대한 글을 읽고 쓸 수 있다. • 이주 노동자 및 체류 관련 법규와 관련된 일반적인 표현을 이해하고 사용할 수 있다. • 생각 및 의도를 이해하고 표현하기, 체계적인 정보 전달하기, 의견이나 주장에 대해 이해하고 표현하기 등의 의사소통 기능을 수행할 수 있다. • 한국의 사회문화적 특징과 한국인의 사고를 이해할 수 있으며, 자국의 문화와 비교할 수 있다.

4.4 교육과정의 내용 체계 구성

교육과정 내용 체계의 전반적인 구성은 국제 통용 한국어 표준 교육과정의 내용 체계를 바탕으로 하였으며 사회통합프로그램의 내용 체계를 준용하였다. 사회통합프로그램의 교육과정은 교재 개발을 위해 2020년 수정, 보완된 교육과정의 내용 체

계를 기준으로 하되 본 연구에서는 언어 기능의 하위 범주인 '말하기, 듣기, 읽기, 쓰기'를 '과제와 기능'으로 제시하여[9] 내용 체계의 구성 요소를 주제, 언어 지식(어휘, 문법, 발음), 언어 기능(과제와 기능), 문화로 설정한다.

4.4.1 주제

주제는 말이나 글의 중심 화제로 의사소통이 이루어지는 과정에서는 어떤 상황에서, 무엇에 대해 이야기를 하는지와 관련이 있다. 주제는 포괄적인 특징으로 인해 일반 목적 학습자와 크게 다르지 않으며 관련 학습 내용에서 차이를 보일 것이다. 다만, 학습자의 특성을 반영한 주제가 추가되거나 우선적으로 선별되어야 한다. 사회통합프로그램 교육과정의 주제 선별 방식은 국제 통용 한국어 표준 교육과정에서 제시한 등급별 주제 범주에 맞추되 이민자와 관련된 소주제(하위 주제)를 단원 주제로 부각시켜 이민자 대상 교육 내용으로 차별화를 도모하였다. 이주 노동자 대상 교육과정도 이러한 방식을 적용하여 이주 노동자와 관련도가 높은 일상생활 및 직장 생활 관련 주제를 추가하고 이주 노동자 대상 한국어 교육과정의 특징이 드러나도록 하여야 한다. 그러나 표준 교육과정으로서 특정 직업과 관련된 주제에 치우쳐서는 안 되며 이주 노동자의 일반적인 상황과 관련된 주제를 담아야 할 것이다.

4.4.2 언어 지식(어휘, 문법, 발음)

한국어 체계에 대한 이해는 언어적인 요소인 어휘, 문법, 발음에 대한 지식을 갖추는 것으로 언어 학습에서 가장 기본적이고 핵심적인 것이라 할 수 있다. 그중 어휘는 주제와 밀접하게 관련된 것으로 주제에 따라 사용 어휘도 달라지기 마련이다. 이주 노동자 대상 한국어 교육에서 가장 중요시되는 것 중의 하나가 바로 어휘 부분으로 이는 이주 노동자의 의사소통 상황의 특수성이 어휘를 통해 드러나기 때문이다.

---

9) 표준 교육과정의 내용 범주와 관련한 하위 영역 설정에서 말하기, 듣기, 쓰기, 읽기와 같은 의사소통의 4가지 기술을 중심으로 제시할 것인지, 일반적인 과제와 기능을 중심으로 제시할 것인지에 대해 고민한 끝에 후자를 중심으로 제시하는 것으로 하였다. 이는 의사소통의 4가지 기술 중심으로 제시할 경우 범위가 방대하고 연구 역량의 한계에 부닥칠 수 있다는 현실적인 이유가 있었음을 밝힌다.

작업 현장에서 사용되는 어휘는 여타 학습자들의 사용 어휘와 확연한 차이를 보일 것이며 더욱이 직종에 따라 요구되는 어휘에서도 차이를 보일 것이다. 따라서 직장 생활 관련 어휘에서 이주 노동자 대상 한국어 교육과정의 특징이 두드러지게 나타날 것이다. 본 연구는 이주 노동자를 대상으로 하는 한국어 표준 교육과정을 개발하는 것이므로 특정 직종에 국한되지 않고 전체 이주 노동자의 의사소통 상황에서 두루 쓰일 수 있는 어휘를 중심으로 구성하여야 한다. 어휘 구성 역시 일상생활과 직장 생활 관련 어휘로 구성되어야 할 것이다. 또한 어휘를 제시함에 있어 어휘의 수는 등급별로 이주 노동자의 학습 능력을 고려하여 적절하게 제시하여야 한다.

4.4.3 언어 기능(과제와 기능)

외국어 학습은 궁극적으로 외국어를 사용하여 성공적으로 의사소통을 하는 것을 목표로 한다. 이는 언어에 대한 지식과 기능을 바탕으로 하여 한국어 사용 환경에서 주어지는 과제를 수행함을 의미한다. 특히 이주 노동자의 경우 직장 생활에서의 과제 수행 능력이 매우 중요하게 요구된다. 따라서 학습자에게 요구되는 수행 과제에 대한 분석을 통해 과제 상황과 요구되는 기능을 파악하여 교육 내용을 선정하는 것이 무엇보다 중요하다. 그러나 모든 과제를 교육과정에 담아내는 일은 쉽지 않으므로 의사소통의 배경이 되는 주제 및 상황과 맥락에서 주로 접하게 되는 과제를 선정하여 제시한다. 이러한 점에서 이주 노동자와 같은 특정 학습자를 대상으로 하는 경우 과제 수행이 요구되는 상황에 대한 학습자의 요구 분석을 기초로 하여야 할 것이다. 또한 성공적인 과제 수행을 위해서는 언어 능력뿐만 아니라 의사소통 전략도 요구된다. 언어 능력이 뛰어나다 할지라도 의사소통 전략이 잘못되었을 경우 의사소통 과정에 오류가 생길 가능성도 있기 때문이다. 따라서 언어 기능 학습 시에는 이러한 의사소통 전략이 포함되어야 할 것이다.

4.4.4 문화

언어와 문화는 불가분의 관계로 언어를 배운다는 것은 언어 안에 담긴 문화를 배우는 것과 같다. 국제 통용 한국어 표준 교육과정에서는 문화를 문화적 산물과 관련된 문화 지식, 관습 및 규범 등과 관련된 문화 행동, 정신문화와 관련된 문화 관점으로 나누어 제시하였다. 세 범주의 문화 요소는 서로 배타적이지 않으며 문화 지식을 바탕으로 문화 관점을 이해하여 문화 행동을 실행하는 것이 진정한 문화 교육이라 할 수 있을 것이다. 사회통합프로그램 교육과정은 국제 통용 한국어 표준 교육과정의 내용을 바탕으로 이민자의 특성에 맞게 문화 행동과 문화 지식을 중심으로 구성하였다. 주제와의 관련성을 우선 기준으로 적용하여 언어적 의사소통을 원활하게 하거나 학습자의 호기심을 충족시키는 문화 요소로 하되, 중급 단계에서는 주제와 관련한 문화적 정보와 지식을 갖추는 데 도움이 되도록 하였다. 동시에 비교문화적 관점에서 다문화 현상을 이해하고 문화간 소통 능력을 기를 수 있도록 구성하였다. 본 연구에서는 사회통합프로그램의 내용을 준용하되 이주 노동자의 특성을 반영하여 직장 생활과 관련된 문화 요소가 추가되어야 할 것이다.

4.5 평가

본 연구에서는 이주 노동자 대상 한국어 교육과정에서의 평가 방향과 평가 체계를 중심으로 평가 방안을 제시하고자 한다. 한국어 교육에서는 일반적으로 교육 목표를 기준으로 학습자의 성취도 및 숙달도를 평가하는 목표지향평가를 추구한다. 이주 노동자 대상 한국어 교육과정도 이러한 평가 방식을 적용하는 것이 바람직할 것이다. 이주 노동자 대상 한국어 교육과정에서 평가는 배치평가, 형성평가, 성취도 평가의 세 가지 평가 체계를 적용할 것을 제안한다.

배치평가는 교육 시행 전에 학습자의 기초 실력을 평가하여 적절한 등급에 배치하여 학습할 수 있도록 하기 위해 실시하는 진단평가이다. 이때 고려해야 할 점은 말하기 · 듣기와 읽기 · 쓰기의 능력의 차이가 크게 나는 경우 의사소통 능력을 기준으로 판단해야 한다는 것이다. 이주 노동자의 경우 EPS-TOPIK을 거쳤기 때문에 한국어에 대한 지식을 갖추고 있으나 의사소통 능력이 매우 부족한 경우가 다수 있다. 그러나 한국어 교육의 제일의 목적이 의사소통 능력 함양에 있기에 언어 기능을 기준으로 평가가 이루어져야 할 것이다.

형성평가는 교수 · 학습 내용에 대한 학습자의 이해 정도를 점검하는 것으로 수시로 실시할 수 있다. 일주일 간격으로 수업이 이루어지고 자기 학습 시간이 부족한 이주 노동자를 대상으로 일회성으로 진행되는 중간평가를 시행하기보다는 형성평가를 도입하는 것이 적절할 것이다. 형성평가를 통해 수업 내용에 대해 얼마나 이해하고 있는지 수시로 확인하여 학습자에게 피드백을 줌과 동시에 학습자의 수준에 따라 학습 진행 속도를 조절하고, 교수 · 학습 방식을 수정 및 변경하는 것이 가능하기 때문이다.

성취도 평가는 학습자에 대한 교육 목표에의 도달 수준과 한국어의 숙달도 정도를 확인하기 위한 평가이다. 총괄평가의 결과로 학습자의 승급 여부를 판단하는데 이때 승급 기준을 어떻게 설정하느냐에 따라 결과가 달라진다. 이주 노동자의 학습 여건 등을 감안할 때 높은 기준을 엄격하게 적용하기보다는 학습자가 자기 평가를 통해 학습 동기를 강화하고 지속적인 학습을 유도하는 정도가 바람직할 것이다.

이러한 평가를 시행함에 있어 실제 교육 현장에서 겪는 가장 큰 어려움은 평가 도구를 개발하는 것이다. 이주 노동자 대상 한국어 교육 현장은 전문 교사를 확보하고 있다고는 하나 매우 부족한 상황이며 교사 개인이 평가 도구를 개발하기에는 역부족이다. 따라서 이주 노동자의 한국어 능력을 측정할수 있는 평가 도구 개발을 비롯한 평가 체계가 구축될 필요가 있다.

5. 나가기

본 연구는 한국의 이주 노동자를 대상으로 하는 한국어 교육의 시발이 될 수 있는 표준화된 교육과정을 개발하여 제시하였다는 데에 의미가 있으며 이는 표준화를 위한 시도로서의 제한된 가치를 갖는다. 본 연구를 바탕으로 하여 향후 본격적으로 표준 교육과정 개발 논의가 진행되어 이주 노동자 대상 한국어 교육을 위한 가장 체계적이고 효율적인 교육과정이 개발되기를 기대한다.

참고문헌

김선정 외(2010), 해외 초·중등학교 한국어 표준 교육과정 개발 연구, 교육과학기술부.

김재욱(2012), 이주노동자를 위한 한국어 교육 현황과 정책에 대한 소고, 새국어생활 22(3), 국립국어원, 67–81.

김중섭(2010), 국제 통용 한국어 교육 표준 모형 개발, 국립국어원.

김중섭(2011), 국제 통용 2단계 결과보고서(최종본), 국립국어원.

김중섭(2016), 국제 통용 한국어 표준 교육과정 활용 점검 및 보완 연구, 국립국어원.

김중섭(2017), 국제 통용 한국어 표준 교육과정 적용 연구(4단계), 국립국어원.

남민우 외(2021), 해외 현지 초·중등학교 한국어 교육과정 개발 연구, 교육부.

문화체육관광부, 국립국어원(2020), 한국어 표준 교육과정(문화체육관광부고시 제2020–54호 (2020.11.27.).

민현식(2004), 한국어 표준 교육과정 기술 방안, 한국어 교육 15(1), 국제한국어교육학회, 50–51.

유럽평의회(2001), 유럽공통참조기준(Commom European Framework of Reference for Language), 김환란 외 역(2010), '언어 학습, 교수, 평가를 위한 유럽공통참조기준', 한국문화사.

이미혜(2003), 직업을 위한 한국어 교육 연구, 국제한국어교육학회 국제학술발표논문집, 2003(0), 국제한국어교육학회, 133–158.

이미혜(2008), 국내 직업 목적 한국어 교육의 현황과 과제, 한국어 교육 19(3), 국제한국어교육학회, 1–27.

이미혜(2020), 2019–20 사회통합프로그램 한국어 교재 개발(2차 연도), 국립국어원.

이순애(2022), 외국인노동자지원센터 한국어 교육의 실제와 개선 방안, 문화와 융합 44(9), 한국문화융합학회, 937–952.

이순애(2023), 이주 노동자 대상 한국어 교육을 위한 표준 교육과정 개발 연구, 상명대학교 일반대학원 박사학위논문.

이준호(2020), 2020년 한국어 표준 교육과정 개발 및 교재 인증제 운영 방안 연구 결과 보고서, 국립국어원.

조항록(2008), 이주 노동자 대상 한국어 교육의 실제와 과제–한국어 교육 정책의 관점에서, 사회언어학 16(1), 한국사회언어학회, 299–316.

조항록 외(2011), 사회통합프로그램 발전 방안 연구, 법무부 출입국·외국인정책본부.

조항록 외(2012), 사회통합프로그램 한국어 교육과정 개편 연구, 법무부 출입국·외국인정책본부.

ACTFL. (2012), ACTFL Proficiency Guidelines 2012, Alexandria, VA 22314.

Council of Europe. (2018), Common European framework of reference for language: Learning, teaching, assessment. companion volume with new descriptors, Strasbourg: France.

Langue Policy Unit.

〈기타〉

2021년 출입국 · 외국인정책 통계연보, 법무부 출입국 · 외국인정책본부.

2022년 8월 출입국 · 외국인정책 통계월보, 법무부 출입국 · 외국인정책본부.

2022년 세종학당 운영 지침(2022.01.21.), 세종학당재단.

2022년도 사회통합프로그램 운영 지침(2022.01), 법무부 출입국 · 외국인정책본부.

법률 제18041호, 「외국인근로자의 고용 등에 관한 법률」, 고용노동부, (시행 2021.10.14.)

05 한국어 학습자를 위한 한국 예술문화 교육[1)]

우승희

1. 예술문화의 개념화와 유형

한국 예술문화를 한국어 교육에 도입한다고 할 때 우선 논의되어야 할 점은 한국 예술문화가 무엇이며 이의 세부 장르로는 무엇이 있는가 하는 점이다. 일반적으로 외국어 교육과 한국어 교육에서 '예술문화'는 교육의 대상이 되는 '문화'의 하위 분야로서 '예술'을 지칭하는 것으로 볼 수 있다. 다만 문화 교육의 본질적 의미를 고려할 때 교육의 대상이 예술 그 자체에 국한하지 않고 예술이 담고 있는 문화적 가치도 포함해야 한다는 점에 주목해야 할 것이다.[2)] 그렇다면 일차적으로 한국 예술문화 교육의 대상이 되는 한국 예술로는 무엇이 있는가? 이에 대하여는 학술적 차원에서의 논의와 실제적 차원의 논의를 살펴볼 필요가 있다.

---

1) 이 글은 우승희(2023)의 박사학위 논문 '한국어 학습자를 위한 한국 예술문화 교육 방안'의 내용을 바탕으로 하였음을 밝힌다.

2) 이와 관련한 대표적인 논의로 Hammerly(1982)를 들 수 있다. 여기에서는 외국어 교육에서 문화를 다룰 때에는 문화지식, 문화실행, 문화관점 등 세 가지 층위에서 진행되어야 함을 논하고 있다.

우선 학술적 차원에서의 예술에 대한 논의는 한국연구재단의 〈학술 연구 분야 분류표〉를 살펴볼 수 있다.[3] 여기에서 예술은 '예술 체육학'이라는 이름으로 하여 8개의 대분류 중 하나로 설정되어 있고 이의 중분류는 예술일반, 음악학, 미술, 디자인, 의상, 사진, 미용, 연극, 영화, 체육, 무용, 기타 예술체육 등이다. 이 중에서 예술 일반의 하위 분류로는 예술교육, 예술정보, 예술사, 예술비평, 기타 예술일반 등이 있다. 이 중에서 예술일반과 체육을 제외한다면 한국 예술문화 교육의 대상이 되는 한국 예술은 크게 음악, 미술, 디자인, 의상, 사진, 미용, 연극, 영화로 볼 수 있다.

한편 실제적으로 접근할 때에는 1972년에 제정된 〈문화예술진흥법〉에서 정하고 있는 예술 분야와 한국문화예술위원회(Arts Council Korea: ARKO)의 예술 분류 체계를 참고할 수 있다. 〈문화예술진흥법〉에서 정하고 있는 문화예술 분야는 문학, 미술(응용미술 포함), 음악, 무용, 연극, 영화, 연예(演藝), 국악, 사진, 건축, 어문(語文), 출판 및 만화 등으로 이 중에서 문학, 어문, 출판을 제외한 모든 분야가 〈국제 통용 한국어 표준 교육과정〉 등에서 다루어진 것으로 보인다. 이에 비하여 한국문화예술위원회에서는 문화예술 분류를 문학, 시각예술, 공연예술(연극, 무용, 음악), 다원예술, 예술일반으로 구분했는데 이는 〈문화예술진흥법〉의 분류 중에서 영화, 국악, 어문 및 출판이 제외된 반면 탈장르인 다원예술을 포함하였다는 점에서 차이가 있다.[4]

이상에서 살펴본 한국연구재단의 분류와 법적이고 사회적으로 용인되는 실제적인 논의와 함께 〈국제 통용 한국어 표준 교육과정〉과 〈세종학당 한국문화교육을 위한 문화예술교육 길라잡이〉에서 설정한 하위 분야를 종합할 때 한국 문화 교육을 위한 한국 예술문화의 하위 분야 설정이 가능하리라고 본다.

---

3) 한국 예술문화와 관련한 학술적 논의를 위하여 예술문화를 중점적인 연구 대상으로 설정한 학술 단체, 학술 논문 등을 검색하였으나 찾을 수 없었으며 예술문화를 명칭에 포함한 대학 내 연구 기관도 문화의 하위 분야로서 예술문화를 연구하기보다는 예술과 문화를 연구하는 기관임을 확인할 수 있었기에 학술적인 논의로서 한국연구재단의 학술 연구 분야 분류표를 대상으로 하였음을 밝힌다.

4) 한국문화예술위원회의 문화예술 분류는 다분히 현대성을 전제로 하는 것으로 국악이 별도로 정부 정책으로 관리 되고 현대의 융복합 흐름 속에서 탈장르적 예술 현상이 보편화되고 있음을 반영한 것으로 보인다.

[표 1] 학술적 · 실제적 차원에서의 한국 예술문화의 하위 분류

한국연구재단의 학술 연구 분야 분류표	음악, 미술, 디자인, 의상, 사진, 미용, 연극, 영화, 체육, 무용
문화예술진흥법 내 문화 예술 분야	문학, 미술(응용미술 포함), 음악, 무용, 연극, 영화, 연예(演藝), 국악, 사진, 건축, 어문(語文), 출판 및 만화
한국문화예술위원회의 예술 분류 체계	문학, 시각예술, 공연예술(연극, 무용, 음악), 다원예술
국제 통용 한국어 표준 교육과정	음악, 미술, 공연, 문학, 영화 · 드라마
세종학당 한국문화교육을 위한 예술문화 길라잡이	음악, 미술, 조각, 건축

한편 한국문화 교육에서 큰 비중을 차지하는 것으로 보이는 국악과 관련해서는 국립국악원이 발행한 〈국악연감(2019)〉을 참고할 수 있는데 여기에서는 한국 음악뿐만 아니라 무용 · 연희 등 전통 공연예술과 이를 토대로 창작된 공연예술을 모두 포함하고 있다. 여기에는 서양음악, 뮤지컬, 대중음악 등이 포함되어 있다.

이상에서 살펴본 바와 같이 한국 예술문화의 하위 분야 분류는 다양한 측면에서 논의될 수 있으나 현재 한국어 교육에서 통용되고 있는 실체와 일부 학술적 논의, 법적이고 사회적으로 용인되는 논의를 고려할 때 무용, 음악, 미술, 연극 등이 주요 장르로 보인다. 여기에 현시대 대중 예술의 주요 분야로 급속히 대두된 영화와 드라마를 포함한다면 무용, 음악, 미술, 연극, 영화/드라마를 예술문화의 주요 하위 분야로 설정할 수 있을 것이다.

이렇게 설정된 하위 분야에 속하는 주요 예술 활동은 기본적으로 전통에 기반한 것들이 주를 이루지만 현대에 탄생하여 한국적 고유성을 갖춘 활동이 추가될 것이다. 예를 들어 사물놀이와 난타는 전통에 기반하지만, 현대 한국인의 정서에 맞추어 새롭게 개발된 예술 활동이며, K-pop, 뮤지컬은 외국에서 유입된 대중 예술을 기반으로 하지만 한국적 고유성을 명확하게 확보하여 한국의 대중 예술로 자타가 공인한다. 이러한 관점에서 한국 예술문화의 장르와 주요 내용을 정리하면 다음과 같다.

[표 2] 한국 예술문화의 장르별 예술 활동

장르	주요 예술 활동
무용	전통무용(부채춤, 살풀이춤, 탈춤, 승무, 처용무, 화관무 등) 현대무용(고전발레, 모던댄스, 비보이댄스 등)
음악	전통음악(판소리, 국악, 농악, 민요, 사물놀이, 시나위 등) 대중음악(K-pop, 콘서트, 오케스트라 등)
미술	전통미술(동양화, 풍속화, 서예, 도자기, 공예품, 민화 등) 현대미술(애니메이션, 웹툰, 사진 등)
연극	전통연극(전통연희, 산대잡극 등) 현대연극(마당극, 창극, 난타, 뮤지컬 등)
영화/드라마	영화, TV 드라마, 대본 및 줄거리, OST 등

2. 한국 예술문화 교육의 실제

한국 예술문화가 한국어 교육 현장에서 어떻게 교수 학습이 이루어지는지에 대한 논의는 교육과정, 교재, 교수 방법의 측면에서 살펴보고자 한다. 다만 한국어 교육 현장이 국내외에 방대하고 다양하게 분포되어 있는 만큼 모든 현장을 대상으로 논하는 것이 불가능하므로 본 연구에서는 한국어 교육이 체계적이고 대규모로 실시되고 있는 대학 내 한국어 교육기관을 대상으로 하되 〈2021 대학 알리미〉에서 제공하고 있는 한국어 학습자 규모 상위 5개 대학을 중심으로 진행하고자 한다.

2.1 한국어 교육과정과 한국 예술문화

대학 내 한국어 교육기관의 교육과정을 살펴보면 국내 대학의 한국어 교육기관에 한국 예술문화가 어떻게 도입되어 있는지를 알 수 있다. 즉 일반적으로 교육이 교육과정으로부터 시작이 되고 평가로 마무리된다고 할 때 개별 교육기관의 교육과정에서 어떤 한국 예술문화를 포함하는지, 그리고 학습 단계별로 어떻게 배열되었는지를 살펴본다면 한국 예술문화 도입의 수준을 알 수 있는 척도가 될 것이다. 그러나 한국 내 대학의 한국어 교육기관이 대외적으로 공지하는 교육과정은 대부분이 학습 단계별 총괄 목표를 공지하는 데에 그치고 있기 때문에 교육과정 내 한국 예술문화가 어떻게 포함되어 있는지를 알기가 쉽지 않다. 그러나 일부 한국어 교육기관은 문화 체험 프로그램을 한국어 교육과정과는 별개로 공지하는데 그 안에 한국 예술문화가 포함되고 있기 때문에 이를 통하여 교육과정 내 한국 예술문화가 어떻게 포함되어 있는지 알 수 있다. 우선 한국어 교육과정 내 한국 예술문화가 포함된 곳은 5개 교육기관 중 2곳에 불과하다.[5] 이 교육기관 교육과정에서 한국 예술문화가 포함되어 있는 곳은 아래와 같다.

[표 3] A 기관의 교육과정

급수	학습 내용
2급	한글의 음운 규칙을 익혀 좀 더 자연스럽게 문장을 읽고 말할 수 있다. 짧은 문장들이 연결, 확장된 비교적 긴 문장들을 이해하고 사용할 수 있다. 가족, 취미, 운동, 계절, 여행, 경험 등 친숙한 주제들에 대해 묻고 대답할 수 있다. 반말, 높임말 등을 배워 담화 상황에 맞게 구사할 수 있다. 설날 음식, 사물놀이 등 한국 문화에 대한 재미있는 내용을 체험하고 배울 수 있다.
3급	충분한 생활 어휘, 한자어, 관용표현을 배워서 일상 회화를 자유롭게 할 수 있다. 방 구하기, 이사하기, 텔레비전 고장 수리하기, 휴일 계획하기, 공원 이용하기, 여행 가기, 연극하기 등 다양한 주제를 표현할 수 있다. 한국 요리 실습, 문화 시설 견학, 시 감상 등을 통해 한국 문화를 이해할 수 있다.
4급	학업과 직업 활동에 필요한 언어능력을 키울 수 있다. 사회, 문화, 역사, 소설 등 다양한 주제에 대한 글을 읽고 이야기할 수 있다. 비교적 길게 자신의 생각을 논리적으로 표현할 수 있는 능력을 키울 수 있다. 현장 체험 학습을 가거나 한국 신화, 전래 소설, 전통 노래를 배워서 한국 문화를 이해할 수 있다.

5) 이외 한 곳의 기관은 교육과정 내에 한국 예술문화가 명시적으로 드러나지 않아 본문에서는 다루지 않는다. 그러나 행동문화, 성취문화, 관념문화라는 용어를 사용하여 문화 내용의 범주를 포함시키고 있다. 구체적으로 중급 단계에서는 행동문화와 성취문화를 제시하였고, 고급 단계에서는 여기에 관념문화가 더해졌다. 이는 Hammerly(1986)가 사용한 용어로 행동문화에 의식주, 풍습 등이 포함되고, 성취문화에 음악, 미술, 영화, 기타 예술이 관념문화에 모국어 화자들이 그들의 사회, 지리, 역사 등에 알고 있는 정보를 포함한다고 할 때 이로 보아 한국 예술문화가 중급부터 다루어지는 것으로 유추할 수 있다.

[표 4] B 기관의 교육과정

급수	학습 내용
5급	인문, 사회, 과학, 예술 등 학술적이고, 전문적인 분야의 담화를 이해하고 자신의 의견을 논리적으로 표현하는 능력을 기른다. 실생활에서 접하는 뉴스, 신문기사 등, 시사적인 자료를 이해하고 그것에 대한 자신의 의견을 표현할 수 있다. 정보를 전달할 때 화자의 감정과 정서를 나타내는 어휘와 표현을 익혀 적절하게 사용할 수 있다. 언어와 교육, 직업과 여가 생활, 과학기술, 경제, 대중문화, 전통, 자연과 환경, 가족과 사회 등에 관한 한국적 가치관을 이해한다.

이와 같이 한국 예술문화가 교육과정 내 명시적으로 포함되는 수준이 낮은 것은 분명한 사실이나 이들 교육기관의 교육과정이 학습 단계별 총괄 목표 중심으로 기술되어 있는 상황에서 세부 교육 내용에 해당하는 한국 예술문화가 포함되지 않았다고 해서 한국 예술문화가 교육 대상에서 제외된다고는 단언할 수 없을 것이다. 실제 교육의 내용으로 한국 예술문화의 포함 수준은 뒤에 이어지는 교재 본의에서 실질적으로 다루어질 수 있을 것이다.

한편 교육과정 내 명시적으로 한국 예술문화가 포함되지 않았지만 조사 대상 5개 교육기관의 문화 체험 활동에는 예외 없이 한국 예술문화가 포함되어 있음을 알 수 있다. 안내 책자 및 홈페이지를 통하여 정리된 5개 교육기관의 문화 체험 활동을 제시하면 다음의 표와 같다.[6)]

6) [표 5]의 내용은 각 교육기관의 홈페이지에서 제시한 내용을 바탕으로 하였으나 홈페이지에 제시되지 않은 1개 기관의 경우에는 관계자의 도움으로 작성하였음을 밝힌다. 한편 문화 체험에 대해서는 학습 단계와 연계하여 제시하지 않고 있는데, 이는 한국어 교육기관이 언어와 문화의 통합적 접근을 기본으로 하지만 체험의 경우 언어-문화 통합적 접근보다는 문화 독립적 접근을 중심으로 하기 때문인 것으로 보인다. 그리고 이러한 내용의 일부는 이미 조항록 외(2022)에서 활용한 바가 있음을 밝힌다.

[표 5] 5개 교육기관의 문화 체험 활동

기관	문화 체험 내용
A대	• 현장 견학: **공연 관람**[7], DMZ, 롯데월드, 남이섬 • 체험 활동: **한글 캘리그래피**, 한국 음식 만들기, 바리스타
B대	• 현장 견학: **공연 관람**, 남이섬, 에버랜드 • 선택 활동: **국악 체험**, 사찰체험, 김치 만들기 • 동아리 활동: **K-pop 댄스**, **사물놀이**, 태권도, **사진**, 한국 음식 만들기
C대	• 다도시연, **전통민요 배우기**, **사물놀이**, **한지공예**, 한국 음식 만들기, 판문점 견학
D대	• **K-pop 댄스**, 한국 음식 만들기, 태권도, 도자기 만들기
E대	• 현장 견학: **공연 관람**, 남이섬, 에버랜드, 한국민속촌, 농촌 체험 • 선택 활동: 한국 음식 만들기, **K-pop 댄스**, 태권도, **사물놀이**, 손 도장만들기, 부채 만들기, **한글 캘리그라피**, **한지공예**

[표 5]에서 보는 바와 같이 한국어 교육기관이 실시하는 문화 체험에서 한국 예술문화가 차지하는 비중이 다른 문화 요소에 비하여 크다는 것을 알 수 있다. 그리고 한국 예술문화는 대체로 전통 예술과 현대 예술을 두루 포함하는 것으로 보이며 선택 활동을 두어 학습자가 선호하는 한국 예술문화를 체험하도록 하고 있음을 알 수 있다. 그리고 비록 모든 교육기관에서 공통적으로 실시하는 한국 예술문화는 없는 것으로 보이나 몇몇 예술문화는 복수의 교육기관에서 실시하고 있음을 알 수 있다.

이상에서 5개 교육기관의 교육과정을 살펴보았다. 교육과정 내 명시적으로 한국 예술문화가 포함되어 있는 교육기관은 단 2곳에 불과하지만, 조사 대상 5개 교육기관의 문화 체험 프로그램에는 모두 한국 예술문화가 포함되어 있어 교육과정으로서 한국 예술문화가 중요한 위치로 자리하고 있음을 알 수 있다.

2.2 한국어 교재와 한국 예술문화

한국어 교재에 포함된 한국 예술문화 논의는 두 가지 의미를 갖는데, 하나는 교육

7) 한국 예술문화에 해당하는 활동은 진하게 표시하였다.

과정의 반영이라는 측면에서 어떤 요소가 어느 정도의 수준으로 도입되는지를 알 수 있다는 점이고, 다른 하나는 교수 학습을 규정한다는 점에서 어떻게 다루어지는지를 알도록 한다는 점이다. 이러한 배경에서 한국어 교육기관에서 사용하는 교재 내 한국 예술문화가 어떻게 반영되어 있는지에 대하여 살펴본다. 앞서 선정한 기준과 동일한 〈2021년 대학 알리미〉에 있는 한국어 학습자 수 순위에서 상위 5개 교육기관에서 사용하는 정규과정용 교재를 분석 대상으로 삼았다.

[표 6] 5개 교육기관 교재 내 한국 예술문화 도입 상황

학습 단계	A대	B대	C대	D대	E대
2급	· 대중음악-콘서트 · 연극-뮤지컬, 두드림 · 영화/드라마 · 현대미술-공예, 건축 · 전통음악-판소리				
3급	· 현대연극-뮤지컬 · 전통음악-국악 · 영화/드라마-영화		· 현대연극	· 현대연극-뮤지컬 · 전통음악-국악, 사물놀이	· 영화/드라마-영화 · 현대연극-난타 · 대중음악 - K-pop, 오케스트라
4급		· 영화/드라마 · 대중음악 -K-pop	· 전통무용-부채춤, 강강술래, 탈춤, 장구춤 · 전통음악-국악, 민요, 궁중음악, 판소리, 사물놀이, 아리랑 · 대중음악 - K-pop · 영화/드라마-국제 영화제	· 전통무용-처용무	

5급	· 미술–풍경화 · 모던댄스–고전발레 · 대중음악–오케스트라 · 전통음악–사물놀이 · 현대연극–뮤지컬 · 전통미술–건축		· 전통미술–도자기, 건축, 하회탈 · 영화/드라마–영화	· 전통무용–태평무, 탈춤, 승무, 살풀이춤, 화관무 · 전통음악–사물놀이, 판소리, 풍물, 농악 · 전통미술–공예, 도자기, 서예, 산수화, 풍속화 · 연극–난타 · 영화/드라마–영화	· 대중음악 – K-pop,콘서트 · 영화/드라마 · 현대연극–뮤지컬
6급	· 현대미술–사진		· 미술–건축		

위의 표를 볼 때 한국어 교육 현장에 다양한 한국의 예술문화가 도입되어 있음을 알 수 있다. 그러나 한국 예술문화 중 조사 대상 5개 대학의 교재에 공통적으로 도입되어 있는 예술문화는 하나도 없는 것으로 나타나며 일부 대학이 공통적으로 도입한 예술문화의 경우에도 학습 단계에서 차이가 나타남을 알 수 있다. 또한 조사 대상 5곳 중 단 한 곳의 교육기관 교재에만 포함된 예술문화도 적지 않은 것으로 나타난다. 이는 곧 한국어 교육기관이 예술문화의 도입을 시도하지만, 예술문화의 선정과 배열에 있어서 충분한 연구가 뒷받침되어 있지 않음을 의미하는 것으로 볼 수 있다.

한국어 교육기관 내 예술문화의 도입과 관련하여 중요하게 살펴봐야 하는 또 하나의 논점은 예술문화가 교재 내에 단지 의사소통 활동을 하는 과정에서 단순한 소재로 도입되었는지, 예술문화의 이해 목적으로 도입되었는지 하는 점이다. 이는 한국 예술문화가 교재 내의 어느 주제와 관련이 있고, 각 단원에서 어느 학습 단계에 도입되었는지를 살펴보면 알 수 있는 것으로서 앞에서 제시한 교육 기관별 구체적 사례를 살펴보면 다음과 같다.[8)]

8) 이 내용 중 일부(D대)는 조항록 외(2022)에서 제시한 바가 있음을 밝힌다.

[표 7] 한국어 교재 내 포함된 예술문화 사례(A대)

학습 단계	한국 예술문화 요소	주요 내용	제시 형식
2급	– 대중음악(콘서트) – 연극(뮤지컬, 두드림) – 영화/드라마 – 현대미술(공예, 건축) – 전통음악(판소리)	– 문화 행사 정보 관련 어휘 학습 – 좋아하는 드라마에 대해 이야기하기 – 공예 작품을 보고 재료를 찾아 써보기 – 유네스코 세계유산에 소개된 예술문화 이해하기	– 공연, 전시와 관련된 그림을 보고 관계 있는 표현과 연결하는 내용 이해 유도 활동 – 읽고 쓰기 영역에서 예술문화와 소개 글을 읽고 물음에 답하기, 소개하는 글 직접 쓰기 활동에서 활용 – 듣고 말하기 영역에서 전통 공예품과 다른 나라의 공예품을 비교하는 듣기 소재로 활용 – 유네스코에서 지정한 세계유산에 대한 읽기 자료를 제시할 때 판소리를 활용
3급	– 대중음악(뮤지컬) – 전통음악(국악) – 영화/드라마(영화)	– 보고 싶은 공연이나 영화에 대해 이야기하기	– 뮤지컬 작품 중 한 개를 선정해 글을 읽고 다양한 질문 활동을 통한 내용 이해 유도 – 기억에 남는 공연이나 영화를 보고 감상문 쓰기 활동으로 활용
5급	– 미술(풍경화) – 모던댄스(고전발레) – 대중음악(오케스트라) – 전통음악(사물놀이) – 연극(뮤지컬) – 전통미술(건축)	– 예술교육과 관련하여 경험했던 예술문화 말하기 – 대중 예술 공연이 주는 즐거움에 대해 이야기하기 – 영화 리뷰 쓰기 – 건축물을 소개하는 글 쓰기	– 예술교육에 관한 듣기를 통한 내용 이해 유도 활동으로 활용 – 공연관람이나 음악 등 예술과 관련된 경험을 말하기 – 대중음악의 특징 말하기 – 건축물에 대한 내용을 읽고 글쓰기
6급	– 현대미술(사진)	– 사진을 보고 어떤 장면인지 이야기하기 – 사진에 담긴 의미 파악하기	– 제시된 사진 작품을 통해 의미를 파악하고 기억에 남는 사진에 대해 글쓰기

[표 7]에서와 같이 A대학의 교재는 분석 대상이 된 5개의 한국어 교재 중 유일하게 초급 단계에 한국 예술문화가 제시된 교재로 고급 단계까지 비교적 전 단계에 걸쳐 예술문화와 관련된 내용이 나타난다. '문법', '읽고 쓰기', '듣고 말하기'로 분권이 되어 있는 교재인 만큼 교재 내에서도 예술문화는 대부분 '읽고 쓰기', '듣고 말하기'

의 방식으로 연계하여 제시하는 방식을 활용하고 있다. 이러한 형식은 언어와 문화를 적절히 활용한 언어문화 통합 방식으로 이루어져 있다. 시대별 예술문화는 전통예술문화 4개, 현대 예술문화는 10개의 내용이 제시되었다. 전 학습 단계에 걸쳐 음악(뮤지컬), 무용(발레), 미술(건축, 사진), 연극(뮤지컬) 영화/드라마(영화) 등의 한국 예술문화의 요소들이 고르게 구성되어 있다.

[표 8] 한국어 교재 내 포함된 예술문화 사례(B대)

학습 단계	한국 예술문화 요소	주요 내용	제시 형식
4급	- 영화/드라마(영화, 드라마) - 대중음악(K-pop)	- 엔터테인먼트의 장르에 대해 이야기하기	- 짝 활동을 통해 엔터테인먼트와 관련된 말하기 연습 활동

[표 8]에서 알 수 있는 바와 같이 B대학의 교재에서는 초급 단계와 고급 단계에서 한국 예술문화가 다루어지지 않는 것으로 보이며 한국 예술문화의 요소는 중급 단계에서 단순한 언어 활동의 소재로 다루어지고 있다. 전반적으로 예술문화 항목의 비중이 적으며, 내용면에서도 제한적으로 제시되고 있어 비교적 간략하게 한국 예술문화를 담아냈다고 할 수 있다. 많지 않은 한국 예술문화 내용이지만, 언어와 문화의 통합 교육의 시도를 엿볼 수 있는데, 한국 예술문화 요소로 제시되는 K-pop을 통해 한국 대중음악의 특성을 파악하도록 구성하거나, 영화/드라마 등의 요소는 자국의 영화/드라마의 특성과 비교하여 이야기하는 연습 활동 등 문화 교육에서 지향하는 비교문화적 관점을 지향하고 있어 학습자들이 균형 잡힌 문화적 관점을 갖는 데 도움을 줄 수 있다.

제시 형식 측면에서의 짝 활동은 듣기를 통해 말하기가 함께 조화를 이루는 듣기와 말하기의 연계 활동으로 상대방의 말을 인지하고 반응하는 활동으로 구성되어 언어 능력을 향상하는 데 효과적인 방법이다. 해당 교재는 각 단원의 마지막 부분에 '문화'란이 별도로 제시되어 있다. 교재의 서두에서 집필진이 밝히고 있는 바와 같이[9] 단원의 내용과 관련된 한국 예술문화 소개보다는 '다양한 생활용품 한국어로 말하기', '유행하는 이모티콘', '덕후의 세계' 등 한국어 학습자들이 실제 유학 생활에서 필요하다고 판단되는 일상생활 문화에 대한 내용이 주를 이루고 있다.

[표 9] 한국어 교재 내 포함된 예술문화 사례(C대)

학습 단계	한국 예술문화 요소	주요 내용	제시 형식
3급	– 현대연극	– 연극 대본 읽기 – 대본에 따라 역할극 하기	– 어휘, 문법과 표현, 읽고 말하기에서 영화와 관련된 어휘와 시나리오 제시 – 대본을 외워서 직접 연극 연습을 하는 직접적인 문화 경험 활동 과제로 활용
4급	– 전통무용(부채춤, 강강술래, 탈춤, 장구춤) – 전통음악(국악, 민요, 궁중음악, 판소리, 사물놀이, 아리랑) – 대중음악(K– pop) – 영화(국제 영화제)	– 사물놀이와 비보이 댄스가 함께 어우러지는 축제에 참가하기 – 한국 공연의 특징 및 공연 감상 경험 소개 · 평가하기 – 한국의 전통문화 축제에 대해 알아보기 – K– pop을 좋아하는 이유 말하기 – 영화 소개하기	– 부채춤, 강강술래, 궁중음악 등 공연 관람 후 감상을 말하는 대화의 내용을 듣기에서 활용 – 읽고 말하기의 주제로 국악 축제 소개 – 문화 산책을 통해 지역별 아리랑의 특징 소개, 아리랑 개사해보기 등 과제 활동에서 활용 – 한국의 전통문화 축제에 대해 제시된 문법을 활용하여 표현하기로 활용 – 한국 영화 작품을 골라 특징을 정리하는 글쓰기 과제로 활용
5급	– 전통미술(도자기, 건축, 하회탈) – 영화/드라마(영화)	– 한국의 멋에 대한 문화적 가치 제시 – 영화 시나리오 제시	– 도입단계에서 한국의 도자기, 하회탈, 건축 등 멋에 대한 말하기 소재로 활용 – 도자기 관련 자료를 읽고 묘사하여 말하기 – 라디오 드라마로 각색한 영화를 듣고, 제시된 사진을 통해 문제 해결 소재로 활용 – 직접 쓴 시나리오를 활용하여 영화를 찍어보는 과정 중심의 쓰기 활동으로 활용

9) 집필진은 교재의 서두 '이 책의 특징'에서 '문화 항목은 특정 단원의 의사소통 과제와 긴밀하게 연결되지는 않으나 해당 등급에서 반드시 다루어야 할 항목을 선정하여 단원 후반부에 배치했음'을 밝히고 있다.

6급	- 미술(건축)	- 나라별 전통 건축물 비교	- 한국의 전통 건축물을 묘사하는 글쓰기 활동으로 활용

[표 9]에서와 같이 C대학의 교재는 중급 단계부터 한국 예술문화와 관련된 내용이 제시되고 있다. A대학의 교재와 같이 무용, 음악, 미술, 연극, 영화/드라마 등 한국 예술문화를 다양하게 다루고 있다. 4급 교재에서는'한국의 대중문화'라는 주제인 단원을 통해 단원 전체적인 구성에서 한국 예술문화 내용이 학습 자료로 활용되어 말하기, 쓰기 등 언어 기능 활동과 연계되어 있고, 앞선 교재 분석을 통해서도 알 수 있듯이 18개의 한국 예술문화가 제시되고 있음은 한국 예술문화를 비중 있게 다루고 있다는 것을 알 수 있다.

고급 단계에서의 활동으로 대본을 외워서 실제 연극 활동에 직접 참여하거나 직접 쓴 시나리오를 활용하여 영화를 찍어보는 과제가 제시되어 있다. 이러한 활동은 과정 중심의 체험 활동으로 학습자가 능동적으로 과제 활동에 참여하도록 함으로써 한국 예술문화에 대한 학습자의 흥미를 유발할 수 있을 것이다. 해당 교재는 한국 예술문화 제시 방식에 있어, 1급부터 4급까지 교재의 단원마다 별도의 장을 마련하여 한국 문화 항목을 선정하여 제시하고 있다. 준비, 알아보기, 생각 나누기가 한 페이지의 분량으로 소개되어 특정 문화를 학습하도록 구성되어 있으며 내용으로는 '조각보 알아보기', '한류', '강강술래', '전통 노래 부르기' 등 한국 예술문화와 관련되어 사진이나 삽화 형식으로 제시된다. 여기에서 제시되는 자료를 통해 학습자는 문화에 대해 공유하는 기회와 함께 나아가 모문화와 목표 문화의 비교를 통해 문화 상호주의적 관점을 가질 수 있다.

[표 10] 한국어 교재 내 포함된 예술문화 사례(D대)

학습 단계	한국 예술문화 요소	주요 내용	제시 형식
3급	- 연극(뮤지컬) - 전통음악(사물놀이, 국악)	- 뮤지컬과 연극 비교 - 사물놀이의 특징 및 공연 감상 경험 소개	- 공연과 감상이라는 주제에서 기본 대화 및 말하기 학습의 소재로 활용 - 문화 영역에서 사물놀이 소개 및 사용되는 전통 악기 등이 삽화 및 사진으로 제시되어 문화 학습의 소재로 활용

4급	– 전통무용(처용무)	– 궁중 무용의 한 장르인 처용무에 대한 소개와 문화적 가치 제시	– 명절과 축제라는 주제에서 읽고, 말하기의 주제로 활용
5급	– 현대연극(난타) – 영화/드라마 – 전통음악(사물놀이, 판소리, 풍물, 농악) – 전통미술(공예, 청자, 서예, 산수화, 풍속화) – 전통무용(태평무, 탈춤, 승무, 살풀이춤, 화관무)	– 한국의 대중/전통 예술 소개 및 특징 비교	– 고급 수준 학습자를 위한 단원의 주제로 예술과 문화를 설정하고 어휘제시 및 듣기, 읽고 말하기, 문화 영역 등 각각의 학습 과정에서 예술문화가 주제 또는 소재로 활용

위의 사례를 볼 때 초급 단계인 1급, 2급에서는 한국 예술문화가 다루어지지 않는 것으로 보이며 한국 예술문화 요소는 중급 단계에서는 단순한 언어 활동의 소재로 다루어지고 있으나 고급 단계에서는 한국 예술문화를 대상으로 하여 내재되어 있는 예술문화적 가치까지 중점적으로 다루고자 하는 의도를 엿볼 수 있다. 이와 함께 예술의 도입 방식도 의사소통의 각 기술 영역과 통합하는 방식으로 보인다. 그리고 또 하나의 특징으로 볼 수 있는 것은 한국 예술의 장르 중 일부만이 대상이 되는데 그 중에서도 현대보다는 전통과 관련한 예술 활동의 비중이 큰 것으로 나타난다. 다만 교재의 어느 곳에서도 한국 예술에 내재되어 있는 문화적 가치의 소개는 크게 드러나지 않는 것으로 보인다.

[표 11] 한국어 교재 내 포함된 예술문화 사례(E대)

학습 단계	한국 예술문화 요소	주요 내용	제시 형식
3급	– 영화/드라마(영화) – 현대연극(난타) – 대중음악(K–pop, 오케스트라)	– 휴일에 할 수 있는 일 중 영화, 연극 소개 – k–pop 공연 예매하기	– 연극, 콘서트 등의 어휘를 사진과 함께 제시 – 대화문을 통해 K–pop 공연 예매에 관한 단어의 의미를 파악하고 질문에 답하기, 대화하기 – 사진으로 제시된 현대 예술문화 중에서 기억에 남는 휴일 활동에 대해 말하기로 활용

5급	- 대중음악(K-pop, 콘서트) - 영화/드라마(영화, 드라마) - 현대연극(뮤지컬)	- 대중문화의 이해를 위한 단어와 표현 학습 - 한국 영화에 대해 이야기하기	- 사진으로 제시된 대중문화를 활용하여 어휘 학습 및 짝 활동을 통한 말하기로 활용 - 제시된 문형을 사용하여 대중문화에 대한 취향을 말하기 활동으로 활용 - 관람한 영화를 소재로 읽기 활동, 쓰기 활동 전반에 걸쳐 영화를 소재로 활용

[표 11]에서와 같이 E대학 교재에서는 중급 단계와 고급 단계에서 한국 예술문화 내용이 제시되고 있다. 제시된 한국 예술문화의 장르는 음악과 연극, 영화/드라마가 주된 자료로 활용되고 있으나 무용 및 미술은 부재한 것으로 보인다. 음악과 연극의 세부 내용은 K-pop과 콘서트, 난타 등 전체적으로 다양한 내용으로 구성되어 있어 현대 예술문화는 6개의 내용이 제시되었지만, 전통 예술문화는 단 한 개의 자료로 활용되지 않아 시대성 측면에서 분석했을 때 현대 예술문화를 중점적으로 다루고 있다고 볼 수 있다. 과제 제시 측면에서 한국 예술문화 내용을 중심으로 하고 있으나 주제가 되는 예술문화 요소를 이해하고 말하기 활동 등 다양한 방식으로 제공하고 있다.

이상에서 5개 기관에서 사용하고 있는 한국어 교재에서의 한국 예술문화 요소 및 주요 내용과 예술문화 제시 형식을 살펴보았다. 이는 국내 한국어 교육 현장에서 한국 예술문화 교육이 실제적으로 어떻게 이루어지고 있는지 교재를 통해 살펴보기 위한 하나의 과정으로 실제 교육 현장에서는 외적인 요소들의 작용이나 교실 수업을 전제로 할 경우 실제 수업을 진행하는 교사가 어떠한 방식으로 수업을 진행하느냐에 따라 많은 부분이 달라질 수도 있을 것이다. 지금까지 살펴본 교재 분석 결과를 바탕으로 실제 한국 예술문화 교육의 특성을 정리하면 다음과 같다.

먼저 교재 내 한국 예술문화는 대체로 중급 이상의 단계에서 제시되기 시작한다. 초급 단계에서 예술문화가 제시되지 않는 이유는 일반적으로 예술문화의 내용을 본격적으로 이해하기 위해서는 중급 이상의 언어 능력을 갖추어야 한다고 판단하기 때문일 것이다.

다음으로 한국의 예술문화를 별도로 구성하여 제시하는 형태는 여러 기관의 교재에서 발견된다. 교재별로 문화 항목의 제시에 차이가 나며 제시된 문화 항목의 내용면에서도 차이를 보이고 있는데, 이는 예술문화 교육 내용의 선정과 단계 구분의 기준이 마련되어 있지 않기 때문일 것이다. 이러한 문제를 해결하기 위해서는 교재에 제시되어야 할 문화 항목을 선정하고 문화 항목을 단계별로 체계적으로 제시하는 노력이 선행되어야 한다.

마지막으로 대부분의 교재에서 언어와 문화가 통합되어 제시되고 있다. 교재 대부분은 교육과정과 연계하여 어휘나 문법 혹은 언어의 4가지 기능이 나타나는 과제를 제시할 때 한국 예술문화도 교육 내용에 포함하여 제시하고 있다. 언어와 문화를 별도로 분리하여 교육하기보다는 분석된 교재에서와 같이 한국 예술문화를 활용하여 자연스럽게 언어와 문화를 동시에 노출하는 교수 방식은 학습 효과를 높일 수 있을 것이다.

지금까지 살펴본 바와 같이 한국어 교육기관의 예술문화의 선정은 개별 교육기관의 기준에 따르지만, 학습 단계별로 위계화를 추구하는 것으로서 문화 교육 차원에서 어느 정도 타당성을 인정할 수 있는 것으로 보인다. 이러한 타당성은 Valette(1995)과 Hammerly(1982) 논의로 뒷받침이 된다. Valette(1995)에서는 문화 능력의 형성을 6단계로 제시하는데 1단계는 일반 지표 및 상황으로서 객관적 실체, 구체적 실체를 통한 문화 이해이고 마지막 단계는 목표 문화에 대한 분석으로서 문화적 관점을 바탕으로 한 지적 활동이다. Hammerly(1982) 역시 외국어 학습의 초기 단계에는 문화 지식(정보)을 중시하지만 학습 단계가 올라갈수록 문화 관점의 설정까지로 확대하는 것이 필요함을 주장하는데 위의 교재를 바탕으로 살펴본 한국 예술문화의 실제가 이와 큰 차이가 없는 것으로 볼 수 있다(조항록 외 2022).

2.3 한국 예술문화의 교수 유형

한국어 교육 현장에서의 한국 예술문화 교수 유형은 크게 둘로 나뉘어진다. 하나는 한국어 수업 시간에 교재에 포함된 한국 예술문화를 대상으로 하여 교사와 함께 교수 학습이 이루어지는 유형이며 다른 하나는 교실 밖에서 체험 또는 견학 등의 방법으로 한국 예술문화 학습이 이루어지는 경우이다.

교실 내에서 교사와 함께 한국 예술문화 교수 학습이 이루어지는 경우는 다시 둘로 나뉘는데 이는 한국어와 통합적인 방법으로 이루어지는 경우와 한국 예술문화만을 중심으로 하여 한국어와의 통합성이 낮은 경우이다. 한국어와의 통합성이 높은 경우는 교재 내 언어 학습 단계에서 언어 학습이 이루어지면서 동시에 한국 예술문화 학습이 이루어지는데 이는 대체로 본문의 소재가 한국 예술문화인 경우에 해당한다. 이때 학습자는 한국 예술문화와 관련한 어휘 학습을 통해 개념을 이해하고 과제 수행 단계 또는 의사소통 기술 학습 단계에서 제시되는 내용과 맥락을 통해 한국 예술문화를 소재로 하는 의사소통 능력을 키우게 된다. 이를 좀 더 자세히 알 수 있는 것은 앞서 진행한 교재 분석 내용이다. 교재에 제시한 한국 예술문화가 한국어 학습 단계에서 어떻게 제시되고 있는지를 살펴보면 한국어와 한국 예술문화의 통합성이 높은 상태로 교수 학습이 이루어지는지 아닌지를 알 수 있다.

이런 기준으로 해서 5개 교육기관의 한국 예술문화 교수 방법을 한국어와의 통합이라는 측면에서 살펴볼 때 다음의 두 가지로 요약이 된다. 하나는 한국어와의 통합 수준이 높은 것으로 특정 주제 내에서 어휘/문법/말하기/듣기/쓰기/읽기 등 언어 지식 내지는 언어 기술 학습에서 함께 한국 예술문화가 다루어지는 경우이다. 다른 하나는 각 단원의 끝에 문화 학습란을 두는 과정에서 한국 예술문화를 소재로 하는 경우로서 이는 한국어와의 통합성이 낮은 방식으로 볼 수 있을 것이다. 즉 문화 학습 단계에 한국 예술문화를 소재로 하는 텍스트를 학습하면서 한국 예술문화에 대한 학습을 진행하는데 이 경우에는 대체로 한국어 이외에 외국어(영어 등)로 제시된 본문을 통하여 한국 예술문화에 대한 이해 수준을 높인다. 이는 한국어와 통합성이 낮은 경우에 해당한다.

또한 한국어 교육기관에서는 교재 내 한국 문화 요소를 통한 문화 교육을 실시하면서 다양한 체험 활동을 통한 예술문화 교육을 함께 실시하는데, 이는 한국어 학습과 관련한 직접적인 효과를 기대하기보다는 학습 동기 강화 등 학습 지원의 성격이 크며 한국어 교육의 다양한 목표를 구현하는 의미를 갖는다. 이를 알 수 있는 방법으로 각 교육기관 홈페이지에서 공식적으로 제시하는 체험 프로그램과 인터넷에서 보도하고 있는 관련 뉴스를 중심으로 제시하면 다음과 같다.

우선 앞에서 살펴본 5개의 기관 홈페이지를 통해 살펴본 결과 정규 교육과정 외에 특별활동 프로그램이 따로 제시되어 있었다. 한국어 학습자들이 한국과 한국 문화에 대한 이해를 높일 수 있도록 학기마다 다양한 문화 수업 및 현장 견학 프로그램이 진

행되는데, 내용은 다음과 같다.[10]

[표 12] 특별활동 프로그램

특별활동	내용
현장 견학	남이섬, 에버랜드, 공연 관람, 판문점 견학 등
선택 활동	사찰체험, 국악 체험, 김치만들기, 다도 시연, 전통민요 배우기 등
동아리 활동	K-pop 댄스, 사물놀이, 한국노래, 태권도, 한국요리, 사진, 한지공예 등

[표 12]에서 교실 밖 한국 예술문화 체험으로 특별활동 프로그램에 현장 견학의 공연 관람[11], 선택 활동의 국악 체험, 전통민요 배우기 그리고 동아리 활동의 K-pop 댄스, 사물놀이, 한국노래, 한지공예 활동 등을 한국 예술문화 활동으로 볼 수 있으며 이러한 활동은 대부분 교실 밖에서 문화 체험 활동으로 이어지고 있는 것을 알 수 있다.

최근 인터넷 뉴스로 보도된 몇몇 사례를 살펴보면 국립국악원, 한국국제문화교류진흥원(KOFICE), 국제청년센터[12]등 예술문화와 관련된 기관이 주최가 되어 진행하는 외국인 유학생 대상 문화 체험 사례가 다수 소개되어 있다.[13] 국립국악원에서는 외국인 국악 체험 프로그램을 통해 외국인들이 한국의 국악기를 직접 체험할 수 있는 사물놀이 체험과 함께 장구, 가야금, 해금 강습 프로그램이 진행되고 있는데, 이러한 강좌는 일회성 체험에 그치지 않고 12주의 기간 동안 운영되어 한국 예술문화 체험 활동에 연속성을 가지고 참여할 수 있다. 한국국제문화교류진흥원과 문화체육관광부가 함께 추진한 문화기획단 아우르기(Outlookie)[14]는 약 80여 명의 외국인 유

---

10) 조항록 외(2022)에서 [표 12]와 같이 특별활동 프로그램을 분류하여 제시한 바가 있다.

11) 공연 관람의 대상이 한국 예술문화일 경우로 제한된다.

12) 외국인 유학생을 대상으로 한국의 문화, 역사, 전통 알리기 활동을 하는 국제 NGO이다.

13) 이러한 사례의 수집은 2022년 9월부터 2022년 12월 사이에 인터넷 뉴스에 보도된 유학생의 한국 예술문화 체험 관련 기사 중에서 대표적이라고 생각되는 것을 모아서 소개하는 것임을 밝힌다.

14) 한국국제문화교류진흥원에서 주한 외국인 유학생을 대상으로 한국문화 심화학습, 체험, 기회 제공 및 단원 주도적 문화 행사를 기획 · 운영하는 글로벌 문화기획단을 말한다.

학생이 5가지 한국 예술문화를 K-pop 댄스, 태권무, 사물놀이, 부채춤, 민요 등의 한국 예술문화 체험 활동이 진행되고 있다. 국제청년센터에서는 수원화성 탐방을 하는 문화 체험 활동을 통해 한국 건축물 관람, 한국의 전통 궁술인 국궁 직접 체험 프로그램, 칠보공예 작품을 직접 만드는 활동을 통해 한국 전통공예 체험 활동 프로그램을 진행한다. 특히 외국인 유학생들과 동행하는 역사 탐방 프로그램의 체험은 정보의 부족 등으로 인해 개인적으로 사적지를 방문하는 것에 대해 어려움을 느끼게 되는 경우 문화 체험 활동을 통해 문제를 해결할 수 있는 기회를 제공한다.

한국 예술문화 교수 방식과 관련하여 관심있게 살펴봐야 하는 것은 이러한 활동이 문화 교육의 목표를 달성하는 방식으로 구현되는가 하는 점이다. 다시 말해 단순히 한국 예술문화를 즐기는 것에서 그치는 경우도 있겠지만 교육 차원에서 실시하는 체험 활동이라면 궁극적으로 문화 가치에 대한 이해 등이 구현되도록 하는 것이 바람직하다. 실제로 현장에서 이러한 노력이 진행되고 있음을 확인할 수 있는데, 이는 학습자 중심, 학습자의 체험 중심, 프로젝트나 문제해결적 접근 등 다양한 방식으로 참여를 유도하고 최종적으로 문화적 가치를 이해하도록 이끌어 가는 것으로 볼 수 있다.

최근 교실 밖에서 이루어지는 한국 예술문화 교육은 교실 상황이라는 제한적인 공간에서 벗어나 한국어를 사용하는 실제 목표 사회와 문화를 직접 만날 수 있는 기회의 제공과 함께 학습자들이 실제 현장에서 실제적인 자료를 통해 한국 예술문화를 체험해 봄으로써 한국 예술문화에 대한 관심과 흥미를 유발하는 교수 방법으로 제안되고 있다. 이와 함께 학습자의 개별 특성에 따라 최적화된 수업 환경을 제공하는 것을 기반으로 학습자가 수업에 주도적으로 참여할 수 있는 환경 제공을 목표로 할 때 더욱 큰 효과를 얻을 수 있다. 문화 체험 활동은 학습자들이 교실 상황이라는 제한적인 공간에서 벗어나 한국어를 사용하는 실제 목표 사회와 만날 수 있는 기회를 제공하는데 이는 의사소통 능력 향상을 위한 방안임을 전제로 한다.

문화 체험 활동은 교실 밖에서 변화와 일탈을 기대하며 이루어지는 학습으로 학습자가 문화 체험 활동을 놀이로서 인식하는 것이 중요한데, 이때 신명 체험이 중시되어야 한다고 논하며 지역학적인 관점과[15] 신명풀이를 두 개의 축으로 하여 이들을 통시적으로 연계한 문화 체험을 진행하였다. 부여 지방 유적 답사와 보령 머드 축제를 연계한 문화 체험 활동, 서울 선유도 공원과 난타 공연의 관람은 관점과 체험이 고루 반영되어 학습 효과를 높일 수 있게 되는 것이다(이은숙, 2010). 이러한 활동은 학습자가 이해나 감상의 객체가 아닌 참여의 주체가 되어서 문화 체험 자체가 신명풀이가 되는 과정으로 진행될 수 있을 것이다.

신동일 외(2015)에서는 현대 한국문화, 한류 기반의 대중문화, 예술을 묶는 융복합 과정이 한국학 안으로 포섭되면 한국과 한국인의 일상적인 삶을 학술 내용으로 변환시키면서 보다 주체적이고 실천적이고 현장성 높은 학문으로 확장될 가능성을 제시하였다. 이러한 논의는 언어 교육예술문화를 교육적 차원에서 다루고자 하는 요구에 대한 것으로 볼 수 있고, 한국어 교육 현장에서의 시대적 흐름을 반영한 것이라고 할 수 있다.

이상에서 살펴본 바와 같이 한국어 교육기관에서의 한국 예술문화는 교육과정과 교재, 교수 방법을 통해서 제시되어 실행되고 있음을 확인하였다. 이러한 활동은 실제 현장에서 체험/견학/관람 중심으로 운영되고 있고, 외국인 유학생이 주된 활동의 대상으로 선정되어 참여할 수 있는 교육 프로그램이 활성화되어 있다.

3. 한국어 교육에서의 예술문화 교육의 개선 방안

3.1 현장 요구를 반영한 한국 예술문화 요소의 선정

한국 예술문화의 효율적 교육을 위해서 최우선으로 선행해야 할 일은 한국어 교육 현장의 요구를 조사하여 반영하는 일이다. 이는 학습자 요구와 교사 요구를 아

15) 이은숙(2010)에서는 지역학에 대해 자신의 이익을 보장받거나 확대하기 위한 전략적 수단으로 타 지역을 연구하는 정책 과학적 실천이 아니라, 국가의 역할과 의미가 축소되는 세계화 시대에 걸맞은 인류의 공존을 위한 학문이라고 논하며, 한국 문화에 대한 접근은 지역학적인 관점이 유용하다고 하였다.

우르는 것으로 그 결과는 교육과정, 교육 자료, 교수 방법 등에 폭넓게 반영되어야 한다.

요구 조사를 선행하는 일은 교육 실시와 관련한 이론 논의에서도 최우선 되어야 하지만 한국 예술문화와 관련해서는 더욱 그러하다. 최근 학습자가 다양해짐에 따라 한국어 학습과 관련한 요구도 다양해지고 있음은 쉽게 짐작할 수 있다. 최근의 외국어 교육의 주요 원리 중 하나가 학습자 중심 교육이라는 점을 고려할 때 학습자의 다양한 요구를 반영할 수 있는 방안의 모색은 더욱 중요하다. 앞에서 살펴보았듯이 한국 예술문화는 그 영역이 광범위하고 세부 장르 역시 다양하다. 여기에 전통과 현재의 혼재라는 또 다른 요소가 작용하고 단순한 이해로부터 체험 및 실습까지 다양한 학습 활동을 요구하게 된다. 있다. 이때 교수 학습의 대상으로서의 한국 예술문화의 선정에서 현장의 요구를 활용하는 일은 큰 의미가 있다.

3.2 다층적 교수 요목의 개발

한국어 교육에 한국 예술문화가 도입될 때 한국 예술문화 교육의 목표는 다층적이어야 한다. 왜냐하면 한국 예술문화의 특성상 심미적 감상의 수준에 머물러도 충분한 경우가 있는가 하면 감정이입 등을 통해 좀 더 심도 있는 감상을 추구할 수도 있다. 그리고 한국 예술문화에 내재된 문화적 가치를 이해할 수도 있다. 뿐만 아니라 체험이나 실습을 통해 한국 예술문화에 대한 이해의 수준을 높이고 기법을 익힐 수도 있을 것이다. 그리고 이러한 학습 활동은 한국어로 진행될 수도 있고 영어 또는 학습자 모어로 진행될 수도 있다. 이는 곧 한국 예술문화의 교수 학습이 매우 다양할 수 있음을 의미한다. 그러나 그 어떤 경우에도 한국어 교육에서의 한국 예술문화의 교육은 한국어 학습자를 대상으로 하는 것으로서 한국어와 한국 예술문화의 통합성을 전제로 한다는 점이다.

이러한 맥락에서 한국 예술문화 도입과 관련해서는 한국어 학습 단계에 맞추어 교육의 목표를 위계화해야 하며 가능한 한 한국어와의 통합으로 진행되어야 한다. 이는 곧 하나의 한국 예술문화에 대해서 다층적인 교수요목의 설계를 요구하는 것으로 K-pop의 경우를 예로 들면 다음과 같다.

[표 13] 다층적인 한국 예술문화 교수요목 설계의 예(K-pop 활용의 예)

내용	학습 단계	교육 방안
K-pop	초급	- K-pop 음악 소개 및 학습하게 될 K-pop의 가사소개 등 한국어 텍스트 제시 - 시각 자료나 동영상 자료의 도움을 받아 K-pop의 특징 이해하기 - 관련된 영상 관람
	중급	- K-pop의 가사를 스스로 분석하거나, 가사에 제시된 문법과 어휘 확인 - K-pop과 관련된 영상을 제공 - 현장 견학이나 공연 관람
	고급	- K-pop과 관련된 읽기 텍스트를 제시한 후 K-pop을 직접 배울 수 있는 기회를 마련 - K-pop 댄스 배우기 등 실제적인 참여 - 현장에서의 공연 관람

초급 단계 학습자는 한국 문화에 관한 관심이 높은 단계로 수업에서 한국 예술문화를 소개하는 콘텐츠가 필요하다. 이에 초급에서는 시각 자료나 동영상 자료의 도움을 받아 한국 예술문화의 특징을 간단히 이해하도록 한다. 이때 시각 자료가 보조적인 자료로 활용되고, K-pop 소개나 학습하게 될 K-pop의 가사 소개 등 한국어 텍스트를 제시한 후 관련된 영상을 제시한다. 이러한 과정은 한국 예술문화의 가장 기본적인 개념을 제시하며 특징만 알 수 있게 하는 것이다. 중급 단계에서도 이와 같은 방식으로 진행한다. 다만, 읽기 텍스트의 수준 및 활동 단계를 높이는데 K-pop의 가사를 스스로 분석하거나, 가사에 제시된 문법과 어휘를 확인하는 과정을 진행한다. 이후 관련 영상을 제공한 후 현장 견학이나 공연 관람으로 이어지도록 한다. 고급 단계에서는 K-pop과 관련된 읽기 텍스트를 제시한 후 K-pop을 직접 배울 수 있는 기회를 마련한다. K-pop 노래, K-pop 댄스 등 실제적인 참여를 한 후 현장에서의 공연 관람 등의 활동을 한다.

3.3 교수 방법과 교수 모형의 개발

앞에서 살펴본 바와 같이 한국 예술문화의 교수 방법은 크게 교실 내에서 교사와 함께 한국어 한국 예술문화 통합 방식으로 진행되는 경우와 교실 밖에서 통합성이 낮은 상태에서 견학 또는 체험의 방식으로 진행된다. 교실 내에서 이루어지는 방식은 기본적으로 교재를 중심으로 하는데 교재 내 한국 예술문화가 어떻게 포함되는지는 교사에게는 교수 전략을 학습자에게는 학습 전략을 제시한다. 따라서 교재 내에 시각 자료의 도입 확대, 관련 영상 자료의 활용 등을 통하여 현실감 있고 이해를 키울 수 있는 방법을 모색해야 한다.[16)]

체험의 경우 역시 효율적인 방안의 모색이 필요한데 앞에서 논한 바와 같은 과정 중심적 방식의 도입은 무엇보다도 중요하다. 전 활동– 활동– 후 활동으로 구조화하고 각 활동 단계에 요구되는 적절한 교수 활동이 이루어져야 한다. 한국 예술문화를 견학 또는 체험한다고 할 때 한국어 학습자가 직접 경험한 일이 없는 경우가 많을 것이므로 좀 더 친근하고 쉽게 체험 활동에 들어갈 수 있도록 관련 자료를 미리 배포하거나 관련 영상의 시청 등을 통해 사전 이해도를 높일 필요가 있다.

한편 한국 예술문화 교수 방식과 관련하여 교실 내 교육과 교실 밖 교육이 적절하게 활용될 필요가 있다. 이는 한국어와 한국 문화의 통합성의 수준에 맞춰 다양한 스펙트럼이 존재하는 상황에서 교실 내에서는 언어 문화 통합성이 큰 방식으로 진행이 되고 교실 밖에서는 언어 문화 통합성이 낮은 방식으로 진행이 될 수 있음을 고려한다. 이는 한국 예술문화 교육이 한국어 교육의 일환이라는 점을 고려함과 동시에 한국 예술문화가 갖는 특성을 고려해야 하는 점을 의미한다. 즉 한국어 교육과정 논의에서 중시되는 주제 영역 중 한국 예술문화와 관련이 있는 주제로는 무엇이 있는지를 살펴보는 일이 최우선이 될 것이다. 이는 학습 단계 즉 한국어 숙달도 발달 단계에 맞춰 학습 효과가 기대된다는 전제하에서 한국 예술문화가 도입되어야 함을 의미한다. 이렇게 주제와 관련하여 한국 문화예술 요소를 도입한 후에는 학습 목표의 설정을 고려해야 할 것이다. 그리고 주제 내 어휘, 문법, 의사소통 기능 학습 단계 중 어느 단계에 어떤 형식으로 통합할 것인지를 고려해야 할 것이고 별도의 문화 학습 단계를 아울러 고려해야 할 것이다.

그러나 한국 예술문화의 경우 전통 관련성이 크고 내재된 가치의 고난이도 등 특

16) 우승희(2023)에서는 한국 예술문화 교육과 관련하여 요구 조사를 실시하였는데, 현재의 교재 내 한국 예술문화 제시 방법은 학습자의 흥미를 유발하거나 학습자의 학습 동기를 강화하는 데에 충분하지 않은 것으로 나타났다.

수성으로 인하여 언어와 문화의 통합 방식에만 치중할 수 없다. 때로는 한국 예술문화 교육의 다양한 기능성을 고려한다면 분리 방식을 활용할 필요가 있다. 즉 한국 예술문화의 특성상 언어와 통합성을 배제한 상태에서 견학, 관람, 체험 활동 등을 통해 문화 활동 경험을 쌓고 문화적 호기심을 충족 받고자 하는 경우도 있기 때문에 이에 대한 고려가 필요하다. 이는 곧 국내외의 한국어 교육 현장에서 한국 예술문화 체험 프로그램을 적극 실시하는 배경이 된다. 이 경우 언어 학습에 대한 비중을 높게 설정할 필요가 없다. 그 대신에 문화적 호기심과 문화적 경험을 쌓고 문화적 가치를 이해할 수 있는 체험 활동 등이 잘 이루어지도록 하는 것이 중요하다. 이렇게 한국 예술문화의 교육은 언어와의 통합을 통한 '학습'의 과정과 언어와의 통합을 배제한 '체험'의 과정 모두를 활용하는 것이 필요하다.

3.4 효율적인 한국 예술문화 자료의 개발

한국어 교육에서 시각 자료는 교수 학습 활동에서 활용할 수 있는 가장 보편적인 형태로 구체적으로 그림, 사진, 영상을 들 수 있다. 한국 예술문화의 장르를 소개하는 경우 종이 자료를 활용하여 사진 등을 보여주고 캡션 형식으로 관련 내용을 간단하게 정리하면 도움이 될 것이다. 여기에서 더 나아가 학습 대상이 되는 한국 예술문화 활동을 쉽게 이해할 수 있는 영상을 활용한다면 학습자의 이해를 도울 수 있을 것이다.

한국 예술문화 교육을 위한 자료의 개발과 관련하여 좀 더 진전된 대안으로 메타버스(metaverse)와 유튜브(YouTube)를 활용한 한국 예술문화 이해 방식을 고려할 수 있다.

메타버스는 인터넷을 기반으로 하는 디지털 기술로 구현된 3차원의 가상세계로 이해할 수 있는데, 이를 한국어 교육 현장에서 적용할 때 예술공연, 전시, 관람 등 한국 예술문화와 관련된 내용을 직접 찾아가지 않고 교실 내 가상공간에서의 경험으로 활용할 수 있다. 이러한 과정은 학습자의 표현력을 향상하고 다양한 사회적 산물의 개념 이해 및 사고 확장을 도모한다. 동시에 메타버스 플랫폼의 그래픽으로 구현된 시각적 교육 장치는 학습자의 흥미를 유발하고, 아바타를 통한 활동에서는 학습자가 적극적으로 참여하는 능동성 및 주체성 등의 함양을 기대할 수 있다. 이처럼 온라인 환경을 기반으로 하여 한국어 학습자를 대상으로 한국 예술문화를 가르친다고 할 때 외국인에게 한국에 대한 지식을 전달하고 학습자의 흥미를 유발한다는 점에서 온라인 환경을 통한 학습 자료는 중요한 역할을 할 것이다.

유튜브는 전문적인 콘텐츠 개발자가 제공하는 자료를 활용하는 데에도 도움이 되지만 누구나 콘텐츠를 개발하여 공유할 수 있다는 점에서 한국 예술문화 교수 학습과 관련하여 유용하게 활용할 수 있는 또 하나의 플랫폼이자 자료이다. 앞에서 살펴보았듯이 한국 예술문화는 매우 다양하며 시간이 흐름에 따라 새로운 장르, 새로운 예술문화가 탄생함을 알 수 있다. 특히 새롭게 창출되는 장르와 예술문화는 한류라는 범주에 속하는 것들이 많은데 최근의 한국어 학습자 변인 변화 중 하나가 한류 기반 학습자의 급속한 확대라는 점에서 교수 학습 자료의 접근성 확보는 매우 중요하다. 유튜브가 갖고 있는 자료 생산의 다양성과 신속성은 이러한 현장의 요구를 충족할 수 있는 하나의 대안이 된다. 여기에 또한 한국 예술문화의 교수 학습이 과정 중심적으로 진행이 된다 할 때 전활동과 후활동에서 활용할 수 있는 자료가 필요한데 유튜브에서 이러한 자료의 확보가 가능할 수 있다. 특히 후활동의 경우 한국 예술문화 체험이나 실습을 한 학습자가 그 과정과 결과를 유튜브로 제작하여 후활동을 위한 자료로 활용할 수 있다는 점은 유튜브의 유용성을 키우는 일이 된다.

3.5 한국 예술문화 교육을 위한 한국어 교사 교육

한국어 교육에서 성공적인 수업 실현과 밀접하게 관련되어 있는 교사의 문화 교육에 관한 논의는 지속적으로 이루어져 왔다.[17] 논의에서 공통적으로 다루고 있는 내용은 현장에서 한국 문화를 주체적으로 가르치는 교사의 전문성이 강화되어야 함을 강조하는 것으로서 한국어 교사는 한국 문화에 익숙하지 않은 학습자에게 한국어를 잘 사용할 수 있도록 문화적 배경을 제공하고, 이(異)문화에 대한 편견 없이 평등하

17) 이와 관련한 연구로 양민애(2008), 이승연 외(2013), 이성희(2015) 등이 있다.

게 수용하고 존중하는 문화적 다중성(多重性)을 지니고 교육에 임해야 한다는 논의이다. 이는 한국 예술문화를 가르치는 교사의 태도에 초점을 둔 논의이나 한발 더 나아가면 전문성 논의로도 연결이 된다. 이러한 문제를 해결하기 위해 한국어 교사는 목표 문화에 대한 지식을 기본적으로 갖추어야 함과 동시에 이(異)문화에 대한 지식 및 이해 능력의 필요성과 함께 한국어 교사의 자질을 평가하기 위한 다양하고 구체적인 차원의 객관적 지표 개발의 필요성을 강조하고 있다.

한국 예술문화 교육은 한국학과 예술학뿐만 아니라 역사, 사회학, 민속학, 교육학 등 인접 학문 간의 유기적 연계 하에서 이루어지는 특성으로 인해 교사의 전문성이 더욱 절실히 요구된다. 이는 지식의 측면과 기술의 측면으로 구분 지어 살펴볼 수 있다.

지식의 측면에서 요구되는 한국 예술문화를 위한 한국어 교사의 자질은 예술문화 내용에 대한 지식의 습득이다. 내용 지식은 예술문화 일반론에 대한 지식과 함께 타 예술문화에 대한 지식, 예술문화가 소통에 갖는 중요성의 이해 등을 포함한다. 기술의 측면에서는 한국어 교사는 예술문화 교육과정에 대한 이해 및 교육 상황과 학습자의 요구에 부합하는 교육 자료를 마련하는 예술문화 수업 계획과 함께 다양한 유형의 예술문화 수업의 계획 및 실시의 수업 실행 자질이 요구된다.

다만 한국 예술문화 교수 역량이 한국어 교사 모두에게 공통적으로 갖추어지도록 진행될 필요가 없다고 판단하는 현장이 있을 경우 한국 예술문화 담당 교사에 대해서라도 이러한 역량 강화 노력이 필요할 것이다.

참고문헌

국립국악원(2020), 국악연감 2019(2) 국악현황, 국립국악원.

국립국어원(2011), 국제 통용 한국어 표준 모형 개발 2단계, 국립국어원.

국립국어원(2017), 국제 통용 한국어 표준 교육과정 적용 연구, 국립국어원.

신동일 · 지현숙(2015), 문화 · 예술 · 스토리텔링을 기반으로 둔 한국학 교육과정의 재설계, 국어교육연구 36(0), 서울대학교 국어교육연구소, 149–178.

양민애(2008), 한국어 교사 교육에서의 이문화(異文化)교육의 필요성과 방향, 이중언어학 38(0), 이중언어학회, 235–262.

우승희(2023), 한국어 학습자를 위한 한국 예술문화 교육 방안, 상명대학교 박사학위 논문.

이은숙(2010), 외국인을 위한 문화체험 중심의 한국 문화 교육 방안 고찰, 국어문학 48(0), 국어문학회, 331–353.

이성희(2015), 한국 문화 어떻게 가르칠 것인가 이론과 실제, 박이정.

이승연 · 주경희(2013), 한국 문화 교사 교육과정 개발을 위한 기초 연구, 이중언어학 52(0), 이중언어학회, 347–369.

조항록 · 우승희(2022), 한국어와 한국 예술문화 통합 교육의 방향성 정립 연구, 문화와 융합 44(7), 한국문화융합학회, 63–74.

한국문화예술교육진흥원(2013), 세종학당 한국문화교육을 위한 문화예술 교육 길라잡이, 한국문화예술교육진흥원.

Hammerly, H. (1982), Synthesis in Second Language Teaching: An Introduction Linguistic, Blaine, Wash: Second Language Publications.

Hammerly, H. (1986), Linguistics Across Cultures: How to Compare Two Culture. Ann Arbor: The University of Michigan Press.

〈교재〉

경희한국어 교재편찬위원회(2020), 경희한국어1~6, 경희대학교 출판문화원.

고려대 한국어문화교육센터(2020), 고려대 한국어1~4, 고려대학교 출판문화원.

서울대 언어교육원(2013), 서울대 한국어1~6, ㈜ 투판즈.

연세대학교 한국어 교육원(2013), 연세한국어1~6, 연세대학교 대학출판 문화원.

한양대학교 국제 교육원(2021), 한양 한국어1~6, ㈜ 도서출판 하우.

〈기타〉

한국대학교육협의회 홈페이지 http://www.kcue.or.kr/

한국연구재단 홈페이지 https://www.nrf.re.kr/index

06 태국 내 대학교의 한국어 전공 교육과정[1)]

안화현

1. 서론

본 연구는 태국 내 대학교의 한국어 전공 교육과정을 개발하는 데에 그 목적이 있다. 본고에서의 한국어 전공 교육과정의 의미는 태국 내 대학교의 한국어 전공 1학년부터 4학년까지의 모든 재학생을 대상으로 하는 전체 교육과정을 의미한다. 태국 내 대학교에서는 한국어 교육 관련하여 한국어 전공, 한국학 전공, 한국어 교육 전공, 비즈니스 한국어 전공이 각각 개설되어 있는데, 본 연구에서는 한국어 전공에 초점을 맞추어 태국 내 대학교 한국어 전공 교육과정을 개발하고자 한다.

태국에서의 한국어 교육은 1986년 태국 남부 빳따니에 위치한 쏭클라대학교에서 한국어를 교양과정으로 개설하여 가르치기 시작하면서 초창기 대학교를 중심으로 발전하였다. 2000년대 한국의 경제성장으로 한국의 기업들이 태국에 많이 진출하는

---

1) 이 글은 안화현(2019)의 박사학위 논문 '태국 내 대학교의 한국어 전공 교육과정 개발 연구'의 내용을 바탕으로 하였으며 몇몇 데이터는 최근 시점에 맞춰서 수정하였으나 전체적인 논점은 2019년 당시에 맞춰져 있음을 밝힌다.

동시에 태국의 관광 산업이 발전하면서 태국에 많은 한국인 관광객들이 들어오기 시작하면서 한국어 의사소통 능력을 갖춘 인재들의 필요성이 급증하게 되었다. 이러한 필요에 태국의 많은 대학교들이 빠르게 대응하면서 한국어를 전공으로 개설하였고 태국 내 대학교에서의 한국어 교육은 놀라운 속도로 발전하고 있다. 2022년 현재 12개의 대학교에서 한국어를 전공으로 개설하여 가르치고 있는데 쏭클라대학교 빳따니캠퍼스, 부라파대학교, 씰라빠껀대학교, 시나카린위롯대학교, 허깐카대학교, 쭐라롱껀대학교(학부), 까쎗쌋대학교, 마하사라캄대학교, 콘켄대학교, 치앙마이라차팟대학교, 나레수안대학교, 치앙라이라차팟대학교가 그것이다.

또한 한류의 영향으로 2006년에 태국 중등학교에서 한국어 교육도 시작되었으며 한 · 태 양국 정부와 교육부의 적극적인 노력으로 2016년에 태국 중등학교 한국어 표준 교육과정과 2017년에 한국어 표준 교재를 만드는 등 체계적으로 발전하였다. 특히 2018년 태국 대학입학시험(PAT: Professional & Aptitudes Test, 이하 PAT)에서 한국어를 제2외국어 선택과목으로 채택하면서 놀라운 속도로 발전하여 김동욱(2022)에 의하면 2022년 기준 태국 중등학교에서 한국어 교육은 181개의 학교에서 45,467여명의 학습자가 한국어를 공부하고 있다고 한다. 특히 2016년에 개발된 태국 중등학교 한국어 표준 교육과정은 한국어능력시험(TOPIK: Test of Proficiency in Korean)의 초급 2난계까시를 최종 교육목표로 하고 있는데 현재 디 높은 수준의 한국어 숙달도 능력을 갖출 수 있도록 교육과정을 개선해야한다는 논의들이 진행되고 있다. 즉, 중등학교에서 제2외국어로서 한국어를 학습하게 되면 TOPIK 2급 수준의 한국어 숙달도 능력을 갖게 되는 것이다.

이러한 배경 속에서 최근 태국의 한국어 교육 현장에서는 태국 내 대학교의 한국어 전공 교육과정을 수정 및 보완해야 한다는 논의가 지속적으로 일어나고 있는데, 태국 내 대학교의 한국어 전공 교육과정 개발이 필요한 이유를 크게 두 가지로 정리해 볼 수 있겠다. 첫째는 태국 중등학교에서 이미 TOPIK 2급 수준의 한국어 숙달도 능력을 습득한 학습자가 대학교에 진학함에 따라서 한국어의 자음과 모음부터 가르치고 있는 기존의 태국 대학교 한국어 전공 교육과정의 수정 및 보완이 불가피하게 되었다는 점이다. 즉, 태국 중등학교 한국어 전공 교육과정과 연계된 태국 내 대학교 한국어 전공 교육과정 개발이 필요하게 되었다. 둘째는 기존의 한국어 교육과정이 체계적인 한국어 교육과정 개발 원리에 따라 개발되었다고 보기 어렵기 때문이다. 태국 내 대학교에서 처음으로 한국어를 전공으로 개설한 시기가 1999년인데, 그 당시에는 한국에서도 외국어로서나 제2외국어로서의 한국어 교육과정에 대한 논의가 시작하는 단계였기 때문에 한국이나 해외에서 아직 체계적인 한국어 교육과정 개발에 대한 논의가 부족하였다. 그 후에도 2000년대 초 · 중반을 기점으로 태국 내 많은 대학교들이 갑자기 한국어 학습자들이 증가하는 상황에 맞추어 한국어 전공을 빠르게 개설하였는데, 이 과정에서 체계적인 한국어 교육과정 개발에 대한 충분한 논의의 토대 속에서 진행되기 어려웠다고 판단된다.[2] 따라서 태국 대학교 한국어 교육의 중 · 장기적인 발전을 위하여 체계적인 한국어 전공 교육과정 개발 원리에 따라 태국 내 대학교 한국어 전공 교육과정 개발이 필요하다.

이에 본고에서는 한국어 교육과정 개발을 위한 이론적인 배경을 고찰하고 태국 내 외국어 교육정책 및 대학 내 한국어 전공 교육과정 현황을 살펴본 후에 한국어 전공 재학생 및 졸업생과 교수 및 한국인 직장 관련자를 대상으로 요구 분석을 실시하여 태국 내 대학교의 한국어 전공 교육과정을 개발하고자 한다.

2. 한국어 교육과정 개발을 위한 이론적 배경

교육과정(Curriculum)이라는 용어는 일반적으로 두 가지의 의미로 사용되고 있는데 넓은 의미로서의 교육과정과 좁은 의미로서의 교육과정이 그것이다. 넓은 의미로는 교육기관의 전체의 교육목적과 목표, 교육내용과 교수 · 학습 방법 그리고 교육평가까지 담은 교육 전체의 틀로서의 교육과정이며, 좁은 의미로는 영어나 수학 같은 한 과목을 교실상황에서 교육하기 위해서 짜여진 교육 계획에 해당되는 교수요목(Syllabus)으로서의 교육과정이다. 본고에서의 교육과정은 넓은 의미의 교육과정으

2) Kanokwan Sarojna(2017: 45–46)에서도 2000년대 초 · 중반 짧은 기간에 많은 대학교에서 한국어 교육이 시작되면서 다른 대학교의 기존의 교육과정을 토대로 수정하거나 보완하는 방법을 택하였을 것이라고 하였다.

로서, 태국 내 대학교의 한국어 교육목적 및 목표, 교육내용, 교수 · 학습 방법, 교육평가까지 담고 있는 전체 교육의 틀을 의미한다.

한국어 교육과정에 대한 논의는 외국어 교육과정에 대한 개념을 한국어 교육으로 적용하면서 체계적인 이론적 토대를 마련하였으며 한국어 교육 현장의 특성과 학습자의 한국어 교육목적에 따라 다양하게 발전하고 있다. 본고에서는 한국어 교육과정의 유형과 개발 절차를 중심으로 살펴보고자 한다.

2.1 한국어 교육과정의 유형

한국어 교육과정의 유형에 대해서는 그 기준에 따라서 몇 가지 논의들이 있는데 본고에서는 학습자의 학습 목적과 개발 주체를 기준으로 살펴 보고자 한다.

먼저 학습자의 학습 목적을 기준으로 일반 목적의 한국어 교육과 특정 목적의 한국어 교육으로 분류할 수 있다. 이미혜(2003: 234)에서는 Jordan(1977)의 논의를 한국어 교육에 적용하여 특정 목적 한국어를 학문 연구를 위한 한국어와 직업을 위한 한국어로 구분하여 제시하였다. 이에 송지현(2005)에서는 좀 더 세분화된 Jordan(1997)의 영어 분류체계를 한국어 교육에 적용하여 학문 목적 한국어(KAP: Korean for Academic Purposes)를 특정한 학문 목적 한국어(KSAP: Korean for Specific Academic Purposes)와 일반적 학문 목적 한국어(KGAP: Korean for General Academic Purposes)로 세분화하였다. 특정한 학문 목적 한국어 교육에서는 의학, 공학, 경제학 등 특정 전공 내에서 요구되는 담화 구조와 문체, 전공 어휘 등이 제고된다. 일반적 학문 목적 한국어 교육은 모든 분야의 학문 활동과 과제를 수행할 때 공통적으로 요구되는 학업 기술 즉, 강의 듣고 노트하기, 학문적 글쓰기, 토론하기 등의 기술을 다룬다. 또한 한국어 교육에서는 영어교육에서는 찾아볼 수 없는 특수한 목적의 한국어 교육 집단이 생겨났다. 즉, 재외 동포나 그 자녀들을 대상으로 하는 민족 교육 목적의 한국어 교육이나 한국사회가 다문화사회로 진전하면서 한국 사회에 새롭게 자리매김하고 있는 외국인 노동자와 결혼이민자 등을 대상으로 하는 이민통합 한국어 교육의 필요가 대두되었다. 이에 안화현(2019)에서는 조항록(2003)의 논의를 토대로 학습자의 학습목적에 따라 6개의 교육과정 즉, 순수 어학교육 목적의 한국어 교육과정, 한국어 교육 전공 목적의 한국어 교육과정, 학문 목적의 한국어 교육과정, 직업 목적의 한국어 교육과정, 민족 교육 목적의 한국어 교육과정, 이민통합 목적의 한국어 교육과정으로 분류하였다. 본고에서 논의하고 있는 태국 대학교에서의 한국어 전공 교육과정은 한국어 교육 전공 목적의 한국어 교육과정과 학문 목적의 한국어 교육과정에 해당된다고 할 수 있겠다. 일반적으로 한국어 교육 전공 목적의 한국어 교육과정은 미국, 일본, 중국, 태국, 베트남 호주 등 해외 대학교의 한국어학과의 교육과정에 해당되며, 해외 대학교의 기초 한국어 과정과 국내 대학교 유학생 과정이 학문 목적의 한국어 교육과정에 해당된다고 할 수 있기 때문이다.

또한 한국어 교육과정 개발 주체가 누구인가, 의사결정자가 누구인가에 따라서 국가 수준의 교육과정, 지역 수준의 교육과정, 학교 수준의 교육과정으로 구분하기도 한다. 국가 수준의 한국어 교육과정은 민현식(2004)의 논의를 시작으로 거듭된 논의를 통해 '국제 통용 한국어 교육 표준 모형 개발'이 1단계(김중섭 외, 2010), 2단계(김중섭 외, 2011)를 거쳐서 국제 통용 한국어 표준 교육과정의 개발로 결실을 맺었다. 그 후 국제 통용 한국어 표준 교육과정 활용 점검 및 보완 연구로 3단계(김중섭 외, 2016)가 개발이 되었고, 4단계의 연구(김중섭 외, 2017)는 국제 통용 한국어 표준 교육과정 적용 연구로서 다양한 교육 현장 즉, 세종학당, 해외의 중고등학교와 대학교에 어떻게 적용할 수 있을지에 대한 방안 및 지침을 개발하였다. 4단계에 대한 결과로서 2018년에 태국 대학교 적용에 대한 사례연구로 발표되기도 하였다. 국제 통용 한국어 표준 교육과정에서 '표준'의 의미는 교육 환경이나 교육 대상, 학습자들의 다양한 학습 목적 등에 따라 변형 · 적용될 수 있는 하나의 '참조 기준'으로서의 역할을 담당하는 것이다(김중섭 외 2017). 따라서 국제 통용 한국어 표준 교육과정을 참조로 하여 다양한 국내외 한국어 교육 현장에서 그 특성과 학습자의 특성을 반영하여 한국어 교육과정이 개발되어 교육이 수행된다면, 좀 더 체계적이고 수준 높은 한국어 교육으로 객관적인 기준을 가지고 발전해 갈 수 있을 것이다.

2.2 한국어 교육과정의 개발과 절차

한국어 교육에서의 교육과정에 대한 개발과 절차에 대해서도 외국어 교육과정의 토대 및 개발과 절차에 대한 논의를 한국어 교육에 적용하면서 체계적인 이론적 토대를 마련하였다. 외국어 교육과정의 토대 및 개발과 절차에 대한 논의로는 Tyler(1949), Mackey(1965), Stern(1983), Print(1989), Richards(2001) 등이 있다. 외국어 교육과정을 개발함에 있어서 교육과정의 중요한 토대가 되는 것들이 있는데, 철학, 사회학, 심리학, 국가의 언어정책과 교육정책 등이 그것이다. 이는 교육과정의 개발자가 교육과정을 고려할 때 영향을 주며 교육과정에 대한 개념을 만들어 내는 것으로서 교육과정 개발을 다루기 전에 먼저 살펴보아야 한다. 교육과정 개발과 절차에 있어서 1970년대 이후로 특수 목적의 영어 학습자의 요구를 반영하여 교육과정을 개발해야 한다는 의견이 주류를 이루면서 학습자의 요구를 조사 · 분석하는 것의 중요성이 대두되었다. 교육과정을 개발함에 있어서 선행되어야 할 절차에 대해서 학습자의 요구조사뿐만 아니라 목표 언어에 대해서 국가와 사회의 필요와 교육기관의 상황까지도 분석해야 하는 상황 분석에 대한 중요성도 함께 강조하였다. 이러한 요구 분석과 상황 분석을 바탕으로 외국어 교육과정의 교육목적과 목표를 설정하고 그에 따른 교육내용을 선정하고 배열해야 하며 교수요목을 선정해야 한다. 그리고 교수법을 고려하여 교재를 만들어 교수 · 학습을 실시한 후에 교육평가를 실시하고, 교육평가의 결과를 다시 외국어 교육과정 개선에 반영하는 전반적인 과정으로 요약할 수 있을 것이다.

한국어 교육과정 개발과 절차도 이러한 맥락 아래에서 상황 및 요구 분석, 목적과 목표, 교육내용 선정과 배열, 교육평가를 중심으로 살펴볼 수 있을 것이다. 특별히 본고에서 개발하고자 하는 태국 내 대학교의 한국어 전공 교육과정은 태국 내 대학교가 각 대학교에 적합한 수준의 한국어 전공 교육과정을 개발할 때 참조할 수 있는 교육과정을 개발하는 것이 목적이다. 따라서 해외 대학교의 한국어 교육과정 개발을 위하여 어떠한 절차가 진행되어야 하는지를 중심으로 살펴보고자 한다. 그리고 국가 수준의 교육과정으로서 국제 통용 한국어 표준 교육과정의 해외 대학교 변이형까지 제시되고 있는데, 태국 내 대학교 한국어 전공 교육과정 개발을 위하여 어떻게 참조할 수 있는지도 고찰하고자 한다.

2.2.1 상황 및 요구 분석

해외 대학교의 한국어 전공 교육과정 개발을 위한 상황 분석 요인으로는 무엇이 있을까? 한국어 교육에 대한 국제적이고 객관적인 기준, 해당 국가의 언어정책, 한국어 교육정책, 교육부나 고등교육위원회에서 제시하는 표준 교육과정, 한국어 교육 및 사용에 대한 사회적인 필요 등이 될 것이다. 또한 해당 대학교의 교육철학이나 목표, 교육정책이나 방침, 교수 자질, 교실 시설, 학습자 특성, 개선에 대한 의지 등이 있다. 요구 분석을 위해서는 한국어 교육 관련자에 해당되는 한국어 전공 재학생과 교수, 그리고 한국어 전공 졸업생과 그 근무처의 요구와 필요 등을 알아보는 것을 우선으로 해야 할 것이다.

특별히 교육철학은 교육의 큰 방향을 결정하는 데에 기준이 되며 교육목적과 교육목표를 설정하는 데에도 중요한 지침을 제공한다. 교육철학으로는 Eisner(1992)의 5가지 이데올로기 즉, 학문적 합리주의, 사회적 · 경제적 효용성, 학습자 중심성, 사회적 재구성주의, 다문화적 다원주의가 있겠다. 따라서 해외 대학교 한국어 전공 교육과정의 교육철학을 설정함에 있어서 어떤 철학을 기준으로 설정할 것인가는 중요한 과제가 될 것인데, 이를 위해서는 기존의 해외 대학교의 한국어 교육과정의 교육철학을 살펴보는 것도 필요하겠다.

상황 및 요구 분석의 구체적인 방법으로는 문헌 조사, 한국어 전공 교육과정 관련자 대상 인터뷰 및 설문조사, 회의 방식, 관찰, 기존의 한국어 전공 교육과정 분석 등이 있다. 실제로 국가 수준의 교육과정인 국제 통용 한국어 표준 교육과정을 개발하는 프로젝트를 2010년에 처음 착수하였을 때에도 김중섭 외(2010: 3-4)에 의하면 상황 분석과 요구 분석을 위해 문헌 자료를 조사 분석하고 한국어 교육 기관 실태를 조사하여 분석하였다. 한국어 교육과정을 개발함에 있어서는 한국어 교육과정 관련자의 요구 분석과 상황 분석은 가장 선행해야 할 기초 단계이며 필수 단계인 것이다. 상황 분석과 요구 분석의 결과를 바탕으로 한국어 교육과정의 철학과 목적과 목표를 설정할 수 있기 때문이다.

2.2.2 교육목적과 목표

교육목적은 교육의 최종적인 도달점을 나타내는 것으로서 종합적이고 장기적인 목적에 해당되며, 목표는 목적에 도달하기 위하여 실제적으로 측정 가능한 단기적인 목표를 말한다. 본고의 연구 대상이 되고 있는 해외 대학교에서의 한국어 전공 교육과정의 목적과 목표를 설정하기 위해 국제 기준들을 살펴볼 필요가 있겠다. 한국어 전공 교육과정의 목적과 목표 설정을 위해 살펴볼 만한 국제 기준들은 유럽공통참조기준(CEFR), 국제통용 한국어 표준 교육과정, 한국어능력시험 등이 있다. 하지만 한국어능력시험은 한국어 숙달도 능력을 평가하는 평가도구이기 때문에 유럽공통참조기준과 국제 통용 한국어 표준 교육과정을 기준으로 살펴보는 것이 더 바람직하다.

유럽공통참조기준(CEFR: Common European Framework of Reference for Languages)은 국제 통용 한국어 표준 교육과정을 개발할 때에도 참조한 기준인데, 유럽연합에서 제시한 언어구사능력 수준을 구별하는 기준으로서 여섯 단계로 세분화하여 제시하고 있다. 이는 언어사용에 초점을 맞추어 기술하고 있으며 문법사항이나 어휘수가 수준의 설정 기준이 아니다. 즉, 여섯 단계의 척도는 언어사용에 초점을 맞춰서 기초단계 언어사용자(A1, A2), 자립한 언어 사용자(B1, B2), 숙달된 언어 사용자(C1, C2)로 구분하고 있으며 6단계에 대한 세부적인 총괄 척도를 제시하고 있다.

국제 통용 한국어 표준 교육과정에서도 앞서 언급하였듯이 4단계의 연구 단계를 거쳐서 최종적으로 초급 1-2급, 중급 3-4급, 고급 5-6급, 6+급으로 제시하였으며 각각의 목표 기술이 있는데 마지막 6+급은 구체적인 도달 목표를 제시하지 않고 개방형으로 두었다. 국제 통용 한국어 표준 교육과정의 등급을 한국어능력시험(TOPIK)과의 연계성을 가지고 비교하면 동일 등급에서 조금 낮은 수준으로 설정되었다. 국제 통용 한국어 표준교육과정의 등급과 각각의 목표는 해외 대학교 한국어 전공 교육과정의 목표를 설정할 때에 중요한 참조 기준이 될 수 있을 것이다. 그러나 국제 통용 한국어 표준 교육과정이 '등급 체계'를 기준으로 설정되어진 반면, 해외 대학교의 한국어 교육과정은 '교과목' 체계로 운영되기 때문에 그대로의 적용이 어렵다. 따라서 김중섭 외(2017)에서는 국제 통용 한국어 표준 교육과정의 변이형으로 해외 대학교의 한국어 교육과정에 어떻게 적용할 것인가에 대해 제안하였다. 국제 통용 한국어 표준 교육과정의 교육 시간에 대해서는 교육 시간을 최대 시간과 최소 시간으로 설정하여 교육 여건에 따라 탄력적으로 운영할 수 있도록 설계하여 제시한 교육 시간은 최소 72시간에서 최대 200시간이다. 일반적으로 해외 대학교에서는 한 교과목에 배정될 수 있는 시간은 45시간에서 60시간이기 때문에 문법, 어휘, 발음 등의 언어 지식을 중심으로 언어 기능을 추가하여 언어 숙달도 중심의 교과목으로 재구성하며, 그 외의 문화, 학문 탐구, 직업 관련 내용도 교과목으로 구성할 수 있겠다.

2.2.3 교육내용 선정과 배열

교육내용은 교육목적과 단기적이고 세부적인 교육목표를 따라서 선정하고 배열해야 할 것이다. 따라서 본고의 연구 대상이 되고 있는 해외 대학교의 한국어 전공 교육과정의 교육내용 선정을 위해서 교육목적과 목표에 대한 검토뿐만 아니라 해당 국가의 기존의 한국어 전공 교육과정을 분석하는 것이 필요할 것이다. 이를 위해서는 해외 대학교의 한국어 전공 교육과정이 교과목체계로 되어 있기 때문에 분석 기준도 등급 체계가 아닌 교과목 체계로 분석되고 선정되어야 할 것이다. 표준 한국어 교육과정이 구축되지 않은 때에 김명광(2007: 91-97)에서는 해외 대학교의 한국어학과 교육과정의 내용을 살펴보기 위하여 5개의 상위 영역 즉, '한국어 사용 기능', '한국어 지식', '한국어 문학', '한국어 문화', '한국어 실용'을 범주화 하여 제시하였는데, 이러한 분류 기준도 해외 대학교에서 한국어 전공 교육과정의 교육내용을 분석함에 있어서 참조할 수 있는 기준이 되겠다.

선정한 교육내용을 배열하는 방법에 대해서는 쉬운 것부터 어려운 것 순으로, 선수학습 등을 고려하여 배열하는 것이 중요할 것이다. 앞서 언급한 외국어 교육에서도 Richards(2001)의 '단순에서 복잡으로의 방법, 순차적 방법, 학습자 요구, 선수학습, 전체에서 부분으로, 부분에서 전체로의 방법, 나선형 배열 등이 있다. 김정숙(2003)에서는 전통적인 방법으로 '문법을 간단한 것에서 복잡한 것으로, 쉬운 것에서 어려운 것으로, 사용 빈도가 높은 것에서 낮은 것으로' 배열하는 것이라고 하였다. 해외 대학교 한국어 전공 교육과정의 교육내용 배열에 있어서도 학년별 숙달도 목표를 쉬운 것부터 어려운 것 순으로, 선수학습 등을 고려하여 배열하는 것이다. 이때 선정된 교육내용과 교육내용 배열에 관련하여 델파이 기법을 통하여 전문가 집단

을 통해서 검증을 받는 것도 아주 중요한 절차 중에 하나이다.[3)]

2.2.4 교육평가

교육평가는 선정된 교육내용을 교수 · 학습한 후에 평가하는 단계로서 교수 · 학습한 내용을 확인하는 것뿐만 아니라 새로운 교육과정을 개발하거나 개선할 때에도 중요한 지침이 될 것이다. 따라서 학습자와 교수 모두에게 다음 단계의 교수 · 학습과 지속적인 발전을 위하여 중요한 단계라고 할 수 있을 것이다.

3. 태국 내 외국어 교육정책과 대학 내 한국어 전공 교육과정 현황

3.1 태국 내 외국어 교육정책

태국의 외국어 교육은 정치적 · 경제적 필요를 따라서 민간 차원보다는 정부 주도적인 성격을 띠면서 이루어져 왔다. 한국이 민간 차원에서 한국어 교육이 시작되고 발전되어 왔던 것과는 대조적이라고 볼 수 있겠다. 태국은 제 8차 국가 교육개발계획(1997-2001)에서 세계화와 정보화 시대를 맞아 태국의 교육 정책에 큰 변화를 시도하였다. 외국어 교육 관련하여 주목할 부분은 세계화에 대비하기 위하여 영어를 필수과목으로 지정하였다는 것이다. 외국어 과목 증설에 대한 요구가 높아지면서 2008년 태국 고등교육위원회에서는 외국어 교육과정 개설에 대한 정책 및 지침을 발표하였는데, 주요 골자는 모든 고등 교육기관에서는 태국어를 사용하여 교육하되, 태국 정부가 정한 범위 내에서 외국어로도 교육할 수 있다고 하였다. 국제화 시대에 맞는 인재 양성과 관광 산업을 위해 영어 및 외국어에 대한 필요성이 더욱 부각되면서 외국어에 대한 교육이 본격적으로 논의되었고, 이에 따라 대학의 교육과정에

3) 실제로 김중섭 외(2010)에서도 국제 통용 한국어 표준 교육과정을 개발할 때 델파이기법을 통하여 1차로 설계한 표준 교육과정을 전문가 집단을 통해서 검증을 받은 사례가 있다. 전문가 델파이는 총 3차에 실시하였으며 총 26인의 전문가가 참여하였다고 하였다.

도 반영되었다(홍혜련 2015: 17).

태국 고등교육은 최초의 고등교육기관인 쭐라롱껀대학교와 함께 시작되고 성장하였으며, 탐마쌋대학교, 마히돈대학교, 까쎗쌋대학교, 씰라빠껀대학교 등은 그 후에 생겨났다. 각 대학교들은 여러 정부 부처 산하에 흩어져서 있었는데, 쭐라롱껀대학교는 교육부 산하에서 공무원을 양성하였으며, 마히돈대학교는 보건부에, 까쎗쌋대학교는 농업부 산하에, 그리고 씰라빠껀대학교는 예술청 산하에 속해 있었다(김영애, 2012: 36). 1985년부터 태국은 놀라운 경제성장을 이룩하면서 산업현장에서도 고등교육을 받은 인재 양성의 필요성을 인식하였다. 1997년 경제위기를 맞이하면서 저임금을 무기로는 국제무대에서 더 이상 선진국과 경쟁할 수 없다는 현실을 인식하고 정부차원에서 인적 자원과 교육수준의 증대를 위해 교육개혁을 단행하였다. 그래서 태국 교육법 1999(National Education Act of August 1999)를 발표함과 동시에 공공기관, 즉 교육개혁위원회(The Education Reform Office, ERO)를 발족하였다. 또한 교육경영상의 구조적 변화, 교육의 지방분권화 및 활성화, 교육행정의 합리화와 재가동을 도모하였다. 교육종교문화부는 "Education for All and All for Education"을 표방하고 태국종교문화교육회(National Council for Education, Religion, and Culture), 기본교육위원회(The Commission for Basic Education), 고등교육위원회(The Commission for Higher Education), 그리고 종교문화위원회(The Commission on Religion and Culture)를 산하에 두었다. 1999년 이후부터 태국 고등교육기관, 즉 국립, 공립, 사립 등 모든 대학교는 교육부 산하의 태국고등교육위원회(과거 대학부)의 지휘 감독을 받고 있다(김영애, 2012: 36-38).

3.2 태국 고등교육 표준 교육과정

태국 고등교육 표준교육과정(2015)을 살펴본 결과 각 대학교의 한국어 전공 교육과정을 분석하거나 개발할 때 참조해야 할 많은 기준들이 있었다. 구체적인 내용을 본고의 연구 목적과 관련된 내용만을 중심으로 정리하면 다음과 같다.

첫째, 태국 내 대학교 한국어 전공 교육과정의 교육철학과 교육목적은 4가지 기준 즉, 국가 교육 발전 계획, 태국 고등교육의 철학, 태국 고등교육기관의 철학, 국제적이고 전문적인 기준들에 부합해서 교육철학과 교육과정을 세워야 한다는 것이다. 또한 태국 고등교육 표준 교육과정에서 제시하고 있는 교육철학과 교육목적의 큰 방향 아래에서 한국어 전공 교육과정의 교육철학과 교육목적을 설정해야 하는데 교육철학은 ① 훌륭한 도덕성과 ② 자립할 수 있는 잠재력 양성으로 요약할 수 있겠고 교육목적은 ① 의사소통능력과 ② 평생학습에 대한 잠재력, ③ 표준 및 윤리규범을 따라서 일하는 능력, ④ 자신과 사회에 유익이 되는 창조성으로 요약 정리할 수 있겠다. 이는 기존의 한국어 전공 교육과정에서 제시하고 있는 교육철학과 교육목적을 분석할 때에도 중요한 기준으로 작용할 수 있겠다.

둘째, 한국어 전공 교육과정은 학술적인 교육과정에 속하며 이에 따라 정해진 기준들에 부합해야 한다. 즉, 개설학기는 2학기제, 3학기제, 4학기제로 개설할 수 있으며, 2학기제에서는 15주 이상, 3학기제에서는 12주 이상, 4학기제에서는 10주 이상의 교육기간을 가져야 한다. 학점에 대해서는 4년제인 경우에는 120학점 이상을 이수해야 하며 교육내용은 일반과목은 30학점, 전공과목들이 많이 포함되어 있는 특별과목은 72학점, 교양과목은 6학점으로 총 108학점 이상을 설계해야 하며 이와 더불어 12학점 이상은 개발 관련자의 재량에 따라 추가할 수 있는 학점이다. 학점 수여방식에 대해서도 교수학습 방식에 따라 강의 방식은 15시간이 1학점이며 연습 및 실험방식은 30시간이 1학점이며 실습 및 프로젝트는 45시간이 1학점으로 부여된다는 것이다.

3.3 태국 내 대학교의 한국어 전공 교육과정 분석

태국 내 대학교의 한국어 전공 교육과정 분석은 2022년 기준 졸업생을 배출해서 활발하게 한국어를 전공으로 교육하고 있는 10개의 대학교 즉, 쏭클라대학교 빳따니캠퍼스, 부라파대학교, 씰라빠껀대학교, 시나카린위롯대학교, 허깐카대학교, 쭐라롱껀대학교(학부), 마하사라캄대학교, 콘켄대학교, 치앙마이라차팟대학교, 나레수안대학교를 분석대상으로 삼았다.[4]

---

4) 대학교 교육과정은 각 대학교 교수님들에게 개인적으로 연락하여 자료를 수집하였다.

3.3.1 교육철학과 교육목적

교육철학과 교육목적의 분석 기준은 크게 두 가지이다. 첫째는 앞서 언급하였던 Eisner(1992)의 5가지 교육과정 이데올로기에서 어떤 이데올로기를 반영하고 있는가이다. 둘째는 태국 고등교육 표준 교육과정에서 제시하고 있는 교육철학과 교육목적에 얼마나 부합하느냐이다.

10개 대학교의 한국어 전공 교육과정의 교육철학과 교육목적을 분석한 결과는 다음과 같다. 첫째, Eisner(1992)의 5가지 교육과정 이데올로기를 기준으로 교육철학과 교육목적을 분석한 결과, 태국 고등교육 표준 교육과정과 10개 대학교의 한국어 전공 교육과정의 교육철학과 교육목적은 모두 ① 학문적 합리주의와 ② 사회적 경제적 효용성을 강조하고 있는 것으로 나타났다. 즉, 도덕과 윤리를 갖추는 것과 동시에 태국인으로서의 덕을 강조하며 학습자의 지식 습득과 잠재력 배양을 강조하고 있는데 이는 학습자의 지성과 인본주의적 가치를 강조하는 것으로서 학문적 합리주의에 해당된다고 할 수 있겠다. 또한 한국어와 한국 문화 이해를 바탕으로 의사소통 능력, 직무수행 능력, 학문 탐구 능력 배양을 강조하며, 사회뿐만 아니라 한 · 태 관계 등 세계 시민으로서 좋은 역할을 강조하는 등 사회적 경제적 효용성에 가치를 두고 있는 것을 알 수 있었다. 둘째, 10개 대학교 모두 태국 고등교육 표준 교육과정에서 기준을 제시하고 있는 교육철학과 교육목적에 부합한 교육철학과 교육목적을 강조하고 있었다.

3.3.2 교육내용 선정 및 배열

교육내용 선정과 배열에 대해 분석기준은 앞서 언급한 태국 고등교육 표준 교육과정, 태국 학부 수준 영어 전공 표준 교육과정(2017년 개정판),[5] 김명광(2007)과 홍혜련(2015)의 분석 기준을 참고하여 분석기준을 선정하였다. 그리고 교육 내용의 배열에 대한 분석 기준은 Richards(2001)의 내용 배열 방법을 참고하였으며 분석 기준을 정리하면 다음과 같다.

---

5) 태국 고등교육 한국어 표준 교육과정이 없는 상태에서 태국 고등교육 중국어나 일본어 전공 표준 교육과정도 없기 때문에 태국 고등교육 영어 표준 교육과정을 참조하였다.

[표 1] 교육내용 선정 및 배열과 교과목 설명 분석 기준

① 교육내용 선정 분석 기준

㉠ 태국 고등교육 표준 교육과정에서 제시하고 있는 총 120학점 이상(일반과목은 30학점 이상, 특별과목은 72학점 이상, 교양과목 6학점 이상, 대학교 재량으로 12학점 이상 추가)에 대한 교육내용 구소요소와 그에 따른 학점을 어떻게 선정했는가?

㉡ 교육내용 선정 분석 기준으로 선정한 5가지 상위영역인 '지식', '기능', '문화', '문학', '실용'에 대하여 어떤 교과목이 선정되어 있으며, 어떤 분포도를 보이는가?

㉢ 각 대학교의 교육과정의 내용이 각 대학교의 교육철학 및 목적과 목표에 얼마나 부합하는가?

② 교육내용 배열과 교과목 설명 분석 기준

㉠ 이러한 교과목들이 어떤 기준을 따라 배열되어 있는가?
예를 들어 앞서 언급하였던 에서 Richrds(2001)의 제시하고 있는 배열방법 즉, 단순에서 복잡으로 방법, 순차적 방법, 학습자 요구, 선수학습, 전체에서 부분으로, 부분에서 전체로의 방법, 나선형 배열 등을 기준으로 살펴볼 것이다.

㉡ 교과목 설명이 교육목표, 내용, 수준 등을 객관적으로 이해하기에 쉽게 잘 설명하고 있는가?

10개의 태국 내 대학교 한국어 전공 교육과정의 교육내용 선정 및 배열에 관하여 분석 기준을 따라서 분석한 결과와 특징을 정리하여 제시하면 다음과 같다.

첫째, 10개의 대학교의 한국어 전공 교육과정의 교육내용 구성요소와 학점에 대해서 태국 고등교육 표준 교육과정에서 제시하고 있는 기준에 부합하고 있는지를 한국어 전공 교육과정의 내용에 해당되는 특별과목을 중심으로 분석한 결과, 기술되어 있지 않아 알 수 없는 쌀라빠껀대와 쭐라롱껀대를 제외한 8개의 대학교는 모두 기준에 부합하여 총 학점 120학점 이상(일반 과목 30학점, 특별과목 72학점, 교양과목 6학점)의 교과목을 개설하고 있었다. 다만 특별과목에 대해서는 씰라빠껀대학교와 쭐라롱껀대학교는 72학점 이하로 개설하고 있는 것으로 나타났다.

둘째, 모든 대학교가 의사소통 능력 배양을 위한 언어기능영역과 졸업 후 한국어 관련 직업 분야에서 일할 수 있는 능력을 갖출 수 있도록 실용영역에 초점을 맞추어서 교육내용을 선정하고 있는 것이 특징이다.

셋째, 교육내용 선정과 배열에 있어서는 대부분의 대학들이 1학년부터 3학년의 전공필수과목에 주로 한국어지식영역과 언어기능영역을 중심으로 의사소통능력 배양에 초점을 두고 있다. 그리고 3학년과 4학년부터는 전공선택과목에 졸업 후 진로와 관련하여 통번역을 포함한 실용영역과 문화영역을 중심으로 통번역 등 직업능력 및 학문탐구능력 배양에 초점을 두고 있었다.

넷째, 10개 대학교의 한국어 전공 교육과정의 교육내용을 분석한 결과 2번 이상 반복적으로 선정된 교과목을 상위영역을 기준으로 전공필수와 전공선택으로 구분하여 [표 2]와 같이 정리하였다. 이는 각 대학교에서 중요하게 생각하는 과목들이 어떤 과목인지 알 수 있으며 추후 한국어 전공 교육과정을 개발할 때 좋은 지침이 될 것이다. 또한 이 교과목들을 중심으로 학생들의 요구조사에도 사용할 수 있을 것이다. 교과목의 괄호 안의 숫자는 반복된 횟수이다.

[표 2] 중복 선정된 한국어 전공의 교과목

상위 영역	전공필수	전공선택
한국어 지식	(2)한국어 음성학1 (5)한국어 문법1	(2)한국어 음운론, (3)한국어 형태론, (2)한국어 의미론, (2)한국어 구문, (2)한국어 문법
한국어 기능	(8)한국어1, (8)한국어2, (9)한국어3, (9)한국어4, (6)한국어5, (6)한국어6 (8)한국어 듣고 말하기1 (8)한국어 듣고 말하기2 (6)한국어 듣고 말하기3 (6)한국어 듣고 말하기4 (7)한국어 읽기1, (7)한국어 읽기2 (7)한국어 쓰기1, (5)한국어 쓰기2	(2)한국어7, (2)한국어8 (4)공식 한국어 말하기 (2)학술적인 한국어 읽기
한국 문화	(5)한국 문화, (3)한국 사회와 문화	(2)한국 속담, (3)한국 경제, (5)한국 역사, (2)오늘날의 한국어, (3)한국 민속, (5)대중매체 한국어1
한국 문학	(2)한국문학개론	(5)한국문학, (5)한국 단편소설 (2)한국단편소설과 문학 (4)한국현대문학

실용	(3)한국어 번역1 (2)한국어 한자어 (2)한태 번역 한국어 (2)태한 번역 한국어 (2)실습 또는 협력교육	(8)비즈니스 한국어, (3)비즈니스 한국어2, (4)가이드 한국어, (2)번역한국어2, (3)호텔한국어2, (3)관광한국어2, (4)통역한국어, (4)산업한국어, (3)자유연구, (2)실습 (6)협력교육, (2)무역한국어, (2)번역한국어1, (4)호텔한국어1 (6)관광 한국어1, (3)한국어 한자어, (3)한국어 교육, (3)비서 한국어, (2)외국어로서 한국어 교육,

다섯째, 10개 대학교의 한국어 전공 교육과정의 교육내용 배열을 분석한 결과로 2번 이상 중복되어 그 학기에 배열된 교과목을 학년별/학기별로 정리하면 [표 3]과 같다. 이는 각 대학교에서 그 학기에 중요하게 생각하는 과목들이 어떤 과목인지 알 수 있으며 추후 한국어 전공 교육과정을 개발할 때 좋은 지침이 될 것이다. 교과목의 괄호 안의 숫자는 반복된 횟수이다.

[표 3] 중복 배열된 한국어 전공의 교과목

학년	1학기 교과목	2학기 교과목
1	(3)한국어1(3(3-0-6)) (3)한국어1(3(2-2-5)) (2)한국어 듣고 말하기1(3(2-2-5))	(3)한국어2(3(3-0-6)) (4)한국어2(3(2-2-5)) (3)한국어 듣고 말하기2(3(2-2-5)) (3)한국문화(3(3-0-6))
2	(4)한국어3(3(3-0-6)) (3)한국어3(3(2-2-5) (2)한국어 듣고말하기1(3(2-2-5)) (3)한국어 듣고말하기3(3(2-2-5)) (2)한국어 읽기1(3(3-0-6))	(4)한국어4(3(3-0-6)), (3)한국어4(3(2-2-5)) (2)한국어 듣고 말하기2(3(2-2-5)) (3)한국어 듣고 말하기4(3(2-2-5)) (2)한국어 읽기2(3(3-0-6)) (3)한국어 읽기2(3(2-2-5))
3	(3)한국어5(3(3-0-6)) (3)한국어5(3(2-2-5))	(3)한국어6(3(3-0-6)), (3)한국어6(3(2-2-5)) (2)한국어 번역1(3(3-0-6)) (2)한국문화3(3(3-0-6))
4	(7)전공 선택	(7)실습, (6)협력교육

여섯째, 대학교마다 교과목의 명칭이 통일되지 않은 것은 문제점으로 드러났다. 예를 들어, 부라파대학교의 경우에 'Korean for Mass Communication 대중매체 한국어' 3(3-0-6)의 교과목 설명을 보면 '광고, 인쇄저작물, 라디오, TV 등을 포함

하는 다양한 대중매체 사용을 위한 듣기, 말하기, 읽기, 쓰기'라고 되어 있으므로 언어 기능영역에 속하는 과목이라고 볼 수 있다. 그러나 나레수안대학교의 경우에도 'Korean for Mass Communication 대중매체 한국어' 3(2-2-5)의 교과목이 있는데 교과목 설명을 보면 다양한 대중매체에서 사용하는 한국어를 배우며 신문, 잡지, 저널, 브로슈어, 전단지, 비디오나 광고물과 같은 대중매체에서 사용되는 리소스를 만드는 방법에 대해서 학습한다고 되어 있으므로 문화 영역에 더 가까운 과목이라고 할 수 있겠다. 이렇게 같은 명칭의 교과목이라고 할지라도 교육내용이 다르게 기술되어 있다.

일곱째, 한국어 전공 교육과정의 최종목표와 학년별 목표가 객관적인 기준을 따라 제시되지 않은 점이 문제점이다. 한국어 전공 교육과정인 만큼 졸업생의 경우에 도달할 수 있는 최종 한국어 숙달도 목표를 명시하는 것이 필요하며 각 학년별, 또 교과목별로 명시해 놓는 것도 필요하다. 일반적으로 언어기능영역에 관한 교과목에 대해서는 나레수안대학교만 토픽을 기준으로 제시하였고 그 외의 부라파대학교나 마하사라캄 대학교는 초급, 중급, 고급으로 기술하고 있지만 객관적인 기준을 따라 정확하게 기술이 되어 있지 않으며 대부분의 대학교는 그 마저도 없었다.

마지막으로 2018년에 개정된 교육과정을 가지고 있는 쫄라롱껀대학교와 허깐카타이대학교를 제외한 대부분의 대학교에서 최종목표가 토픽 2급인 중등학교 한국어 교육과정과 연계된 교육과정이 없는 것이 문제점으로 드러났다. 즉, 대부분의 대학교가 한국어의 자모음부터 배우는 '한국어1'을 1학년 1학기 때에 배우도록 교육 내용으로 선정하고 배열하고 있다. 쫄라롱껀대학교는 '한국어1'과 '한국어2'를 전공필수가 아닌 전공선택에 배치함으로써 중고등학교에서 한국어 초급수준을 배우고 온 학생들이 반복적으로 배우지 않도록 하였다. 허깐카타이대학교의 경우에는 '한국어1'과 '한국어2'를 전공필수로 설계한 대신에 '한국어1'과 '한국어 듣고 말하기1'의 경우에는 TOPIK I의 점수가 80점 이상이면 면제된다. 그리고 '한국어2'와 '한국어 듣고 말하기2'의 경우에는 TOPIK I의 점수가 140점 이상이면 면제되거나 '한국어1'과 '한국어 듣고 말하기1'의 시험에 통과하면 학습할 수 있다. 태국 중등학교의 한국어 교육이 체계적으로 발전하면서 태국 내 대학교의 한국어 전공 교육과정에 대한 수정 및 보완이 이루어져야 한다는 목소리가 있는데 쫄라롱껀대학교와 허깐카타이대학교에서는 이러한 방식으로 보완하고 있으며 이는 좋은 예라고 할 수 있겠다.

4. 태국 내 대학교의 한국어 전공 교육과정 개발을 위한 요구 분석

요구 분석을 위하여 2019년 4월 12일부터 29일까지 4개의 그룹 즉, 재학생 424명, 졸업생 126명, 태국 내 한국어 전공 10개의 대학교에서 한국어를 가르치거나 배운 경험이 있는 교수 21명, 한국인 직장 관련자 48명, 총 619명을 대상으로 구글 설문지를 사용하여 설문을 실시하였으며 설문 결과 통계 분석은 SPSS 25.0 통계분석 프로그램을 사용하였다.[6] 요구 분석 절차는 6단계 즉, 자료 조사 및 설문지 작성, 전문가 검토, 예비 설문, 본 설문, 통계 분석, 분석 결과 정리 단계로 진행하였다. 특별히 한국어 교육 전문가 검토를 통해서 IOC(Item-Objective Congruence Index)를 사용하여 설문지 문항의 타당도를 확보하였으며, 최종 정리된 요구 분석 내용은 [표 4]와 같다.

[표 4] 요구 분석 내용

주제	집단	내용	문항 수
인적사항	재학생	성별, 학년, 공부하는 학교	3
	교수	성별, 국적, 나이	3
	졸업생	성별, 나이, 졸업한 학교, 한국어 학습형태	4
	한국인 직장 관련자	성별, 나이, 직종	3
한국어 학습 현황	재학생	학습형태, 학습 목적, 희망 직업, 대학교 입학 전 한국어 학습 경험 유무, 한국어 능력, 한국어 기초지식이 있는 학생과 없는 학생의 한 반 학습 상황	6

6) 재학생용, 졸업생용, 교수용, 한국인 직장 관련자용 설문지의 자세한 내용은 안화현(2019)를 참고하기 바란다.

교수현황	교수	교수기간, 가르치고 있는 대학교, 지위(역할), 학적 배경, 전공	5
직장 관련 사항	졸업생	직종, 근무기간, 직장 내 사용 언어, 한국어 사용 대상, 근무 만족도, 한국어능력	6
	한국인 직장 관련자	근무기간, 직장 내 사용언어, 태국어 능력, 한국어사용 기능 졸업생의 한국어 능력, 고용 조건, 태국인 근무 만족도	6
한국어 전공 교육과정 현황과 교육 목표와 내용 개선	재학생	학년별/학기별 목표제시 필요성, 1학년 시작 등급	2
	교수	교육과정의 만족/불만족 영역, 학년별/학기별 목표 제시 필요성, 목표 기술 방법, 한 학기는 몇 주 과정, 현재 교육과정 학년별 목표, 1학년 시작 등급, 개선 후 교육과정 학년별 목표, 1학년 시작 등급, 태국 한국어 전공 표준 교육과정 제시된 후 사용여부	7
	졸업생	교과목 유용성, 보완영역, 언어 기능	5
	한국인 직장 관련자	태국인 졸업생 보완영역, 한국어 기능, 인턴십/협력교육 필요성, 한국어 기능/문화/실용영역 관련 각 교과목 필요 정도	7
한국어 교육 내용 배열	교수	한국어 기능 관련 전필과 전선 교과목의 등급 한국어 기능 관련 외 전필과 전선 교과목의 등급 한국어 기초가 있는 학생과 없는 1학년 학생 수업 보완 방법	4
교육내용	재학생, 교수, 졸업생	만족도, 4학년 최종 목표, 한국어 지식/기능/문화/문학/실용 관련 각 교과목 필요 정도	7

요구 분석 결과를 한국어 전공 교육과정 만족도, 교육목적과 교육목표, 교육내용 선정, 교육내용 배열에 대해서 의미 있는 결과들을 중심으로 정리하여 기술하면 다음과 같다.

4.1 한국어 교육과정 만족도

4.1.1 현 한국어 교육과정에 대한 만족도

현재의 한국어 전공 교육과정에 대한 만족도를 보면 다음과 같다. 좀 더 정확한 통계 분석을 위해서 '매우 만족한다'는 5, '만족한다'는 4, '보통'은 3, '별로 만족하지 않는다'는 2, '전혀 만족하지 않는다'는 1을 부여하여 기술통계를 낸 결과는 졸업생은 3.87로 교육과정에 대한 만족도가 가장 높게 나왔고, 재학생은 3.68로 비슷한 수준이었으나 교수는 3.14로 가장 낮게 나타났다.

4.1.2 한 반에 한국어 기초 지식이 다른 학생이 학습하는 경우의 만족도

중고등학교에서의 한국어 교육이 체계적으로 발전함에 따라 TOPIK 초급까지 공부하고 대학교에 입학하는 학생이 늘어나고 있다. 이로 인해 한국어 기초지식이 있는 학생과 없는 학생이 대학교에서 동시에 한 반에서 수강하는 것에 대해서 '좀 어렵지만 적응할 수 있다'는 248명(67%)로 가장 높게 나타났으며, '어려워서 개선이 꼭 필요하다'는 88명(23.8%)로 두 번째로 높게 나타났으며, '어려움을 느끼지 못한다'도 22명(5.9%)이 응답하였고 '이미 개선이 되어서 어려움이 없다'도 12명(3.2%)으로 나타났다.

4.2 교육목적과 교육목표

4.2.1 재학생의 한국어 학습목적

재학생의 한국어 학습목적은 ① 한국어 의사소통 능력 배양, ② 한국과 한국문화 습득, ③ 한국 관련 취업 및 유학으로 나타났다. 그리고 졸업 후의 진로에 대해서는 ① 한국어 통번역, ② 한국 회사 취업, ③ 한국 유학으로 나타났다. 이는 한국어 교육 목적과 목표를 설정하고 교육내용을 선정하고 배열하는 데 있어서 중요한 지침이 될 것이다.

4.2.2 한국어 전공의 시작하는 등급과 최종 목표

요구 분석 결과를 보면 시작하는 급은 재학생이나 교수 모두 1급이 가장 높은 빈도로 나타났으나 2급에 대한 빈도도 많이 나타났다. 따라서 1급과 2급을 시작하는 급으로 각각 개발하는 것이 필요하겠다. 최종목표 등급에 대해서는 재학생, 교수, 졸업생 모두 4급에 대한 빈도가 가장 높게 나타났으나 5급에 대한 빈도도 비슷한 빈도로 높게 나타났다. 따라서 4급이나 5급 모두를 최종목표 등급으로 고려하되, 다른 자료들을 참조하여 좀 더 종합적인 판단이 필요하다.

4.2.3 학년별/학기별 교육목표 제시 필요성과 기술방법

교육목표와 교육내용 배열, 교과목에 대하여는 학년별/학기별 교육목표를 제시하되 국제 통용 한국어 교육과정의 등급을 기준으로 제시되는 것이 바람직하다고 하였다.

4.3 교육내용 선정

한국어 지식영역 교과목의 필요성은 세 집단의 응답결과를 종합적으로 보았을 때, 한국어 문법(4.74) 〉 한국어 구문(4.55) 〉 한국어 음운론(4.46) 〉 발음 교육(음성학)(4.17) 〉 한국어 형태론(4.24) 〉 한국어 의미론(4.15) 순으로 나타났다. 한국어 기능영역 교과목의 필요성은 한국어 듣고 말하기1-4(4.70) 〉 공식 한국어 말하기(4.61) 〉 한국어1-4(4.58) 〉 한국어 쓰기1(4.55) 〉 한국어 쓰기2(4.49) 〉 한국어 읽기1(4.48) 〉 한국어 읽기2(4.42) 〉한국어5-6(4.38) 〉 한국어7-8(4.16) = 통합 쓰기(4.16) 〉 학술적인 한국어 쓰기(4.15) 〉 학술적인 한국어 읽기(4.12) 〉 토픽(4.11) 순으로 나타났다. 한국 문화영역 교과목의 필요성은 네 집단의 응답결과를 종합적으로 보았을 때, 한국 사회와 문화(4.65) 〉 한국문화(4.63) 〉 현대 한국(4.47) 〉 대중매체 한국어(4.26) 〉 타문화 경험(4.24) 〉 한국 역사(4.06) 〉 한국 경제(3.94) 〉 한국어 세미나(3.88) 〉 한국학 세미나(3.83) 〉 한국 속담(3.70) 〉 한국 민속(3.67) 순으로 나타났다. 4(필요하다)보다 높게 나타난 6개의 교과목 즉, ① 한국 사회와 문화, ② 한국문화, ③ 현대 한국, ④ 대중 매체 한국어, ⑤ 타문화 경험, ⑥ 한국 역사는 우선적으로 선정해야 할 과목이다. 한국 문학영역 교과목의 필요성에 대해서는 한국 현대 문학(3.83) 〉 한국 단편소설(3.78) 〉 한국 문학(3.68)의 순으로 나타났다. 다른 영역 교과목들과 달리 세 집단 모두에서의 문학영역 교과목의 필요성은 4(필요하다)보다 낮게 나타났으며 그 만큼 문학영역 교과목의 필요성에 대한 요구가 낮다는 것을 알 수 있다. 실용영역 교과목의 필요성에 대해서는 번역 한국어1(4.72) 〉 통역 한국어1(4.70) 〉 번역 한국어2(4.68) 〉 통역 한국어2(4.62) 〉 비즈니스 한국어1(4.57) 〉 실습(4.54) 〉 관광 한국어 1(4.46) 〉 비즈니스 한국어2(4.44) 〉 관광 한국어 2(4.38) 〉 가이드 한국어(4.36) 〉 산업 한국어(4.34) 〉 호텔 한국어 1(4.32) 〉 항공 서비스 한국어(4.25) 〉 비서 한국어(4.23) 〉 협력 교육(4.21) 〉 자유연구(논문, 4.08) 〉 한국어 한자어(4.07) 〉 호텔 한국어2(3.91) 순으로 나타났다. 네 집단은 '호텔 한국어2'만 제외하고 모든 과목에 대해 4(필요하다)보다 높은 요구와 필요를 보이고 있다.

종합적으로 네 집단의 상위영역의 필요성에 대해서는 기능영역(4.40) = 실용영역(4.40) 〉 지식영역(4.37) 〉 문화영역(4.12) 〉 문학영역(3.76) 순으로 나타났다.

4.4 교육 내용 배열

교과목의 배열에 대하여서는 지식영역 교과목인 '한국어 음운론과 형태론'과 '한국어 구문과 의미론'은 4급이 적당하며, '한국어 문법'은 3급이 적당하다. 문화영역 교과목들은 3급과 4급에 배열하되, 중급에 해당되기 때문에 한국어로 한국문화를 가르치는 교수방법을 선택하는 것이 바람직하다. 문학영역 교과목은 4급으로 배열하며, 대부분의 실용영역 교과목은 3급에서 4급이나 5급 초반까지의 등급으로 배열할 수 있겠다.

특별히 기능영역 교과목에 대해서 '한국어1'은 1급, '한국어2'는 1급이나 2급, '한국어3'은 2급, '한국어4'는 3급, '한국어5'는 3급, '한국어6'은 3급이나 4급으로 배열할 수 있겠으나 좀 더 종합적인 판단이 필요하다. '한국어 듣고 말하기1'은 1급, '한국어 듣고 말하기2'는 2급, '한국어 듣고 말하기3'은 3급, '한국어 듣고 말하기4'는 4급이, '공식 한국어 말하기'는 4급이나 5급으로 배열할 수 있겠다.

그리고 '한국어 읽기1'은 1급, '한국어 읽기2'는 2급, '학술적인 한국어 읽기'는 4급 정도에 배열며, 3급에 해당되는 한국어 읽기 교과목이 한 과목 추가할 필요가 있겠다. '한국어 쓰기1'은 1급, '한국어 쓰기2'는 2급, '통합쓰기'는 3급, '학술적인 한국어 쓰기'는 4급, '토픽'은 3급이나 4급에 배열할 수 있겠다. 그러나 전체적으로 기능영역 교과목에 대해서는 다른 응답결과와 비교하여 종합적으로 판단해야 할 것이다.

5. 태국 내 대학교의 한국어 전공 교육과정 개발

5.1 태국 내 대학교의 한국어 전공 교육과정 개발 원리

태국 내 대학교의 한국어 전공 교육과정은 외국어 교육과정 개발이라는 큰 방향 속에서 태국 내 대학교에서의 외국어로서의 한국어 교육이라는 특징과 태국 내 대학교 한국어 교육 현장의 특성과 한국어 전공 교육 관련자의 요구와 필요가 반영된 교육과정이어야 할 것이다. 이에 태국 내 대학교의 한국어 전공 교육과정 개발 원리를 교육철학, 교육목적과 목표, 교육내용 선정과 배열을 중심으로 제시하면 다음과 같다.

첫째, 태국 내 대학교의 한국어 전공 교육과정은 외국어 교육에 대한 국제 기준, 한국어 교육에 대한 국제 기준인 국제 통용 한국어 표준 교육과정,[7] 태국 교육부에서 제시하고 있는 국가 수준의 태국 고등교육 표준 교육과정, 한국어 전공이 개설되어 있는 대학교와 단과대학교의 교육철학과 교육목적과 정책과 지침에 부합되도록 개발되어야 할 것이다. 특별히 태국의 고등교육 표준 교육과정의 교육철학을 Eisner(1992)의 5가지 교육 이데올로기를 기준으로 분석하였을 때 학문적 합리주의와 사회적 경제적 효용성을 강조하는 교육철학을 지향하고 있기 때문에 한국어 전공 교육과정의 교육철학과 교육목적과 목표 및 교육내용도 이에 부합되게 설계되어야 할 것이다.

둘째, 태국 내 대학교 한국어 전공 교육과정의 최종목표와 학년별/학기별 목표 기준, 교과목별 목표를 제시하는 교육과정 개발이어야 한다. 그리고 그 목표를 제시함에 있어서 그 기술방법은 국제적으로 통용되는 등급 기준과 제시 방법을 사용하는 것이 바람직하다. 다만 국제 통용 한국어 표준 교육과정은 등급 기준으로 1급부터 6+급까지 제시되어 있는 반면에 현재 한국어 전공 교육과정은 교과목 체제로 되

7) 국제 통용 한국어 표준 교육과정이 국가 수준의 평가인 한국어능력시험(TOPIK)과의 연계성을 고려하였고, 유럽공통참조기준(CEFR), 미국외국어교육평가전문위원회(ACTFL: American Council on the Teaching of Foreign Languages) 등 해외의 외국어 교육과정과 비교 가능한 기준으로 제공이 되었기 때문에 국제 통용 한국어표준 교육과정을 기준으로 등급 기술하여도 큰 무리가 없다고 판단된다.

어 있다. 1학년과 2학년의 교육과정은 언어 기능영역을 중심으로 등급으로의 기술이 가능하나, 3학년과 4학년은 등급이 아닌 교과목으로 제시하고 있기 때문에 교과목을 국제 통용 한국어 표준 교육과정의 등급 기준을 따라 기술하는 것이 필요하다.

셋째, 태국 내 대학교의 한국어 전공 교육과정 개발 관련자의 요구분석 결과를 적극 반영하여 태국 내 대학교 한국어 교육 현실에 맞는 교육과정으로 개발되어야 할 것이다. 따라서 본고에서 한국어 전공 재학생, 졸업생, 교수, 한국인 직장 관련자의 요구를 조사하고 분석한 결과는 앞으로 한국어 전공 교육과정을 개선하는데 중요한 지침이 되며 이는 교육의 목표나 정책입안자의 정책 결정에도 영향을 미칠 수 있다고 생각된다.

넷째, 교육내용을 배열함에 있어서 교육내용은 단순한 것에서 복잡한 것으로, 난이도가 쉬운 것에서 어려운 것으로 단계적으로 배열해야 할 것이다. 태국 내 대학교 한국어 전공 교육과정의 분석결과를 참조하여 1학년과 2학년 때는 지식영역과 기능영역을 중심으로 한국어 의사소통능력 배양에 초점을 두며, 3학년과 4학년 때는 문화영역과 실용영역에 초점을 두고 교육하도록 할 수 있다. 이를 위해서 앞서 언급하였듯이 학년별/학기별 교육목표와 각 교과목의 교육목표와 내용을 기술함에 있어서 국제 통용 한국어 표준 교육과정의 등급과 내용을 참조하여 기술하는 것이 바람직할 것이다. 그리고 한국어 교육 관계자라면 모두 알 수 있도록 교과목명의 표준화도 이루어져야 할 것이다.

다섯째, 태국 중등학교 한국어 교육과정과 연계한 교육과정이어야 한다. 현재 태국 중등학교 한국어 교육과정은 최종목표를 TOPIK 2급으로 설정하고 있기 때문에 이와 연계된 교육과정이어야 한다. 태국 내 대학교 한국어 교육에서는 반배치 고사나 TOPIK 점수를 반영하여 '한국어 1'과목이나 '한국어 2'를 전공필수가 아닌 전공선택으로 지정하여 제외시켜 주는 방법도 고려할 수 있겠다.

마지막으로 태국 중등학교 한국어 교육과정과 연계된 태국 내 대학교 한국어 전공 교육과정 1차 개선안을 작성한 후에, 전문가 집단으로부터 지식을 수집하고 의견과 판단을 모으는 델파이기법(Delphi technique)을 사용하여 전문가 검토 단계를 거쳤다.[8] 이에 최고점 5기준 4.25로 유용하다는 검토를 받아 최종적으로 태국 중등학교 한국어 교육과정과 연계된 태국 내 대학교의 한국어 전공 교육과정 최종안을 확정하였다.

이러한 개발 원리를 따라 태국 내 대학교 한국어 전공 교육과정의 개발 절차는 '상황 및 요구 분석 → 교육철학과 교육목적 설정 → 최종목표 및 학년별 목표 설정 → 교육내용 선정 및 표준 과목명 선정 → 최종 목표 기준 교육내용 배열 → 태국 중등학교 한국어 교육과정과 연계된 태국 내 대학교 한국어 전공 교육과정 1차 개정안 → 전문가 검토 → 태국 중등학교 한국어 교육과정과 연계된 태국 내 대학교 한국어 전공 교육과정 최종'으로 제시할 수 있겠다.

5.2 태국 내 대학교의 한국어 전공 교육과정 모형

태국 중등학교 한국어 교육과정과 연계된 태국 내 대학교의 한국어 전공 교육과정의 구체적인 내용은 교육철학, 교육목적과 목표, 교육내용 선정, 교육내용 배열에 대해서 표로 정리하여 제시하겠다. 이는 태국 내 대학교의 표준 한국어 전공 교육과정이 아니며, 태국 내 각 대학교의 한국어 전공 교육과정 개발을 위하여 각자의 대학교에 적합한 교육과정을 개발하는데 하나의 참조의 역할을 할 수 있을 것이다.

5.2.1 교육철학

태국 내 대학교 한국어 전공 교육과정의 교육철학은 한국어를 전공으로 졸업한 졸업생들이 태국뿐만 아니라 국제 사회에서 건강한 세계시민이어야 한다는 신념하에, 태국과 한국과 세계가 지속적으로 발전할 수 있도록 훌륭한 도덕성을 겸비한 한국과 관련된 직업분야에서 자립할 수 있는 졸업생을 배출하는데 초점을 두고 있다.

---

8) 델파이 기법에 참여한 전문가 집단은 한국어 경력 15년 이상으로 태국 내 대학교 한국어 전공 교육과정 개발에 참여한 경험이 있는 자로서 태국인 5명, 한국인 4명으로 총 9명이 구글 설문지를 통해서 응답을 하였고 중국인 교수의 경우도 태국 내 대학교 중국어 전공 교육과정 개발을 한 경험이 있는 교수로서 인터뷰 형식으로 진행하였다.

그 구체적인 내용으로는 학생 스스로가 교육과 발전의 주체가 되어서 변화 · 발전하는 세계와 태국과 한국의 다양한 상황 속에서 스스로 문제를 인식하고 해결하는 능력을 갖추도록 하는데 초점을 두는 것이다. 또한 한국과 관련하여 습득한 지식과 한국어 의사소통 능력을 바탕으로 대학교 안에서뿐만 아니라 졸업 후에도 창조적인 생각의 과정을 통하여 지속적으로 발전하는 학습자 중심의 평생교육에 초점을 둔다.

5.2.2 교육목적과 목표

태국 내 대학교 한국어 전공 교육과정의 교육목적은 덕과 윤리를 겸비한 세계시민으로서 세계와 태국과 한국의 발전에 기여할 수 있는 다양한 직업분야에서 활동하는 한국 관련 전문가를 양성하는데 목적이 있다. 구체적인 내용으로는 ① 한국어와 한국문화 이해를 바탕으로 한국어 의사소통능력을 배양하며, ② 도덕과 윤리를 갖추어 표준 및 윤리 규범을 따라 일할 수 있는 능력을 갖추며, ③ 한국과 관련된 모든 직업분야 즉, 한국어 통번역, 한국 관련 회사에서 전문가로 일하며, 지속적인 발전과 학문 탐구를 위하여 한국 유학을 하며 잠재력을 증대하며, ④ 자신과 사회에 유익이 되는 창조성을 갖춘 학사를 양성하는데 초점을 둔다.

태국 내 대학교의 한국어 전공 교육과정의 교육목표는 도덕과 윤리를 갖추어 한국 관련 직장생활에서 성숙한 대인관계를 유지하며, 한국어 통번역, 한국 관련 회사, 지속적인 학문 탐구 등 한국어 관련 직업 분야에서 전문적으로 일할 수 있도록 국제 통용 한국어 표준 교육과정의 4급 또는 5급의 숙달도 능력을 갖추도록 하는데 4급에 더 초점을 두는 것이 현실적이라 하겠다. 구체적인 내용으로는 ① 한국어지식영역, 한국어기능영역, 한국문화영역, 한국문학영역, 통 · 번역을 포함한 실용영역에서 모두 국제 통용 한국어 표준 교육과정의 4급 또는 5급의 한국어 숙달도 능력을 갖도록 하되, 총 130학점 이상을 이수하도록 한다. ② 도덕과 윤리를 겸비하고 한 · 태 문화 이해를 바탕으로 일상생활과 직업생활에서 성숙한 대인관계를 유지하도록 한다. ③ 태국과 한국의 발전을 위하여 필요로 하는 한국어 통번역, 한국 회사 등 한국어 관련 직업 분야와 한국 유학 등 지속적인 학문 탐구를 위한 잠재력을 배양한다. ④ 자신과 한 · 태 사회에 유익이 되는 창조성을 갖추어 한 · 태 공동의 발전을 위한 네트워크 형성에 가교 역할을 하게 한다.

학년별 목표로서 1학년 목표는 한국어기능영역과 지식영역을 중심으로 교육하여 의사소통능력 배양에 초점을 두며, 국제 통용 한국어 표준 교육과정의 초급 목표인 2급에 도달할 수 있도록 한다. 구체적인 내용으로는 ① 기초 어휘와 단순한 문상을 이용해 일상생활에서 자주 마주치는 간단한 문제를 해결할 수 있다. ② 일상생활에서 자주 다루는 개인적 · 구체적 주제에 대해 간단하게 의사소통할 수 있다. ③ 기본적인 한국의 일상생활문화와 성취문화를 이해하고 자국의 문화와 비교할 수 있다. 2학년 목표는 한국어 기능영역, 지식영역을 중심으로 교육하되 문화영역도 추가하여 한국어로의 의사소통능력 배양뿐만 아니라 한국문화에 대한 이해를 높이며, 국제 통용 한국어 표준 교육과정의 3급에 도달할 수 있도록 한다. 구체적인 내용으로는 ① 일상생활에서 자주 마주치는 문제를 대부분 해결할 수 있으며, 친숙한 사회적 맥락에서 요구되는 과제를 어느 정도 해결할 수 있다. ② 친숙한 사회적 · 추상적 주제와 자신의 관심 분야에 대해 간단하게 의사소통할 수 있다. ③ 문어와 구어를 어느 정도 구분해 사용할 수 있다. ④ 대부분의 한국의 일상생활문화와 대표적인 행동문화, 성취문화, 대중문화를 이해하고 자국의 문화와 비교할 수 있다. 3학년 목표는 한국어기능영역과 지식영역을 중심으로 한국어로 의사소통능력을 높이도록 하는 것뿐만 아니라, 문학영역, 문화영역, 통 · 번역을 포함한 실용영역도 추가하여 졸업 후의 직업과 연계되어 학습하도록 하며, 국제 통용 한국어 표준 교육과정의 4급에 도달할 수 있도록 한다. ① 친숙한 사회적 맥락에서 요구되는 과제를 대부분 해결할 수 있으며, 한국어 관련 직업과 관련된 기본적인 업무를 처리할 수 있다. ② 친숙한 사회적 · 추상적 주제와 자신의 관심 분야에 대해 비교적 유창하게 의사소통할 수 있다. ③ 문어와 구어를 적절히 구분해 사용할 수 있으며, 대상과 상황에 따라 격식과 비격식을 구분하여 사용할 수 있다. ④ 한국의 대표적인 행동문화, 성취문화, 직장문화를 이해하고 자국의 문화와 비교할 수 있다. 4학년 목표는 졸업 후의 직업과 연계하여 실용영역을 중심으로 교육하여 졸업 후의 진로 분야에서 사용하게 다양한 직업분야를 경험하며 의사소통능력을 좀 더 보완하도록 한다. 구체적인 내용으로는 ① 덜 친숙한 사회적 맥락에서 요구되는 과제를 어느 정도 해결할 수 있으며, 한국어 관련 직장업무와 학업과 관련된 기본적 의사소통 기능을 수행할 수 있다. ② 친숙하지 않은 사회적 · 추상적 주제 및 한국어 관련 직업이나 학문영역에 대해 간단하게 의사소통

할 수 있다. ③ 공식적인 맥락에서 격식을 갖추어 의사소통할 수 있다. ④ 한국의 다양한 행동문화, 성취문화 및 대표적인 관념문화를 이해하며 자국의 문화와 비교하여 문화의 다양성과 특수성을 이해할 수 있다.

5.2.3 교육내용 선정

교육내용으로는 졸업을 위해 총 130학점으로 선정하되 일반과목 30학점, 특별과목 84학점, 교양과목 6학점으로 제시할 수 있겠다. 특별과목은 핵심과목 15학점, 한국어기능영역 과목 21학점, 한국어지식영역 과목 12학점, 문학 및 문화영역 과목 12학점, 번역 과목(번역관련 실용영역) 9학점, 전공선택과목(실용영역 중심) 25학점이다.

[표 5] 태국 내 대학교의 한국어 전공 교육과정의 교육내용

1) 일반과목: 30학점 이상
2) 교양과목: 6학점 이상
3) 특별과목: 88학점 이상
(1) 핵심과목: 15학점
① 인문대 필수과목 2과목
② 기능영역: '한국어3', '한국어4'
③ 문화영역: '한국 소개'
(2)전공필수과목: 54학점
① 지식영역: '한국어 문법1', '한국어 문법2', '한국어 구문', '한국어 발음교육(음성학)'
② 기능영역: '한국어5', '한국어6', '기초 한국어 듣고 말하기', '생활 한국어 듣고 말하기', '직장 한국어 듣고 말하기', '기초 한국어 읽고 쓰기', '생활 한국어 읽고 쓰기'
③ 문학영역: '한국 문학개론', '한국 현대 문학'
④ 문화영역: '한국 현대 문화', '한국 직장 문화'
⑤ 번역 관련 실용영역: '통역 한국어', '번역 한국어', '통번역 한국어'
(3) 전공선택과목: 61과목
① 기능영역: '한국어1', '한국어2', '공식한국어 말하기', '토론 한국어', '비즈니스 한국어 읽고 쓰기', '토픽'
② 지식영역: '한국어 언어학', '한국어 의미론과 어휘론'
③ 문학영역: '한국 단편소설'
③ 문화영역: '한국 정치와 경제', '대중매체 한국어', '타문화 경험'(0)
④ 실용영역: '비즈니스 한국어1, '비즈니스 한국어2', '관광한국어', '한국어 한자어', '한국어 교육', '산업 한국어', '유학 한국어', '자유연구', '실습'(0), '협력교육 준비'(1학점), '협력교육'(6학점)

5.2.4 교육내용 배열

교육내용 배열은 중등학교 한국어 교육과정과 연계된 교육과정으로서 기초 지식이 있는 학생과 없는 학생 대상 교육과정을 각각 개발하여 제시하였다. 배열을 위한 각 학년별 한국어 교육목표는 국제 통용 한국어 표준 교육과정의 등급을 기준으로 하여 구체적으로 제시하면 다음과 같다.

[표 6] 국통 등급 기준 태국 내 대학교 한국어 전공 교육과정의 교육목표 등급

한국어 숙달도 (국통)	1급	2급	3급		4급		4급 이상	
학기	1학년 1학기	1학년 2학기	2학년 1학기	2학년 2학기	3학년 1학기	3학년 2학기	4학년 1학기	4학년 2학기
지식 및 기능영역 학점	전필6, 전선3	전필6, 전선3	전필6	전필9	전필6	전필6	전선6	–
시간	45*3= 125시간	45*3= 125시간	45*2= 90시간	45*3= 125시간	45*2= 90시간	45*2= 90시간	45*2= 90시간	–

(1) 한국어 기초 지식이 없는 학생 대상 교육내용 배열

한국어 기초 지식이 없는 학생 대상 한국어 전공 교육과정의 교육내용 배열은 [표 7]과 같다. 1학년 때 학습하는 한국어 1-2는 전공선택과목으로서 반배치 시험이나 토픽점수를 반영하여서 제외될 수 있는 것이 특징이라고 하겠다.

[표 7] 기초 지식이 없는 학생 대상 한국어 전공 교육과정의 교육내용 배열

학년	1학기	학점	2학기	학점
1	한국어1(전선) 1급 기초 한국어 읽고 쓰기(전필) 1급 한국어 발음교육(음성학)(전필) 1급 핵심과목 1과목(핵심) 일반과목 2과목	전필 6 전선 3 핵심 3 일반 6 총 18	한국어2(전선) 2급 기초 한국어 듣고 말하기(전필) 2급 한국어 문법 1(전필) 2급 한국 소개(핵심)(태국어로) 일반과목 2과목	전필 6 전선 3 핵심 3 일반 6 총 18

2	한국어3(핵심) 2.5급 생활 한국어 읽고 쓰기(전필) 3급 한국 현대문화(전필) 3급 핵심과목 1과목(핵심) 일반과목 2과목	전필 6 핵심 6 일반 6 총 18	한국어4(핵심) 3급 생활 한국어 듣고 말하기(전필) 3급 한국어 구문(전필) 3급 대중매체 한국어(전선) 3급 한국어 한자어(전선) 3급 관광 한국어(전선) 3급 일반과목 2과목	전필 6 전선 3 핵심 3 일반 6 총 18
3	한국어5(전필) 3.5급 번역 한국어(전필) 3급 한국 문학 소개(전필) 4급 한국어 문법2(전필) 4급 비즈니스 한국어 1(전선) 3급 산업 한국어(전선) 4급 일반과목 1과목	전필 12 전선 3 일반 3 총 18	한국어6(전필) 4급 직장한국어 듣고 말하기(전필) 4급 통역 한국어(전필) 4급 한국 직장문화(전필) 4급 비즈니스 한국어2(전선) 4급 한국어 교육(전선) 4급 한국 정치와 경제(전선) 4급 일반과목 1과목	전필 12 전선 3 일반 3 총 21
	실습 또는 타문화 경험(방학 기간)	0		
4	통번역 한국어(전필) 5급 한국 현대 문학(전필) 5급 유학 한국어(전선) 5급 토픽(전선) 4급 한국어 언어학(전선) 4급 공식 한국어 말하기(전선) 5급 협력교육 준비(1학점)(전선) 4급 교양과목 2과목	전필 6 전선 4 교양 6 총 16	A 또는 B 중에서 선택 1 A: 협력교육 B: 자유연구(Independence Study) 5급 한국 단편 소설(전선) 5급 토론 한국어(Korean for Discussion) 5급 한국어 의미론과 어휘론 4급 비즈니스 한국어 읽고 쓰기(전선) 5급	협력교육 6 또는 전선 6

(2) 한국어 기초 지식이 있는 학생 대상 교육내용 배열

한국어에 대한 기초 지식이 있는 학생 대상 한국어 전공 교육과정은 한국어 기초 지식을 가지고 입학하였더라도 도달하는 최종목표는 동일해야 한다는 전제 속에서 [표 8]과 같이 제시하였다. 다만 한국어 숙달도 능력 4급과 130학점 이상을 이수하게 되면 조기 졸업이 가능하게 된다.

[표 8] 기초 지식이 있는 학생 대상 한국어 전공 교육과정의 교육내용 배열

학년	1학기	학점	2학기	학점
1	기초 한국어 읽고 쓰기(전필) 1급 한국어 발음교육(음성학)(전필) 1급 핵심과목 1과목(핵심) 일반과목 2과목	전필 6 핵심 3 일반 9 총 18	기초 한국어 듣고 말하기(전필) 2급 한국어 문법1(전필) 2급 한국 소개(핵심)(태국어로) 일반과목 2과목	전필 6 핵심 3 일반 9 총 18
2	한국어3(핵심) 2.5급 생활 한국어 읽고 쓰기(전필) 3급 한국 현대문화(전필) 3급 핵심과목 1과목(핵심) 일반과목 2과목	전필 6 핵심 6 일반 6 총 18	한국어4(핵심) 3급 생활 한국어 듣고 말하기(전필) 3급 한국어 구문(전필) 3급 대중매체 한국어(전선) 3급 한국어 한자어(전선) 3급 관광 한국어(전선) 3급 일반과목 2과목	전필 6 전선 3 핵심 3 일반 6 총 18
3	한국어5(전필) 3.5급 번역 한국어(전필) 3급 한국 문학 소개(전필) 4급 한국어 문법2(전필) 4급 비즈니스 한국어 1(전선) 3급 산업 한국어(전선) 4급 일반과목 1과목	전필 12 전선 6 총 18	한국어6(전필) 4급 직장한국어 듣고 말하기(전필) 4급 통역 한국어(전필) 4급 한국 직장문화(전필) 4급 비즈니스 한국어2(전선) 4급 한국어 교육(전선) 4급 한국 정치와 경제(전선) 4급 일반과목 1과목	전필 12 전선 9 총 21
	실습 또는 타문화 경험(방학 기간)	0		
4	통번역 한국어(전필) 5급 한국 현대 문학(전필) 5급 유학 한국어(전선) 5급 토픽(전선) 4급 한국어 언어학(전선) 4급 공식 한국어 말하기(전선) 5급 협력교육 준비(1학점)(전선) 4급 교양과목 2과목	전필 6 전선 4 교양 6 총 16	A 또는 B 중에서 선택 1 A: 협력교육 B: 자유연구(Independence Study) 5급 한국 단편 소설(전선) 5급 토론 한국어(Korean for Discussion) 5급 한국어 의미론과 어휘론 4급 비즈니스 한국어 읽고 쓰기(전선) 5급	협력교육 6 또는 전선 6

6. 결론 및 제언

본 연구의 목적은 태국 내 대학교 한국어 전공 교육과정을 개발하는 데 있다. 본고에서 한국어 전공 교육과정의 의미는 태국 내 대학교 한국어 전공 1학년부터 4학년까지의 교육과정을 의미한다. 태국 내 대학교에는 한국어 교육 관련하여 한국어 전공, 한국학 전공, 한국어 교육 전공, 비즈니스 한국어 전공이 각각 개설되어 있는데, 본 연구에서는 한국어 전공에 초점을 맞추어 태국 내 대학교 한국어 전공 교육과정을 개발하였다.

본 연구가 갖는 시사점을 몇 가지로 정리하면 다음과 같다. 첫째, 체계적인 한국어 교육과정 개발 원리를 따라 태국 내 대학교 한국어 전공 관련자의 요구 분석과 상황 분석 결과를 반영하여 태국 내 대학교 현실에 맞는 한국어 전공 교육과정을 개발하였다는 데에 의의가 있겠다. 특별히 태국의 고등교육 교육과정의 교육철학이 학문적 합리주의와 사회적 경제적 효용성을 강조하는 교육철학을 지향하고 있으며 이에 따라 교육목적과 목표 그리고 교육내용이 선정되었다는 것을 밝혔다는 것에도 의의가 있겠다. 둘째, 태국 중등학교 한국어 교육과정과 연계하여 한국어 기초지식이 있는 학생과 없는 학생을 대상으로 교육과정을 각각 개발하였다는 데에 의의가 있다. 이는 태국 중등학교 한국어 교육과정과 연계된 현실 적용 가능한 교육과정이기 때문이다. 셋째, 태국 내 대학교 한국어 전공 교육과정의 최종 목표를 국제적인 기준인 국제 통용 한국어 표준 교육과정의 등급 기준을 따라 교육 현실을 고려하여 4급으로 설정하고 각 학년별 학습목표 제시와 교과목의 학습 목표를 제시하였다. 이는 한국어 교육 관계자라면 누구나 알 수 있는 객관성을 확보하였다는 데에 의의가 있다. 마지막으로 태국 내 대학교 한국어 교육이 발전함에 따라 한국어 교육 관련 전공들이 한국어 전공, 한국학 전공, 한국어 교육 전공, 비즈니스 한국어 전공으로 더 세분화되어서 각 대학교별로 특성화되고 있는 추세이다. 이러한 시점에서 한국어 전공만을 대상으로 하는 교육과정을 개발함으로써 앞으로 다른 전공들의 교육과정 개발에 참고가 될 수 있다는 점에서 의미를 부여하고자 한다.

그러나 교육과정에 대한 좀 더 세부적인 내용인 교육방법이나 교육평가에 대한 부분을 다루지 못한 것이 이 연구의 한계점이라고 생각된다. 현재 태국 내 대학교 한국어 교육계에서는 결과 중심 교육(Outcome Based Education)에 초점을 맞추어 졸업생들이 실제적인 직무 능력을 갖도록 하는 교육 방침으로 바뀌고 있는 과정에 있다. 즉, 교실에서의 많은 연습이 아니라, 교실 밖의 실제 상황이나 실무와 연계된 교수 · 학습 방법을 지향하고 있는 추세이다. 후속 연구에서 이 부분에 대한 구체적이고 실제적인 연구들이 진행되기를 바란다. 아무쪼록 태국 내 대학교의 한국어 교육에 조금이나마 도움이 되기를 바라는 마음으로 시작된 본 연구가 태국 내 대학교의 한국어 교육 발전에 조금이나마 기여할 수 있기를 바란다.

참고문헌

국제한국언어문화학회(2017), 국제 통용 한국어표준 교육과정, 국제한국언어문화학회 제 23차 국제학술대회, 국제한국언어문화학회, 58–80.

김동욱(2022), 태국의 한국어 교육 현황 및 발전방안, 2022년 제 3회 태국 한국어 교육 발전 모색 세미나, 태국한국교육원.

김명광(2007), 상위 영역 항목 속에서 바라본 한국어 교과목에 대한 일 고찰 – 태국의 한국어 설치 대학을 중심으로 – , 국어교육 124(0), 한국어교육학회, 87–125.

김영애(2012),『태국의 교육 및 학위제도 연구』, 한국연구재단.

김정숙(2003), 통합교육을 위한 한국어 교수요목 설계 방안 연구, 한국어 교육 14(3), 국제한국어교육학회, 119–143.

김중섭 외(2010), 국제 통용 한국어 교육 표준 모형 개발, 국립국어원.

김중섭 외(2011), 국제 통용 한국어 교육 표준 모형 개발 2단계, 국립국어원.

김중섭 외(2016), 국제 통용 한국어 교육 표준 모형 개발 3단계, 국립국어원.

김중섭 외(2017), 국제 통용 한국어 표준 교육과정 적용 연구, 국립국어원.

김지혜 외(2018), 국제 통용 한국어 표준 교육과정을 활용한 해외 대학의 한국어 교육과정 개발, 이중언어학 71, 이중언어학회, 93–129.

민현식(2004), 한국어 표준교육과정 기술 방안, 한국어 교육 15(1), 국제한국어교육학회, 51–92.

송지현(2005), 학문 목적 한국어 교육을 위한 과제 중심 요구 분석, 이화여자대학교 대학원 석사학위논문.

안화현(2019), 태국 내 대학교의 한국어 전공 교육과정 개발 연구, 상명대학교 박사학위논문.

이미혜(2003), 직업을 위한 한국어 교육 연구 –교육 현황 및 '비즈니스 한국어' 개발 검토–, 한국어 교육 14(2), 국제한국어교육학회, 227–253.

조항록(2003), 한국어 교재 개발을 위한 기초적 논의 – 교재 유형론적 관점에서 본 교재 개발의 현황과 주요 쟁점 – , 한국어 교육 14(1), 국제한국어교육학회, 249–278.

홍혜련(2015), 태국 대학교 한국어 전공 교육과정 내용 연구, 한국외국어대학교 박사학위논문.

Eisner, E. W.(1992), Curriculum ideologies. In Philip W. Jackson(ed). Handbook of research on curriculum. New York: Macmillan. 302–306.

H.H. Stern(1983), Fundamental Concept Language Teaching, Oxford University Press. 심영택 외 역(2015) 영어 교육과 한국어 교육을 위한 언어 교수의 기본 개념, 도서출판 하우.

Jordan, R. R.(1997), English for Academic Purposes: A Guide for and Resource Book for Teachers. Cambridge: Cambridge.

Kanokwan Sarojna(2017), 한태 한국어 교육과정과 국제통용 한국어표준교육과정 – '교육과정 개편'의 시의성(時宜性)을 중심으로– , 국제한국언어문화학회(INK) 제 23차 국제학술대회, 국제한국언어문화학회, 43–48.

Mackey, W. F.(1965), Language Teaching Analysis. London: Longman.

Print, M.(1993), Curriculum Development and Design(2nd ed.) St. Leonards, NSW, Australia: Allen & Unwin.

Richards, J.C.(2001), Curriculum Development in Language Teaching, Cambridge University Press. 강승혜 외 역(2015) 언어교육과정개발-이론과 실제, 한국문화사.

Tyler, R. W. (1949), Basic principles of curriculum and instruction. Chicago: University Chicago Press.

웹 사이트

유럽공통참조기준(CEFR)

https://namu.wiki/w/%EC%9C%A0%EB%9F%BD%EC%96%B8%EC%96%B4%EA%B8%B0%EC%A4%80

태국 고등교육 위원회 http://www.mua.go.th

태국 고등교육 학부수준 영어 전공 표준 교육과정(2017년)개정판

http://acrd.tu.ac.th/course/documents/1.2/%E0%B8%9B%E0%B8%A3%E0%B8%B4%E0%B8%8D%E0%B8%8D%E0%B8%B2%E0%B8%95%E0%B8%A3%E0%B8%B5/BachelorInEnglish_m1.pdf

태국 고등교육 학부수준 표준교육과정 지침서(2015년 개정판)

http://www.mua.go.th/users/bhes/front_home/criterion58/management%20criterion%20_58.PDF

07 재한 몽골학교 한국문화 교육

잠발 민진르함

1. 서론

본 연구는 재한 몽골학교[1] 학습자에 대한 한국어 교육에서 효율적인 문화교육을 실시하기 위한 방안을 모색하여 제시하는 것을 목적으로 한다. 재한 몽골학교는 몽골의 학제에 맞춘 교육과정을 적용하여 몽골 학력을 인정받는 정규 학교이지만, 학습자의 한국 체류 및 한국 상급 학교 진학을 위해서 한국어 교육도 실시하고 있다.

법무부 통계조사에 의하면 2022년 4월 30일 기준으로 국내 체류 외국인 중 몽골인의 수는 38,067명이며, 이 중 9,212명이 어학연수 및 대학 과정을 목적으로 체류하고 있는 것으로 나타났다.[2] 이외에도 귀화, 결혼이민자의 자녀, 미등록 외국인 등을 포함하면 국내 거주 몽골인의 수는 더 늘어날 것이다.

몽골인은 국내 거주 외국인 중 비교적 그 수가 적은 편이며, 외모와 언어적인 측

---

1) 재한몽골학교(International Mongolia School)는 서울특별시 광진구에 있는 외국인학교이다.

2) 법무부 출입국 · 외국인정책본부 “통계월보” 2022년 4월 30일.

면에서 다른 외국인과 비교했을 때 표면적인 이질감도 낮아 다른 국적의 외국인과 비교할 때 상대적으로 잘 드러나지 않는다고 볼 수 있다. 또한 언어체계가 알타이어 계열이라 한국어 습득이 다른 외국인에 비해 수월한 편이다. 또한 오랜 유목 생활로 형성된 관습 때문에 내부적 결속력 및 공동체 의식이 다른 문화권에 비해 약한 편이다. 한국에 거주하는 몽골인들은 주로 가족단위로 생활을 하기는 하지만 타 문화권 공동체들과 비교했을 때 집단적 결속력이 낮은 측면이 있다. 이러한 특성 때문에 몽골인들은 한국 사회에의 적응이나 동화가 비교적 쉬운 편이다. 그러나 한편으로는 이러한 이유로 인해 한국에 거주하는 몽골인들은 소위 드러나지 않는 Hidden Minority 성향도 있는 것으로 보인다.

2021년 교육부의 교육기본통계에 의하면 다문화 및 외국인 학생은 160,056명으로 이중에 초등학생 약 10만 명, 중학생은 약 3만 명, 고등학생은 약1만 명인 것으로 나타나 초등학생이 대부분을 차지하는 것을 알 수 있다. 또한 연도별 추이를 보면 국내 초, 중, 고교에 다니는 이주 배경 청소년의 수는 매년 증가 추세에 있다. 그리고 2010년 이전에는 이주배경 청소년에게 다문화라는 용어를 사용하였으나 이후에는 중도입국 청소년이라고 부르기 시작하였다(양계민, 조혜영, 2012). 다문화 가족 청소년과 다른 이주배경을 지닌 청소년들이 증가함으로 좀 더 포괄적인 개념으로 이주배경 청소년이라는 용어가 사용되고 대상도 다양하게 나타난다(김근영, 곽금주, 배소영, 2009). 또한 다문화가정의 청소년, 중도입국청소년, 이주배경 청소년을 같은 범주로 인식하여 포괄적인 연구도 이루어지고 있다(김수영, 2016). 이처럼 포괄적이고 공통적인 차원의 연구도 필요하겠지만 입국 배경과 국적에 따라 각각의 특성이 있기 때문에 이를 세분화한 연구의 필요성도 높다. 본 연구의 대상인 재한 몽골학교 학습자들은 주로 이주배경 청소년에 해당한다.

재한 몽골학교 중 · 고등 학습자들은 제2외국어로 한국어를 배우게 된다. 언어를 배운다는 것은 그 언어에 반영되는 문화를 함께 배우는 것이기 때문에 학습자들이 한국어 구사능력이 높은 편이라 할지라도 한국 사람들과 깊이 있는 소통을 하는 데에는 곤란을 겪는 경우도 많다. 다시 말하면, 한국어에는 능숙하더라도 언어에 포함된 문화를 이해하지 못하여 의사소통에 문제가 생기는 일이 흔하다. 이에 재한 몽골학교 중 · 고등 학습자들의 경우 한국에서 한국어를 배우면서 한국문화에 직접 접촉하고 있지만 몽골에서 학교를 다니다 부모를 따라 한국으로 편입한 학습자들이라는 특징이 있다. 이들은 일반 과목의 학습을 몽골에서 배우던 것에 이어서 중단 없이 몽골어로 학업을 이어간다. 그러나 한국어는 초급단계부터 새롭게 시작하는 생소한 과목이다. 이런 학습자들의 경우 새로운 환경에서 한국문화에 접촉할 수 있는 기회가 매우 적으며, 한국어 수준이 낮아 한국문화 체험과 현장 학습 등이 어려운 만큼 한국어와 한국 문화를 이해하고 학습할 수 있게 문화적 요소가 반영된 교육을 실행할 필요가 있다.

이러한 맥락에서 본 연구는 재한 몽골학교 중·고등 학습자들의 한국문화 교육 실태 및 교육 내용에 대한 선호도 등을 조사하여 효율적인 문화교육을 실시하기 위한 방안을 제시하고자 한다. 이를 통해 몽골 출신 이주배경 청소년들이 한국에서 생활하는 과정에서 문화적 차이로 인한 어려움을 줄이고 한국 사회에 잘 융화할 수 있도록 교육적인 차원에서 기여하고자 한다.

2. 재한 몽골학교 한국문화 교육의 실제

재한 몽골학교는 몽골 근로자들이 몽골 근로자의 자녀들에게 배움의 기회를 제공하고자 1999년 12월 '서울외국인근로자선교회'의 도움으로 설립하였다.[3] 초창기 서울외국인선교회의 작은 공간에서 8명의 학습자로 시작한 몽골학교는 그 후 2005년 2월 서울특별시교육청으로부터 외국인학교로, 2006년에는 몽골교육부로부터 재외 몽골학교로는 최초로 정식 인가를 받았다.

현재 재한 몽골학교는 초등학교 5년, 중학교 4년, 고등학교 3년으로 몽골과 동일한 교육과정으로 운영하고 있다. 학교 입학자격은 부모 한 명 이상 다른 나라 국적인 경우 또는 부모의 국적이 한국이거나 학생이 해외에서 3년 이상인 체류한 경우이다.

---

3) http://nasom16.cafe24.com/mongolschool.org/bbs/board.php?bo_table=F07&wr_id=6

재한 몽골학교 초등 과정의 입학자격은 만 6세 이상의 취학 아동, 중학교 과정의 입학자격은 6년 이상의 정규 과정을 마치고 초등학교를 졸업한 학습자 또는 이와 같은 동일한 학력이 있다고 교육부장관이 인정한 학생이다. 그리고 고등학교 과정 입학자격도 마찬가지로 중학교를 졸업한 학생, 이와 같은 동일한 학력이 있다고 교육부장관이 인정한 학생으로 한다.

학교 수업은 몽골의 교육과정에 준하되, 한국의 특성에 맞게 진행된다. 교과목으로는 한국과 몽골 교육과정상 꼭 필요하다고 생각되는 교과목을 선정하여 교육하고 있다. 재한 몽골학교 교과목을 살펴보면 일반교과목/몽골어, 몽골어 문학, 몽골 역사, 수학, 쓰기, 사람과 사회, 자연, 건강, 생물, 지리, 화학, 물리, 글로벌교육/영어, 한국어, 컴퓨터, 미래지향적 직업기술교육/미술, 기술, 설계, 체육, 음악, 태권도이다.

12명의 몽골인 담임교사와 10명의 한국인 교사가 학습자들의 수학 능력과 한국어 수준을 감안하여 맞춤식 교육을 제공한다. 또한 무상급식과 원거리 통학생을 위한 남녀기숙사도 운영하고 있다. 초등학교 1-2학년은 32주, 3-5학년은 34주, 6-12학년은 35주로 운영하고 있으며, 총 수업일수의 2/3이상 출석해야 진급이 가능하다.

2005년 7월에 제1회 졸업식을 시작으로 2021년 6월에 제17회 졸업식을 하였다. 1-17회까지 배출한 졸업생은 453명에 이르고 그동안 몽골학교를 거쳐 간 학생 수는 수백 명에 이른다. 2022년 현재 재한 몽골학교에서는 총 277명의 초중고교 학습자들이 교육의 수혜를 누리고 있다.

재한 몽골학교는 몽골의 학제와 교육과정을 바탕으로 진행되며, 제2외국어로 한국어와 영어를 교육하고 있으며, 한국 대학교에 진학할 수 있도록 지도하며, 한국어능력시험 3급 이상 취득할 수 있도록 지도한다.

현재 한국어 수업은 초 · 중 · 고등 학습자들의 한국어 수준에 따라 가~마반으로 나누어 4명의 한국어 강사가 한국어를 가르치고 있으며, 한국어 초급 대상자 학습자들에게 몽골인 강사가 한국어를 가르치고, 중급, 고급 대상자 학습자들에게는 한국인 강사가 한국어를 가르치고 있다. 재한 몽골학교는 코로나19가 확산되자 2020년 하반기 학기부터 한국어 수업은 주당 8시간에서 5시간으로 축소하였다.

[표 1] 재한 몽골학교 한국어 교육 현황

구분	내용
한국어 교육 목적 및 특징	목적: 한국어 대화를 이해하고 한국 생활에 잘 적응하도록 한다. 동시에 한국과 몽골의 좋은 가교역할을 담당하는 작은 외교관의 역할을 담당하게 한다. 특징: 초등, 중등, 고등 각각 5단계의 수준별 학습을 진행한다. 특별히 고등반의 경우 TOPIK반을 운영하여 대학 진학과 취업에 도움을 주고 있다.
학기 구성	가을 학기, 봄 학기
연간 수업 시수	36주 × 5시간 = 180시간
주당 시간	초중고 각각 5시간씩
수업 시간	40분
사용 교재	주교재: 초등학생을 위한 표준한국어 의사소통 익힘책 1~4, 세종한국어 1~6, 비타민 한국어 1~6 부교재: 맞춤법 어휘력 5단계, 시사상식 청소년, 문화가 있는 한국어 읽기

재한 몽골학교 학습자를 위한 한국문화 교육은 주로 교실 내에서 한국어 학습과 통합 실시된다. 즉 한국어 학습 과정에서 한국 문화를 학습하게 되는데 교재 내에 포함된 문화 요소를 중심으로 진행된다. 이와 함께 재한 몽골학교에서 진행되는 문화 행사를 통하여 한국문화 교육이 이루어지기도 하는데 이는 '자랑스러운 몽골인의 날'이라는 행사를 통해서이다. 이 행사에서 한국 문화와 몽골 문화를 서로 비교하며 알아가고 있다. 또한 재한 몽골학교는 1) 한국과 몽골 문화와 역사에 대한 골든벨 대회 2) 한국과 몽골 국기 그리기 3) 한국과 몽골 문화를 비교하는 특강 4) 우정을 그린 한국 동시 예쁘게 쓰기 대회 등의 문화 행사를 진행하고 있다. 이 행사들을 통해 학습자들이 접촉할 수 있는 문화 내용은 두 나라의 역사, 언어 등이 주를 이루고 있다. 특히 '자랑스러운 몽골인의 날'이라는 몽골독립일을 기념하는 행사를 통해 몽골인의 정체성을 강화하고 자존감을 갖도록 교육시키고 있다.

3. 재한 몽골학교 학습자의 요구 분석

3.1 요구 분석 대상과 방법

본 연구는 재한 몽골학교 중 · 고등 학습자를 위한 한국문화 교육 요구 분석을 실시하고, 현재 한국어 수업에서 사용되고 있는 한국어 교재 분석 결과를 조합하여 요구 분석의 결과가 기존의 교재에 얼마나 반영되어 있는지 혹은 괴리가 있는지를 알아보고, 재한 몽골학교 학습자들을 위한 한국문화 교육 방안을 제시하는 것이 목적이다. 요구 분석은 문헌 연구, 설문 항목 선정을 위한 기초 자료 분석, 설문지 작성, 내용 검토, 설문지 작성 및 번역, 설문조사, 설문지 내용 분석의 순으로 실시하였다. 요구조사 방법은 설문지를 활용한 요구조사를 주로 실시하였으며, 표적집단면접법(Focus Group Interview)으로 양적연구의 한계점을 보완하였다.

또한, 기존의 선행연구와 이론적 배경에 대한 문헌연구를 실시하였고 설문제작에 앞서 선행연구와 연구 대상자 한국문화 교육의 현황, 한국어 교재를 분석하였다. 더불어 요구조사를 진행하기 전에 설문지에 포함할 내용 선정과 설문지의 적절성에 대한 검토를 위해 재한 몽골학교 당국에 연구대상자들의 관련 협조를 받아 실제 재한 몽골학교에서 한국어를 가르치고 있는 한국인 교사 4명, 몽골인 교사 1명을 대상으로 방문 면담을 진행하였다.

설문지 내용은 1) 연구 대상자의 일반적 특성, 2) 한국어 학습 현황, 3) 현행 한국문화 교육에 대한 인식, 4) 한국문화 교육 항목에 대한 요구조사로 총 4개 영역으로 구성하였다. 각 영역 및 문항의 내용을 간략하게 정리하면 [표-2]와 같다. 특히 한국문화 항목 요구조사 영역 문항의 경우 기존의 선행연구와 이론을 토대로 정리하여 한국문화 요소 및 세부내용을 선정하여 작성하였다.

설문지 문항 내용은 강승혜(2010), 송재란(2018), 조항록(2004), 국립국어원(2017) 등의 한국문화 영역과 그 항목을 기반으로 본 연구의 목적에 맞도록 구성하였다. 나열한 연구의 영역과 항목을 참고한 이유는 이 연구들이 한국문화를 한국어와 한국문화를 교육에 어떻게 접목할 것인가에 대한 구체적인 대안을 찾기 위한 성과들로 볼 수 있으며, 외국어로서 한국어 학습자의 한국문화 요구조사 시에 전반적으로 활용되고 있기 때문이다.

특히 본 설문지 문화 항목 구성에서는 조항록(2004)의 내용을 참고하였다. 의식주, 역사, 민속, 사항, 관념과 가치관, 일상생활 문화, 제도, 예술문화, 문학 등 분야별 한국문화 구성요소를 한국어 등급(초급 · 중급 · 고급)과 관련지어 제시하였다. 또한 중분류 문화 항목은 재한 몽골학교 교재분석 결과를 참고하였으며, 주교재 '세종한국어' 내용을 중심으로 연계하여 제시하였다. 한국문화 교육 내용을 학습자의 언어 숙달도에 따라 분류한 것으로, 문화교육에 있어 숙달도별로 위계화가 가능하다고 본 것이다.

[표 2] 요구조사 설문지 문항 구성

	조사 영역	세부항목	문항 수
1	일반적 특성	성별	6 문항
		연령	
		학년	
		출생국가	
		체류기간	
		출신초등학교	
2	한국어 학습 현황	한국어능력시험(TOPIK) 취득 급수	9 문항
		한국어 수업 수준	
		한국어 수업의 전반적인 만족도	
		한국어 수업 시간 만족도	
		한국어 수업 교재 만족도	
		한국어 학습에서 제일 재미있는 분야	
		한국어 학습에서 가장 어려운 부분	
		한국어 학습에서 가장 필요한 부분	
		한국어 학습 목적	

3	현행 한국문화 교육에 대한 인식	문화교육 시간 만족도	10 문항
		문화교육 교재 내용 만족도	
		한국문화 학습 기회	
		한국문화 프로그램 경험	
		한국문화 이해 난이도	
		문화교육의 필요성	
		문화 수업방식 만족도	
		문화 수업의 실용성	
		문화 수업의 희망 시간	
		희망하는 문화 수업 방식	
4	한국문화 교육 항목에 대한 요구조사	배우고 싶은 한국문화 항목(대분류)	3 문항
		배우고 싶은 한국문화 항목(중분류)	
		기타 의견	

설문지는 총 28문항으로 Likert 5점 척도 문항, 선택형 문항, 선다형 문항 등의 폐쇄형 문항을 이용하였으며 폐쇄형 문항에서 응답자의 의견 탐색의 한계가 있기에 '기타'라는 선택항을 추가하였다. 또한 개방형 문항을 포함하여 본 연구자가 생각하지 못했던 새로운 내용이나 연구 대상자의 생생한 의견을 수집하였다. 수집된 설문 문항을 선행연구를 통하여 확인된 각 변수의 유사성을 파악하기 위해서 SPSS 23.0을 활용하여 빈도분석(Frequency Analysis)을 실시해서 재한 몽골학교 학습자들의 28개 문항에 대한 응답 빈도 및 분포를 확인하였다. 재한 몽골학교 중 · 고등 학습자 대상의 설문지를 몽골어로 번역해 조사를 진행하였으며, 174명을 대상으로 2022년 3월 7일부터 2022년 3월 11일까지 설문조사를 실시하였고, 불성실하게 응답한 2부를 제외한 총 172부를 분석하였다.

3.2 요구 분석 결과 요약 및 시사점

본 연구는 재한 몽골학교 중 · 고등 학습자를 위한 한국문화 교육 방안을 마련하기 위해 요구조사를 진행하였다. 요구조사 결과를 분석하여 시사점을 도출하고 재한 몽골학교 한국문화 교육 방안과 학습 단계별 문화 항목을 선정하고 통합적 한국문화 교육의 교육과정 내용 및 교수 항목 개발에 참고하고자 한다.

첫째, 설문 조사 대상자에 대한 일반적인 특성 조사 부문에서 남학생이 56.4%의 비중이었으며 여학생(43.6%)보다 많았다. 중 · 고등 학습자들 연령대가 12세에서 18세 사이에 속한 것을 확인했고 학습자들의 166명(96.5%) 출생국가가 몽골이다. 이는 재한 몽골학교가 몽골 자녀를 위한 학교이며 한국에서 체류하고 있는 몽골인들이 몽골어와 몽골 정체성 및 자존감을 얼마나 중요하게 목표를 두고 있는지 확인할 수 있었다. 한국 체류기간을 확인한 결과 한국에 온 지 1~2년 된 학습자가 56명(32.6%), 5년 이상 54명(31.4%), 3~4년 38명(22.1%), 5년 21명(12.2%), 1년 미만 3명(1.7%) 순으로 차지했다. 체류기간 따라 한국어능력 수준을 파악할 수 있는데도 불구하고 몽골에서 초등학교 다녔을 때 한국어 공부를 이미 하고 온 학생이 있었다. 또한 조사 결과에 따르면 모든 학습자들의 체류기간이 평균적으로 확인이 됐지만 한국에 와서 5년 이상을 생활했더라도 한국어에 능숙하지 못한 경우가 많았다. 또한 재한 몽골학교 중 · 고등 학습자 90명(52.4%)가 재한 몽골학교를 졸업했으며, 68명(39.6%)이 몽골 내 일반학교 68명(39.6%), 11명(6.3%)이 한국 내 일반학교, 3명(1.7%)이 한국 내 대안학교를 나온 것을 확인했다. 현재 재한 몽골학교 총 학습자 수가 277명이며 1/3의 학생이 재한 몽골학교 초등학교를 나왔다는 것은 재한 몽골사람들이 늘고 있다는 점과 재한 몽골학교에 관심이 높아지고 있는 것을 볼 수 있다.

둘째, 한국어 학습 현황에서 한국어능력시험(TOPIK) 취득 급수에 따른 차이를 살펴보면 대부분 91명의 학습자가 아직 급수를 취득하지 못하고 있으며, 급수를 취득한 학습자들을 단계별로 분석해보면 초급(1급, 2급)이 37명, 중급(3급, 4급)이 17명, 고급(5급, 6급)이 27명이었다. 중급과 고급 학습자들이 초급 학습자들에 비해 낮게 확인이 되었다. 이는 한국어 교육을 통해 언어능력이 향상될 수 있지만, 이것으로 한국어능력시험 취득과 문화 간 의사소통 능력이 유익하게 향상되지는 못하고 있음을 방증하는 것으로 해석될 수 있다. 현재 재한 몽골학교에서 진행하고 있는 한국어 교육에 있어 한국어 수업을 공부하는 학습자들이 해당된 수준이 초급반 86명, 중급반 62명, 고급반 24명으로 나타났으며 이는 한국어능력 급수와 관련성이 없다. 한국어능력시험(TOPIK) 취득 급수를 취득하지 않은 학습자가 고급반에 해당될 수 있다는 것이다.

한국어 학습에서 수업시간 만족도가 압도적으로 '전혀 그렇지 않다'가 나왔다. 이는 코로나 확산으로 인해 2020년 하반기부터 본교 한국어 수업시간이 8시간에서 5시간까지 축소되었는데 이것이 전반적인 수업 만족도가 높지 않는 것의 원인으로 해석될 수 있다.

또한 한국어 학습자들이 전체적으로 학습하고 있는 교재 만족도를 만족스러워 하지 않고 있다는 결과를 보였다. 교재는 교사-학습을 연결해주는 도구이며 교실에서 수업이 이루어지는 과정에서 교사가 교재 내용 전달을 학습자들한테 제대로 전달하지 못하면 교육 효과가 떨어질 것이고 학습자들 입장에서 수업과 교재에 대한 만족도가 높게 나올 수 없게 된다. 그러므로 한국어 교육의 목표를 정확하게 다루어 교재에 의존하여 이루어지는 수업은 교사가 질 좋은 수업을 하더라도 학습자의 요구와 학습자에게 필요한 부분을 제대로 반영하지 못하면 그 수업이 좋은 수업이라고 보기에는 곤란할 것이다. 교실에서 이루어지는 수업방식의 핵심은 교재라고 할 수 있다.

이어서 한국어 학습 현황에 있어 한국어 학습에서 제일 재미있는 분야 결과를 살펴보게 되면 학습자들이 문화 항목에 관심을 많이 갖고 있다는 것을 확인하였고 한국문화 교육이 지속적으로 확대될 가능성이 있다는 상태를 보여주는 것이며 이에 대한 연구와 대비 또한 꼭 필요한 시점이라고 판단된다.

다음으로는 한국어 학습에서 가장 어려운 부분이 쓰기 항목으로 나타났으며 예상했던 결과가 나왔다. 재한 몽골학교 학습자뿐만 아니라 모든 외국인 학생들이 가장 어려워하는 영역이기 때문이다. 한국어 쓰기 학습은 어휘와 문법을 바탕으로 완성된다고 볼 수 있지만 사회와 문화적인 지식이 있어야 문장을 만들 수 있다는 것이다. 통합적인 한국어 교육과정이 이루어져야 할 필요가 있다고 해석될 수 있다.

다음으로는 한국어 학습에서 가장 필요한 부분이 듣기라는 결과가 나왔다. 이는 누군가와 대화했을 때 내 귀에 상대방의 말이 들려야 그 말이 무슨 뜻인지 이해가 되어 상대방과 대화가 이루어지며 의사소통이 가능해진다는 관점에서 볼 수 있다. 수업시간에 교사의 말이 무슨 말인지 알아듣지 못하면 수업 참여도가 떨어지며 학습자가 혼란스러워 할 수 있다. 이는 교사가 수업시간에 교재 내용만을 갖고 교육을 진행하기보다 시청각 자료 활용을 동일하게 사용해주면 학습자들의 수업만족도와 한국어 수업에 흥미를 가질 수 있는데 큰 역할이 될 수 있을 것이다.

마지막으로 재한 몽골학교 중 · 고등 학습자들의 한국어 학습 목적을 파악하고자 조사하였는데 한국 대학에 입학하기 위해 한국어를 목표어로 학습한다는 것을 확인할 수 있었다. 이는 본 연구의 목적과 목표를 달성할 수 있는 결과라고 생각한다. 재한 몽골학교 학습자들이 한국에서 생활하고 있는 것은 장점이 될 수 있는데도 불구하고 본인들이 목표를 충분히 이루어지게 만들 수 있는 현장이 마련되어 있다고 생각한다.

셋째, 현행 한국 문화교육에 대한 인식 조사 결과에 따르면 학습자들의 문화교육 시간 만족도는 '전혀 그렇지 않다'와 '그렇지 않다'라는 응답이 가장 많은 것으로 나타났다. 이 결과를 통해 현재 문화수업에 대한 학습자들의 요구가 있음에도 불구하고 편성된 문화교육 시간은 부족하다는 것을 의미하고 있다고 볼 수 있었다. 또한 재한 몽골학교 중 · 고등 학습자를 위한 한국 문화교육이 따로 마련되어 있지 않고 있으며, 앞으로 한국어 수업을 통해 한국 문화교육을 습득할 수 있도록 진행하면 한국문화에 대한 관심과 인식이 달라질 수 있어 더욱 호기심을 갖게 될 것이다.

이어서 문화교육 교재 내용 만족도 결과에 있어 학습자들의 교재 만족도는 '전혀 그렇지 않다'라는 응답이 가장 많았으며 이러한 결과는 현재 문화수업에 대한 학습자들의 의지와 요구가 있음에도 불구하고 현재 사용되고 있는 문화교육 교재 내용이 학습자들의 요구를 반영하지 못하고 있다는 것으로 보였다.

한국문화를 학습할 수 있는 기회와 한국문화 프로그램 경험에 대한 학습자들의 요구를 확인했는데 현재 재한 몽골학교 중 · 고등 학습자를 위한 한국어 학습 상황에서 한국 문화 습득에 필요한 배려가 부족하다는 것을 확인하였다. 반면 학습자들의 한국문화 프로그램 경험에서 '보통이다'라는 응답이 가장 많은 것으로 볼 때 현재 문화체험 활동이 미흡하기 때문에 체험을 늘릴 수 있는 대책이 필요하다고 생각한다.

문화교육의 필요성 조사결과에서 다수의 학습자들이 문화교육 필요성에 대해 '매우 그렇다'라고 언급한 것은 문화교육에 관심이 많다는 반응을 확실하게 보여준 결과라고 볼 수 있다. 그리고 문화 수업방식 만족도 결과에 있어서 대부분 학습자들이 '매우 그렇다'라고 응답하였으며 이는 문화 수업이 필요하다고 느끼고 있다는 점과 또한 수업시간에 한국문화를 배울 때, 모국 문화와 비교하여 설명한다면 한국문화를 이해하는 데에 도움이 되어 오히려 문화수업에 호기심을 갖게 될 가능성이 높다고 판단된다.

다음으로 한국문화 수업이 한국어를 이해하는데 도움이 되는 것에 대해 학습자들의 문화수업의 실용성에 대한 결과가 '그렇다'라고 가장 많이 응답하였는데 이는 학습자들이 문화학습과 문화능력 성취에 긍정적인 인식을 가지고 있음을 알 수 있고, 따라서 문화수업에 대한 추가적인 커리큘럼 확장이 필요하다고 볼 수 있다. 한국어 수업 시간에 한국문화 수업의 희망 시간에 대한 결과가 대부분 학습자들이 '그렇다'와 '매우 그렇다'라는 긍정적인 결과를 확인할 수 있었다. 앞으로 재한 몽골학교에서 한국어 수업 외에 한국문화 수업을 따로 진행하여 학습자들의 요구에 맞게 학습해야 할 것이다.

마지막으로 희망하는 문화 수업 방식에 대한 결과를 살펴보면 대부분 학습자가 시청각 자료 활용을 통해 학습하고 싶어 하는 것으로 나타났다. 재한 몽골학교 학습자들이 기본적으로 언어교육 중심으로 학습하고 있으며 문화학습에는 한계가 있다. 따라서 교재 속 문화내용을 풍부하게 만드는 것도 중요하지만, 시청각 자료 등 여러 가지 동영상 자료를 충분히 활용하여 교육한다면 흥미를 가지고 능동적으로 학습하게 할 수 있다. 그리고 학습자들이 한국문화 수업을 자국 문화와 비교하는 방식으로 수업을 진행하면 좋겠다는 결과를 확인할 수 있었다, 또한 선생님의 설명과 문화 체험, 시청각자료 활용에 긍정적인 욕구를 가지고 있다는 점도 교육설계에 감안하여야 할 것이다.

넷째, 학습자들은 대체적으로 민속문화, 일상생활문화, 제도문화를 매우 중요하다고 생각하고 있었으며, 의식주 문화, 사상문화, 관념과 가치관이 한국어 문화교육을 배우는데 있어 중요한 주제라고 언급한 것을 확인할 수 있었다. 한국문화 항목별로 매우 중요하다고 생각한 주제를 좀 더 구체적으로 살펴보면 민속문화에서는 민속놀이를 가장 중요하게 생각하였으며, 일상생활문화에서는 인사법, 공공예절을 중요한 주제로 제도문화에서는 학교생활과 교육제도를 중요하다고 생각하고 있는 것을 확인하였다. 재한 몽골학교 중 · 고등 학습자를 중심으로 배우고 싶어 하는 한국문화 주제를 초급반, 중급반, 고급반별로 정리한 결과를 살펴보면 다음과 같다.

[표 3] 배우고 싶은 한국문화 항목 대분류 종합(등급별)

등급	1 순위	2 순위	3 순위
초급반	일상생활문화	민속문화	의식주문화, 관념과 가치관
중급반	일상생활문화	관념과 가치관	제도문화
고급반	사상문화	예술문화	역사문화, 관념과 가치관

설문조사의 결과를 종합하여 보면 1) 초급반 학습자와 중급반 학습자들이 일상생활문화를 가장 배우고 싶어 하였으며, 고급반에서는 사상문화를 배우고 싶어 하였다. 2) 초급반과 중급반 학습자들이 한국에 거주하는데도 한국어 학습 및 한국 생활 적응에 필요한 일상생활과 관련된 문화에 관심을 갖고 있는 것으로 보인다. 3) 고급반 학습자들 같은 경우 대부분이 한국에 온 지 5년 이상 되어 초등학교부터 한국어를 학습한 학습자들이 많다 보니 한국어가 능숙할수록 언어와 문화에 대한 수준이 높아진다. 그만큼 한국문화 지식 범위가 넓어질 것이고, 한국인의 관념과 가치관 등에 관심을 가져 배우고 싶은 것으로 판단되었다.

다음으로 학습자들이 배우고 싶은 한국문화 중분류 항목을 1~3 순위로 분석하였다. 분석한 결과를 우선으로 참고하며 재한 몽골학교 중·고등 학습자를 중심으로 하는 한국문화 교육과정 방안에 반영할 필요성이 있다고 판단하였다. 학습자의 배우고 싶은 한국문화 항목별 종합 결과를 살펴보면 다음과 같다.

[표 4] 배우고 싶은 한국문화 항목 중분류 종합

대분류	중분류		
	1 순위	2 순위	3 순위
의식주문화	음식문화	주거문화	의복문화
역사문화	위인들	문화재	한국의 시대별 역사
민속문화	세시풍속	잔치	관혼상제
사상문화	유교사상	홍익인간정신	민간신앙
관념과 가치관	가족주의	민간요법	'빨리빨리'문화
일상생활문화	인사법	대중교통	호칭과 이름

제도문화	학교생활	교육제도	사회현상
예술문화	문학작품	대중문화	전통음악
문학	한국의 대표문학	한국의 현대문학	–

조사 결과 재한 몽골학교 중 · 고등 학습자들은 초급반 학습자의 경우 한국 일상생활에 적응하기 위한 한국문화를 선호하는 것으로 나타났다. 중급반 학습자도 일상생활과 관련된 문화를 배우고 싶어 하지만 초급반 학습자들과는 다른 양상을 보인다. 고급반 학습자는 초급과 중급 학습자보다 수준 높은 한국 생활로 한국 생활과 대인 관계에 어느 정도 적응이 되었으므로 그 외의 다른 문화에 관심을 갖고 있는 것으로 여겨진다.

이를 통해 각 단계별 한국어 학습자들이 배우고 싶어 하는 문화 항목을 우선순위로 참고해서 학습자의 한국어 문화학습의 흥미도 및 학습효율을 극대화시키기 위해서는 수준에 맞는 요구된 주제를 위주로 교육과정을 구성해야 할 필요가 있다. 그리고 현재 중 · 고등 학습자들 중 몽골 내 일반 초등학교를 나온 학습자가 대다수를 차지하고 있는 것은 몽골사람들의 한국 이동이 앞으로 증가할 가능성이 높다는 것으로 해석된다. 학습자들을 위해 단계별 훈련에 집중 교육과정을 마련해서 교육을 진행하면 학습자들의 한국어 능력을 향상시킬 뿐만 아니라 앞으로 한국생활과 사회 적응 및 문화 적응에 큰 도움이 될 것이다.

또한 한국어 수업의 전반적인 만족도가 높지 않다는 것을 확인하였으며 한국어 수업에 대한 만족감이 낮다는 요인을 파악해서 문제점을 발견하고 학습자들이 수업 만족도를 높일 수 있는 교육 방법을 제시할 필요가 있다. 재한 몽골학교 중 · 고등 학습자를 대상으로 한국어 학습 목적 조사 결과가 한국 대학에 입학하기 위해서 한국어를 목표어로 학습한다는 것을 확인하였다. 이런 점을 감안한다면 학습자를 위한 체계적이고 효율적인 교육과정 진행이 필요할 것이다. 말하기, 듣기, 읽기, 쓰기의 주요 언어기능을 다루는 것만으로도 한국어 교육에 시간이 부족한 실정이다. 따라서 언어문화의 통합적인 한국문화 교육 시간을 따로 설정해 학습자들의 상황을 참고해서 실질적이고 효율적인 한국문화 교육 방안을 마련해야 한다.

4. 재한 몽골학교 중 · 고등 학습자를 위한 한국문화 교육 방안

4.1 한국문화 교육의 목표 설정

한국어 교육에서 외국인 학습자 대상 문화 교육에 대한 목적은 크게 두 가지로 볼 수 있다(강승혜, 2010). 첫째는 원활한 의사소통이다. 외국인과의 자연스런 의사소통을 하는 데는 어휘의 의미와 문장의 구조적 이해만으로는 충분하지 않다. 언어는 문화적 배경에 직접적인 관계가 있기 때문에 언어에 내포되어 있는 문화적 의미를 모르면 오해를 하거나 의사소통이 불가능하게 된다. 둘째는 문화 충격의 완화와 적응이다. 따라서 외국인 학습자는 모국어 문화와 목표어 문화 간의 나타나는 차이로 인해 많은 오해와 충격을 받을 수 있다고 제시하였다.

재한 몽골학교의 한국문화 교육은 체계적인 교육과정에 따라 전문적인 설계가 안 되어 있으며 학습자에 대한 요구 조사가 충분히 반영된 교육과정으로 개발된 것은 아니고 학교에서 제공된 교재를 대상으로 해서 학습자 수준에 따라 한국어 수업이 진행되고 있는 것으로 나타났다.

현재 재한 몽골학교 한국문화 교육은 체계적인 교육과정에 따라 전문적으로 설계되지 않고 있으며 학습자 요구가 충분히 반영되지 않은 채 교육과정이 개설되어 있다. 요구 분석 결과에 따르면 학습자들이 한국어를 배우는 주된 목적은 한국대학 입학이며, 그 다음으로는 한국어를 잘 구사하기 위해서이다. 재한 몽골학교 학습자들은 한국에 체류하면서 한국어를 배우고 있음에도 불구하고 의사소통 측면에서는 한국어 교육을 습득하고 있다고 보기 어렵다. 실제로 재한 몽골학교 중 · 고등 학습자들이 한국에서 생활하는 데 사회적응과 문화적응 충격을 경험하고 있고, 문화적 차이로 인해 정체성 혼란, 갈등, 문화적 스트레스를 경험하며, 한국어 능력 차이로 인해 한국 학생들과 교우관계 형성에서 어려움과 문화적응으로 인한 스트레스 등으로 많은 혼란을 가진다. 이를 극복하기 위해서 본 교육과정은 한국어 수업 시간을 늘릴 수 있도록 여러 가지 방법을 시도해야 하며 방과 후 수업에서 한국어 수업 시간을 보다 확대하여 이를 강화할 필요가 있다.

위의 논의에 따르면 우선 학습자의 요구분석은 교육 내용을 선정하며 조직하는 데에도 기준이 될 수 있다. 특히 학습 환경, 학습자 국적이나 학습 동기 등의 변인에 따라 교육과정의 목적과 목표도 달라지기 때문에 교육 내용이나 교수교육과정에서 학습자의 요구를 수집하여 분석하는 것이 중요하다. 이 과정에서 학습자들의 요구만을 교육 내용에 반영하게 되면 교육의 목적을 상실할 수 있다. 그다음 요구 분석 결과를 기반으로 한국문화에 대한 이해와 의사소통 능력을 동시에 고려할 수 있도록 언어와 문화를 통합한 단계별 교육 내용의 범주를 실질적으로 반영하여 선정해야 한다. 마지막으로 문화 내용의 필요성과 학습자의 한국어 수준 상태 등을 고려하여 한국문화 교육에 포함할 항목과 내용 범위를 설정하였다.

모국어 중심으로 교육받고 있는 학습자들에게 한국어 교육을 목표어로 할 수밖에 없으며 그만큼 그들의 특성에 맞는 체계적인 한국어 교육이 이루어져야 한다. 따라서 재한 몽골학교 중 · 고등 학습자들에게 한국어 수업을 좀 더 체계화된 방식으로 전환하여 한국어 능력 수준과 한국 사회 및 문화적응에 도움을 줄 수 있는 한국문화 교육과정을 설계하여 학습자들이 상호문화주의 관점에서 언어와 문화의 통합적인 교육을 받을 수 있는 기회를 제공하고자 한다. 조항록(2006)은 한국어능력시험과 관련하여 한국 문화 내용을 정리하고 있는데 한국어능력시험의 총괄 기준 중 사회 문화적 맥락과 관련 있는 내용을 정리했다. 한국문화 교육을 할 때 학습자들의 학습 단계에 따라 학습 내용을 합리적으로 배치하는 것도 중요하며, 구체적으로는 초급, 중급, 고급에 따라 쉬운 내용부터 어려운 내용까지 표면적인 내용부터 깊은 내용까지 문화 지식을 습득하도록 해야 할 것이다. 재한 몽골학교의 한국문화 교육 교육과정 목표를 다음과 같이 선정해서 제시하였다.

[표 5] 재한 몽골학교의 한국문화 교육 목표(안)

등급	문화 목표
초급	한국문화에서의 기본적인 문화교육과정과 초급 어휘와 관련된 문화교육과정을 이해함으로써 문화교육의 목표를 삼는다. 또한 초급 단계에서는 학습자가 한국문화에 대한 흥미 유발과 일상생활문화, 표층적인 한국 사회문화에 대한 이해를 비교적 치중하여 요구한다. 이것은 한국어 학습 현장에서 초급 단계의 학습자의 경우에는 한국어와 한국문화를 처음으로 접하게 하는 단계에서 학습자의 학습 동기 형성이 필요하며 한국에서 사는 데 가장 기본적인 자기소개와 공공시설 이용 등과 같은 것이 긴급히 필요하다.

중급	한국사회에서의 일반 문화교육과정과 중급 어휘와 관련된 문화교육과정을 이해함으로써 문화교육의 목표를 삼는다. 중급단계서는 비교적 심층적인 제도문화에 대한 이해와 일상생활문화와 민속 문화에 대한 이해를 비교적 치중하여 요구한다. 또한 한국인과 사회적 관계 유지가 필요한 단계에서 한국에서의 사회적 역할과 지위 등 사회적 변수에 대한 이해와 해당한 언어문화 지식이 필요하며, 한국안의 일상생활의 바탕이 되는 민속문화의 이해도 필요하다.
고급	한국사회에서의 특수 문화교육과정과 고급 어휘와 관련된 문화교육과정을 이해함으로써 다양성 있는 문화교육을 실시하고 이를 문화교육의 목표로 삼고 있다. 고급단계서는 제도문화와 민속문화 또 사상문화에 대한 이해를 비교적 치중하여 요구한다. 고급 단계에서 학습자가 한국의 정치, 경제, 교육, 제도 등에 대한 이해는 한국 사회에 대한 전반적인 이해 하에 가능하며 한국사회 관련 문화에 대한 이해는 더욱 심층적이고 전반적이다. 또 실질적인 것보다 한층 더 올라가 한국인의 가치관, 사고방식, 한국인의 종교와 민간신앙과 같은 한국인의 정신적인 측면에 대한 이해도 요구되고 이것은 고급 수준에서 한국인과 의사소통, 전문적인 분야의 학습이나 대학 입학을 성공적으로 이루기 위해 필요하다.

재한 몽골학교 초등 학습자들은 학교 입학 직후 한국어를 처음 접한 학습자로서 한국문화에 대한 지식이 짧아 무엇이 필요한지 잘 알지 못할 수 있고, 수업 내용도 언어에서 어휘와 문법 중심으로 이루어지고 있다. 물론 한국어로 기본적인 대화는 할 수 있지만 초등 학습자가 학습 초기 단계인, 중 · 고등 학습자보다 한국사회에 부딪칠 상황은 적다. 중 · 고등 학습자들은 언어교육 중심의 학습 과정이 거의 끝나 한국문화 교육은 좀 더 비중 있고 원활하게 이루어질 수 있다.

4.2 한국문화 교육의 내용 선정

재한 몽골학교 중 · 고등 학습자를 위한 한국문화 교육 내용의 선정과 배열은 학습자들의 문화적응에 많은 관여를 하기 때문에 신중하며 효율적으로 해야 하는 단계이다. 따라서 한국문화 교육의 내용 선정은 재한 몽골학교에서 한국문화 교육과 한국문화 수요에 체계적으로 대응하고, 요구조사 결과에서 알 수 있었듯이 한국문화 교육이 체계적으로 이루어지 못한 상황을 보완할 수 있는 교육과정으로 제시하였다.

재한 몽골학교 중 · 고등 학습자를 중심으로 한국문화 항목에 관한 요구 조사를 실시하였으며 조사결과에 따라 선호하는 문화항목을 설정하였다. 또한 문화교육은 문화 간 의사소통능력을 함양시키기 위한 하위요소인 지식, 인식, 태도를 구체화시켜 설정된 교육의 목표를 고려해서 단계별 한국문화 교육 내용을 선정하였다. 문화 항목 내용 선정을 분석 대상 교재인 '문화가 있는 한국어 읽기 1~6권'의 내용을 중심으로 제시하였다. 또한 학습자들의 한국어 수준에 따른 한국어 수업반이 배정되어 공부하고 있지만 처음 만나는 사람과 인사하기, 가족 호칭, 인사 예절, 교통수단 이용 등과 같은 교육과정 내용은 대부분의 한국어 초급 교재에 제시되어 있으며, 의식주문화, 민속문화 등과 같은 것은 모든 단계에 다 제시되거나 두 단계에 각각 제시되기도 하였다. 그러므로 어떤 교재로 공부를 했느냐에 따라 학습하는 한국문화 교육 내용도 달라진다. 이번 절에서는 재한 몽골학교 한국어 교육 현장에서 실제적으로 교육할 수 있는 구체적인 한국문화 교육 내용을 선정해 보고자 한다.

한국문화 교육 내용 선정을 위해 내용의 유용성, 내용의 학습 가능성, 내용의 유의미성을 기준으로 삼았다. 설문 조사를 통해 얻은 학습자의 요구조사 결과와 교재 분석 결과 한국문화 항목 내용을 바탕으로 단계별 한국문화 교육 내용을 선정하였다. 문화 항목은 조항록(2004)을 기반으로 교재 분석을 통해 얻은 문화 항목과 학습자 대상 설문 조사를 통해 나온 우선순위를 고려하여 선정한 것이다. 또한 재한 몽골학교 중·고등 학습자 대상 설문 조사 결과로 대분류, 중분류 문화 내용을 선정하여, 문화항목 내용 선정을 분석 대상 교재 '문화가 있는 한국어 읽기 1권-6권' 한국어 교재에 담긴 문화 항목의 세부 내용을 바탕으로 한국문화 교육 내용을 선정하였다. 학습 선호도가 높더라도 현재 한국어 수준을 고려하여 학습이 어렵다고 판단되는 항목은 포함되지 않았다. 각 단계마다 그 단계가 갖는 어휘나 문법, 표현 등에 한계가 있기 때문이다. 재한 몽골학교 중·고등 학습자를 위한 한국문화 교육 교수요목을 초급, 중급, 고급 단계별로 다음과 같이 제시하였다.

[표 6] 초급 한국문화 교육 내용(안)

	대분류	중분류	문화항목
1	일상생활문화	한국인의 인사법	자기소개, 인사
		호칭과 이름	가족 호칭, 형제와 자매, 나이
		한국의 화폐	돈, 은행
		존댓말과 반말의 사용	존댓말, 반말
		한국의 사계절	계절, 계절 활동, 벚꽃구경, 김치박물관, 찜질방
		한국의 주말활동	하루일과, 주말, 등산, 영화, 동대문시장, 남대문시장,
		한국의 대중교통	버스, 지하철
		한국의 여행지	서울, 명동, 경복궁, 제주도, 부산
		한국인의 공공예절	전화번호
2	의식주문화	한국인의 음식문화	상차림, 숟가락과 젓가락, 냉면, 김치, 불고기, 비빔밥, 만두, 미역국
		한국인의 의복문화	한복
		한국인의 주거문화	동네, 집, 주거예절, 남산한옥마을,
3	민속문화	세시풍속	설날, 추석
		잔치	어린이날
4	제도문화	학교생활	교실, 선생님, 방학

[표 7] 중급 한국문화 교육 내용(안)

	대분류	중분류	문화 항목
1	일상생활문화	한국의 대중교통	KTX, 도심버스터미널
		속담 및 관용 표현	속담, 관용 표현
		한국인의 공공예절	휴대전화 사용예절, 119신고
		한국의 지리	한강, 설악산

2	의식주문화	한국인의 음식문화	식사예절, 김, 음식 궁합
		한국인의 의복문화	한복
		한국인의 주거문화	한옥, 온돌, 이사
3	역사문화	한국의 위인들	세종대왕, 허난설헌과 허균
		한국의 문화재	창덕궁
		한국의 대표 도시	서울, 부산
4	민속문화	세시풍속	결혼 풍습, 띠, 꿈과 해몽
		잔치	축제, 문화 활동, 김장,
5	사상문화	한국의 유교사상	용
		홍익인간 정신	재능 기부
6	관념과 가치관	한국인의 가족주의	'우리' 문화,
		'빨리 빨리' 문화	'빨리 빨리' 문화
		한국인의 가치관	탬플 스테이
7	제도문화	한국의 교육제도	한석봉과 어머니, 교육열
		한국의 경제	광고, 직업
		한국의 사회현상	기상재해, 스마트폰과 건강, 수면과 건강, SNS, 인터넷 게임,
		한국의 법과 인권	사건과 사고
8	예술문화	과학기술	자율 주행 자동차
9	문학	한국 대표문학	전래 동화, 김소월, 행복관

[표 8] 고급 한국문화 교육 내용(안)

	대분류	중분류	문화 항목
1	의식주문화	한국인의 음식문화	음식문화
		한국인의 주거분화	한옥

2	역사문화	한국의 시대별 역사	한국의 역사, 청계천, 사대문,
		한국의 위인들	세종대왕 해녀
		한국의 문화재	안동 하회마을
		한국의 대표 도시	서울
		세계 속의 한국기업	사회적 기업, 인공 지능
3	사상문화	한국의 유교사상	별자리
		홍익인간 정신	기부, 두레와 품앗이
		민간 신앙	민간 신앙
		한국의 종교	한국의 종교
4	관념과 가치관	한국인의 가족주의	'효' 사상, 가족 형태
		한국의 민간요법	한국의 민간요법
5	제도문화	한국의 교육제도	한국어의 특징, 한국어, 교육
		한국의 경제	한국의 경제, 착한 소비 스마트 쇼핑, 마케팅
		한국의 정치	한국의 정치, 정치인
		한국의 사회현상	사물 인터넷, 갈등과 소통, 미래 식량
		한국의 법과 인권	법
6	예술문화	전통음악	아리랑, 판소리
		대중문화	대중음악
		과학기술	경주, 한양 도성,

재한 몽골학교 학습자는 일반적인 한국어 수업에서 단원별로 수업 시간마다 정해진 문법, 어휘, 학습 내용 및 문화 부분 등의 과정으로 설계가 이루어진다. 그러나 한국문화 수업을 따로 마련하게 된다면 문화 수업에서는 다양한 문화 요소를 배우게 되고 한국과 몽골문화를 비교하여 차이점을 인식하고 인지하게 된다. 한국문화 교육을 단계별로 초급, 중급, 고급으로 분류하여 학습자들이 한국 사회에 빨리 적응할 수 있도록 한국문화에 대한 지식을 체계적으로 습득할 수 있는 주차별 학습 내용을 구성해서 제시하고자 한다.

재한 몽골학교 중 · 고등 학습자를 위한 한국문화 교육 내용 제시를 단계별로 구분될 수 있도록 구성하였으며 이는 교수-학습의 효율성을 높이고자 하였다. 한국문화 교육 내용을 주교재와 내용적으로 일치하게 교육이 이루어질 수 있도록 구성되어 있으며 교수-학습 주제와 이에 따른 과제 및 활동 관련 부분을 교사가 상황 설정에 맞게 시간, 교수 내용 등을 조정해서 적용할 필요가 있다고 판단한다.

5. 결론

본 연구는 재한 몽골학교 중 · 고등 학습자들이 사용하는 한국어 교재를 분석하고 학습자 요구조사를 통해 한국문화 교육 실태를 파악하고 개선 방안을 제안하는 데 목적을 두었다. 이를 위해 재한 몽골학교에서 사용하는 한국어 교재를 분석하였으며, 재학생들을 대상으로 요구조사를 실시하여 자료를 수집하고 결과를 분석하였다.

지금까지 이루어진 문화교육에 관한 선행연구는 국내 학습자를 대상으로 한 연구는 그 수가 많지만 주로 대학 진학 등을 위한 자격증 시험을 위주로 하는 연구 위주였다. 특히 몽골인을 위한 한국문화 교육 연구와 같이 학습자의 특성을 반영하여 실시한 연구는 부족한 실정이다. 또한 대부분의 연구가 유학목적의 대학생 이상의 성인을 주로 하였고 다양한 입국배경이 있는 청소년층을 대상으로 한 연구는 매우 부족한 실정이다.

따라서 본 연구는 이러한 한계를 극복하고자 실제 문화교육의 수요자를 고려하여 연구대상을 재한 몽골학교 중 · 고등 학습자를 중심으로 하였다. 그리고 이들이 한국어 학습에서 이들이 겪고 있는 어려움을 요구조사를 통해 파악하고 특히 문화콘텐츠를 활용한 어학 교육의 효과성과 장점을 바탕으로 개선방안을 제시하였다. 본 연구는 향후 몽골 뿐 아니라 다문화 가정 또는 외국인 청소년들에게 문화콘텐츠를 활용한 한국어 교육의 발전 방안을 모색하였다는 데에서 의의를 찾을 수 있을 것이다.

조사연구 결과 중요한 시사점은 다음과 같이 요약할 수 있다.

첫째, 재한 몽골학교 중 · 고등 학습자들의 경우 생활과 대학 진학 등을 위해서 한국어 학습을 하고 있지만 현행 수업내용에 대한 만족도는 낮은 것으로 나타났다. 한국어 수업의 전반적인 만족도에서 만족보다는 불만족 비율이 2배 가까이 높았으며 수업 교재에 대한 불만족 비율은 그보다 더 높은 2.7배로 나타났다. 이것은 학습자들의 한국어 수업 만족도를 높이기 위해 교재개발이 무엇보다도 중요한 정책이 되어야 한다는 것을 보여주고 있다. 그러나 열악한 재정으로 운영되는 소규모 외국인 학교에서 교재를 직접 개발한다는 것은 매우 어려운 과제이므로 한국 정부가 교육 정책적 차원에서 이를 지원하는 것이 절실하다.

둘째, 문화교육 시간에 대한 만족도는 불만족이 73.3%로 만족한다고 답한 3.4%보다 무려 21.5배나 높았다. 또한 문화교육 교재에 대해서는 불만족이 64.5%로 만족한다는 답변 6.9%보다 9.3배나 높았다. 이것은 몽골 학생들이 한국어 학습에서 문화콘텐츠를 활용한 교육시간의 절대적 부족을 호소하고 있으며 현행 교재의 혁신적 개선 사업도 필요하다는 것을 역설하고 있다고 본다.

셋째, 한국 문화수업에서 희망하는 수업 방식에서 시청각 자료의 활용과 한·몽 문화비교 방식에 의한 수업 욕구가 강한 것으로 나타났다 이것은 교수방식에 있어 학습자들이 흥미를 갖고 접근하기 위해서는 단순 교재 중심에서 벗어나 보조교재로 사진과 영상 등 시청각 자료를 적극 활용해야 하고 이것을 설명할 때 몽골 문화와 비교하는 방식을 사용하면 훨씬 교육효과가 증대될 수 있음을 시사하고 있다고 보인다.

본 연구에 따르면 몽골의 중·고등 학습자들을 대상으로 한국어 교육에 문화교육 교과서를 활용한 것이 교육에 긍정적인 영향을 미쳤다. 다만, 교육을 시행하기 위한 자원, 즉 교재, 보조자료, 유능한 교사의 확보 등에 대해서는 정부 차원의 정책적 지원이 있다면 앞으로 교육 효과는 더욱 커질 것이다.

본 연구가 이러한 성과가 있었음에도 불구하고 다음과 같은 한계가 있었다.

첫째, 연구대상을 서울에 소재하고 있는 재한 몽골학교 중·고등 재학생으로만 한정하였기 때문에 이를 전체적으로 일반화하기에는 무리가 있을 것으로 판단된다. 따라서 앞으로 전국에 거주하고 있는 몽골 학습자들의 교육 유형에 따른 비교 연구가 필요하다. 또한 국적이 몽골이 아닌 다른 국적의 학습자들을 대상으로 한 연구도 필요하고 이를 서로 비교한다면 유의미한 결과가 도출될 수 있을 것으로 짐작된다.

둘째, 한국문화 교육의 개선 방안을 마련하기 위해 교재 현황 분석과 학습자의 요구만을 조사하였다는 점이다. 따라서 교수자를 대상으로 한 요구조사도 필요하다. 이를 통해 교수자와 학습자 그리고 교재의 발전 방안을 총체적으로 결합하여야 보다 효과적인 교육프로그램이 만들어질 수 있을 것이다.

셋째, 본 연구에서의 요구조사는 설문조사를 통한 양적연구가 주된 방식이었다. 그러나 심층연구를 위해서는 개별적인 인터뷰와 관찰 등 질적 연구가 병행되어야 한다는 필요성도 인정한다.

앞으로 한국 내에는 외국인의 체류가 더욱 늘 것이고 이 중 상당수는 장기 체류하거나 한국 국민으로 편입되어 한국 사회의 구성원이 되리라 생각한다. 한국 내 외국인에 대한 한국어 교육과 한국문화 교육의 중요성이 더욱 커질 것이고, 한국 사회 구성원 모두의 이해관계와도 관련을 갖게 될 것이다. 이러한 맥락에서 재한 몽골학교 중 · 고등 학습자를 포함하여 한국 내 체류 외국인이 한국어와 한국문화 교육을 효율적으로 받을 수 있도록 많은 후속 연구와 지원이 뒤따르기를 기대한다.

참고문헌

강승혜(2003), 한국어 교육의 학문적 정체성 정립을 위한 한국어 교육 연구 동향분석, 한국어 교육, 14(1), 국제한국어교육학회.

강승혜(2010), 한국어 학습자들이 지각한 '좋은' 한국어 교사의 특성, 한국어 교육, 21(1), 국제한국어교육학회.

교육부(2021), 해외 초 · 중등학교 한국어 교육과정.

국립국어원(2010), 국제통용 한국어 표준 모형 개발 1단계.

국립국어원(2011), 국제통용 한국어 표준 모형 개발 2단계.

국립국어원(2016), 국제통용 한국어 표준 교육과정 활용 점검 및 보완 연구, 국립국어원.

국립국어원(2017), 국제통용 한국어 표준 교육과정 적용 연구.

국립국어원(2020), 한국어 표준 교육과정.

권오경(2009), 한국어 교육에서 문화교육 내용 구축 방안, 언어와 문화, 5(2), 한국언어문화교육학회.

김중섭(2005), 외국인을 위한 한국 문화 교육 연구의 현황 및 과제, 이중언어학, 27, 이중언어학회.

민현식(2004), (한) 국어 문화교육의 개념과 실천 방향, 한국언어문화학, 1(1), 한국언어문화회.

민현식(2004), 한국어 표준교육과정 기술 방안, 한국어 교육, 15(1), 국제한국어교육학회.

민현식(2006), 사범대 문법 교육과정의 구성과 문법 교육의 개선에 대한 연구, 국어교육연구, 17, 서울대학교 국어교육연구소.

박영실(2012), 재일 한국학교 고등학생을 위한 한국어 및 한국문화의 통합교육 연구: 재일 한국학교 고등학생 대상 요구분석을 기초로 하여, 고려대학교 석사학위논문.

배재원(2011), 한국어 학습자를 위한 한국문화 교육 연구, 이화여자대학교 박사학위논문.

백봉자(2004), 문화교육을 위한 교육 자료 개발, 국제한국어교육학회.

성기철(2001), 한국어 교육과 문화 교육, 한국어 교육, 12(2), 국제한국어교육학회.

신영옥(2006), 국내 이주노동자 자녀를 위한 초등예비교육과정 연구, 경희대학교 석사학위논문.

이루리(2018), 다문화 예비학교의 '중학생을 위한 표준 한국어' 교재 활용 실태 및 교재 개선 방안 연구, 고려대학교 석사학위논문.

이미혜(2004), 한국어와 한국 문화의 통합 교육–언어 교육과 문화 교육의 통합 양상을 고려한 교육 방안, 한국언어문화학, 1(1), 한국언어문화학회.

이진아(2013), 중등학교 다문화가정 학생을 위한 '표준 한국어' 교재 분석, 연세대학교 석사학위논문.

이철영. (2019), 중국 중고등학생을 위한 한국어 · 한국문화 교육 내용 연구, 인하대학교 박사학위논문.

이해영(2007), 외국인근로자 자녀를 위한 한국어 교육–재한몽골학교 운영 사례를 중심으로, 이중언어학, 33, 이중언어학회.

임경순(2006), 문화 중심 언어와 문화의 통합 교수 · 학습 방법 연구, 한중인문학연구, (19), 한중인문학회.

조항록, 강승혜(2001), 초급 단계 한국어 학습자를 위한 문화 교수요목의 개발, 한국어 교육, 국제한국어교육학회.

조항록(2000), 초급 단계에서의 한국어 교육과 문화 교육, 한국어 교육, 11(1), 국제한국어교육학회.

조항록(2004), 재외동포를 대상으로 하는 한국어 교육정책의 실제와 과제, 한국어 교육, 15(2), 국제한국어교육학회.

조항록(2004), 한국어 문화교육론의 내용 구성 시론(試論), 한국언어문화학, 1(1), 한국언어문화학회.

홍지혜(2013), 태국 고등학교 한국어 학습자를 위한 한국 문화 교육 항목 선정 연구, 한국외국어대학교 석사학위논문.

황인교(2008), 여성 결혼 이민자를 위한 한국문화교육 연구, 언어와 문화, 4(3), 한국언어문화교육학회.

Brooks, N(1964), Language and Language Learning, theory and practice, New York: Harcourt Brace & World.

Brown, H. D(2000), Principles of language learning and teaching(Vol. 4), New York: Longman.

Hammerly, H(1982), Synthesis in second language teaching, Burnaby: Second Language Publications.

Minjinlkham, J(2021), 재한 몽골 중 · 고등학생의 한국어 능력이 문화적응 스트레스에 미치는 영향: 문화적응 유형의 조절효과를 중심으로, 학습자중심교과교육연구, 21(14), 학습자중심교과교육학회.

Seelye, H. N(1984), Teaching culture: Strategies for intercultural communication(2nd ed.), Lincolnwood: National Textbook.

Tomalin, B., & Stempleski, S(1993), Cultural Awareness, Oxford: Oxford University Press.

〈한국어 교재〉

'세종한국어' 1~8권(2013, 2014), 국어국립어원.

'문화가 있는 한국어 읽기' 1~6권(2019, 2020), 상명대학교 국제언어문화교육원 교재 개발팀.

제 2 부

한국어 교육 정책

08 한국 내 다문화 사회의 진전과 언어 정책 – 정호선

09 이주 배경 청소년과 한국어 교육 정책 – 정서윤

10 내러티브 탐구를 통한 베트남 결혼이주여성의 정체성 – 박선영

11 유럽국가의 이주 배경 학생을 위한 정책과 교육 제도 – 이유인

12 외국어로서의 한국어교원 정책 – 김민수

13 한국어 해외 확산을 위한 세종학당 추진 정책 – 손평

14 한 · 중 외국어로서의 자국어 교사 양성 정책 – 유주명

15 한국적 상호문화주의와 사회통합 정책 – 강병석

08 한국 내 다문화 사회의 진전과 언어 정책[1)]

정호선

1. 다문화 사회의 이민자 언어 능력

1.1 이민자 언어 능력의 개념

이민자가 이민 사회에 정착하는 데 있어 언어 능력은 중요한 요소이다. 언어 능력에 대해 Chomsky는 언어 화자가 모어에 대해 가지고 있는 언어 지식, 문법 능력을 언어 능력이라고 하였으며 Hymes(1972)는 문법적 지식과 함께 적합성(appropri-ateness), 용인 가능성(acceptablity)까지의 범주를 언어 능력으로 보고 있다(강현화 · 이미혜; 2011). 유럽공통참조기준(2010)에서는 언어 능력을 의미가 있는 메시지를 형성하는 형식적인 수단에 대한 지식과 이 수단을 활용할 수 있는 능력이라고 정의하고 있다. 유럽공통참조기준(2010)에서 제시하고 있는 의사소통 능력의 구성 요소는 다음과 같다.

---

1) 이 글은 정호선(2016)의 박사학위논문 '한국 내 이민자의 사회통합을 위한 한국어 교재 개발 연구'의 내용을 바탕으로 하였음을 밝힌다.

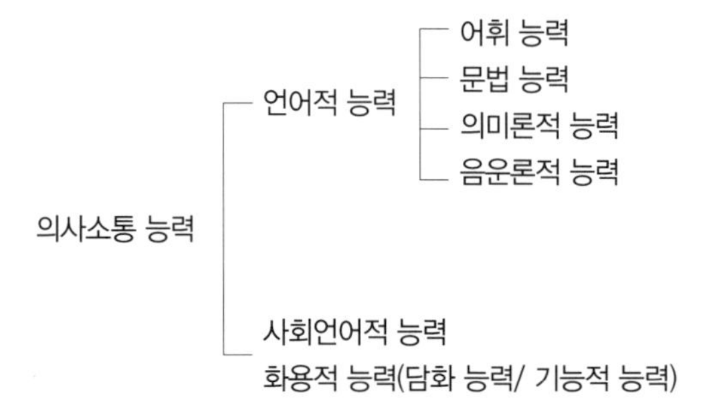

[그림 1] 유럽공통참조기준의 의사소통 능력의 구성 요소

이민자가 이민 사회에 적응하고 원주민과 조화롭게 살아가기 위해서는 의사소통 능력이 요구되어진다. 어휘, 문법적 지식을 바탕으로 문장을 생성할 수 있는가 없는가라는 1차원적의 언어 능력이 아니라 생성된 문장을 어떤 상황에서 누구에게 사용할 수 있는가라는 사회언어적 능력이 요구되어지는 것이다. 왜냐하면 인간이 언어를 습득하고 학습하는 것은 궁극적으로 다른 사람과의 의사소통 활동을 목적으로 하는 데 있기 때문이다. 이에 대해 Canale and Swain(1980)에서는 의사소통 능력을 문법적 능력, 사회언어학적 능력, 담화적 능력, 전략적 능력으로 제시하였는데 이민자가 이민 사회에서 제2언어의 지식적인 언어 능력을 습득했다 하더라도 그것을 언제 어디서 말해야 하는지 상황을 적절하게 판단하지 못한다면 이는 언어 능력을 제대로 실현하는 것이라고 볼 수 없다고 하였다(강현화 · 이미혜; 2011). Muriel Saville-Troike(2003)에서도 이러한 의견을 뒷받침하고 있는데 의사소통 능력이란 해당 언어 형식에 대한 지식은 물론, 주어진 상황에서 누구에게 무엇을 그리고 그것을 어떻게 말해야 적절한지에 대한 이해를 포함한다고 하였으며 의사소통 능력의 개념은 문화능력의 개념 즉 화자가 어떤 상황에서 생각해 내는 지식 및 기술의 총체 속에 포함되어야 한다고 하였다(Berns, Margie S; 2012). 앞서 제시한 유럽공통참조기준(2010)에서도 의사소통 능력을 언어적 능력과 사회언어적 능력, 화용적 능력으로 구분하여 제시하고 있다.

이를 바탕으로 볼 때 이민자에게 필요한 언어 능력의 개념은 Chomsky가 제시한 문법 능력을 포함하여 의사소통 능력까지 확장된 개념으로 정의할 수 있다. 즉, 어휘 능력, 문법 능력, 의미론적 능력, 음운론적 능력 등과 같은 어휘와 문법 지식을 바탕으로 한 언어적 능력[2]과 이를 잘 활용할 수 있는 사회언어적 능력, 화용론적 능력을 내포하는 의사소통 능력을 언어 능력의 의미로 정의할 수 있다.

1.2 이민자 언어 능력의 중요성

세계화의 진전으로 국가와 국가 간의 이동이 어렵지 않게 이루어짐에 따라 세계는 자연스럽게 다문화 사회로의 모습을 갖추게 되었다. 이러한 다문화 사회가 형성된 원인[3] 중 하나를 이민으로 볼 수 있는데 이민으로 인해 다문화 사회가 형성되면서 다언어 사회로의 진전도 이루어지게 되었다. 이러한 다문화 사회에서 언어가 의사소통의 도구라고 했을 때 국가적 차원에서 의사소통의 도구가 통일되지 못하게 된다면 사회적 혼란과 경제적 손실을 가져올 수 있다.

이민자가 이민 사회의 언어 능력을 갖추지 못하고 원주민과 이민자들의 의사소통이 원활히 이루어지지 않으면 원주민과 이민자의 갈등이 심화될 수 있다. 이는 사회적 문제를 야기시킬 수 있으며 이민자들의 사회적 불만이 커져서 사회적 폭동이나 테러로도 이어질 수 있다. 실제로 2005년에는 파리 북부 교외지역인 클리시 수 부아에서 인종차별과 만성적인 실업 등 이민 사회의 사회적 불만이 폭발하면서 대규모 이민지 폭동 사태가 발생했으며 최근 2023년 7월 튀니지에서는 원주민과 아프리카 이민자들 사이의 갈등이 심화되어 이민자들이 폭동을 일으키는 등 원주민과 이주민의 갈등에 관한 뉴스를 어렵지 않게 접할 수 있다. 또한 국제 결혼으로 인한 이민의 경우 이민자의 언어 능력이 부족하면 이로 인해 갈등이 유발되고 가정이 흔들리게 된다. 가정은 사회의 기초 단위로 가정이 흔들리면 이는 사회 조직의 붕괴나 해체로 직접적으로 연결될 수 있다. 이러한 사회적 혼란과 경제적 손실을 막기 위하여 국가는 이민자의 언어 능력 배양에 힘써야 할 것이다.

---

2) 여기서 말하는 언어적 능력이란 인간이 말을 하고 이해하는 광의의 언어적 능력이 아니라 어휘, 문법 등과 같은 언어 지식을 바탕으로 한 협의의 언어적 능력을 의미한다.

3) 한국의 다문화 사회의 형성 원인으로 결혼이민자 유입 증가와 재한외국인 정책 변화, 고용허가제에 따른 외국인근로자 유입 증가, 유학생 증가, 이민 등이 있다.

이민자의 언어 능력이 중요한 이유는 국가적 차원에서 사회적 갈등을 최소화하여 사회통합의 길로 나아갈 수 있기 때문이다. 국가적 차원뿐만 아니라 개인적 차원에서도 이민자의 언어 능력은 이민 사회에서 경제적 문제와 직결되는 생존의 문제이기도 하다. 또 이민 사회의 편견과 차별 속에서 이민자 자신의 인권을 보호할 수 있는 최소한의 조건이 된다는 점에서도 중요하다. 이처럼 이민자의 언어 능력은 이민자가 이민 사회의 구성원으로 자질을 갖추어 인적 자원의 인프라를 구성하고 사회통합을 실현하는 도구적 기능을 가진다고 할 수 있겠다. 따라서 국가는 사회통합의 큰 목표 아래 사회통합을 실현할 수 있는 방향으로 이민자들의 언어 능력을 키우는 데 주력해야 할 것이다. 이를 볼 때 이민자의 언어 능력을 배양하는 것은 이민자들의 개인의 문제라고 볼 수 있지만 결국 언어 능력 배양에 따른 언어 통합은 궁극적으로 국가와 사회의 발전을 가져오는 것이다.

지금까지의 논의를 바탕으로 이민자의 언어 능력이 가지는 기능을 다음과 같이 정리할 수 있다. 첫째, 원주민과 이민자의 원활한 의사소통을 할 수 있도록 해 준다. 둘째, 이민 사회에 안정적으로 정착할 수 있도록 도와준다. 셋째, 언어로 인한 불이익 없도록 이민자의 인권을 보호하고 국민으로서 대등한 권리를 가질 수 있도록 해 준다. 넷째, 결혼이민자의 경우 가정생활과 자녀 교육을 위해, 외국인근로자의 경우 원만한 직장 생활과 인간관계 영위, 산업재해로부터 안전을 지킬 수 있는 역할을 해 준다. 다섯째, 개인으로서 행복한 삶을 영위할 수 있도록 도와주며 나아가 국가 차원에서 국민 정체성을 형성하고 국가의 인적 자원으로서의 인프라를 구축하여 국가 발전에 기여하므로 사회통합의 기본 조건이 된다.

1.3 이민자 언어 능력의 발달과 도달 정도

언어 능력 발달 과정에서 모어를 습득하는 것과 제2언어를 습득하는 것은 다르다. 모어의 경우 모어 환경에 노출되면 자연스럽게 습득되는 반면에 이민자가 이민 사회에서 습득하게 되는 제2언어 습득은 학습자의 시간과 노력이 필요하다. Robet E. Owen, Jr.(2005)에서는 모어의 언어 능력 발달 과정을 유아기-학령전기-학령기와 성인기 세 부분으로 나누고 다섯 살이면 이 형식의 90%가 습득된다고 하였다.

언어 능력 발달에 있어 Cummins(1978)에서는 연령에 따른 제1언어 · 문화 습득의 순서를 제시하며 제1언어를 습득하는 데 언어 형성기 전반과 후반에 걸쳐 대략 15년의 시간이 걸린다고 제시하고 있다.[4] 이는 어린이의 발달 능력에 따라 모어의 추상적인 개념과 추상적 어휘 습득까지를 고려한 시간으로 기초적인 언어 능력은 10세 이전에 형성된다고 볼 수 있다.

그러나 이민자 대상의 언어 능력 발달은 어린이를 대상으로 한 언어 능력 발달과는 조금 다르게 접근할 필요가 있다. 성인의 인지적 성장은 전 생애에 걸쳐 계속되지만 그 속도는 점점 느려져서 습득 속도가 어린아이처럼 빠르지 않다. 성인이 되면 인간은 이미 습득한 방대한 기술에 새로운 기술, 단어, 문제해결 기술을 더 가지게 된다. 제2언어 습득에 있어 언어 능력은 개인에 따라 습득 능력과 시간이 다를 수 있다. 즉 이민자 개인의 상식, 사회문화적 지식, 기능과 노하우, 개인의 성향과 태도 등에 의해 언어 능력의 발달 차이가 있다. 또한 언어 능력에 있어 우리가 모어 환경이나 제2언어 환경에 노출되는 정도로 습득될 수 있는 기초 회화 능력과 이민자가 좀 더 전문적인 환경에서 사용되는 학습 언어 능력을 습득하는 데에도 발달 차이가 있다. 이에 대해 Cummins에서는 회화 능력과 교과 학습 언어 능력(The conver-

---

4) 나카지마 키즈코(2012)에서는 Cummins(1978)의 연령에 따른 제1언어 · 문화의 습득 기간에 대해 다음과 같이 제시하고 있다.

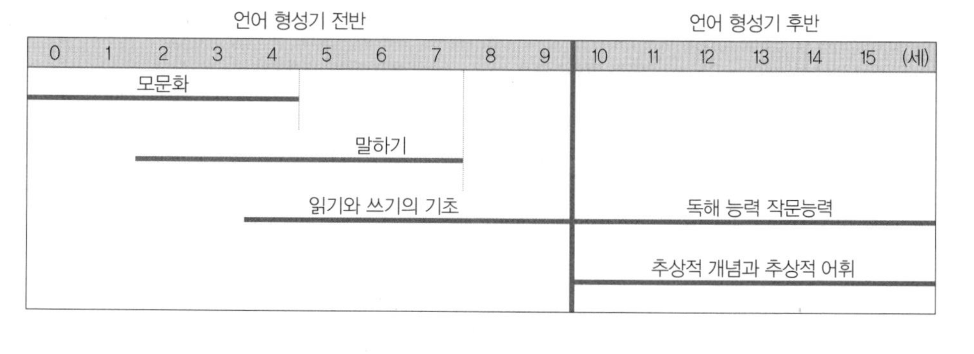

sational/academic language proficiency principle) 〈원칙 3〉[5]을 제시하면서 회화와 학습 언어를 습득하는 데에 걸리는 시간이 크게 다르다는 것을 주장하였다. 즉 회화라는 것은 주변 상황에 의존하여 개인의 고도화된 인지 능력이 낮기 때문에 학습 시간이 그리 오래 걸리지 않지만 우리가 책을 읽거나 교과에 관한 학습 활동을 할 때에는 상황 의존도가 낮은 대신에 개인의 인지 능력이 필요하기 때문에 이를 학습하는 시간이 더 오래 걸린다는 것이다. Cummins는 이를 '인지 능력 필요도와 상황 의존도로 분석한 언어 활동의 4영역'으로 나누었고 Coelho에서는 Cummins의 그림을 사용하여 각 영역의 언어 능력 도달에 필요한 시간을 제시하고 있다. Cummins의 그림과 Coelho의 그림을 통합하여 제시하면 다음과 같다.

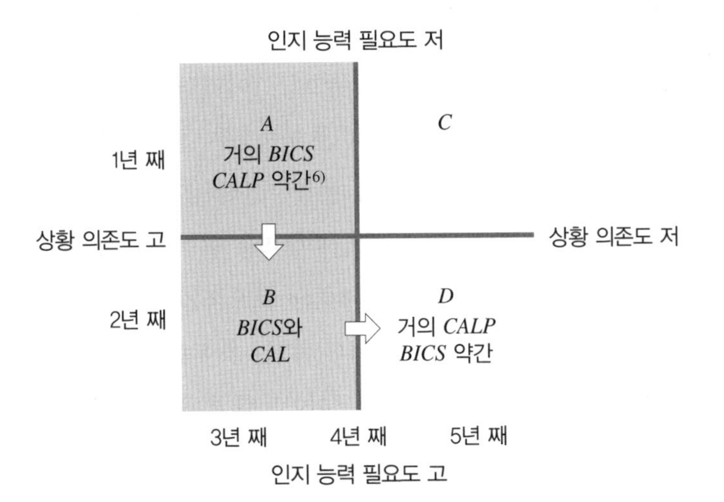

[그림 2] Cummins와 Coelho가 제시한 영역에 따른 언어 능력 도달에 필요한 학습 시간 혼합 모형

5) Cummins(1978)에서는 언어의 발달 체제를 4원칙으로 나누어 설명하고 있다. 이를 Cummins의 4원칙이라고 하는데 4원칙은 다음과 같다. 〈원칙 1〉 상승효과를 낳는 가산적 이중 언어 〈원칙 2〉 2언어 상호 의존의 원칙, 〈원칙 3〉 회화 능력 · 교과 학습 언어 능력 〈원칙 4〉 상호 커뮤니케이션 활동 충족의 원칙

6) BICS(=Basic Interpersonal Communicative Skills), CALP(=Congnitive Academic Language Proficiency)를 의미한다.

즉, 인지 능력이 많이 요구되지 않고 상황 의존도가 높은 회화 능력을 습득하는 데(A, B면)는 1년~2년의 시간이 요구되는 반면에 상황 의존도의 비율이 낮아지고 고도의 인지 능력이 필요한 학습 언어 능력을 키우는 데(B, D면)는 3년~5년의 시간이 걸리는 것을 알 수 있다. 이는 나카지마 키즈코(2012)에서도 찾아볼 수 있는데 나카즈마 키즈코는 이민자와 외국인 자녀와 같이 계승어와 현지어[7]로 짝을 이루는 경우 일반적으로 현지어의 일상회화는 짧은 시간 안에 유창하게 구사할 수 있게 되지만 교과 학습과 관련된 교실 담화와 독해 능력, 추상적인 어휘의 습득은 제1언어가 제대로 발달된 경우는 5년~7년, 그렇지 않은 경우는 10년이 걸린다고 하였다.

이민자가 이민 사회에 정착하면서 도달해야 하는 언어 능력 수준은 어디까지인가라는 점을 고려한다면 그 기준을 제시하는 것은 쉬운 일이 아니다. 유럽에서는 '유럽공통참조기준'을 마련하였는데 이는 전 유럽의 언어 교육을 위한 수업계획, 교육과정 요강, 시험, 교재 등을 개발하기 위해 공통 기반을 마련하고 있다. 이 참조기준에는 능력 수준도 규정되어 있어서 평생 동안 학습 과정의 단계마다 학습 진척을 측정할 수도 있다. 이 참조 기준에서 주목하여 볼 것은 1.2 항목의 유럽평의회 언어 정책의 목적이다. 이중 일반 규정의 1번과 3번 항목에 이민자가 이민 사회에서 적응할 수 있도록 특별사항을 규정하고 있다. 1번 항목에서는 언어 정책의 목적 중의 하나로 다른 나라 즉 이민 국가에서 무난히 일상생활을 할 수 있고 이민 국가의 원주민과 이민자가 원활하게 일상생활을 할 수 있도록 하는 언어 정책의 목적을 밝히고 있다. 3번 항목을 보면 서로 다른 이민자 집단의 특성(결혼이민자, 외국인근로자 등)을 이해하고 그들의 특정한 요구에 따른 언어 능력을 습득할 수 있도록 제시하고 있다. 원문 번역은 다음과 같다.

7) 나카지마 키즈코(2012: 23)는 '제1 언어'(태어나서 처음 배운 언어)와 '제2언어'(나중에 추가된 언어), 혹은 계승어(부모에게 계승받은 언어)와 '현지어'(생활하는 데에 필요한 언어)로 구분하였다.

[표 1] 유럽평의회 언어 정책 목적의 일반 규정

1. 모든 인구 집단이 다른 회원국들의(또는 자국 내의 언어공동체의) 언어 지식을 습득함과 동시에 의사소통 요구를 충족시킬 수 있을 정도의 언어 사용 능력을 습득할 수 있는 효과적인 수단과 방법을 가능한 한 많이 누릴 수 있도록 보장한다. 그 특별 사항은 다음과 같다.

   1.1 - 다른 나라에서 무난히 일상생활을 하고, 자국 내의 외국인들이 일상생활을 할 수 있게 도와주도록 한다.

   1.2 - 다른 언어를 사용하는 청소년이나 성인들과 정보와 생각을 교환하고, 자신의 생각과 감정을 전달하도록 한다.

   1.3 - 다른 사람들의 생활 방식과 사고방식 그리고 그들의 문화유산에 대해서 더 깊이 있고 잘 이해하도록 한다.

(중략)

3. 서로 다른 집단과 유형의 학습자들이 자신들의 특정한 요구에 따른 언어능력을 습득하는 데는 가장 적합한 방법과 자료가 교육체계의 모든 영역에 도입될 수 있도록 연구 계획과 개발 계획을 장려한다.

유럽공통참조기준의 사용 목적 중에서 학습 프로그램과 인증서는 네 가지 방식[8]으로 마련되는데 이민자와 같이 특수 목적을 위해 일정 영역에서만 학습자의 언어능력 향상을 기하는 방식으로 모듈형식을 마련하고 있다. 이민자에게 요구되는 언어능력 수준을 어디까지 기준으로 할 것인가는 국가별 조건에 따라 어느 정도 차이가 있겠지만 특수 학습자의 특정한 요구, 특징, 가능성에 맞추어진 모듈과 모듈 집단에게 맞는 언어 프로그램, 교재의 역할이 중요할 것이다. 유럽공통참조기준은 서로 다른 목적의 언어 교육에 있어서 교사와 교육과정 기획자에게 기준점을 제시하고 있다는 데에 의의가 있을 것이다. 이러한 기준점은 각각의 목적에 맞는 프로그램과 교재가 개발될 수 있도록 나아갈 길을 제시하여 준다. 따라서 이 기준을 바탕으로 이민자

8) 유럽공통참조기준의 사용목적에서 학습 프로그램과 인증서는 다음과 같은 방식으로 마련할 수 있다(김한란 외; 2012, p8).
–포괄적으로: 언어능력과 의사소통 능력의 모든 영역에서만 학습자의 언어능력 향상을 기할 수 있다.
–모듈형식으로: 특수 목적을 위해 일정 영역에서만 학습자의 언어능력 향상을 기할 수 있다.
–가중화하여: 일정한 방향으로 학습을 강조함으로써 어느 한 영역에서의 지식과 능력의 수준 단계가 다른 영역에서보다 더 높은 특별 '프로필'을 개발할 수 있다.
–부분적으로: 일정한 활동과 기능(예를 들어 수용적 기능)을 목적으로 하고 다른 것은 제외한다.

의 언어 도달 수준을 어디까지 할 것이며 어떤 방향으로 나아가야 할 것인가를 참조할 수 있다. 유럽공통참조기준의 총괄 척도는 다음과 같다.

[표 2] 유럽공통참조기준 총괄 척도

숙달된 언어 사용	C2	읽거나 듣는 것을 거의 모두 힘들이지 않고 이해할 수 있다. 문어와 구어로 된 다양한 자료에서 나온 정보를 요약할 수 있으며, 이때 그 근거와 설명을 조리 있게 재구성할 수 있다. 준비 없이도 아주 유창하고 정확하게 의사를 표현할 수 있고, 복합적인 사안을 다룰 때에도 비교적 섬세한 의미 차이를 구별하여 표현할 수 있다.
	C1	수준 높고 비교적 긴 텍스트의 폭넓고 다양한 주제를 이해하고 내포된 의미도 파악할 수 있다. 준비 없이도 유창하게 의사 표현할 수 있으며, 이때 확연히 드러나게 사용할 수 있다. 복합적인 사안에 대해 분명하고 체계적이며 상세하게 의사를 표현할 수 있으며, 이때 텍스트 연결을 위한 다양한 수단을 적절하게 사용할 수 있다.
자립적 언어 사용	B2	구체적이거나 추상적인 주제를 다루는 복합적인 텍스트의 주요 내용을 이해할 수 있다. 또한 자신의 전문 분야에서 전문 토론도 이해한다. 쌍방 간에 큰 노력 없이 원어민과 자연스러운 대화를 할 수 있을 만큼 준비 없이도 유창하게 의사소통을 할 수 있다. 폭 넓고 다양한 주제에 대해 분명하게 의사 표현을 할 수 있고, 시사 문제에 대한 입장을 설명하고 다양한 가능성들의 장단점을 제시할 수 있다.
	B1	명확한 표준어를 사용하며 업무, 학교, 여가 시간 등과 같이 익숙한 것들이 주제가 될 때, 요점을 이해할 수 있다. 해당 언어 사용 지역을 여행하면서 마주치는 대부분의 상황들을 극복할 수 있다. 익숙한 주제와 개인적인 관심 분야에 대해 간단한 조리 있게 표현할 수 있다. 경험과 사건에 대해 보고할 수 있고, 꿈과 희망, 목표를 기술할 수 있으며 계획과 견해에 대해 짤막하게 근거를 제시하거나 설명할 수 있다.
기초적 언어 사용	A2	아주 직접적으로 중요한 분야(예를 들어 신상, 가족, 물건 사기, 업무, 가까운 주변 지역에 관한 정보)와 관련된 문장과 자주 사용되는 표현들을 이해할 수 있다. 반복적이고 단순한 상황에서 일반적이고 익숙한 문제에 대해서 간단하고 직접적인 정보교환으로서의 의사소통을 할 수 있다. 간단한 수단으로 자신의 출신과 교육, 직접적인 주변지역, 직접적인 욕구와 관련된 것들을 기술할 수 있다.
	A1	구체적인 욕구 충족을 지향하는 익숙한 일상적 표현들과 아주 간단한 문장들을 이해하고 사용할 수 있다. 자신과 다른 사람을 소개할 수 있으며, 다른 사람들에게 신상에 관하여(예를 들어 어디에 사는지, 어떤 사람을 알고 있는지, 어떤 물건을 가지고 있는지) 묻고, 이런 종류의 질문에 답할 수 있다. 대화상대자가 천천히 분명하게 말하고 도와 줄 준비가 되어 있으며 간단한 방식으로 의사소통을 할 수 있다.

이와 같은 유럽공통참조기준에 따라 유럽의 여러 나라에서는 이민자가 이민 사회에서 안정적으로 정착하여 원주민과 원활한 의사소통을 할 수 있도록 하기 위해 국적 취득의 최소 조건으로 다음의 언어 능력 수준을 요구하고 있다. 본 글의 대상으로서의 이민자가 반드시 국적 취득을 목적으로 하는 것은 아니지만 다음에서 요구하는 언어 능력 수준의 기준은 주목할 필요가 있다. 왜냐하면 각국에서 제시한 언어 능력 수준은 이민자가 이민 사회에서 자신의 인권을 보호하며 이민 사회에서 행복을 추구하기 위해서 요구하는 최소한의 언어 능력 수준이기 때문이다. 서구 주요 국가의 영주 또는 국적 취득 과정에서의 기본 소양과 각국의 입국 전 체류 허가에 대한 내용은 다음과 같다.

[표 3] 서구 주요 국가의 영주 또는 국적 취득 과정에서의 기본 소양[9)]

	독일	네덜란드	프랑스	영국	덴마크
언어 능력 수준	독일어 능력B1 (CEFR B1)	네덜란드어 능력 A2	프랑스어 중급 A1.1DILP (프랑스어 1급)	ESOL Entry 3 (CEFR B1)	덴마크어 능력 3 (CEFR B2)
사회 이해 능력 수준	독일 사회 이해 시험 통과	네덜란드 사회의 이해 시험 통과	프랑스 사회의 이해 교육 이수 증명서 제출	Life in UK 시험 통과	덴마크 사회의 이해 시험 통과
국적 취득 시험에 포함된 기본 소양의 내용들	독일 사회 이해 전반	모듈1(근로) 모듈2(교육, 보건, 양육)	프랑스 사회 이해 전반	영국의 정신,영토, 역사, 현재, 정부와 법 등	덴마크의 과거와 현재-역사, 문화, 사회 등

9) 조항록 외(2013), 결혼이민자 기본 소양 실태 조사 보고서를 참조함

[표 4] 입국 전 체류 허가[10)]

	독일	네덜란드	프랑스	영국	덴마크
기초 언어 능력 요구	○	○	○	○	○
기초 사회 이해 능력 요구	–	○	–	–	–
비고	입국 전 거주지에서 언어시험을 치르며 요구되는 수준은 독일어능력 A1 수준이다.	언어시험은 구술시험이며 합격 수준은 네덜란드어 시험 A1이다. 네덜란드 사회이해시험은 비디오를 이용한 시험으로, 네덜란드의 정치, 사회, 문화 현상을 보여주고 질문을 하는 형식이다.	"입국 및 교육 계약"에 서명해야 하며, 프랑스어 중급 A1.1 또는 DILP(프랑스어 1급 자격)을 교육 목표로 삼는다.	언어시험은 듣기와 말하기만 실시하며 CEFR A1 수준을 요구하고 있다.	"통합과 적극적인 시민 선언"에 서명해야 하며, 언어 교육 목표는 덴마크어 시험 1수준을 목표로 한다.

2. 한국 내 이민자의 언어 교육의 실제

이민자의 언어 능력은 이민자가 이민 사회에 적응하고 자신의 권리를 행사하는 데 중요한 역할을 한다. 서구 주요 국가들은 영주권 취득이나 국적 취득에 대한 기본 소양으로 일정 수준의 언어 능력을 요구하고 있는 것이 사실이다. 2022년 기준 한국 내 체류 외국인은 2,245,912명으로 전체 인구 대비 4.37%를 차지하고 있다. 이러한 한국의 다문화 사회에서 이민자의 언어 능력 배양을 위해 언어 교육의 중요성도 커

10) 조항록 외(2013), 결혼이민자 기본 소양 실태 조사 보고서를 참조함

지고 있다. 이에 따라 한국 내 이민자를 대상으로 한 언어 교육의 실제를 살펴보고자 한다.

2.1 이민자 언어 교육 프로그램

이민자 대상 한국어 교육에는 이민자 전체를 대상으로 하는 사회통합프로그램의 한국어 교육과 다문화가족을 대상으로 하는 다문화가족지원센터의 한국어 교육, 외국인근로자를 대상으로 하는 외국인력지원센터의 한국어 교육 등이 있다. 한국 내 이민자 대상 한국어 교육인 사회통합프로그램은 이민자 대상 한국어 교육의 표준화 과정으로 체계화되기까지는 적지 않은 시간이 걸렸다. 이민자 대상 한국어 교육은 초기에 민간 주도로 이루어지기 시작하다가 이민자 수요자가 급증하자 정부의 각 부처는 한국어 교육에 대한 정책들을 내놓기 시작하였다. 이렇게 내놓은 정책은 일관성이 부족하고 부처 간 정책이 중복되는 문제점이 나타났고 그 결과 이민자 대상 한국어 교육의 표준화에 대한 필요성이 제기되었다. 이에 따라 2010년 법무부, 행정안전부, 문화체육관광부, 여성가족부 4개 부처 간 결혼이민자 한국어 효율화 업무 협약이 이루어지고 결혼이민자 한국어 집합 교육을 사회통합프로그램으로 표준화하였다. 그러나 여전히 결혼이민자를 둘러싼 한국어 교육의 정책 중복성 문제가 해결되지 못하자 2011년 감사원 다문화가족지원사업 추진 실태 감사에 따라 업무가 조정되었다. 업무 조정 결과에 따라 여성가족부의 다문화가족지원센터는 한국어 집합 교육을 사회통합으로 표준화하고 법무부는 센터를 운영기관으로 지정하고 관리, 감독을 하게 되었다. 그리고 2012년 다시 한번 부처 간 업무조정에 따라 법무부는 일반운영기관과 추가 공모를 실시하고 여성가족부는 다문화가족지원센터가 일반운영기관 공모에 적극적으로 협력할 수 있도록 하였다. 그 결과 2012년 법무부의 사회통합프로그램으로 표준화되었고 다문화가족지원센터는 운영기관으로 참여하게 되었다. 이러한 과정을 거쳐 이민자 대상 한국어 교육은 체계화된 모습을 갖추게 되었다.

현재 운영되고 있는 사회통합프로그램은 2008년 국가법 시행규칙을 개정하여 훈령 제정 등 관계 법령 및 제도 정비를 하여 2009년에 전국 20개 기관을 선정하여 시범운영하고 2010년에는 전국 76개, 2011년에는 거점운영기관을 포함한 150개 기관을 지정하였다. 2011년에 사회통합프로그램 평가체계를 전면 개정하였고 2012년에는 사회통합프로그램을 개편, 2018년 사회통합프로그램의 운영 지침을 개정하여 사회통합프로그램을 운영하고 있다.[11] 현재 시행되고 있는 사회통합프로그램은 '한국어와 한국문화', '한국사회 이해' 과정으로 나눠져 있으며 '한국어와 한국문화' 과정은 기초 과정 15시간과 초급1단계~중급2단계 총 4개 단계 각 100시간, '한국사회 이해' 과정은 1단계~4단계를 이수한 후에 기본 70시간, 심화 30시간을 이수하면 된다.

사회통합프로그램은 집합교육과 더불어 화상교육이 실시되고 있다.[12] 사회통합프로그램 참여 희망자 중에서 임신, 출산 거동 불편, 운영기관과의 원거리 거주, 관할 지역 운영기간 미개설 등의 사유로 인하여 집합교육이 어려운 이민자를 대상으로 하여 한국이민재단에서는 외국인사회통합지원으로 온라인 사회통합프로그램 화상교육[13]을 실시하고 있는데 이는 일방적인 동영상 교육이 아닌 전문 강사와 교육생 간 최대 1:9 쌍방향 화상 강의 교육이 진행되고[14] 있다.

정부는 사회통합프로그램의 교육과정을 이수 완료한 이민자에게 체류자격 변경 및 사증 발급 시 다양한 혜택을 주어 사회통합프로그램의 자발적 참여를 유도하고 있다.[15] 그 결과 사회통합프로그램이 도입된 2019년에는 사회통합프로그램 운영기관이 20개였으나 2022년 347개로 증가하였고 참여자 수도 2009년 1,331명에서

---

11) 조항록 외(2012), 2012 사회통합프로그램(KIIP) 한국어 교육과정 개편 연구 참조함

12) 한국이민재단 홈페이지(http://www.kisf.org)

13) 사회통합프로그램 화상교육의 신청자격은 사회통합프로그램 기본 소양 사전평가를 통해 단계를 배정받은 자로서 운영기관으로부터 원거리 거주 또는 임신, 출산 거동불편 등의 사유로 인해 오프라인 교육에 참여하지 못하고 대기 중이거나 이주 정지 중인 자(단, 제적자가 아닐 것)로서 화상교육의 조건에 맞는 컴퓨터를 보유, 인터넷 화상시스템 환경을 확보하고 교육 일정 시간에 교육 참여가 가능한 사람이다.

14) 한국이민재단 홈페이지에 따르면 2023년 1학기 기준 사회통합프로그램 온라인 화상 교육은 한국어와 한국문화 과정 29개반 377명, 한국사회이해 과정(기본과정) 30개반 390명, 한국사회이해 과정(심화과정) 8개만 104명 개설 예정이다.

15) 사회통합정보망(http://www.socinet.go.kr)에서 참조함

2022년 42,163명으로 증가하였다.[16] 이처럼 사회통합프로그램에 이민자 참여가 꾸준히 증가하는 것을 볼 때 사회통합프로그램의 한국어 과정은 이민자의 사회통합 표준화과정으로 자리매김되었음을 알 수 있다.

다음으로 여성가족부 다문화가족지원센터의 한국어 교육을 살펴보면 다문화가족지원 포털 사이트인 다누리 홈페에지에 따르면 다문화가족지원센터에서 결혼이민자, 중도입국자녀를 대상으로 수준별 정규 한국어 교육(1~4단계 각 100시간) 및 진학반, 취업대비반 등 지역별 특성에 따른 심화과정(특별반)을 운영하고 있다. 실제 각 지역 다문화가족지원센터[17] 홈페이지 공고를 보면 토픽 대비반을 운영하거나 국적 취득반이 개설되어 있는 등 각 지역 센터 상황에 맞게 심화반이 운영되고 있는 것을 확인할 수 있다.

마지막으로 외국인노동자지원센터의 한국어 교육과정을 살펴보고자 한다. 외국인노동자지원센터의 한국어 교육은 외국인근로자의 인권 신장과 복지 증진을 위해 설치된 종합지원 기관으로 한국어 교육 실시가 포함되어 있다(조항록; 2012). 외국인노동자지원센터는 한국센터 비롯해 의정부, 김해, 창원, 인천, 대구, 천안, 광주, 양산 9곳에 설치되어 있다. 외국인노동자지원센터의 한국어 교육은 외국인근로자들이 한국 사회에서 생활하는 데 있어 의사소통 문제로 발생할 수 있는 갈등을 해소하고 직장 내 업무능력 향상을 목적으로 이루어지고 있다. 한국어 교육은 산업재해로부터 외국인근로자를 보호하고 한국문화에 대한 이해를 넓혀 한국 사회에 잘 적응할 수 있도록 하는 데 도움을 준다. 외국인노동자지원센터의 한국어 교육은 외국인근로자(E-9),외국국적동포(H-2)를 대상으로 1년 2학기제로 이루어지녀(1월 · 7월 개강, 2월 · 8월 개강) 각 학기는 20주~21주로 운영된다.

16) 연도별 사회통합프로그램 운영기관 및 참여자 현황은 다음과 같다. https://www.moj.go.kr/moj/2418/subview.do

연도	2017	2018	2019	2020	2021	2022
운영기관수	309	309	308	348	347	349
교육 참여자	41,500	56,639	56,535	36,620	43,552	42,163

17) 2022년 기준 한국건강가정진흥 가족센터는 244개소가 설치, 운영되고 있다.

2.2 이민자 언어 교재

한국 내 이민자 대상 한국어 교재는 결혼이민자의 급격한 증가에 따라 결혼이민자 대상 한국어 교재가 가장 먼저 발간되었다. 결혼이민자 대상 한국어 교재 중에서 처음 발간된 교재는 『여성결혼이민자를 위한 한국어 초급』(2005)으로 이 교재는 결혼이민자 생활과 관련된 내용과 어휘 중심으로 구성되어 있다. 교재의 내용은 한국의 가정주부들이 일상생활에서 흔히 접할 수 있는 상황 중심과 살림을 하는 데 필수적으로 요구되는 언어 기능을 중심으로 구성되어 있다. 여성가족부에서는 『여성결혼이민자를 위한 한국어 첫걸음』(2007) 교재와 『여성결혼이민자를 위한 한국어 중급』(2008) 교재를 개발하였다.

문화관광부 · 국립국어원에서는 『여성결혼이민자를 위한 한국어 첫걸음』(2007)교재와 『여성결혼이민자를 위한 한국어 중급』(2007) 교재를 발간하였다. 『여성결혼이민자를 위한 한국어 첫걸음』 교재는 총 7개 과로 구성되어 있다. 1과에서 4과까지 한글의 자모 편으로 구성되어 있고 5과에서 7과까지는 인사, 감사, 도움 주기, 도움 받기, 숫자 표현 등으로 구성되어 있어 한글의 자모 학습을 강화하고 있다. 이 교재 부록에는 11개 언어[18]로 중요 문장을 번역하여 제시하고 있어 학습자의 이해를 돕고 있다. 『여성결혼이민자를 위한 한국어 중급』 교재는 총 25단원으로 이루어져 있으며 각 단원은 '대화–어휘문법1–문법2–말하기–읽기' 순으로 제시되어 있으며 3시간 수업을 기준으로 구성되어 있다.

농림축산식품부 · 한국어세계화재단에서 발간한 한국어 초급 교재 『우리 엄마의 한국어, My Mom's Korean Language』(2007)는 농촌결혼이민자를 위해 농촌 생활에 꼭 필요한 대화를 수록해 놓은 교재이다. 이 교재는 한국어 · 영어판, 한국어 · 베트남어판, 한국어 · 중국어판, 한국어 · 타갈로그어판의 4종으로 출간되었으며 모두 24단원 233쪽으로 구성되어 있다. 특히 이 교재는 신속한 한국 생활 적응 교육을 위해 농촌 생활 위주의 단어와 문장을 사용한 생활언어 중심으로 되어 있는 것이 특징이다. 또 컬러로 된 삽화와 그림을 수록하고 말하기와 듣기 중심으로 구성하였으며

18) 『여성결혼이민자를 위한 한국어 첫걸음』(여성가족부; 2007) 교재 부록에는 중국어, 일본어, 몽골어, 베트남어, 캄보디아어, 태국어, 필리핀어, 인도네시아어, 말레이시아어, 미얀마어, 힌디어 번역본이 제시되어 있다.

방문교육 도우미 교사와 농촌결혼이민자가 가르치고 배우기 쉽도록 '한국어 문장-외국어로 한글 발음-외국어 문장-한글로 외국어 발음' 형식으로 제시되어 있다.

국립국어원과 한국외국어대학교 한국어문화교육원이 기획하고 개발한 『알콩달콩 한국어』(국립국어원 외; 2010) 교재는 외국어로서의 한국어를 배우려는 결혼이민자 중에서 여건상 기관이나 단체에서 한국어를 배우기 어려운 여성을 위해 개발한 교재이다. 이 교재는 남편이 가르치는 것을 전제로 구성되었으며 한국어 교육 비전문가도 쉽게 가르칠 수 있도록 구성하였다고 한다.

국립국어원은 『결혼이민자와 함께하는 한국어』 1,2(2010), 『결혼이민자와 함께하는 한국어』 3,4(2011), 『결혼이민자와 함께하는 한국어』 5,6(2012) 총 6종의 교재를 발간하여 현재 다문화가족지원센터 한국어 교육과정에서 사용되고 있다. 이 교재는 결혼이민자들이 한국어와 한국문화를 학습하여 한국의 일상생활과 사회생활에 적응하고 한국 사회의 구성원들과 원활하게 의사소통을 하는 것에 목표를 두고 있으며 나아가 자녀 교육과 직장 생활을 성공적으로 할 수 있도록 내용이 구성되어 있다.

건강가정진흥원(구 다문화가족사업지원단)이 발간한 『결혼이민자와 함께하는 한국어 1,2 다국어 번역집』(2012) 교재는 국립국어원에서 발간한 『결혼이민자와 함께하는 한국어 1,2』(2010) 교재의 어휘 목록과 문화편 지문을 번역한 것이다.

사회통합프로그램의 한국어 과정 교재는 초기에는 『외국인을 위한 한국어』(2007) 초급 1,2, 중급 1,2권과 『한국어』(2009) 초급 1,2, 중급 1,2권, 『이민자를 위한 한국어와 한국문화』(2013) 초급 1,2권, 중급 1,2권 교재가 사회통합망 홈페이지에 공지되어 있었으나 『이민자를 위한 한국어와 한국문화』 교재를 주로 사용하였나. 『이민사를 위한 한국어와 한국문화』 교재는 이민자를 대상으로 한 최초의 교재라는 점에서 의의가 있으며 내용적 측면에서도 이민자들의 상황을 반영하고 있다. 2010년에 발간되고 2013년에 개정되었으며 2020년에 국립국어원 기획으로 『사회통합프로그램(KIIP) 한국어와 한국문화』 본교재, 익힘책, 교사용지도서가 발간되었고 이민자 유형별 보조 자료, 기타 보조 자료도 개발되어 현재 사용되고 있다. 교재는 『법무부 사회통합프로그램(KIIP) 한국어와 한국문화 기초』, 『법무부 사회통합프로그램(KIIP) 한국어와 한국문화 초급1』, 『법무부 사회통합프로그램(KIIP) 한국어와 한국문화 초급2』 『법무부 사회통합프로그램(KIIP) 한국어와 한국문화 중급1』 『법무부 사회통합프로그램(KIIP) 한국어와 한국문화 중급2』 총 5개권으로 개발되었으며 익힘책과 이민자 유형별 보조 자료는 이민자 각자의 학습 속도와 능력에 맞도록 학습 내용을 복습할 수 있게 구성되어 있다. 또 교사용 지도서가 개발되어 있어 교사들의 수업 운용을 도와주고 교사에 따른 수업의 차이를 줄여 수업 내용의 질적 내용을 보장할 수 있도록 하였다. 한국사회이해 교육과정에서는 『사회통합프로그램(KIIP) 한국사회 이해(기본, 심화)』 교재를 사용하고 있다.

외국인근로자 대상 한국어 교재로는 『외국인 노동자를 위한 재미있는 한국어』 1, 2(국제노동협력원, 2003년) 교재가 있다. 이 교재는 한국을 찾은 외국인근로자들의 한국어 능력 향상을 위한 교재 시리즈의 첫 번째 책이다. 그리고 한국어능력시험(EPS-TOPIK)을 준비하는 외국인근로자들에게 올바른 학습 방향을 제시하고 한국어 능력 향상을 지원하기 위해 『고용허가제 한국어능력시험을 위한 표준 한국어』 1,2 교재가 2012년에 초판 발행되었다. 그러나 이 책은 교재 내용 중에 고용주와 근로자 간에 반말 사용 등 부적절한 내용 등이 제기되어 2015년에 개정판이 출간되었다. 개정판 교재에는 기존에 한국어 표기로만 되어 있던 것이 한-영으로 병행 표기되었고 한글 예비편이 추가되었다. 이 밖에 고용허가제 사전 취업 교육 교재로 2011년 발간된 『너도나도 한국어』 교재가 있으며 국내 취업 중인 외국인근로자의 한국어 학습교재 『이주 노동자를 위한 아자아자 한국어』 1,2권이 있다.

2.3 이민자 언어 평가

이민자의 언어 능력을 측정하는 평가로 사회통합프로그램의 단계평가, 중간평가, 종합평가가 있다. 단계평가는 운영기관장의 주관으로 한국어와 한국문화 과정의 1단계, 2단계, 3단계의 참여자를 대상으로 해당 단계의 성취도를 측정하는 평가이다. 총 25문항으로 필기시험 20문항, 구술시험 5문항으로 구성되어 있으며 100점 만점에 60점 이상 득점해야 합격한다. 법무부가 단계평가 문제풀(POOL)과 평가요령 등 세부 운영사항을 중앙거점기관에 제공한다. 중간평가는 법무부 주관으로 한국어와 한국문화 과정 최종단계(4단계) 또는 타 기관의 한국어 교육 연계 과정의 참여자를 대상으로 한국어와 한국문화 이해 능력을 종합적으로 측정한다. 총 35문항으로 필기시험 30문항, 구술시험 5문항으로 구성되어 있으며 100점 만점에 60점 이상 득점해야 합격한다. 불합격한 경우 중간평가에 재응시하여 합격하거나 4단계 교육을 재수료하고 응시한 중간평가에서 최저점수(41점) 이상 득점 시에만 5단계로 승급할 수 있다. 종합평가는 영주용 종합평가와 귀화용 종합평가가 있다. 영주용 종합평가는 한국어와 한국문화(1~4단계), 한국사회이해 기본과정을 주내용으로 하여 영주자 등 장기체류 외국인으로서 필요한 한국어 능력 및 한국사회 이해 정도 등 종합적인 기본소양 능력을 평가하는 시험이며 귀화용 종합평가는 한국어와 한국문화(1~4단계), 한국사회이해 기본 및 심화과정을 주 내용으로 하여 대한민국 귀화자로서 필요한 한국어 능력 및 한국사회 이해 정도 등 종합적인 기본소양 능력을 평가한다. 시험은 총 45문항이며 필기시험 40문항, 구술시험 5문항이며 100점 만점에 60점 이상 득점하면 합격한다.

다음으로 외국인근로자를 대상으로 EPS-TOPIK 한국어능력시험이 있다. 이 평가는 산업인력공단에서 시행하며 외국인 구직자의 한국어 구사능력 및 한국사회에 대한 이해 정도를 평가한다. 외국인이 E-9 비자를 받기 위해 현지에서 치러지는 평가로 평가 결과는 외국인 구직자 명부를 작성할 때 객관적 선발기준으로 활용하고 있다. 시험은 읽기 20문항, 듣기 20문항으로 각각 100점이며 평가 내용은 한국에서 일상생활을 하는 데 필요한 기초적인 의사소통 능력과 산업현장에서 필요한 한국어 구사능력, 한국 기업문화에 대한 이해이며 합격 기준은 각 업종별 최저 하한 점수(제조업 110점, 건설업, 농축산업, 어업 80점, 어업특례 60점) 이상을 득점해야 하며 선발 예정 인원수만큼 성적순서대로 합격자를 결정하는 상대평가 방식이다.[19)]

그리고 한국어 능력을 평가하는 시험으로 최대 규모의 한국어능력시험(TOPIK)이 있다. 이 평가는 한국어를 모국어로 하지 않는 재외동포 · 외국인을 대상으로 한국어 사용능력을 측정하여 평가한다. 시험은 TOPIK Ⅰ(초급)은 듣기 30문항, 읽기 40문항으로 각 100점, 총 200점이다. TOPIK Ⅱ(중 · 고급)는 듣기 50문항, 읽기 50문항, 쓰기 4문항이며 각 100점 총 300점이다. TOPIK Speaking(초 · 중 · 고급)은 총 6문

---

19) EPS-TOPIK 한국어능력시험 홈페이지 참조

항으로 200점 만점이다. TOPIK Ⅰ, TOPIK Ⅱ, TOPIK Speaking 평가는 취득한 점수에 따라 1급~6급의 등급을 부여 받는다. 한국어능력시험(TOPIK)의 결과가 외국인 및 재외동포의 국내 대학(원) 입학 및 졸업, 영주권 · 취업 등 체류 비자 취득 등에 활용되고 있어서 응시 인원이 가장 많다.

3. 한국 내 이민자 언어 정책에 대한 제언

다문화 사회에서 언어 정책은 이민자의 언어 능력을 배양함으로써 이민자가 이민 사회에 조화롭게 적응할 수 있도록 도와주는 통합 정책의 기본이라고 할 수 있다. 따라서 한국 내 이민자의 사회 적응을 위해서는 한국어 교육이 그 무엇보다 중요한 의미를 갖는다. 정부는 한국어 교육을 통해 이민자가 이민 사회에서 받는 불이익을 최소화하고 나아가 이민자 자신의 인권 보호와 권리를 주장할 수 있는 사회 구성원으로서 자질을 갖출 수 있도록 해야 할 것이다. 이는 이민자 개인의 권익을 보호하는 일이기도 하지만 나아가서 이민 사회의 사회통합 발판을 마련하는 일이라는 점에서 중요성이 크다고 할 수 있다. 즉 정부의 사회통합의 기능을 실현하기 위해 한국어 교육은 절대적 필요성을 가지고 있다. 지금까지 이민자 대상 언어 교육 정책은 교육 프로그램 개발, 교재 개발, 평가 등 많은 부분이 개선 발전되어 왔으나 보완해야 할 부분에 대해서 제언하고자 한다.

먼저 이민자가 이민 사회에서 언어 능력을 배양하여 원활한 의사소통이 이루어질 수 있도록 한국어 교재는 이민자 대상에 따라 효율성을 목적으로 개발되어야 할 것이다. 한국어 교육의 효율화 방안을 위해서는 이민자 대상 한국어 교재의 단계 설정에 대한 재정립이 필요하다. 현재 이민자 대상 한국어 교재를 보면 『결혼이민자와 함께하는 한국어』 교재는 6단계, 사회통합프로그램의 『한국어와 한국문화』 교재는 4단계, 외국인근로자 교재 『고용허가제 한국어능력시험을 위한 한국어 표준교재』는 2단계로 개발되어 있다. 교재가 수업의 기반이 되고 교재를 중심으로 수업이 이루어지고 있는 상황을 고려할 때 사회통합프로그램의 경우 수업을 수강하는 대상자는 중급 수준으로 한국어 도달 정도를 마치게 되는 데 반해 여성결혼이민자 교재로 한국어 학습을 하는 이민자는 고급 수준으로 한국어 도달 정도를 마치게 되는 것이다. 중급을 수료한 여성결혼이민자가 사회통합프로그램을 통해 한국어 수업을 이어가고자 할 때 높은 단계를 학습하는 것이 아니라 다시 중급 단계의 한국어 학습을 이어갈 수밖에 없는 상황이다. 이러한 점을 고려하여 이민자 대상 한국어 교재의 단계 설정의 형평성을 맞추어야 할 것이다. 한 사회 내의 이민자가 사회 적응을 위해 도달해야 할 언어 수준의 정도가 다르지 않음을 고려할 때 이민자 대상에 따라 교재의 최종 단계 설정이 다르게 설정되어 있는 것은 이민자 대상에 따라 한국어 도달 수준이 다르게 설정되어 있는 것처럼 보인다.

다음으로 한국어 학습의 효율화를 높이기 위한 교재 개발에 있어 학습 시간을 고려한 교재 개발이 필요하다. 현재 한국어 교재는 모두 100시간 동안 학습하도록 되어 있다. 초급과 중급을 수료하면 모두 400시간의 학습 시간이 필요하다. 400시간은 주 2회 4시간 수업을 할 경우 2년 조금 넘는 시간이 소요되며 주3회 6시간 수업을 할 경우 1년 5개월의 시간이 소요된다. 400시간 교육과정에 맞춰진 교재가 한국어 학습을 효과적으로 실현해 낼 수 있는가에 대해 좀 더 고민해 봐야 할 것이다. 앞서 살펴본 바와 같이 프랑스의 경우 사회통합프로그램 언어 교육 시간이 최대 500시간, 독일, 네델란드 600시간 등인 것을 참고하여 한국어 교육과정의 학습 시간도 고려되어야할 것이다.

마지막으로 한국어 평가 관련하여 EPS-TOPIK 한국어능력시험의 경우 문제 출제 패턴이 반복적이어서 응시생들은 시험에 나오는 문제들을 모아 놓은 일명 '족집게 족보'를 만들어서 손쉽게 시험에 합격할 수 있다는 비판이 제기되고 있다.[20] 이 평가의 목적이 직무를 잘 수행할 수 있는지에 대해 한국에 오기 전에 한국어 실력을 평가하는 것을 목적으로 하고 있는데 이렇게 치러지는 평가는 한국의 산업 현장에서 외국인근로자의 의사소통 능력을 측정할 수 없을뿐더러 산업현장에서 필요한 언어 능력을 기르는 데 도움이 되지 않는다. 이는 결국 현장의 원활한 의사소통이 이루어지

---

20) JTBC뉴스. 2023. 2.16일자 https://news.jtbc.co.kr/article/article.aspx?news_id=NB12114967

지 않아 외국인근로자의 안전을 위협하게 될 수 있을 것이다. EPS-TOPIK 한국어능력시험은 평가 목적에 맞게 시험 문항을 개발하고 개선할 것을 제언한다. 그리고 한국어를 모국어로 하지 않는 재외동포 · 외국인을 대상으로 한국어 사용 능력을 측정 · 평가하는 한국어능력시험(TOPIK)의 경우 평가 결과가 학과 및 졸업, 영주권 · 취업 등 체류 비자 취득 등 다양한 곳에서 활용되기 때문에 이 시험에 응시하는 외국인이 많다. 실제로 건강가족지원센터나 외국인력지원센터의 홈페이지에 공고되어 있는 한국어 교육 프로그램에는 한국어능력시험(TOPIK) 시험 대비반이 포함되어 있다. 이는 실제로 이 시험을 준비하고 응시하는 결혼이민자나 외국인근로자가 많다는 것을 증명하는 것일 것이다. 그러나 한국어능력시험(TOPIK)의 경우 듣기, 읽기 영역의 문항들은 학문 목적 한국어 학습자들을 평가하는 문항이 주를 이루어 결혼이민자나 외국인근로자가 한국 생활에 적응하기 위해 필요한 한국어를 평가하는 내용과는 다소 거리가 있다. 많은 시간과 노력을 들여 한국어능력시험(TOPIK)의 높은 등급을 취득했다고 해도 결혼이민자나 외국인근로자가 한국 생활에 적응하거나 직무 능력을 기르는 데는 도움이 되지 않는 것이 사실이다. 이러한 점을 고려할 때 이민자 대상에 따라 한국어 학습 목적에 맞는 다양한 평가가 개발되어야 할 것이다.

참고문헌

강현화, 이미혜(2011), 한국어 교육론, 한국방송대학출판부.

길강묵(2011), 사회통합정책의 현황과 과제: 법무부의 이민정책 현황과 과제를 중심으로, 다문화사회연구, 제4권 2호, 숙명여자대학교 다문화통합연구소.

김학태2015), 다문화사회의 사회통합을 위한 법정책 연구: 한국과 EU의 사회통합 모델을 중심으로, 유럽헌법연구, 제18권, 유럽헌법학회.

나카지마 카즈코 편저(2012), 이중 언어와 다언어의 교육-캐나다 · 미국 · 일본의 연구와 실천, 한글파크.

법무부 출입국 · 외국인정책본부, 출입국 · 외국인정책본부 통계연보.

서진숙 외(2022), 재외동포, 이주 및 다문화 배경 구성원 대상 한국어 교육 정책에 대한 소고 – 외교부, 법무부, 여성가족부의 한국어 교육 사업을 중심으로-,한민족문화연구 Vol.80 No, 한민족문화학회.

이미혜(2015), 사회통합프로그램 한국어 교육과정의 현 위치와 발전 방향, 국제한국어교육학회 창립 30주년 기념. 국제한국어교육학회 학술대회논문집, 제25권, 국제한국어교육학회.

유럽평의회 편(2010), 언어 학습, 교수, 평가를 위한 유럽공통참조기준, 한국문화사.

조항록(2011), 이민자 사회통합 정책의 실제와 과제, 다문화와 평화, 제5권 2호, 성결대학교 다문화평화연구소.

조항록 외(2012), 사회통합프로그램(kIIP) 한국어교육과정 개편 연구, 법무부 출입국 · 외국인출입정책본부.

조항록 외(2013), 결혼이민자 기본 소양 실태 조사 보고서, 법무부 출입국 · 외국인출입정책본부.

조항록(2015), 결혼이민자와 이주노동자의 입국 사증 취득을 위한 한국어능력 평가 체계 연구, 언어와 문화, 제11권 1호, 한국언어문화교육학회.

Berns, Margie S(2012), 의사소통능력과 맥락: 의사소통 언어 교수에서의 사회 · 문화적 고찰, 한국문화사.

Canale, M, & Swain, M.(1980), Theoretical Bases of Communicative Approaches to Second Language Teaching and Testing, Applied Linguistics 1–1.

Cummins, Jr.(1978), Educational Implication of Mother–tongue Maintenance in Minority–language Children, The Canadian Modern Language Review.

Cummins, Jr.(1984), Bilingualism and Special Education: Issues in Assessmentand pedagogy, Clvedon: Multilingual Matters.

Robet. E. Owen,Jr(2005), Language development: an introduction. 6th ed.

09

이주 배경 청소년과 한국어 교육 정책[1)]

정서윤

1. 이주 배경 청소년의 개념과 현황

1.1 이주 배경 청소년의 개념

이주 배경 청소년은 한국이 다문화 사회로 진입하는 과정에서 형성된 이주의 경험을 가진 청소년기의 이민자로 정의될 수 있다. 이러한 이주 배경 청소년에 대한 개념은 학계와 정부 부처에서 다양하게 사용되고 있는데 논점과 부처별 정책에 따라 달리 설정되고 있다. 이는 다문화에 대한 인식이 혼재되어 있으며 국제결혼 및 재혼, 해외 이주 배경 등을 가진 집단에 대한 일관된 정책 부서가 지정되어 있지 않기 때문이라 할 수 있다. 이에 이주 배경이라는 용어는 이러한 다양한 이주 유형을 포괄적으로 지칭하는 의미로 사용되고 있다.

이주 배경 청소년에 대한 국내법상의 개념적 정의는 규정되어 있지 않으나 정부의 정책적 배경에 기초한 용어의 개념에 대해 용어 사용이 본격적으로 이루어진

1) 이 글은 정서윤(2022)의 박사학위 논문 '이주 배경 청소년을 대상으로 하는 한국어 교육 정책 연구'의 내용을 바탕으로 하였음을 밝힌다.

2010년부터의 교육부, 여성가족부, 법무부 논의로 분류해 볼 수 있다.

먼저, 교육부의 이주 배경 청소년에 대한 정책적 용어는 다문화학생이다. 이는 2012년 다문화학생 교육 선진화 방안 발표에서 공식적으로 사용되기 시작하여 지금까지 사용되고 있다. 교육부는 2010년 다문화가정 학생 교육 지원계획에서 다문화가정 학생 유형에 중도입국자녀라는 용어를 포함한[2] 후 2012년 다문화학생 교육 선진화 방안에서는 정책 대상자의 유형을 국제결혼가정과 외국인 가정으로 구분하여 '국제결혼가정 자녀'와 '외국인 가정 자녀'로 제시하였다. 이때, 국제결혼가정 자녀는 다시 '국내출생 자녀'와 '중도입국자녀'로 구분한다. 교육부(2015)에서는 이주 배경 청소년을 '다문화가정 학생으로서 국내출생 다문화가족 자녀, 중도입국자녀, 외국인 가정 자녀'로 정의한다. 교육부의 정책적 용어인 다문화학생은 2013년 10월 30일 개정된 초 · 중등교육법 시행령에 법률적[3] 용어로 등장하게 되고, 이는 다문화가족지원법 제2조제1호에 따른 다문화가족의 구성원인 아동이나 청소년을 지칭한다. 이후의 교육부 문건에서는 다문화학생 외에 다문화가정 학생, 다문화가정 자녀 등 용어의 혼용이 지속되고 있다.

여성가족부의 2012년 전국 다문화가족 실태조사 연구에서는 다문화가족 자녀를 조사 대상 범주에 포함하여 이들을 '국내 성장 자녀'와 '외국 성장 자녀'로 구분하였는데 이들 중 만 9~24세 자녀를 '이주 배경 청소년'으로 정의하고 있다. 여성가족부(2015)에서는 2012년 다문화가족 자녀 유형을 보다 세분화하여 '국내에서만 성장한 자녀', '외국에 거주한 경험이 있는 자녀', '외국 성장 자녀'로 구분하며 이들 모두를 이주 배경 청소년으로 칭하고 있다. 한편, 여성가족부에서 운영하는 비영리재단 무지개청소년센터는 이주 배경 청소년의 개념을 부모 혹은 본인이 이주의 경험을 지닌 9~24세 이하의 연령대에 속하는 사람으로 정의하고 있다. 이주 배경 청소년의 유형

---

2) 정부는 이민자 수가 급증함에 따른 다문화 사회 진입 과정에서 교육 소외 계층으로 대두되고 있는 다문화가정 자녀로서 국제결혼가정 자녀, 외국인근로자 자녀, 새터민 청소년에 대한 논의를 교육부(2006)에서 시작하였다. 교육부(2007)에서는 다문화가정 자녀를 국제결혼가정 자녀와 외국인근로자 자녀로 제시하였으며, 교육부(2008)에서는 다문화가정 자녀와 다문화가정 학생을 혼용하였다. 교육부(2010)에 중도입국 자녀, 동반 · 중도입국 자녀라는 용어를 사용하며 다문화가정 학생 교육 정책 대상을 추가하였다.

3) 초 · 중등교육법 시행령(2013.10.30. 개정) 제19조, 제75조, 제98조의2, 제10조의3 참조

으로는 국제결혼가정 및 외국인 가정 자녀, 탈북청소년 및 제3국 출생 탈북청소년을 두고 있으며, 이들 중 결혼이민자의 전혼 관계에서 출생하여 입국 후 외국인 등록을 한 미성년과 귀화자의 자녀(국내출생 자녀 포함)를 중도입국자녀로 분류하고 있다.

법무부(2012)에서는 제2차 외국인정책기본계획에서 '이민 배경 자녀'라는 용어를 사용하였다. 제1차 외국인정책기본계획에서는 이와 비슷한 개념으로서 외국에서 출생 또는 성장한 다문화 청소년을 포함하여 '이민자 자녀'라는 용어로 기술하였다(법무부, 2008). 이후 법무부(2012)에 '이민 배경 자녀'라는 용어가 등장하였으며 중도입국자녀가 범주 내에 포함되었다. 이민 배경 자녀의 개념은 국제결혼 등의 사유로 한국어 이외의 언어를 모국어로 하는 가족구성원이 있는 가정의 자녀로 정의하고 그 유형으로 결혼이민자 자녀, 외국인투자자 자녀, 외국인유학생 자녀 등으로 분류하였다. 해당 자료에서는 이민 배경 청소년의 용어도 혼용되고 있다.

[표 1] 정부 부처별 이주 배경 청소년에 대한 용어 및 개념 논의

정부 부처	사용 용어	주요 개념
교육부 (2012)	다문화학생	국내출생 다문화가족 자녀, 중도입국자녀, 외국인가정 자녀
여성가족부 (2012)	이주 배경 청소년	다문화가족 청소년은 물론 그 밖에 국내로 이주하여 사회 적응 및 학업 수행에 어려움을 겪는 청소년
법무부 (2012)	이민 배경 자녀	국제결혼 등의 사유(결혼이민자 자녀)로 한국어 이외의 언어를 모국어로 하는 가족구성원이 있는 자녀

1.2 이주 배경 청소년의 현황

이주 배경 청소년에 대한 통계는 다양한 수치로 기록되고 있으나 각 부처 혹은 기관에 따라 정책적 개념이 상이하여 집계 결과 역시 차이가 나타난다. 이에 더해 이주 배경 청소년은 국내에서 출생하지 않은 경우 혹은 입국 후 미등록 상태의 체류 자격에 해당하는 경우 등 유형에 따라 통계 수치가 반영이 되지 않는 상황이 발생하므로 정확한 현황 파악은 불가능하다. 이에 이주 배경 청소년의 전체 규모는 정책 범주의 사각지대에 놓인 이주 배경 청소년의 수가 반영될 경우 통계로 나타나는 수치보다 더욱 커질 것으로 추산된다.

앞에서 살펴본 바와 같이 이주 배경 청소년에 대한 정부 부처의 분류 기준으로 비추어 볼 때, 교육부는 국제결혼 자녀 중 공교육 기관에 재학 중인 국내출생 자녀와 중도입국자녀, 재한 외국인가정의 자녀 모두를 대상으로 그 규모를 파악하여 교육기본통계에 반영하고 있다. 2021년 기준 교육부의 이주 배경 청소년의 통계 현황은 160,058명으로 집계되었다(교육부, 2021). 이는 공교육에 진입하지 못한 학교 밖의 이주 배경 청소년의 수치는 반영되지 않은 것으로 실제 이주 배경 청소년 수는 더욱 많을 것으로 추산된다. 2021년 기준 여성가족부의 전국 다문화가족 실태조사를 통한 이주 배경 청소년의 통계는 127,849명으로 집계되었다(여성가족부, 2022). 이는 만 9~24세의 연령대에 해당하는 수치로 교육부에서 기준하는 초·중·고등학생의 만 6~17세의 연령대와는 다른 기준으로 파악된 자료이다. 2021년 11월 기준 행정안전부 분류 기준의 이민 배경 청소년은 273,722명으로 집계되었다(행정안전부, 2022). 이는 외국인 주민 자녀로서 한국 국적자 또는 외국인 등록을 한 자로 부모가 모두 외국인인 경우, 부모 중 한 쪽이 외국인인 경우, 부모 모두 한국인 가정에서 출생했으나 부모의 이혼이나 사별 등으로 인해 새로 구성된 가족에서 한 쪽 부모가 외국인인 경우에 해당된다.

[표 2] 정부 부처별 이주 배경 청소년의 규모

정부 부처	규모	대상자	자료 출처
교육부	160,058명	초·중·고 다문화학생	2021년 교육기본통계
여성가족부	127,849명	만 9~24세 다문화가족 자녀	2021년 전국다문화가족 실태조사
행정안전부	273,722명	만 18세 이하 외국인주민 자녀	2021년 외국인주민현황

이와 같이 각 부처 간의 동년도 통계가 상이하고 정확한 통계 파악이 되지 않아 이주 배경 청소년에 대한 정책 수립 과정에 있어서 부처 간의 협력 증진과 그에 대한 논의 및 합의를 통해 개선이 필요하다고 할 수 있다. 본 연구에서는 이주 배경 청소년과 한국어 교육 정책에 있어 공교육 내 교육 체계 및 교육 정책 차원에서의 논의를 다루고 있으므로 교육부의 통계를 중심으로 살펴보고자 한다.

2006년 이후 이주 배경 청소년의 증가 추이는 다음 표와 같다.

[표 3] 이주 배경 청소년의 연도별 규모(2006~2022년)

연도	2006	2007	2008	2009	2010	2011	2012	2013	2014
규모	9,389	14,654	20,180	26,015	31,788	38,678	46,954	55,780	67,806
비율	0.11	0.19	0.25	0.35	0.44	0.55	0.70	0.86	1.11
연도	2015	2016	2017	2018	2019	2020	2021	2022(년)	
규모	82,536	99,189	109,387	122,212	137,225	147,378	160,058	168,645(명)	
비율	1.35	1.68	1.91	2.19	2.51	2.75	3.0	3.2(%)	

(출처: 교육부, 2023 재구성)

이주 배경 청소년의 연도별 규모 현황을 살펴보면 이주 배경 청소년의 증가에 반해 학령기 인구 감소에 따른 전체 학생 수 감소로 전체 학생 대비 이주 배경 청소년의 비율이 지속적으로 상승하고 있다. 교육부(2023)에 따르면, 이주 배경 청소년으로서 초 · 중 · 고등학교에 재학 중인 학생 수는 2022년 기준 168,645명이며 전체 학생 수 5,275,054명의 3.2%의 비중을 차지하고 있다. 이는 전년 160,058명에 비해 8,587명이 증가한 것으로 전년 3.0% 대비 0.2%p의 상승 비율을 보였으며, 특히 2012년 최초 통계 조사 시행 당시의 46,954명 이후 지속적인 증가 추세를 나타내고 있다.

이주 배경 청소년의 유형별 현황을 살펴보면 국제결혼가정의 국내출생 자녀가 126,029명인 74.7%로 가장 높았고, 외국인가정 자녀가 32,678명인 19.4%, 국제결혼가정의 중도입국자녀가 9,938명 5.9%를 나타내고 있다. 또한, 이주 배경 청소년의 부모 출신국별 비율은 베트남이 32.4%, 중국(한국계 제외) 24.3%, 필리핀 9.6%, 중국(한국계) 7.1%, 일본 4.7%이다(교육부, 2023).

이주 배경 청소년의 지역별 현황을 살펴보면 수도권뿐만 아니라 충청, 전라, 경상, 제주 등 전국 모든 시 · 도에 걸쳐 고른 거주 분포를 보이고 있는데 이중 경기, 서울에 가장 많이 재학하고 있다. 전체 학생 대비 이주 배경 청소년 비율은 전남, 충남이 가장 높게 나타났다(교육부, 2023).

2. 이주 배경 청소년 대상 한국어 교육 정책의 실제

2.1 대두 배경

한국은 단일민족 국가로서 수천 년의 역사적 명맥을 이어오면서 외국의 정치 · 경제 · 문화적 유입이 한국 사회에 혼재 · 융합되어 한국 내 세계문화의 공존 현상이 지속되어 왔다. 이에 반해 인구학적 유입을 살펴보면 1980년대 후반 여성결혼이민자와 이주노동자가 한국 사회에 유입되기 시작하면서 한민족이라는 민족적 단일 구성체에 변화가 나타나기 시작하였고, 1990년대에 들어 산업연수생제도의 실시를 계기로 이민자의 수가 급격히 증가하여 한국 사회 안의 이민자 집단 형성이 가속화되었다. 이와 함께 전 세계적으로 저출산 · 고령화 현상으로 인해 국내에서도 예외 없이 여성결혼이민자, 이주노동자, 그들의 가족구성원인 다문화가정 자녀 수가 증가하면서 한국 내에 다양한 집단으로 형성되었다.

이에 따라 한국 사회는 2005년부터 다문화주의가 대두되었으며, 2006년에는 정부가 다문화 · 다민족 사회로의 전환 정책을 표방하면서 한국 사회는 다문화 사회로 본격적인 진입이 시작되었다(윤여탁, 2008). 이와 같은 과정에서 형성된 이민자 집단 중 이주 배경 청소년은 앞에서 살펴본 이민자 형성 요인들과 직결되며 이는 두 가지의 경우로서 첫째, 모국 귀환 재외동포[4]가 자녀를 한국으로 초청하여 체류하도록 하는 경우와 둘째, 1990년대 중반에 일기 시작한 국제결혼이 2000년대에 들어서 재혼 형태로까지 확대되면서 외국인 배우자의 기존 자녀가 이들 가정의 구성원으로 포함되면서 나타나게 된 이민자 집단이다. 이주 배경 청소년 수는 국내 체류 외국인과 이주 배경 구성원의 수가 증가함에 따라 함께 급증하면서 이들에 대한 교육 수요 또한 확대되는 상황이 발생하게 되었다.

앞에서 살펴본 바와 같이, 교육부(2023)에 따른 이주 배경 청소년으로서 초 · 중 · 고등학교에 재학 중인 학생 수는 2022년 기준 168,645명이며 전체 학생 수 5,275,054명의 3.2%의 비중을 차지하고 있다. 이는 전년 160,056명에 비해 8,589

---

4) 모국 귀환 재외동포 가운데 특히 재중국 동포와 중앙아시아 거주 동포의 자녀에 대한 국내 장기 체류의 경우가 이에 해당한다.

명이 증가한 것으로 전년 전체 학생 수에 대한 비율 대비 0.2%p의 상승 비율을 보였으며, 2012년 통계 조사 시행 당시의 46,954명 이후 지속적인 증가 추세를 나타내고 있다. 이러한 수적 양상과 구성의 변화에 따라 한국 사회는 이들을 수용하기 위해 이들을 대상으로 하는 언어 정책의 방향 설정에 대한 필요성이 대두되었다. 한국 정부는 이러한 정책적 필요성을 인식하여 이주 배경 청소년에 대한 정책들을 추진해 오고 있다. 특히 이들의 사회적 이념적 상황을 고려하여 이주 배경 청소년의 국적, 연령, 한국어 능력 등의 다양한 특성과 문화적 다양성을 이해하고자 하는 배경적 지원을 바탕으로 정책 방향을 설정하고자 하였다.

이주 배경 청소년에 대한 한국어 교육 정책은 2006년 4월을 그 시작으로 볼 수 있다. 한국 정부는 국내에 이민자의 수가 증가하고 이민자의 정주화가 시작되면서 이민자 자녀 수도 증가하여 2006년 4월 이들 다문화가정 자녀 교육지원에 대한 부처별 대책을 마련하기 시작하였다. 교육부(당시 교육인적자원부)는 다문화주의적 관점의 종합 지원 대책으로 국제결혼가정 자녀, 외국인근로자 자녀, 북한이탈청소년(당시 새터민청소년)의 교육 현황을 파악하여 이주 배경 청소년의 교육 지원 정책을 마련하였다. 그 시작으로 이주 배경 청소년 교육 지원 정책의 범위 내에 이주 배경 청소년에 대한 한국어 교육 정책이 포함되기 시작하였다(교육부, 2006). 한국 정부는 2010년 동반 · 중도입국 자녀라는 명칭을 다문화가정 자녀 내의 항목에 별도의 유형으로 부여함으로써 새로운 정책 대상자로서의 유의한 분류 설정을 통해 교육 지원을 추진하게 되었다.

이상에서와 같이 정책 대상으로 주요 범주에 속하게 된 이주 배경 청소년에 대한 교육 정책은 2012년에 구체화 되어 외국인 주민과 그 자녀의 급격한 증가에 대비한 다문화학생 교육 선진화 방안이 마련되고, 특히 이주 배경 청소년의 다양한 특성을 고려한 교육 수요에 맞는 맞춤형 지원으로 전례 없는 다양한 정책 유형과 정책 사례가 논의되기 시작했다. 이와 관련하여 교육부는 2012 다문화교육 선진화 방안을 발표하였고 이후 이주 배경 청소년과 관련된 한국어 교육 정책은 그 유형과 정책 사례에 있어 다양하게 추진되었다.

이와 때를 같이하여 법무부는 2012년 7월 다문화가정 자녀 공교육 진입을 위한 협력 방안으로 교육부와의 업무협약을 체결하고 2014년 7월부터 중도입국 청소년을 대상으로 하는 조기적응프로그램을 시범적으로 실시하면서 이주 배경 청소년에 대한 교육 지원을 시작하게 되었다. 여성가족부 또한 2008년 다문화가족지원법, 2009년 다문화가족정책위원회 규정의 제정과 2009년 12월 제1차 다문화가족정책위원회를 개최하고 2010년부터 다문화가족지원정책기본계획을 수립하면서 이주 배경 청소년을 대상으로 하는 한국어 교육 프로그램에 대한 사업을 다양하게 추진해 오고 있다.

2.2 추진 체계

이주 배경 청소년의 한국어 교육 정책은 언어 교육 정책이라는 큰 틀 안에서 다문화 교육의 체제를 기반으로 하여 추진되고 있다. 또한 이러한 정책적 업무는 교육부의 주관하에 이루어지고 있으며 범부처 간의 연계와 협력을 통해 시행되고 있다. 한국 정부는 다문화 교육에 관한 법과 제도의 개선과 이주 배경 청소년의 안정적인 한국어 교육 지원을 위한 정책을 추진해 오고 있음을 표방하고 있다(교육부, 2023). 정부는 정책을 추진하는 과정에서 법적 근거가 필요하며 이를 바탕으로 하여 정책 실행에 대한 명분을 얻을 수 있으며(황용주, 2011) 해당 정책과 관련한 법과 제도를 구축하여 정부 정책을 강력하게 구현하게 된다(조항록, 2011). 따라서 이주 배경 청소년의 한국어 교육 정책의 추진 체계를 논하기에 앞서 관련 법과 제도에 대해 살펴보기로 한다.

이주 배경 청소년의 한국어 교육 정책과 관련한 법과 제도로서 정부는 교육과 인권 및 다문화에 관한 법령을 근간으로 적시하고 있다. 교육에 관한 법령으로는 교육기본법, 초·중등교육법 및 초·중등교육법시행령이 있으며, 또한 인권 및 다문화에 관한 법령으로는 헌법, 유엔아동권리협약, 재한외국인처우기본법, 다문화가족지원법, 청소년복지지원법, 출입국관리법이 있으며 그 외 사회통합프로그램 제도를 들 수 있다.

[표 4] 이주 배경 청소년 대상 교육 관련 법과 제도

법령	내용
교육기본법	교육의 기회균등을 위해 국가 차원에서 지원
초 · 중등교육법	다문화학생 대상 특별학급 운영 및 학력 인정
초 · 중등교육법시행령	다문화학생이 체류 자격 및 학력 증빙 서류 없이 공교육 진입 가능 중도입국자녀의 전입학 학교 배정 및 학력 심의 등 공교육 진입 과정에 대한 사항
헌법	만 18세 미만의 모든 아동에게 교육권 보장 및 의무교육 제공
유엔아동권리협약	
재한외국인처우기본법	재한외국인 즉, 대한민국의 국적을 가지지 아니한 자로서 대한민국에 거주할 목적을 가지고 합법적으로 체류하고 있는 자의 사회 적응 지원 및 다문화에 대한 이해 증진
다문화가족지원법	다문화가족 즉, 결혼이민자와 대한민국 국민으로 이루어진 가족의 자녀를 위한 교육시책 마련 및 다문화가족에 대한 편견 예방 교육 실시
청소년복지지원법	이주 배경 청소년의 사회 적응 및 학습능력 향상을 목적으로 시책 마련 여성가족부 장관이 이주 배경 청소년 지원센터를 설치 및 운영
출입국관리법	출입국 관리를 통한 체류 관리와 학교 재학 여부 파악 및 사회통합 등에 관한 규정, 외국인의 등록사항 및 사회통합프로그램에 대한 근거
사회통합프로그램	이주 배경 청소년의 초기 적응을 위한 한국어 및 한국문화 교육 지원

(출처: 교육부, 2018)

정부의 이주 배경 청소년의 한국어 교육 정책은 이상에서 살펴본 법과 제도에 기반하여 추진되고 있으며 앞에서 언급한 바와 같이 다문화 교육 추진 체계를 구축 · 확립하여 중앙과 지방과의 연계와 협업을 통해 교육 지원 체계가 마련되고 있다(교육부, 2018). 중앙에서는 법령의 정비와 관계부처 간의 협업을 추진하고 지역 맞춤형 교육 정책을 실행할 수 있도록 각 교육청의 자율성을 확대하고 있다.

협업 체계로서는 시 · 도교육청의 다문화 교육 추진 체계 강화와 중앙의 다문화교육 지원 기능 강화로 나누어 볼 수 있다. 먼저 시 · 도교육청의 다문화교육 추진 체계 강화는 다문화교육 정책학교와 지역다문화교육 지원센터를 통해 시행되고 있다. 다문화교육 정책학교는 시 · 도교육청 관내에서 총괄 운영되는데 지역 특성에 맞게 학교별 운영 계획서를 토대로 컨설팅 및 워크숍, 교원 대상 역량 강화 연수를 지원한다. 지역다문화교육 지원센터는 지역적 특성을 고려하여 다문화교육 지원 모델을 구축하고 예산 및 운영 실적 평가 등의 업무를 시행한다.

다음으로 중앙의 다문화교육 지원 기능 강화는 관계 부처의 협업을 통해 정책 사각지대를 해소하고 그 효과성을 제고하고자 함이다. 이주 배경 청소년의 언어 교육 정책은 교육부를 주관으로 법무부, 여성가족부, 문화체육관광부 등 각 관계 부처에서 사안별로 업무 협력을 추진하고 있다(교육부, 2022). 법무부는 중도입국자녀와 난민 자녀의 취학 정보 및 현황을 파악하기 위해 각 부처와 정보 연계, 체류 자격 및 외국인 인권 등에 관련한 협업을 시행하고 있다. 여성가족부에서는 다문화가족 자녀를 대상으로 언어 발달 서비스, 이중언어 인재 양성, 레인보우스쿨 등 사업 간 연계를 확대하고, 다문화가족 정책 기본계획 수립에 참여하고 있다(교육부, 2018). 문화체육관광부에서는 한국어교육학습샘터 활용, 교원 연수, KSL 교재 개발 등 국립국어원과의 한국어 교육 관련 협업 확대 및 문화 다양성 교육을 위한 연계 및 협업을 추진하고 있다(교육부, 2022).

2.3 주요 정책

2.3.1 교육부

한국 사회는 다문화 사회 현상을 급격하게 맞이하면서 이민자 대상 한국어 교육 정책을 추진하게 되었다. 이민자를 대상으로 하는 언어 정책은 1990년대에 여성 결혼이민자를 대싱으로 민간 부분에서 시작되있다. 2000년대 중반 외국인 수가 급증함에 따라 이들의 자녀 수 또한 증가하면서 형성된 다문화 가정 자녀의 교육 문제가 대두되면서 2006년부터 교육부를 중심으로 다문화가정 자녀 교육지원 대책이 수립 · 발표되었고 이후 2023년 현재까지 매년 이어져 오고 있다.

교육부가 지금까지 시행해 오고 있는 다문화교육 지원을 위한 각종 정책과 사업 추진 내용을 살펴보면 다음과 같다.

첫째, 다문화학생의 교육권 보장을 위한 초 · 중등교육법 시행령 개정하였다. 2008년 편 · 입학 증빙서류를 개선하여 다문화학생의 공교육 진입 절차를 간소화하였으며, 2010년 출입국 · 외국인증명 서류를 준비할 수 없는 경우 임대차계약서 등 거주 증명만으로 편·입학이 가능하도록 하는 등 두 차례에 걸쳐 편·입학에 관한 법 개정이 이루어졌다. 2013년에 다문화학생 특별학급 운영 및 학력인정에 대한 근거를 마련하고, 2019년에는 중도입국 학생의 중학교 입학·전학·편입학 등 진입 절차를 개선하고 2020년에는 이들의 학력 심의 대상을 확대하는 등 학력 공백을 줄이고자 하였다.

둘째, 다문화학생 교육 프로그램을 지원하였다. 2009년부터 다문화학생 대학생 멘토링을 실시하였으며 2017년부터는 모국어 구사가 가능한 대학생 멘토링을 통해 한국어 및 기초학습을 지원하도록 확대 운영하고 있다. 또한 2011년부터 2018년까지 글로벌브릿지 운영을 통해 우수 다문화학생을 발굴하고 육성하였다.

셋째, 다문화교육 정책학교를 운영하였다. 2012년 예비학교와 KSL 교육과정을 도입하여 한국어 교육을 지원하고 있으며 2016년 찾아가는 예비학교를 도입하여 한국어 교육의 사각지대를 해소하고자 하였다. 2014년에는 다문화이해교육을 위한 다문화 중점학교를 운영하기 시작했으며 이듬해인 2015년에는 다문화 유치원에서 다문화유아 및 유치원을 대상으로 다문화교육 지원을 확대하였다. 2019년에 다문화교육 정책학교 사업을 개편하였는데 기존의 예비학교와 다문화 중점학교, 다문화 유치원을 통합하여 지역 자율성을 강화하였다.

넷째, 다문화학생 교육 도움 자료를 발간하였다. 2015년부터 2021년까지 17종의 교과보조교재와 9종의 이중언어교재 및 전자책, 교과보조교재 기반 영상콘텐츠를 개발하였다. 또한 2013년과 2014년에는 외국국적 학생 학적관리 매뉴얼과 학력심의위원회 운영 매뉴얼을 구축했으며, 2020년과 2021년에 한국어 교육 원격 수업 콘텐츠 제작·공유, 2019년부터 한국어능력 진단·보정 시스템을 구축·확대하여 2021년에 전 학년을 대상으로 개통하였다.

다섯째, 다문화교육 추진체제 구축을 위해서 중앙다문화교육센터를 지정하고 운영하고 있는데 2007년부터 2011년까지는 서울대에서, 2012년부터는 교육부와 국가평생교육진흥원에서 운영하고 있다. 이에 맞춰 2015년부터 지역다문화교육지원센터가 운영되고 있으며 현재 17개 시·도교육청에서 운영 지원하고 있다.

2.3.2 여성가족부

2008년 다문화가족지원법이 제정되면서 다문화가족에 대한 지원 정책의 제도적인 틀이 마련되었다. 이 법률에 따라 2009년 12월 국무총리를 위원장으로 하는 다문화가족정책위원회를 개최하였으며, 2010년 다문화가족정책위원회 규정을 개정하여 실무위원장을 기존의 국무총리에서 여성가족부 장관으로 변경하였다. 이에 따라 여성가족부 장관은 2010년에 다문화가족지원정책 기본계획을 수립하였고 이후 현재까지 네 차례에 걸쳐 다문화가족지원정책 기본계획을 수립하여 시행하고 있다.

여성가족부가 지금까지 시행해 오고 있는 한국어 교육 관련 사업으로는 프로그램 추진과 교재 개발을 들 수 있다. 프로그램 추진 내용은 한국어 교육, 방문교육, 언어발달 지원, 통번역 서비스, 이중언어 인재 양성, 다문화가족 사례 관리, 레인보우스쿨, 결혼이민자 역량 강화 지원 등의 사업 등이 있다.

이 중 다문화가족지원센터 등과 연계하여 한국어 교육, 방문교육, 이중언어 인재 양성 사업 등을 시행하고 있는데, 한국어 교육은 중도입국자녀 대상으로 생활언어를 익히고 문화를 이해할 수 있도록 서비스를 제공하고 있다. 방문교육 서비스는 집합교육이 어려운 만 12세 이하 자녀가 있는 다문화가족 등을 대상으로 한다. 이중언어 인재 양성 사업은 영유아기부터 이중언어로 소통할 수 있는 환경을 조성하여 다문화 자녀의 정체성을 확립하고 이중언어 환경의 강점을 살려 이중언어 인재들의 글로벌 성장을 지원한다. 또한 레인보우스쿨은 만 9~24세 중도입국 청소년 대상으로 맞춤형 한국어 교육 제공하여 한국 사회 조기 적응과 한국어 교육 운영을 내실화한다. 연계 진로교육프로그램으로 무지개Job아라, 내-일을 잡아라를 운영하고 있다.

여성가족부에서 초기에 사용한 한국어 교육용 교재는 2010년의 '결혼이민자와 함께하는 한국어'이다. 이는 2008년 다문화가족지원법이 개정된 이후 2009년부터 교육과정을 거쳐 결혼이민자의 한국 생활 적응을 위해 개발된 교재이다. 이후 2012년 한국어 교육과정이 개발되고 2017 개정 교육과정의 반영과 2018년 현장 실사를 거쳐 국립국어원과 함께 2019년에 '다문화 가정과 함께하는 한국어'를 출간하였다. 기존 교재의 개정판으로서 구어 능력 향상을 위한 '즐거운 한국어'와 문어 능력 강화에 주안점을 둔 '정확한 한국어'로 구분되며 8권으로 구성되어 있다.

2.3.3 법무부

2006년 당시 대통령 주재 제1회 외국인정책회의를 통해 외국인 정책을 기존의 관리 정책에서 사회통합 정책[5]으로 전환하면서 정부가 중심이 되어 이민자들의 사회통합 정책을 수립하게 되었다. 2007년에는 재한외국인처우기본법이 제정되었는데 외국인들이 한국 사회에 조기 적응을 위한 한국어 교육과 한국의 제도 및 문화에 대한 교육을 제공하고, 결혼이민자 자녀의 보육 및 교육 지원 등에 대한 조치에 관해 규정하고 있다. 이에 따라 2008년 제1차 외국인정책기본계획(2008~2012)을 시작으로 최근까지 세 차례에 걸쳐 수립 · 시행되고 있다.

법무부는 2012년 7월 다문화가정 자녀 공교육 진입을 위해 교육부와 업무협약을 체결하였고, 2009년 처음 시행된 사회통합프로그램과 함께 2014년 중도입국 청소년을 대상으로 조기적응프로그램을 시범적으로 실시하였다. 2017년 1월 중도입국 청소년 공교육 진입 유도를 위해 개인정보보호위원회는 정보 연계 차원에서 법무부에서 보유한 신상정보 제공 결정으로 부처간 협력을 강화하였다. 2019년 중도입국자녀의 취학 현황 파악을 위한 정보 연계와 체류자격 및 외국인 인권에 관련한 협업을 추진하였다. 이에 관련하여 2020년 9월 출입국관리법 시행규칙 제47조의 개정[6]에 의해 외국인등록 사항에 현재 취학 중인 학교명을 추가하여 중도입국자녀의 실제 취학 여부를 파악할 수 있게 하였나, 2022년 법무부는 국내 장기체류 아동 교육권 보장을 위한 체류자격 부여 요건을 완화하고 미성년 아동의 양육을 위해 부모에 대한 한시적 국내 체류를 허용하였다. 또한 취학 절차 안내를 위한 중도입국자녀 대상 학교 편입학 안내자료 및 클립형 영상을 MMS와 우편을 통해 배포하며 초등학교 입학 예정 자녀의 학부모 대상 추가 입학 안내로 적기 입학을 도모하고 있다.

---

5) 1990년 이후 국제결혼의 증가로 인해 국내 거주 여성결혼이민자들이 급증하면서 한국 사회와 가족관계에서 발생되는 부적응, 경제적 어려움, 양육 등의 문제가 사회적 문제로 급부상하게 되었다. 이에 정부는 여성결혼이민자 및 그 가족의 생활실태 분석과 이들의 한국사회로의 안정적 정착 및 사회통합을 지원하는 대책인 여성결혼이민자가족 및 혼혈인 · 이주자 사회통합 정책을 발표하게 되었다.

6) 출입국관리법 시행규칙 제47조(외국인등록사항) (20.9.개정): 법 제32조제6호의 규정에 의한 외국인등록사항은 다음과 같다.
4. 「초 · 중등교육법」 제2조 각 호의 어느 하나에 해당하는 학교에의 재학 여부

법무부는 사회통합프로그램을 위해 2015년부터 국립국어원에서 개발한 교재를 지정하여 사용하기 시작하였다. 한국어와 한국문화와 한국 사회 이해 교재로서 기초편 2권, 초급 1, 2권, 중급 1, 2권으로 총 5권의 구성과 함께 각 권별 학습자용 익힘책과 교사용 지도서로 구성되어 있다. 이후 2021년 개정 사회통합프로그램 교재가 새로이 출간되어 현재 법무부 지정교재로 채택되어 각 거점의 사회통합프로그램에서 사용되고 있다.

2.3.4 민간 참여

이주 배경 청소년에 대한 교육 지원의 한계를 보완하기 위한 방안으로 다문화대안학교에 대한 종교단체, 민간기관 등의 민간 참여 교육 지원이 시작되었는데 2006년 부산아시아공동체학교가 그 시초라 할 수 있다. 이후 민간 차원의 다문화대안학교들이 다양하게 설립되었다. 민간 차원의 대안학교들은 대부분이 비인가로 설립되었으며 이 중 일부는 교육부와 교육청의 지원을 받는 위탁형 대안학교로 학력 인정을 받게 되었다. 학력 인정을 받는 다문화대안학교에는 위탁형 다문화대안학교인 아시아공동체학교, 새날학교, 다애다문화학교, 인천한누리학교와 공립 특성화(기술계) 다문화대안학교인 서울다솜학교, 한국폴리텍다솜학교가 있다.

3. 이주 배경 청소년과 한국어 교육 정책

3.1 추진 성과

이주 배경 청소년은 한국 사회에서 특수한 배경적 상황을 기반으로 형성된 이민자 집단이다. 따라서 이들에 대한 한국어 교육 정책은 이민 정책과 교육 정책, 언어 정책 그리고 다문화가족 정책 등 정부 내 다양한 정책과의 관련성을 갖고 있음을 주지하여야 할 필요가 있다. 정책적 위상과 정책 추진 과정에서 빚어지는 논점을 배경으로 하여 이주 배경 청소년과 한국 정부의 한국어 교육 정책의 추진 성과를 정리하면 다음과 같다.

첫째, 정책 시행 계기를 통한 추진 성과로서, 이주 배경 청소년 대상 한국어 교육 정책은 교육부의 다문화학생 교육 정책으로서 국정과제인 결혼이주여성과 다문화가정 자녀에 대한 지원 정책의 일환으로 시작되었다. 교육부는 정책 주관부서로서 유관 부서와의 협업과 협력을 통해 교육 정책을 추진하였고 관련 법령과 제도를 근거로 하여 교육 정책을 구현하게 되었다.

둘째, 정책 목표에 대한 추진 성과로서, 이주 배경 청소년의 한국어 교육 정책은 외국인을 대상으로 하는 외국인 정책과 관련한 정책 추진 목표에 변화를 가져왔다. 정책의 궁극적 목표는 이주 배경 청소년의 한국 사회 내의 바람직한 통합이라 할 수 있겠다. 한국 정부는 2007년 재한외국인처우기본법의 제정을 시작으로 하여 다문화가족지원법의 제정과 출입국관리법 내 사회통합프로그램 관련 장의 신설 과정을 거치면서 외국인의 한국 사회 내 사회통합 정책을 적극적으로 추진해 왔으며 이러한 일반적인 외국인 대상 한국어 교육 정책관점에 더하여 이주 배경 청소년이라는 특수성에 기인하는 교육 지원 정책에 정책적 목표를 두고자 하였다.

셋째, 정책 대상에 대한 추진 성과로서, 이주 배경 청소년의 한국어 교육 정책은 정책 시행 초기에 공교육 학령대의 다문화가정 학생과 새터민 자녀를 정책 대상의 범주로 설정하였다. 이후 이민자 집단의 유형이 다양해지고 그 범위가 넓어짐에 따라 점차 다문화 유아 교육으로 확대되었으며 중도입국자녀가 대상에 추가되었고 최근에 난민 자녀로까지 정책 대상에 포함되었다.

넷째, 정책 지원에 대한 추진 성과로서, 이주 배경 청소년의 한국어 교육 정책과 교육권 보장을 위해 지원 주체의 범위가 확대되었다. 교육 관청 운영 기관은 민간 단체의 협력과 참여를 통해 교육 지원을 받고 있는데 대부분의 다문화대안학교의 경우 초기에 민간 차원에서 소규모의 비인가 학교로서 운영을 시작하였다. 다문화대안학교는 이주 배경 청소년의 한국어 능력 부족, 학교 부적응 등 공교육의 한계에 대한 보완책으로서 이주 배경 청소년의 한국어 능력 증진과 학교 적응을 위한 대안교육이 이루어지는 곳이다. 이에 그 정부의 지원과 민간 단체의 협력 및 참여 확대로 학력 인정을 받을 수 있는 다문화대안학교 수가 증가하고 그 규모가 확대되어 이주 배경 청소년들의 교육 받을 기회가 더욱 증대되고 그들의 교육권이 보장되었다.

다섯째, 정책 시행에 대한 추진 성과로서, 이주 배경 청소년의 한국어 교육 정책에 있어 기초 학력 신장을 위한 밀착 지원으로 대학생 멘토링 제도가 지속적으로 시행되고 있다. 대학생 멘토의 엄격한 지원 자격과 사전 필수 교육을 통해서 입국 초기 이주 배경 청소년의 학습 및 조기 적응을 위한 일대일 멘토링 지원을 제공하고 있다. 최근에는 이주 배경 청소년의 모국어를 구사할 수 있는 대학생 멘토를 지원하여 정서적 · 심리적 안정감을 부여해 줌으로써 한국어 학습 능력 향상으로 이어질 수 있도록 하는 등 이주 배경 청소년의 학교 적응과 안정적 성장 지원 사업으로 평가할 수 있다.

3.2 한계 및 시사점

한국 정부는 이주 배경 청소년에 대한 교육 정책을 결혼이주여성과 다문화가정 자녀에 대한 지원 정책의 일환으로서 추진해 왔으며, 그 과정 속에서 외국인 정책과 언어 정책을 시행하며 한국어 교육 정책 또한 구현해 오고 있다. 정부는 정책 대상 집단을 공교육 학령대의 다문화가정 학생에서부터 유아, 중도입국자녀, 난민 자녀에 이르기까지 시기적절하게 추가 및 확대하여 교육부의 교육 지원 정책 추진 체계 구축과 확립을 견고히 하였으며, 정책 지원을 위한 외부 기관의 참여를 지속적으로 확장하였다. 이상에서의 한국 정부의 이주 배경 청소년과 한국어 교육 정책에 관한 성과와 함께 나타나는 한계 및 시사점을 정리하면 다음과 같다.

첫째, 한국어 교육 정책의 중장기적 목표 설정이 시급하다. 한국 사회는 급격하게 진입한 다문화 사회에 대응하기 위해 단시간 내 그에 대한 대책을 마련하며 각 부처별로 적절하게 관련 정책을 추진해 오고 있다. 이에 장기적인 목표와 계획을 수립하여 그에 따른 정책을 수행하고 결과에 대한 평가와 환류 과정을 모두 포괄할 수 있도록 현 상황에서 부딪는 시행착오와 한계로부터 진보하고 구체적인 정책을 추진하여야 할 것이다.

둘째, 정책 결과에 대한 성과 분석이 미흡하다. 교육부가 매년 발표하는 정책 자료에는 직전 연도의 성과에 대한 분석 결과를 제시한다. 그러나 이에 대한 일관성이 없다. 앞에서 언급한 바와 같이 교육부의 정책 자료에 전년도 추진 성과 분석에 대한 일관된 성과 공유와 환류가 필요하다. 추진 성과 분석은 다음 정책의 계획 수립을 위한 기초 자료가 되므로 추진 사업별 성과 분석을 통해 그에 대한 공유와 환류가 포함되어야 한다.

셋째, 정책의 지속정 차원에서 실효성 있고 추진 가치가 있는 사업의 경우 지속 추진이 필요하다. 추진 과정에서 발생하는 한계로 인해 중단되는 사업에 대해 정부로부터의 지원 비중을 더욱 확대하고 전문화하여 지속적으로 추진할 필요가 있다. 정책 개발 및 추진 시 중점적인 추진 정책에 국가로부터의 자원 비중을 더욱 확대하고 전문화하여 이주 배경 학생들이 교육 지원 혜택을 계속해서 받을 수 있도록 해야 한다.

넷째, 이주 배경 청소년의 한국어 교육 정책을 효율적으로 실시할 수 있는 시스템의 구축이 미흡하다. 이는 정책 추진 과정에서 끊임없이 제기되고 있는 문제이다. 한국 내 이민자 대상 한국어 교육 정책 관련 부서는 다양하고 이주 배경 청소년 대상 한국어 교육 관련 부서 및 관련 단체 또한 산재해 있다. 이로 인하여 정책 운영의 기초 자료가 되는 이주 배경 청소년의 현황을 파악할 수 있는 명확한 기초통계 자료 확보가 어렵고 각 부처 간 중복된 업무와 그에 따른 예산 낭비 등의 한계가 발생하게 된다. 이주 배경 청소년의 한국어 교육은 정책 추진의 합리성과 효율성을 추구하고자 조정과 협의가 필요하며, 이에 협의체 구성 또는 컨트롤 타워 지정 등의 시스템 개선이 필요하다.

참고문헌

경기도교육청(2022), 2022 다문화교육 추진계획(안), 수원: 경기도교육청.

교육과학기술부(2010), '10년 다문화가정 학생 교육 지원계획, 서울: 교육과학기술부.

교육과학기술부(2012), 다문화학생 교육 선진화 방안, 서울: 교육과학기술부.

교육부(2016~2023), 다문화교육 지원계획, 세종: 교육부.

교육부(2021), 2021 간추린 교육통계, 세종: 교육부.

교육부(2022), 보도자료 2022년 교육기본통계 조사 결과 발표, 2022.8.30.(화), 세종: 교육부.

김이선 외(2016), 이주배경청소년 정책 중 · 장기 발전방안 연구, 한국여성정책연구원.

법무부(2008), 2008~2012 제1차 외국인정책 기본계획, 외국인정책위원회, 서울: 법무부 출입국 · 외국인정책본부.

법무부(2012), 2013~2017 제2차 외국인정책 기본계획, 외국인정책위원회, 서울: 법무부 출입국 · 외국인정책본부.

법무부(2018), 2018~2022 제3차 외국인정책 기본계획, 외국인정책위원회, 서울: 법무부 출입국 · 외국인정책본부.

서혁, 오은순, 조항록(2009), 다문화가정 학생을 위한 한국어 교육 방향 및 원리-다문화 가정 학생을 위한 한국어 교육 지원 방안 탐색 세미나 33, 교육광장, 68-72.

여성가족부(2011), 제1차 다문화가족지원정책 기본계획(2010~2012), 서울: 여성가족부.

여성가족부(2012), 제2차 다문화가족정책 기본계획(2013~2017), 서울: 여성가족부.

여성가족부(2018), 제3차 다문화가족정책 기본계획(2018~2022), 서울: 여성가족부.

여성가족부(2019), 2018 전국다문화가족실태조사 연구, 서울: 여성가족부.

여성가족부(2022), 2021 전국다문화가족실태조사, 서울: 여성가족부.

여성가족부((2023), 제4차 다문화가족정책 기본계획(2023~2027), 서울: 여성가족부.

윤여탁(2008), 다문화교육으로서의 한국어 교육: 현실과 방법론, 국어교육연구, 22, 서울대학교 국어교육연구소, 7-37.

정서윤(2022), 이주 배경 청소년을 대상으로 하는 한국어 교육 정책 연구, 상명대학교 대학원 박사학위논문.

조인제(2019), 우리나라 다문화학교에 대한 제도적 분석: 다문화 예비학교(한국어학급) 및 특별학급, 다문화대안학교를 중심으로, 교육문화연구, 25(4), 교육연구소, 771-792.

조항록(2010), 한국어 교육정책론, 한국문화사.

조항록(2011), 다문화가족 관련 법령 · 제도의 검토와 개선 방안, 나라사랑, 120, 외솔회, 32-58.

조항록(2016), 한국어 교육 정책의 이론화를 위한 시론, 이중언어학, 62, 이중언어학회, 159-183.

조항록(2017), 다문화 사회와 한국어 교육, 한글파크.

조항록 · 정서윤(2022), 이주 배경 학생을 대상으로 하는 교육 지원 정책 분석, 인문사회21, 13(2), 사단법인 아시아문화학술원, 2547-2561.

최영준(2018), 다문화교육 정책의 변화와 개선방안, 평생교육, 14(2), 숭실대학교 한국평생교육, 55–75.

행정안전부(2022), 2021 지방자치단체 외국인주민 현황, 세종: 행정안전부.

황용주(2011), 한국의 언어 관리 정책: 공공언어 개선 정책을 중심으로, 국어문학, 50, 국어문학회, 23–45.

국가법령센터, https://www.law.go.kr/

이주배경청소년지원센터, https://www.rainbowyouth.or.kr/

서울지역다문화교육지원센터, https://multiculture.sen.go.kr/

중앙다문화교육지원센터, https://www.edu4mc.or.kr/

10 내러티브 탐구를 통한 베트남 결혼이주여성의 정체성[1)]

박선영

1. 서론

한국에 정착한 결혼이주여성들은 결혼과 동시에 타국으로 이주하는, 즉 결혼과 초국적 이주라는 두 가지 종류의 이주를 경험하게 된다. 이러한 과정 속에서 결혼이주여성들은 자신들의 모국에서 형성된 정체성과 새롭게 이주하여 정주하게 된 곳에서 형성하게 되는 정체성 사이에서 혼종을 경험하며 새로운 정체성을 정립해야 하는 위치에 놓이게 된다. 결혼이주여성들은 가족주의 이데올로기가 강한 한국에 정착해서 살아가는 동안 배우자 가족의 이념을 수용할 것을 요구받게 되는데, 이에 한국인과 결혼하여 국가와 인종의 경계를 넘어서는 이주를 하면서 겪어 내는 과정을 통해 정립되는 결혼이주여성들의 정체성을 파악하기 위해서는 그들 자신의 이야기(narrative) 속에서 정체성을 살펴보는 것이 유의미하다고 본다.

---

1) 이 글은 박선영(2019)의 박사학위 논문 '내러티브 탐구를 통한 베트남 결혼이주여성의 정체성 연구–이야기 정체성을 중심으로'의 내용을 바탕으로 하였으며 몇몇 데이터는 최근 시점에 맞춰 수정하였으나 전체적인 논점은 2019년 당시에 맞춰져 있음을 밝힌다.

정체성을 가지고 있다는 것은 '나는 누구인가?'에 대해 답할 수 있다는 것이다. 정체성은 자아정체성, 민족 정체성, 문화적 정체성 등 다양한데 결혼이주여성들의 정체성을 파악하기 위해서는 이들의 삶 속에서 시간의 흐름에 따른 이야기 정체성을 살펴보는 것이 적절하다고 본다. 이야기 정체성을 알기 위한 가장 적절한 텍스트는 그들과 관련된 내러티브이므로, 이들의 관련 내러티브에 관한 탐구는 중요한 의미를 갖는다.[2)]

본 연구에서는 베트남 결혼이주여성의 자기서사인 수기를 내러티브 탐구 대상으로 하여 분석한다.[3)] 베트남 결혼이주여성의 경험 이야기인 수기를 통해서 이야기 정체성을 추론하고 이야기 정체성의 유형과 이야기 정체성을 형성하는 요인을 수기 내에서 귀납적인 내용분석을 통해서 찾아내고 그 요인들이 이야기 정체성 형성에 어떠한 영향을 끼쳤는지를 고찰하고자 한다. 또한 결혼이주여성들의 내면의 목소리로 말해 주는, 결혼이주여성들의 이야기 정체성 고찰을 통해 한국 사회에서 지향해야 할 담론과 접근 방향성에 대한 논의도 진행하고자 한다.

---

2) 내러티브는 '이야기'라고도 하는데, '이야기'는 인간의 가장 원초적이고 보편적이며 또한 가장 널리 수행되는 의사소통의 유형 가운데 하나이며, 이야기는 흔히 내러티브, 구술사, 또는 서사라고도 불린다(박용익, 2006: 144-145). 그리고 '이야기'를 통시적인 형식을 갖춘 언어적 표현 형태라고 정의하고 '이야기'란 이야기를 하고 있는 시점 이전에 있었던 실제 또는 허구의 행위나 사건의 진행과정을 담화 형식의 형태로 재구성한 것을 말한다(한송화, 2014: 3-4). 내러티브, 이야기, 서사가 본질적으로 동일한 것이며 그 강조점만 다른 것이므로 본 논문의 분석 대상에 자기서사인 수기와 인터뷰 전사기록이 포함되어 있기에 이야기와 내러티브라는 명칭을 혼용해서 쓰기로 한다. Narrative Identity는 서사적 정체성, 서술적 정체성, 이야기 정체성 등으로 번역하여 사용되고 있다. 용어의 혼용으로 혼란스러울 수 있어 본고에서는 이야기 정체성으로 사용하기로 한다. 본고의 주요 연구 대상인 수기는 자기서사, 생애 이야기(생애사) 혹은 삶 이야기라고 할 수 있으므로 이야기 정체성이라고 명명하는 것이 적절하다고 본다.

3) 한국에 거주하는 결혼이주여성들의 출신 국가가 다양하다. 그 중에서 2018년 당시, 결혼이주여성 중 베트남 결혼이주여성들이 가장 큰 집단을 형성하고 있었기에 베트남 여성으로 한정하였다. 행정안전부의 '2021년 지방자치단체 외국인주민 현황통계표'를 보면 결혼이민자 중 여성이 전국적으로 137512명인데 그중 중국 29216명, 중국(한국계) 18484명, 일본 12425명인데 베트남은 37157명으로 현재도 가장 큰 수를 차지하고 있음을 알 수 있다.

2. 이야기 정체성 이론과 내러티브

이야기 정체성은 일상적 이야기의 언어적 실행 속에서 직접적으로 구성되는 것으로 간주되고, 구체적인 상호 행위 속에서 명시화되고 텍스트 자료를 언어적으로 정밀하게 분석함으로써 드러난다. 이야기 정체성은 한 사람의 정체성이 서사적으로 표현되는 것으로, 각각의 경험적 상황 속에서 그 사람만의 관점을 창출하는 것에 의해 정의된다. 이야기 중 자전적 이야기는 자기에 대한 이해와 자신의 경험을 해석하려는 수단이 되기도 한다. 화자나 저자가 자전적 이야기에서 수행한 자기 성찰적이고 의사소통적인 활동은 우리가 보통 '개인적 정체성'이라고 부르는 것과 관련을 맺게 되고, 이야기와 정체성의 결합은 '이야기 정체성'(Ricoeur, 1983, 1985, 1990)이란 개념을 형성한다. 이야기 정체성은 Paul Ricoeur가 제시하였고,[4] McAdams를 비롯하여 미국의 심리학자들을 중심으로 학제 간 연구가 수행되었고 최근에도 활발히 학제 간 연구가 진행되고 있다.

이야기 정체성은 결혼이주여성들이 삶의 과정 속에서 부여받게 되는 다양한 사회적 역할로 인한 사회적 정체성과 다르게 어떤 역할에 의해 구분되는 것이 아니라 자신의 내면적 성장, 성찰의 과정 속에서 발견하게 되는 정체성 개념이다. 사건들의 연속적 흐름에 의해 나타나는 사건의 행위자, 곧 주체인 결혼이주여성의 정체성도 시간의 변화에 따라, 이야기의 변화에 따라 변화하게 된다. 여러 단계의 삶의 과정을 거쳐 인생의 시간을 거쳐서 결혼이주여성의 정체성이 어떤 단계로 변화되어 왔는지 자신과 그녀들 주변의 타자와의 관계 맺기를 통해서 어떻게 정체성을 변화시켜 왔는지, 낯설고 새로운 이 땅에서 모국을 떠나올 때의 선택과 결정을 하였던 그녀들이 과

---

4) Ricoeur의 자기정체성은 동일성과 자기성의 두 측면을 지닌다. 동일성은 '나는 있다'라는 존재론적 명제를 의미하고 자기성은 '나는 ~이다'라는 인식론적 명제를 의미한다. 자기의 두 측면은 존재와 인식과 관계를 맺는다. 자기성으로 표현되는 이야기 정체성이란 시간 속에서 살아가는 인간의 이야기의 전개를 말한다. Ricoeur가 말하는 새로운 정체성은 '자기성(ipse)'으로서의 정체성을 말한다. 이전의 '나'를 잃지 않는 정체성이다. 이러한 'ipse'로서의 정체성 형성은 바로 이야기를 매개로 하는 서사적 과정을 통해 형성될 수 있다고 Ricoeur는 보았다(변경원 외, 2015: 47–49). Ricoeur는 정체성이란 동일성과 자기성의 변증법적 과정을 거쳐 형성된다고 자신의 이론을 수정한 바 있다.

연 이 땅에서 어떤 정체성을 지니며 살아가고 있는지를 알아보기에는 이야기 정체성이 적절하고, 이야기하는 주체[5]로서의 자기를 발견할 수 있는 이야기 정체성은 결혼이주여성들이 직접 쓴 수기텍스트를 통해서 발견할 수 있다.

인간은 이야기를 할 때 자신과 동떨어진 이야기를 하는 것이 아니라 자신을 이야기한다. 작가가 이야기를 창작할 때는 주제와 플롯에 따라 질서 있게 배열을 한다. 마찬가지로 사람이 자신에 대해서 이야기할 때에, 즉 자전적 이야기를 할 때에도 작가가 질서 있게 이야기의 배열을 짜듯이 사건들을 배열한다. 순차적으로 배열할 뿐만 아니라 중요성과 의미에 따라 선택하여 배열할 것이다. 이 선택의 기준이 관점이다. 이 관점을 통해서 말하는 그 사람의 생각과 내면을 알 수 있고 곧 정체성이 드러나게 되는 것이다. 이야기 자체가 이야기 정체성이라는 말이 있듯이 이야기 자체의 정체성을 통해서 인물의 자아정체성을 찾아보는 것이 이야기 정체성이기도 하다.

인간은 자신의 이야기를 통해 세상에 자신을 알리고 세상과 소통하기 원하고, 이는 이야기를 통해 자아가 형성되어 감을 의미한다. 자아가 형성된다는 것은 세계 안에서 개인의 고유성, 남과 다른 독특성의 성립을 말한다. 자신에 대한 고유의 이야기를 한다는 것은 아무 것도 없는 데서 만들어지는 것이 아니라 자신 안에 쌓여져 온 많은 사건과 자료들을 자신 안에서 정리하고 구분하고 자신만의 관점을 가지고 구축하는 작업이다.

Gayatri Chakravorty Spivak는 하위주체로서 '서발턴(subaltern)'[6]이라는 개념을 통해 사회 주변부에 속한 계층의 침묵에 대해서 말하였다. '서발턴'은 주류사회 구성원들에 의해 자신들의 이야기를 할 수 있는 기회가 주어지지 않고 설령 이야기한다고 해도 누구도 귀 기울여 듣지 않는다고 Spivak은 말하고 있다. 결혼이주여성들

---

5) 이야기하는 주체이며 이야기로 구성되는 주체이다(김선하, 2007: 9).

6) 사전적으로 'subaltern'은 영국 군대의 하급 장교를 말한다. 그람시(Antonio Gramsci)는 '패권을 장악하지 못한 집단이나 계급'을 나타내는 말로 'subaltern'을 사용했다. 그람시는 특히 이탈리아 남부의 조직되지 않은 시골 농민집단을 지칭하기 위해 서발턴이라는 용어를 사용했는데, 그들은 하나의 집단이라는 사회적 · 정치적 의식이 없었고, 그래서 국가의 지배적인 사상 · 문화 · 통솔력에 영향받기 쉬웠다. 스피박은 '서발턴(subaltern)'을 '영향력 있는 정치 담론들로 미리 정의되지 않은 다양한 종속적 처지를 아우르는' 개념으로 사용한다. 스피박에게 '서발턴'은 종속적 위치를 지칭하는 포괄적 개념이다(김애령, 2012: 36−37).

은 아직은 주변인의 경계에 서 있다고 볼 수 있으므로 Spivak이 말한 서발턴에 속한다고 볼 수 있다. 결혼이주여성들이 이야기를 할 수 있고 그들의 이야기를 듣는다면 소통 단계는 상승할 것이다.[7)]

Ricoeur는 인간의 정체성은 이야기와 타자를 통해, 또한 타자와 이야기를 주고받는 행위를 통해 자기를 해석하고 규정함으로써 형성되고 재구성되는 것이며, 타자와의 만남을 통해서 삶을 돌이켜 살펴보는 과정, 즉 자신을 해석하고 이해하는 반성적 과정의 산물로 이야기 정체성이 나타난다고 보았다. 그러므로 이야기 정체성 형성 과정은 살아가는 과정에 대한 해석과 재해석을 포함하고 있는 인간 생애를 통해 계속되는 과정인 것이다. 리쾨르는 특히 내러티브의 순환적 구성을 통한 정체성 형성에는 특별한 매개가 필요하다고 강조하였으며, 특별한 매개 중 하나로 '텍스트'에 주목하였다. 그에게 있어서 텍스트는 모든 종류의 인간사(史)이자 인간에 대한 이야기이다. 즉, '나'를 포함한 다른 사람들의 이야기를 의미한다.[8)]

Ricoeur의 이야기 정체성은 자신에 대해 말하는 이야기 구성 안에서 나타나는 동일성과 자기성의 변증법적인 관계 속에서 드러난다고 하였다.[9)] 여기서 이야기는 그 개인의 실제 역사인 것이다. 이야기를 만들어 내는 주체인 자아(selfhood)를 성찰하는 과정의 산물로써, 이야기적 구성으로 나타나는 것이 이야기 정체성이다.

미국의 심리학자인 McAdams(1993)는 "자아가 다양하고 유동적이며, 영원히 변하며, 끊임없이 움직이고 있다는 개념에는 상당한 진리가 있으며, …그럼에도 불구하고, 자아가 어느 정도의 통일과 일관성을 보유한다는 가능성을 버리지 말아야 한

---

7) 결혼이주여성들에게 이야기하게 하고 이들의 이야기를 듣는 가운데 공감이 이루어질 것이다. 이들에게 자신들의 이야기를 자신들의 목소리로 할 수 있는 공간이 주어져야 한다. 결혼이주여성들을 위한 수기 공모전은 이들에게 주어지는 공식적인 목소리의 장(場)이다.

8) 텍스트 앞에서 독자가 이전에 갖고 있던 정체성과는 다른 새로운 정체성을 갖게 됨을 의미한다. 현실의 어려움과 고독을 이해하며 미래지향적인 주체가 되는 것이다. 이전의 '나'와 지금의 '나'가 다르고 이 다른 것을 받아들이고 긍정적인 변화를 가져다주는 텍스트 앞에 서는 것이다. 인간은 누구나 '나의 이야기'를 가지고 있다. '나의 이야기'와 '남의 이야기'가 만나는 지점에서 새로운 '나'의 출현이 가능해진다. 이 새로운 '나'의 정체성을 가진 주체는 자신의 삶을 주체적으로 설정할 수 있는 능력이 생긴다.

9) 이야기 정체성은 결국 인간을 어떤 존재로 이해하는가에 달려 있다. 리쾨르 철학에서 핵심은 인간에 대한 이해다(정기철, 2016: 527).

다."라고 말했다(고미숙, 2003: 14). 또한 McAdams는 "우리 모두는 이야기를 말하는 자이며 우리는 우리가 말하는 이야기다(We are all storytellers, and are the stories we tell)"라고 말했다(McAdams, Dan P., Josselson, Ruthellen, and Lieblich, Amia, 2007: 3). McAdams를 비롯한 심리학자들은 "이야기 정체성은 어떤 특별한 이야기이다. 즉 내가 어떻게 내가 되고 싶은 사람이 되어져 왔는지에 대해 하는 이야기이다(Narrative identity is a special kind of story–a story about how I came to be the person I am becoming)"라고 표방하며, 이야기 안에 이야기 정체성이 드러나며 이야기 정체성은 곧 이야기라고 표현하고 있다(McAdams, 2018: 364).[10] 즉 이야기 정체성이란 이야기 안에서 자아 정체성을 밝히는 것이라고 할 수 있으며 이야기 정체성은 바로 자기 자신이라는 것이다.

McAdams가 동료들과 연구한 바에 따르면 현대사회의 성인들은 자아정체감에 관한 내러티브(이야기) 접근을 통하여 과거, 현재, 미래를 통합하여 하나의 이야기를 만들고 내면화함으로써 그들의 삶을 이해한다고 하였다. 이러한 연구를 바탕으로 McAdams는 이야기 정체성(narrative identity)을 "과거를 재구성하고, 현재를 수용하며, 미래에 대한 기대감을 통합함으로써 개인의 삶의 목적 및 의미를 파악하게 하고, 그 결과 자기(self)를 내면화하고 서서히 변화하게 하는 것으로서의 생애 이야기"라고 정의하였다(김태희, 2015: 31).

McAdams는 자신의 생애 이야기(자기서사)가 그 이야기 속에 현재의 자신은 어떻게 살아가고 있고 그런 현재의 자신의 삶과 연관되어 있는 과거의 삶은 어떤 모습이었고 그런 과거의 삶과 현재의 삶을 연관 지어 볼 때 미래의 자신은 어떻게 살아가기를 기대하는지 담겨 있어야 한다고 했다.[11]

Lucius–Hoene, Gabriele(2011)은 이 이야기의 과정, 반성적 과정을 거쳐 새로운 자기 자신이 되는 것이 바로 그의 이야기 정체성을 찾는 것이라고 하였다. 특히

10) The concept of identity as a life story–what we now call narrative identity–has evolved considerably over the past three decades(McAdams, Dan P., 2018: 361).

11) 현재에 대한 수용, 과거에 대한 재구성, 미래에 대한 기대가 담겨 있어야 한다는 말이다(서근원, 이미종, 2017: 16–19).

심리학적 측면에서 이야기는 자기 형성의 구성적 역할은 아니라고 하더라도 특별한 역할을 하는 것으로 인식하였다. '자기'와 '정체성'을 동일한 것으로 논의하였고, 인물(McAdams, 1993) 또는 감정(Sarbin, 1986, 1989)과 같은 심리학적 개념들이 새로이 정의되었다(가브리엘레 루치우스-회네, 박용익, 2011: 83-84).

McAdams는 이야기에 나오는 인물을 이마고(imago)[12]라는 개념으로 지칭하고 유형화하고 있다. 이마고는 자기가 의인화되고 이상화된 개념이다. 사람들은 의식적이거나 무의식적으로 자신의 삶의 이야기들을 위한 주인공들을 만들어 낸다. 사람들의 생애 이야기들은 하나의 지배적인 이마고 또는 많은 이마고를 가질 수 있다고 하였다.[13]

이재인(2005)에서는 생애 이야기(생애사) 중에는 이마고와 같은 핵심적인 이미지가 있어 그것을 발견하는 것이 이야기 전체의 의미나 구성 방식을 통찰하는 데 있어서 결정적인 경우라고 하였다. 왜냐하면 내러티브 연구에서는 이야기의 부분적 내용들을 유기적으로 범주화할 수 있는 하나의 틀을 발견하는 것이 중요한 작업이기 때문이다. 전체적인 틀을 통해 각 사건들의 위치와 기능을 파악하여 화자가 다른 이야기가 아닌 왜 그 이야기를 하는지, 그 이야기가 지니는 의미를 발견하는 것이 중요하다고 보았다(이재인, 2005: 88).

결혼이주여성들의 수기를 분석할 때 수기 속에 드러난 화자-저자의 정체성을 알아보고 수기 속 주인공의 이마고 유형을 통해 수기 전체를 관통하는 결혼이주여성의 삶의 역할과 위치를 파악할 수 있다고 본다. 베트남 결혼이주여성들의 수기에 나타나는 주인공(저자)의 역할에 따라 주인공(저자)이 McAdams가 제시한 이마고의 유형들 중의 하나 혹은 두 종류의 유형으로 분류될 수 있다. 이마고 유형은 수기 중에 성공하지 못한 것처럼 보이는 수기의 주인공일지라도 자신의 인생에서 어떤 역할을

12) 이마고(imago)는 이미지(image)라는 의미의 라틴어에서 유래하였다.

13) 이마고 개념을 말한 McAdams는 이야기의 중심적 주제로 간주하는 힘과 교제의 특성이 어떻게 나타나느냐에 따라 이마고 유형을 분류하였다. 어떤 이마고 유형은 매우 강력한데, 이는 자기를 적극적, 지배적, 개성적인 매개체로 의인화하여 이상화했음을 암시한다. 다른 유형은 공동체 안에서의 보살핌, 동정심, 우정의 제공자로서 자기의 매우 자애롭고 의인화된 이상화다. 어떤 이마고 유형들은 힘과 사랑을 혼합하고, 다른 유형들은 둘 중 어느 것도 강조하지 않는 것으로 보인다(McAdams, 양유성, 이우금 역, 2015: 160).

수행했는지, 수행하고 있는지 알려줄 수 있으므로 이야기 정체성을 고찰하는 데 유용하게 쓰일 수 있다.

내러티브 탐구는 살아온 경험에 대하여 이야기하는 것으로부터 탐구가 시작된다고 본다. 내러티브 탐구에서 인간은 역사의 흐름 안에서 역사 표면에 나타나지 않지만 역사의 보이지 않는 구성체로서, 삶을 살아가며 사회라는 유기체를 구성하는 개인이다. 인간이 이야기하고 다시-이야기하기를 할 때 그러한 이야기들은 이야기하는 인간이 누구였는지, 현재 누구인지, 어디로 가고 있는지에 대한 의미가 있는 정보를 제공한다(조성남 외, 2011: 170-176). Chase(2005)는 내러티브 탐구가 가지고 있는 한 개인의 생애와 삶에 대한 미시적 해석을 부각시켰다. 이것은 한 개인의 내러티브가 단지 구술에 국한되는 것이 아니라 다양한 형태로 이용 가능하며, 자신의 행동에 대한 이해 방식이라는 것을 드러내고, 이때 내러티브는 감정, 생각, 해석을 표현하는 도구가 된다(이상우, 2012: 59-60).

3. 베트남 결혼이주여성의 이야기 정체성

본 연구는 공모전을 통한 베트남 결혼이주여성의 수기 96편과 다른 연구자에 의한 연구참여자의 수기 1편과 연구참여자 4명의 인터뷰를 전사한 기록 4편 등 총 101

편의 내러티브를 연구의 대상으로 선정하였다.[14] 본 논문에서는 매일신문사의 수기집에 실린 수기 81편과 '세계인의 날' 기념 수기집의 수기 15편과 그 외 5편의 내러티브를 연구 대상으로 하였다. 5편의 내러티브는 앞에서 언급한 다른 연구자가 출판한 1편의 수기와 또 다른 연구자가 출판한 4편의 인터뷰 자료를 말한다. 5편을 함께 살펴보는 이유는 앞서 말한 96편의 수기가 공모전 수기여서 공모전이 아닌 수기와 다른 내러티브에 나타나는 이야기 정체성에 차이가 있을 수 있지 않을까하는 기대와 공모전 수기의 연구 자료로서의 타당성 검증을 하려고 선택하였다. 자료 간의 검증 대상으로 선정한 내러티브 자료는 〈나의 선택, 나의 꿈〉, 〈이주여성이 말하다〉에 실려 있는 내러티브이다.

본고의 연구 대상인 수기는 자기서사로서, 전기 연구나 자문화기술지의 특성도 일부 포함되지만 생애사(생애 이야기)의 영역으로 보는 것이 적절하다. 수기는 글로 된 생애사이며 자기서사이다. 수기는 자기가 직접 혹은 간접적으로 겪은 경험을 자신의 감정에 충실하게 쓰는 자기 독백적 쓰기이며, 자신의 과거를 되돌아보며 자신의 발자취를 돌아보고 자신을 이해하고 자아 성찰의 기회로 삼는 것이 대부분이며, '자기서사'의 특징이 드러나게 된다.

---

14) 베트남 결혼이주여성의 내러티브는 수기집에 실려 있는 것과 인터뷰를 통한 내러티브가 있고 최근에 연구자들에 의해서 발간된 인터뷰 모음집에서 내러티브를 찾아볼 수 있다. 충주시 다문화가족지원센터에서 베트남 결혼이주여성들의 자서전이 출판되었다.

수기집은 대구 매일신문사에서 2009년 이후 〈무지개를 타고 온 사람들〉로 매년 펴내고 있다. 이 수기집에는 중국, 일본, 베트남, 캄보디아, 우즈베키스탄, 태국, 필리핀 등의 각국에서 온 결혼이주여성들의 수기가 실려 있다. 그 외에 법무부에서 매년 '세계인의 날'기념으로 펴낸 수기집이 있다.

숙명여대 아시아여성연구소에서 2007년부터 매년 펴낸 수기집이 있다. 이 수기집은 결혼이주여성들의 모국어로 쓴 수기를 공모하여 선발하고 모국어를 한국어로 번역하여 함께 실었다. 번역할 때 원문과 달라질 수 있음을 밝히고 있다. 이 수기집에도 중국, 일본, 베트남, 캄보디아, 우즈베키스탄, 태국, 필리핀 등의 각국에서 온 결혼이주여성들의 수기가 실려 있다.

그 외 연구자들의 인터뷰에 의한 내러티브들이 몇 편 있다. 인터뷰 내러티브를 출판한 책은 김안나, 이숙진, 김양미, 김민지의 〈이주여성이 말하다〉라는 책이다. 여기에 4명의 베트남 결혼이주여성과 필리핀, 태국 등 여러 나라에서 온 결혼이주여성의 인터뷰 내러티브를 싣고 있다(김안나, 이숙진, 김양미, 김민지, 2011: 43-62, 95-152). 또한 다른 연구자가 연구참여자의 수기를 실어서 출판한 책인 신은주의 〈나의 선택, 나의 꿈〉이 있다(신은주, 2009: 70-79). 본 연구에서는 각 수기 저자들의 동의 여부에 따라 연구 대상 수기를 선정하였다.

이성림, 차희정(2013)에서는 수기의 경우 필자의 체험담이 바탕이 되고 '쓰기'의 동기와 매체적 특성상 편집자, 주최기관 등의 의도와 선택에 의해 일정 부분 수정, 편집될 수 있지만 사회적 담론으로부터 자유로울 수 없다는 한계를 가지고 있다고 하였다. 결혼이주여성의 수기는 한국 내 다문화의 현실과 그 변화의 다양성, 복합성을 직접적이고 구체적으로 표현하고 재현한다는 점에서 그 자료적 가치를 인정할 수 있다고 하였다.[15] 수기를 통해서 결혼이주여성의 의식과 그 내면을 고찰할 수 있고, 또한 지금까지 다문화 사회에 대한 문학적 · 서사적 접근이 낯선 이주민에 대한 차별적 태도에 대한 고발과 반성의 내용이었다면 결혼이주여성 수기 연구는 다문화 사회 주체로서 그들의 생생한 다문화 체험 양상과 의식을 그들의 목소리로 들려주는 것을 살펴본다는 점에서 새로운 영역의 연구로 자리매김할 수 있을 것이라고 하였다. 수기에 나타난 결혼이주여성의 한국 사회 경험 중 무엇이, 어떻게 서사화되고 있는지를 살펴보고 이를 통해서 새로운 정주지에서의 결혼이주여성 정체성 구성의 특성과 그 의의를 찾을 수 있을 것이고, 이는 그동안의 통계학적 수치로서는 알 수 없었던 결혼이주여성의 다문화 체험과 인식, 정체성 구성 등의 내면을 살펴볼 수 있는 것으로 다문화주의를 한 차원 더 높은 수준에서 고려할 수 있는 실증적인 토대를 마련할 수 있다고 볼 수 있다(이성림, 차희정, 2013: 167–168).

결혼이주여성의 한국어 수기는 그들 각자가 얼마나 힘들게 살아왔는지 보여주는 사적인 서사의 틀을 갖추고 있지만, 한편 그들이 얼마나 이 사회에 잘 적응했는가를 보여주기 위해 기획된 공적인 보고서로 볼 수 있다(조윤정, 2018: 164).

자기서사인 수기는 '삶(living)–삶을 쓰기(writing)'의 과정을 이루는데 이 '삶을 쓰기(writing)' 안에 '성찰적인 쓰기(re–wrting)'와 '성찰적인 삶(re–living)'이 포함되어 '삶의 쓰기'가 완성된다. '삶을 쓰는 과정(writing)' 안에 '성찰적인 삶'과 '성찰적인 쓰기'가 포함된다. '성찰적인 쓰기(re–wrting)'와 '성찰적인 삶(re–living)'은 인식론적 차원에서 중요하다. 이것이 없다면 새로운 삶을 깨닫거나 시작할 수 없다. 이 '성찰적인 삶'을 가능하도록 이끄는 것이 이야기 정체성이라고 할 수 있다.

15) 수기를 공모하는 기관에 문의한 결과, 표기법이나 맞춤법 등으로 인하여 문장을 수정하는 경우는 있으나 가급적 원문 그대로 싣는 것을 원칙으로 한다고 한다.

분석 대상 내러티브 내의 주인공 인물의 이마고 유형으로는 '돌보는 자' 유형과 '생산자'의 유형, '교사'의 유형이 있다. 수기에는 점진적인 이야기(prograssive narrative) 형태를 보이는 것이 대부분이고 회귀적인 이야기 형태(regressive narrative)를 갖는 것과 안정적인 이야기(stable narrative)의 형태를 가진 것도 있다(McAdams, Dan P., Josselson, R. and Lieblich, A., 2007: 252). 베트남 결혼이주여성의 수기는 이야기 내에서 자기 경험 표현에서 회귀적으로 보이지만 전체 이야기 형태는 점진적으로 발전하는 이야기(progressive narrative) 형태의 특성을 보이고 있다. 안정적인 이야기(stable narrative) 형태는 관조적인 수기에서 볼 수 있다. 총 101편의 수기 중 점진적인 이야기 형태는 91편이고, 안정적이고 관조적인 이야기 형태는 8편이고, 회귀적인 이야기(regressive narrative)는 2편이 있다. 분석 대상 내러티브에서 이마고(imago) 유형 중 돌보는 자(98편)와 생산자(49편)의 유형, 교사(8편)의 유형이 보인다. 여기서 돌보는 자는 가족 돌봄, 타인 돌봄을 모두 포함한다.

베트남 결혼이주여성들의 수기의 내용상 구조를 살펴보면, 공통된 패턴이 결혼 전(과거)-결혼생활의 과정(현재)-희망, 염원(현재 및 미래)이고 이를 다시 살펴보면 최초의 상태-시련과 갈등의 과정-현재 및 미래 상태로 도식화할 수 있다.[16] 베트남 결혼이주여성의 수기를 살펴본 결과 나타나는 이야기 구조는 다음과 같다.

첫째, 최초의 상태에서 집안의 가난 또는 자신의 동경으로 인하여 자발적으로 국제결혼을 선택한다.[17] 이 최초의 상태에서 결핍과 훼손을 경험하기도 한다. 실제적으로 국제결혼은 계약 관계적인 측면이 있는데 이 계약에서 잘못된 정보가 전달되거

16) Greimas의 설화 도식의 관점에서 이주여성의 수기를 보면, 최초 상태인 결혼에서 시련을 경험하는데 이들은 자격시련-결정시련-영광시련으로, 이주여성들의 경험, 사건, 차별과 직업, 시댁식구와 친정가족의 요인도 이 시련에 영향을 미치고 고부 갈등, 음식, 날씨, 한국과 베트남의 문화 차이도 시련에 영향을 미친다. 이 시련들을 이겨내기 위한 노력으로 직업 교육을 받거나 공부를 더 하기 위해 진학을 하거나 주위의 도움으로 취업을 하여서 사회의 한 구성원으로서 발돋움하려는 모습을 보이며 자신의 꿈을 이루고, 꿈을 이루기 위하여 노력하며 자신의 삶에 의미를 부여하는 최종상태를 보인다(박인철, 2012: 147-150).

17) 외국인 근로자로 와서 결혼이주여성이 된 경우도 양상은 동일하다.

나 하여 계약의 훼손을 경험하기도 한다.[18)]

둘째, 결혼 후 여러 가지 시련을 겪는다. 이 시련들에는 결혼이주여성으로서의 겪는 시련(자격시련, 결정시련, 영광시련)으로 외국인 신부에 대한 사회적, 가족 내 편견, 결혼이민자로서 겪는 자녀 출산으로 인한 시련, 가부장적 결혼 제도 하에서 겪는 시련이 있다. 자녀 출산은 시련인 동시에 자격획득과 가족 내 위치를 공고히 하는 주체로서의 가치를 획득하게 되는 자원이 되기도 한다.

셋째, 최종 상태에서 최초의 상태인 결핍 상태를 벗어나 최초의 상태와 다른 모습을 보인다. 이것은 결혼이주여성의 꿈의 실현 내지 꿈을 이루어 가는 과정을 이야기하고 그런 과정 중에 기대하지 않았던 삶의 결과가 나타나는 것을 의미한다.

수기의 내용을 분석하여 수기 내에 있는 한국어 요소, 돌봄과 봉사, 자기 인식, 결혼 결정 요인, 어머니, 경제적 상황 및 취업 상황, 국제결혼 실상과 결혼중개업소의 폐해, 지지와 차별, 기타라는 항목으로 내러티브별로 코딩하였다.[19)]

위 분석 결과에 따라 자기 인식, 언어(한국어), 지지를 포함한 사회적 주제의 인식, 경제활동, 돌봄의 다섯 가지로 주제(테마)화 하였다. 이 요소들이 이야기 정체성 형성에 영향을 끼치는 테마들이다.

---

18) 이런 경우는 수기에서 다수 발견된다. 장애가 있는 것을 알리지 않고 재정 상황을 부풀려서 얘기하거나 심지어 속여서 결혼하는 경우도 있다. 치매를 앓는 시부모를 모셔야 하는 것을 알리지 않고 결혼 후에 알게 되는 경우도 있다.

19)

코딩	내러티브(단위: 개)
자기 인식	52
한국어 요소(사투리, 베트남어 포함)	78
지지(개인적, 사회적, 국가적 지지)	74
차별(다문화 가정 자녀, 남녀 불평등, 며느리 차별, 결혼이주여성 차별)	32
경제 상황 및 취업 상황	45
돌봄과 봉사	36
결혼 결정 요인	62
어머니	16
국제결혼실상과 결혼중개업소의 폐해	10
기타 요소(자녀교육, 아기양육, 직업교육, 음식, 날씨 문화, 이중국적 등)	58

베트남 결혼이주여성들의 수기를 분석한 결과 수기에 나타난 이야기 정체성의 유형을 다섯 가지로 구분할 수 있었다. 첫째, 자신의 선택을 받아들이고 수용하며, 도전하고 책임지려는 행위 주체로서의 자기(self)를 보인다. 자신이 선택한 남편과 국제결혼의 과정이 어렵고 고통스럽더라도 자신의 선택이므로 받아들이고 그 선택을 책임지기 위하여 최선의 노력을 다하는 모습을 보여준다. 어려운 상황을 이기며 극복하려고 애쓰는 이야기 정체성을 보여준다.

둘째, 자신의 꿈을 향해 나아가고 꿈을 이루려고 노력을 하는 자아실현적 자기(self)이다. 꿈을 이루기 위해 국제결혼을 감행한 행위자는 결혼생활 속에서도 계속 꿈을 꾼다. 꿈의 내용이 달라지기는 하지만 꿈꾸기를 쉬지 않는 열정을 보인다. 더 나은 삶을 꿈꾸며 자기 발전을 위해 도전한다. 그래서 노력하는 모습을 보인다. 과거보다 나은 현재, 현재보다 나은 미래를 위해 노력한다. 현재에 머물지 않고 보다 나은 미래를 향하여 도전한다.

셋째, 가족에 도움을 주고 가족을 지키려는 관계지향적인 자기(self)이다. 가족(베트남 가족)에 도움을 주기 위해 국제결혼을 했고, 결혼 후 가족(한국 가족, 베트남 가족)을 위해, 가정을 지키기 위해 노력한다. 자신의 자녀를 위하여 노력하는 모습을 보인다. 이들에게 자녀는 자신의 전부이고 자신의 행복 자체이다. 남편이 자신의 전부요, 자신의 행복의 원천이라고 말하는 경우도 있지만, 주로 자녀가 자신의 전부요, 행복의 원천이요, 삶을 살아가는 이유라고 말하는 비율이 높다.

넷째, 사회 속에서 함께하는 삶을 살려고 하는 사회적 주체로서의 자기(self)이다. 사회 속의 하나의 구성원으로서 사회 발선에 함께 동참하고 싶어 한다. 자신의 자기 발전이 곧 사회의 발전임을 깨닫고 자신이 속한 사회가 더욱 발전하기를 원하는 마음으로 사회경제적 활동에 동참하고 싶어 한다. 더이상 사회 속의 약자로 살기보다 강자가 되고 싶어 하기도 한다. 사회 안에서 겪게 되는 차별과 다문화 가정이 처한 상황을 진술하기도 하고 이에 대한 새로운 인식을 보여주기도 하는 이야기 정체성이다.

다섯째, 봉사하고 돌보며 살고 싶은 돌봄 주체로서의 자기(self)를 나타내 보인다. 자기 주변에 있는 자기가 도울 수 있는 사람들, 특히 결혼하여 한국에 온 새로운 결혼이주여성들을 돕고 돌보며 그들의 어려움을 공감하며 그들의 고통을 함께하고 싶어 한다. 비단 이주민뿐만 아니라 한국인들 중에도 어려운 이들, 나이 많이 든 어르신들을 돌보며 도와주려 한다. 여기서 돌봄 주체로서의 자기(self)를 고찰할 때는 특별히 가족이 아닌 사람들을 돌보는 경우나 돌보려는 마음을 가진 경우를 주목하였다.

4. 이야기 정체성 형성 요인과 정책 방안 제언

결혼이주여성들의 이야기 정체성에 영향을 주는 요인들을 보면 자기 인식, 한국어 능력, 지지 및 사회적 주제, 경제 활동, 돌봄이 있다. 이 요인들에 대한 인식을 바탕으로 제안되고 시행되는 정책들은 결혼이주여성들의 역량 강화에 순기능적 역할을 할 것이다.

4.1 자기 인식

베트남 결혼이주여성의 수기를 살펴보면, 이야기하는 자기 자신에 의한 자리매김과 타인에 의한 자리매김에 의해 자기 인식을 하는 표현들이 있다. 이러한 자기 인식을 통해 자신이 자기 자신에게 한 약속, 부모와의 약속 이행을 위하여 노력하고 도전과 선택에 대한 책임의식을 보이며 이야기 정체성을 형성해 나간다. 이 자기 인식은 결혼이주여성의 임파워먼트[20]와도 연관이 있다. 이러한 자기 인식은 자신의 삶을 위한 건설적인 노력에만 그치는 것이 아니라 타인과 공동체를 향한 노력으로 그 지평을 넓힌다.[21]

---

20) 결혼이주여성들에게 있어서 역량강화(임파워먼트)는 매우 중요하다. 어려움과 무기력에 당면했을 때 용기와 자신감을 갖게 하고 자신과 주변 상황을 통제할 수 있는 힘을 갖게 하기 때문이다(서재복, 임명희, 2018: 164).

21) 수기 내의 결혼이주여성의 자기 인식은 긍정적인 것만 있는 것은 아니다. 남편의 잘못도 자신의 잘못으로 치부하는 소극적이고 부정적인 자기 인식을 보이기도 한다. 심지어 죽고 싶은 마음이 들 정도의 심각한 상황으로 몰리기도 한다. 이런 부정적이고 자책하는 자기 인식에서 긍정적인 자기 인식으로 변화해가는 이야기 정체성을 볼 수 있다. 자살 시도까지 있었지만 힘든 삶을 극복하는 과정의 이야기 정체성을 보여주기도 한다.

베트남 결혼이주여성의 수기에서 나타난 자기 인식의 변화는 수기에 드러난 이야기 정체성, 즉 자신의 선택에 따른 시련을 이기고 극복할 수 있는 행위 주체로서의 이야기 정체성 형성과 자신의 꿈을 꾸고, 꿈을 이루어 나가는 자아실현 주체로서의 이야기 정체성에 영향을 준다. 수기에 나타난 자기 인식은 대부분 긍정적이라고 볼 수 있다. 부정적인 자기 인식을 가졌더라도 인식의 변화를 통해서 적극적이고 긍정적이고 자신감 있는 자기 인식으로 변화하게 된다. 이러한 과정을 통해서 결혼이주여성은 임파워먼트 즉 역량 강화에 이르게 된다.

4.2 한국어 능력

수기에 나타난 한국어와 관련한 내용들은 한국어 교육의 중요성을 다시 한번 알려준다. 한국어 능력은 결혼이주여성들의 가족 내의 관계와 사회관계 형성에 중요한 요인으로 작용한다. 한국어 능력은 긍정적이고 적극적인 자기 인식 확산에 도움이 되고 미래를 향해 나아가는 인생의 도전과 자기 인식을 확실히 하는 데 순기능을 한다.

결혼이주여성이 한국어 공부에 매진하게 되는 것과 자녀 교육과의 관계는 불가분의 관계를 나타낸다.[22] 즉 한국어 능력과 자녀 교육의 상관관계를 자신의 위치 및 역할 성취의 역학관계로 인식함을 드러낸다. 한국어 교육은 취업에도 중요한 요소가 되므로 시간이 없어도, 돈을 버는 것이 급하다 할지라도 결혼이주여성이면 누구에게나 우선순위가 한국어 교육이어야 함을 강조하고 있다. 한국어 능력은 베트남 결혼이주여성들이 한국에 적응하여 살아갈 힘이 되기도 하고 임파워먼트를 빌휘할 수 있는 지원 및 지지의 중요 요인으로 베트남 결혼이주여성의 이야기 정체성 형성에 지대한 영향을 끼친다.

한국어 교육은 생활 수준 향상의 중요한 핵심 요소로 작용할 수 있으므로 결혼이주여성을 위한 한국어 교육은 결혼하기 전부터 한국에 정착하는 기간 동안 필수적으로 선결되어야 하는 중요한 정책 과제라고 할 수 있다.

---

22) 임신과 출산 및 양육의 과정에서 아이의 언어 발달이 늦어지는 경우 엄마인 자신의 한국어 능력을 심각하게 받아들이는 경우가 수기에 종종 나타난다.

결혼이주여성들의 임신과 출산, 양육으로 인한 맞춤형 한국어 교육에 대한 정책적 도움이 필요하다. 방문지도 한국어 교육이나 온라인 교육의 활성화가 필요하다. 또한 사투리에 대한 교육도 필요하고 이중언어교육 정책에 대한 심화된 논의가 필요하다. 다문화 가정의 자녀들과 결혼이주여성의 정체성을 위하여 어머니의 모국어를 교육하는 이중 언어 교육은 다각적인 교육의 효과가 있다.

결혼이주여성의 역량 강화를 위한 한국어 교육과 직업 교육, 이중 언어 교육을 위한 정책 시행이 필요하다. 한국어 능력은 결혼이주여성의 삶에 영향을 미치는 매우 중요한 요인으로, 결혼이주여성의 역량강화(임파워먼트)를 위한 중요하고 유용한 요소이다. 학습자에 맞춘 다양한 형태의 한국어 교육방식과 한국어 교육은 결혼이주여성에게 개인적 · 사회적 지지의 기능 및 역할도 할 수 있다. 학습 주체에 맞춘 한국어 교재 및 교육과정과 구체적이고 실제적인 방문 교사의 확대 실시 및 임신 출산, 양육에 따른 생애주기 교육 실시가 필요하다. 또한 결혼이주여성들이 다양한 직업을 가질 수 있도록 직업 교육을 위한 다양한 정책이 필요하다. 그리고 다문화 가정에서 자녀와 가족의 어머니이자 아내요, 며느리인 그녀들의 모국어를 습득하는 이중 언어 교육은 결혼이주여성의 자아정체감과 자녀와의 소통, 가족과의 소통에서 중요한 역할을 하고 다문화가정의 자녀들에게 사회적, 개인적 지지가 된다. 그러므로 이중 언어 교육에 대한 정책적 필요성이 제기된다.

4.3 지지 및 사회적 주제

베트남 결혼이주여성의 수기에 나타난 지지는 개인적 지지와 사회적 지지로 나눌 수 있다.[23] 개인적 지지는 가족의 지지, 이웃의 지지, 낯선 이의 지지가 있고 사회적 지지는 한국어 교육 기관이나 다문화가족 지원센터 등 관계 기관이나 단체의 지지가 있고 정부의 정책적 지지도 포함된다. 개인적 지지 중 주변인의 지지도 결혼이주여성에게 삶의 버팀목이 되어 준다. 이들 중에는 같은 처지의 결혼이주여성의 도움도

---

23) 사회적 지지는 사회적 상호작용을 통해서 개인이 타인으로부터 얻을 수 있는 모든 긍정적인 자원을 의미한다 (Cohen, Hoberman, 1983; 송경신, 2010).

있고 전혀 모르는 낯선 이의 도움도 있다. 사회적 지지 중 하나로 한국 정부의 정책이나 다문화 기관의 지원은 결혼이주여성의 삶에 도움을 준다. 이들의 이야기 정체성에서 보이는 꿈의 실현과 꿈을 이루어 가기 위한 과정에 기관의 도움이 적지 않게 나타난다. 차별이나 다문화 가정의 언어 문제 등 사회적 주제에 대한 경험과 소회를 중심으로 이야기 정체성이 형성되기도 하고, 사회적으로 제기되고 있는 이중 언어와 이중 국적의 허용 등도 사회적 지지로 이야기 정체성 형성에 기여한다.

베트남 결혼이주여성의 이야기 정체성에 영향을 주는 요소인 개인적, 사회적 지지와 조력자의 존재는 베트남 결혼이주여성으로 하여금 적응과 새로운 도전 및 도약을 가능하게 해 준다.[24] 결혼이주여성의 특성상 임신과 출산의 과정에서 일어나는 생애사적 주기에 따른 도움이 필요한데 이를 시댁 가족이나 친정 가족의 지지, 또는 이웃의 지지도 받지 못하고 이주여성 혼자 그 시간들을 겪어야 하는 경우도 있다. 그러므로 상황과 생애주기에 맞춘 입덧, 임신, 출산, 육아 등에 관한 자조 모임에 대한 정책적인 뒷받침이 필요하다.

결혼이주여성들의 사회 참여 확대를 위해서는 결혼이주여성들의 정착 초기에는 결혼이주여성들 내의 자조 모임의 활성화가 도움이 될 것이다. 자조 모임 성격을 배제 위기에 놓인 결혼이주여성을 중심으로 재구조화하고 배제 위험에 놓인 결혼이주여성이 다수가 거주하는 지역을 중심으로 별도의 사업을 개발하고 추진하는 정책이 필요하다고 본다. 결혼이주여성들의 정주 과정에서 한국인들과 어울려 살게 되면 점차 한국인들과의 관계 형성이 활발해질 수 있는 방향으로 가야 한다. 이주민과 한국인 사이에 차별과 구분이 없도록 하고 이를 위해서는 결혼이주여성과 한국인이 함께 참여하는 프로그램의 확대 시행을 꾀할 수 있을 것이다.[25] 또한 결혼이주여성들의

---

24) 결혼이주여성들은 새로운 문화에 적응하면서 문화적 차이로 갈등을 일으키지만 적응하는 과정에서 지원자들의 사회적 지지를 받아 주류국에서 잘 적응할 수 있으며, 사회적 환경 내에서 타인과의 상호작용을 통한 다양한 욕구 충족 과정에서 지지원을 통한 사회적 지지를 얻게 되어 사회 속에서 자신의 소중함을 깨닫게 된다(임혁, 2010: 198-221).

25) 대만 타이베이 시는 결혼이주여성들의 모임 및 교육을 위한 공간으로 '신이민회관'을 건립하고 이주여성들의 출신국 언어와 문화연수반을 개설하였다. 이주여성들과 관계를 맺는 이들이 그녀들의 모국어를 배워 의사소통이 가능해지고 출신국 문화를 이해하고 존중할 수 있도록 지원하는 정책이다(최현우, 2022: 340).

사회 참여를 위한 체계적이고 지속적인 접근을 해야 한다. 초기 적응단계를 비롯하여 장기간에 걸친 체계적 접근의 중요성을 인식하고 역할 모델을 공유하고 결혼이주여성 사회 참여 멘토링 프로그램을 개발하는 것도 결혼이주여성의 사회 참여 확대에 도움이 될 것이다(김이선 외, 2021: 210-211).

4.4 경제 활동

결혼이주여성들은 안정된 직장을 원하여 직업 교육이나 상급 학교 진학을 원하는 것을 수기를 통해 표현하고 있다. 또한 베트남 결혼이주여성들은 현실에 안주하는 성격이 아니라 도전하고 진취적인 성격임을 수기를 통해 알려 준다. 결혼이주여성의 직업 유무가 문화 적응 스트레스의 차이와 관계가 있다고 한다.[26] 이것은 결혼이주여성을 돕기 위하여 개입할 때, 고려해야 하는 중요한 점이다. 결혼이주여성들 중 대다수의 이주 목적이 더 나은 삶을 위해서인 경우가 많고 한국에 정착한 많은 결혼이주여성들이 취업을 희망하고 있다.[27]

본 연구의 연구 대상인 수기의 저자인 결혼이주여성들은 짧게는 2년부터 길게는 10년 이상 한국에서 거주하였다. 베트남 결혼이주여성들은 한국어 교육뿐만 아니라 직업 교육을 원하며, 다양한 직업군에 종사할 수 있는 기회가 제공되어지기를 원한다.

가정경제의 어려움으로 취업을 하거나 베트남 친정에 도움을 주기 위해서 취업을 하려는 이주여성도 있으나 사회 활동을 위하여 취업하려는 이주여성도 있다. 사회에서 일을 하면서 한국 생활에 자신감을 얻고 더 나은 미래를 향하여 한 단계 한 단계 진취적으로 나아가는 모습이 수기에 나타나 있다. 베트남 결혼이주여성이 농사나 식

---

26) 홍미기(2009)에 의하면 직업이 있는 여성은 문화 적응 스트레스에 있어서 낮은 수치를 보인다고 한다.

27) 의사소통에 어려움을 겪고 있고 문화에 아직 적응이 안 된 상태에서 결혼이주여성이 직업을 갖는 것은 쉽지 않다. 한국어가 능숙하지 않은 결혼이주여성들은 공장에서 일을 하거나 단기 기간제 근로를 하거나 하는 경우가 많다. 다문화가족지원센터 등의 기관에서 교육과 지원 등으로 결혼이주여성을 이중 언어 강사, 다문화 강사, 통·번역사, 원어민 외국어 강사, 한국어 보조 강사, 방문교육 지도사, 보육교사, 상담사, 결혼이민자 지원자, 단체 활동가 등으로 훈련시켜서 취업시키기도 한다(홍미기, 2009: 106).

당이나 가족들이 함께 하는 일을 하는 경우를 제외하고는 주로 희망근로사업의 단기 취업이나 통 · 번역사나 다문화 강사, 이중언어 코치를 하는 경우가 많다.[28] 이는 민간 차원의 수요와 취업이 어렵다는 것을 보여주는데, 결혼이주여성들을 위한 취업 교육이 정책적으로 필요함을 수기를 통해서 방증하고 있다.

4.5 돌봄

수기를 보면 육아와 살림에 간병까지 맡아서 하는 결혼이주여성들이 많다. 현실에서 돌봄은 주변적인 것으로 간주된다. 그러나 실제로 돌봄이라는 것이 주변적인 것은 아니다. 개발 위주의 국가에서는 돌봄이라는 것이 주변적인 것이 될 수밖에 없는데 돌봄은 사회적 재생산, 개인적 재생산을 위한 기초이고 매우 중요한 분야이다. 돌봄이 결혼이주여성을 비롯한 '이주의 여성화' 현상의 본질이 될 때 돌봄은 더욱 주변화될 수밖에 없다.[29]

국가가 돌봄을 수행해야 하는 것인가라는 질문에 앞서 이제는 돌봄의 윤리와 돌봄을 주변적인 것에서 꺼내어 사회 담론의 중심에 놓아야 할 때이다. 현실적으로 결혼이주여성의 삶과 관계와 사회구성원으로서의 직업 그 모든 것에 이 돌봄의 기능이 중심 역할을 하고 있다.

베트남 결혼이주여성의 수기를 보면 이 돌봄이 주로 여성을 중심으로 해서 이루어진다. 특히 엄마-아내-며느리의 역할이 주어진 결혼이주여성은 돌봄의 중심에 있다. 결혼이주여성들이 돌보며 살아 온 삶의 표현, 차마 다 표현하지 못한 삶의 이야기들은 돌봄에 대한 의식, 돌봄 윤리에 대한 여성 연대 의식과 함께 사회 담론의 중심부에서 논의해야 할 만한 가치가 있음을 깨우쳐 준다. 세상의 어느 누구도 돌봄과 무관하거나 돌봄에서 자유로울 수는 없다. 특히 생명을 가지고 있는 시간 안에서 돌

---

28) 수기의 특성상 취업의 편중을 보여준다고 생각해 볼 수 있지만 그만큼 이주여성들의 취업이 다양하지 못하고 사회적 수요가 많지 않음을 알 수 있다. 바리스타 교육을 받고 바리스타로 일하는 경우나 단기 취업, 통 · 번역사, 다문화 강사, 이중 언어 코치 등 대부분이 다문화가족지원센터를 통해서 교육받고 취업하는 것이다.

29) 돌봄이 주변적인 것이 될 때 사회적 재생산의 기능이 저하되고 마비되기에 이른다(조경진, 2017: 34).

봄은 더욱 중요하고, 여성에게 무게감 있게 제시되는 주제이지만, 이제는 남성과 여성의 구별 없이 사회 구성원 모두가 돌봄을 제대로 직시하며 돌봄 윤리 앞에 서야 한다.[30)]

베트남 결혼이주여성들은 같은 결혼이주여성들에게, 특히 새로 오는 결혼이주여성들에게 연대의식을 갖고 있으며 통역이나 번역 업무, 그리고 한국어 교육을 도와주기를 원하는 등 사회 안전망 역할을 맡기를 자임하는데, 그 역할을 수행할 수 있을 것이다. 결혼이주여성들의 돌봄에 대한 인식은 가정 내에 국한된 것이 아니라 가정 너머 결혼이주여성 전체를 조망하는 단계에까지 닿아 있다. 이들의 돌봄 인식은 한국 사회 전체에까지 확대 및 확산될 수 있다.

5. 결론

본 연구의 분석 결과, 고찰한 수기에 나타난 베트남 결혼이주여성들의 이야기 정체성은 다섯 가지 유형으로 분류할 수 있었다. 자신의 선택에 책임을 지고 도전하는 행위 주체로서의 자기(self), 자신의 꿈을 이루기 위하여 최선의 노력을 하는 자아실현 주체로서의 자기(self), 자신의 가족을 위해 최선을 다하는 관계지향 주체로서의 자기(self), 사회적인 문제, 차별이나 다문화에 대한 관심을 가지는 사회 주체로서의 자기(self), 사회의 약자인 노약자나 같은 처지의 결혼이주여성을 돌보기 원하는 돌봄 주체로서의 자기(self)의 다섯 가지로 유형화할 수 있었다. 이 다섯 가지의 이야기 정체성 형성에 영향을 주는 중요 요인으로 자기 인식, 한국어 능력, 개인적 · 사회적 지지 및 사회적 주제, 경제 활동과 돌봄을 수기에서 찾아볼 수 있었다.

---

30) 결혼이주여성들은 한국 사회 내에서 자의든 타의든 돌봄의 주체의 역할을 수행한다. 베트남 결혼이주여성들도 한국 사회의 돌봄의 주체 역할을 하고 있다. 그러므로 한국 사회의 돌봄 윤리 담론에서 결혼이주여성의 돌봄에 대한 가치를 부여해야 한다. 돌봄의 탈가족화가 요구되는 요즘은 이들이 담당한 돌봄에 대한 가치 재정의가 더욱 필요한 때라고 할 수 있다.

결혼이주여성들에 대한 각종 지원 정책들이 있는데 결혼이민자들의 다양한 사회 참여 확대를 위하여, 또 이들의 역량 강화를 위한 정책 과제들이 정부 부처를 중심으로 시행되고 있다(최현우, 2022: 336).[31] 이 지원들은 결혼이주여성들의 상황에 맞게 실제적이고 다양한 정책으로 재고되어야 할 것이다. 사회적 관계를 통한 개인의 안녕과 사회 통합에 미치는 영향은 사회적 자본이 되는데 이는 개인 간 그리고 개인과 집단 간에 존재하는 관계 자본으로 개인의 경제적 이익과 공동체의 통합에 도움이 된다(최현우, 2022: 332).

베트남 결혼이주여성의 수기에서 저자인 이주여성들은 자신들이 겪은 경험과 사건, 차별 속에서 자신들의 정서와 감정과 의견을 표출하고 그것들이 자신의 인생 안에서 녹아들어 어떤 의미가 있는지 의미 부여를 하였다. 베트남 결혼이주여성들의 수기에서 이주여성들은 통합된 관점으로 자신의 삶을 바라보며 과거와 현재, 미래를 통합하여 각자의 '좋은 삶'으로 나아가기 위한 이야기 정체성을 형성해가는 것을 발견할 수 있었다.

한 사회 안에서 개인은 삶의 경험을 바탕으로 이야기를 만들어 내고, 삶이란 또다시 이야기되는 지속적인 과정이라고 말할 수 있다. 이런 과정을 거치다 보면 새로 만들어지는 이야기는 문화와 사회를 변화시키는 힘으로 작용하기도 한다. 변증법적인 변화를 거쳐 기존의 사회와 문화를 대체할 만한 삶의 이야기가 발생하게 된다. 개인의 삶에 대한 생애 이야기들이 많이 생산되고 널리 소개되고 공유될 때 문화와 사회

---

31)

세부 목표	정책 과제	참여 기관
자립역량 강화	멘토링 프로그램 강화	여성가족부
	한국어 교육 내실화와 전문성 강화	여성가족부, 문화체육관광부
취·창업 지원 서비스 내실화	취업기초교육 내실화	여성가족부
	결혼이민자 적합 일자리 발굴·연계와 직업교육훈련 강화	여성가족부, 고용노동부, 행정안전부, 지방자치단체
	결혼이민자 강점 분야 창업과 경영 지원	중소벤처기업부, 여성가족부
사회참여 기회 확대	결혼이민자의 정책수립과정 참여 확대	여성가족부, 지방자치단체
	지역사회 자원봉사 활동 다양화	여성가족부
	다양한 자조모임 운영지원과 활성화	여성가족부, 문화체육관광부, 법무부

가 변증법적으로 바꾸어질 수 있다.[32]

지금껏 여성들의 삶의 이야기는 역사적으로 전면에 드러나게 밝혀지지 않았고 기억의 역사로서 존재하여 왔다. 여성들의 삶의 이야기가 연구되기 시작한 지는 그리 오래되지 않았다. 질적 연구가 학문 연구의 새로운 지평으로 등장하면서 여성들의 삶의 이야기도 연구되기 시작했다. 자신이 속한 사회에서 침묵을 강요당하거나 발화의 공간이 박탈당할 때, 그 개인은 주체로 인정받지 못함을 의미한다. 베트남 결혼이주여성들이 수기를 쓴 것은 그들이 행위자로서 주체성을 갖고 있다는 것이다. 전유가 아닌 자신이 살아낸 삶과 경험을 자신이 직접 쓴 행위는 Hannah Arendt가 말한 노동, 작업과는 다른 '행위'인 것이다. 그러므로 작은 미시사이지만 가치가 있다.

수기집에 실려 있는 베트남 결혼이주여성들의 수기들은 작은 이야기들이다. 이 이야기들은 큰 이야기책 안의 작은 이야기로, 즉 한 장(Chapter)씩 실려 있는 이야기 모음이다. 이 작은 이야기들은 모두 다 같이 하나의 방향을 향해서 나아가고 있다. 즉 발전, 성장이라는 것이다. 인생의 성숙을 이 작은 이야기들 속에서 통합적으로 볼 수 있다. 수기를 통해서 베트남 결혼이주여성들의 이야기 정체성을 고찰하는 것은 발전하고 성숙하고자 하는 베트남 결혼이주여성들의 부단한 삶의 진행을 알아보기 위함이다. 그 진행 방향은 미래로 향해 있다.

베트남 결혼이주여성의 수기집은 말하도록 허용된, 공식적으로 마련된 공간이다. 베트남 결혼이주여성의 수기, 즉 삶의 이야기는 그 개인이 과거와 현재와 미래로 향한 이야기를 담고 있으나 그 공간에 자신들의 삶을 다 풀어내지 못한 이야기들을 Jacques Derrida가 말한 '날카로운 귀'로 듣고 그들을 위한 정책을 펴야 한다. 수기에 드러난 이야기 정체성을 밝혀 보는 것은 삶을 견뎌 내고 이겨 낸 이 땅의 어머니요, 아내요, 며느리이면서 동시에 '그녀'인 결혼이주여성들의 현재와 미래를 위하고, 유기체적인 사회를 위하여 내딛는 '행위'이자 '환류'의 단초이다.

---

32) 타자들의 삶을 담아내는 작은 서사들, 큰 이야기의 그물에는 언제나 누락될 수밖에 없는 사소한 이야기들, 그러면서도 우리 삶의 켜와 결, 단층과 주름을 정직하게 더듬어내는 디테일들, 쉽게 묵살되고 경멸을 받으면서도 정작 우리가 눈뜨고 감는 나날의 일상을 가감 없이 담아내는 다채롭고 풍요한 대화들에 주목해야 하는 것이다. 이것이 작은 이야기가 갖는 힘이다(이왕주, 2003: 306).

참고문헌

고미숙(2003), 정체성 교육의 새로운 접근:서사적 정체성 교육, 한국교육 30(1), 한국교육개발원, 5-32.

김애령(2012), 다른 목소리 듣기 -말하는 주체와 들리지 않는 이방성-, 한국여성철학 17, 한국여성철학회, 35-60.

김이선, 최윤정, 장희영, 김도혜, 박신규(2021), 이주여성의 사회적 포용을 위한 정책 대응 방안: 사회 참여 확대를 중심으로, 한국여성정책연구원 연구보고서 2021 연구보고서, 한국여성정책연구원.

김진, 이종운, 김영숙(2015), 결혼이주여성의 사회적 지지와 자기효능감이 임파워먼트에 미치는 영향, 사회과학연구 41(2), 경희대학교 사회과학연구원, 79-103.

김태희(2015), 내러티브 정체성을 통해 본 대학생의 자아정체감, 홍익대학교 박사학위논문.

박용익(2006), 이야기란 무엇인가?, 텍스트 언어학 20, 한국 텍스트언어학회, 143-163.

박인철(2012), 설화 도식 재론, 기호학연구 31, 한국기호학회, 141-179.

변경원, 최승은(2015), 이야기를 통한 타자와 교류하는 주체-Taylor의 인정 이론을 넘어 Ricoeur의 이야기 정체성을 통한 결혼이주여성의 정체성 형성 가능성, 교육문화연구 21(4), 인하대학교 교육연구소, 37-59.

서근원, 이미종(2017), 질적 연구로서의 질적 전환: 내러티브 정체성 연구를 사례로, 교육인류학연구 20(4). 한국교육인류학회, 1-48.

서재복, 임명희(2018), 베트남 결혼이주여성의 사회적 참여, 사회적 지지, 임파워먼트 및 삶의 질의 구조적 관계, 국제이해교육연구 13(2), 한국국제이해교육학회, 157-181.

송경신(2010), 여성결혼이민자의 자아존중감과 사회적 지지가 사회 적응에 미치는 영향, 호남대학교 석사학위 논문.

이상우(2012), 초등학교 세 교사의 영성적 삶에 대한 내러티브 탐구, 한국교원대학교 박사학위 논문.

이성림, 차희정(2013), 한국 내 결혼이주여성의 다문화 체험과 정체성 구성-결혼이주여성 수기를 중심으로-, 한중인문학연구 38, 한중인문학회, 163-186.

이왕주(2003), 거대 서사에 대한 저항 전략으로서의 작은 이야기들. 철학논총, 31, 새한철학회, 299-314.

이재인(2005), 서사유형과 내면세계-기혼 여성들의 생애이야기에 대한 서사적 접근-, 한국 사회학 39(3), 한국사회학회, 77-119.

임혁(2010), 여성결혼이민자의 정신건강 영향 요인에 관한 연구, 정신건강과 사회복지 34, 한국정신건강사회복지학회, 189-221.

정기철(2016), 폴 리쾨르의 철학, 시와 진실.

조경진(2017), 한국의 돌봄공백과 결혼이주여성이 수행하는 노인돌봄에 대한 사례연구, 가족과 문화 29(2), 한국가족학회, 1-39.

조성남, 이현주, 주영주, 김나영(2011), 질적 연구방법과 실제, 도서 그린.

조윤정(2018), 국가주의적 희망의 서사를 넘어서기, 한국현대문학연구 54, 한국현대문학회, 159-192.

최현우(2022), 결혼이주여성의 사회적 관계 향상을 위한 정책 개선 방안, 한국생활과학회지 31(3), 한국생활과학회, 331-343.

한송화(2014), 한국어 교육에서의 내러티브 연구 동향과 상호 소통의 한국어 교육 실천가능성, 언어 사실과 관점 33, 연세대학교 언어정보연구원, 3-32.

홍미기(2009), 결혼이주여성이 인지한 문화적응스트레스와 부부적응에 관한 연구-사회적 지지와 부부의사소통의 매개효과를 중심으로, 이화여자대학교 박사학위논문.

Lucius-Hoene, Gabriele, Deppermann, Arnulf, Rekonstruktion Narrativer Identita"t: Ein Arbeitsbuch zur Analyse Narrativer Interviews, 박용익 역(2011), 이야기 분석: 서사적 정체성의 재구성과 서사 인터뷰의 분석을 위한 이론과 방법론, 역락.

McAdams, Dan P.(1993), The Stories We Live By, 양유성, 이우금 역(2015), 이야기 심리학: 개인적 신화의 탐색과 재구성, 학지사.

McAdams, Dan P. Josselson, R., and Lieblich, A.(2007), Identity and Story-Creating Self in Narrative, American Psychological Association.

McAdams, Dan P.(2018), Narrative Identity: What Is It? What Does It Do? How Do You Measure It?, Imagination, Cognition and Personality: Consciousness in Theory, Research, and Clinical Practice 2018, Vol.37(3) 359-372.

Ricoeur, Paul(1983), Temps et récit Ⅰ, 김한식 외 역(1999), 시간과 이야기 1-줄거리와 역사 이야기, 문학과 지성사.

Ricoeur, Paul(1985), Temps et récit Ⅲ, 김한식 역(2004), 시간과 이야기 3-이야기된 시간, 문학과 지성사.

Ricoeur, Paul(1990). Soi-meme comme un autre, 김웅권 역(2006), 타자로서 자기 자신, 동문선.

문헌 자료

매일신문사 편(2009), 무지개를 타고 온 사람들, 매일신문사.

매일신문사 편(2011), 무지개를 타고 온 사람들, 매일신문사.

매일신문사 편(2014), 무지개를 타고 온 사람들, 매일신문사.

매일신문사 편(2015), 무지개를 타고 온 사람들, 매일신문사.

매일신문사 편(2016), 무지개를 타고 온 사람들, 매일신문사.

매일신문사 편(2017), 무지개를 타고 온 사람들, 매일신문사.

매일신문사 편(2018), 무지개를 타고 온 사람들, 매일신문사.

법무부, 행정안전부(2011), 함께하면 행복해요-재한 외국인 생활체험수기 공모작, 53-58.

법무부, 행정안전부 · 새마을운동중앙회(2013), 당신의 꿈으로 대한민국을 물들여주세요: 재한 외국인 생활체험수기 입상작, 12-17, 30-33, 53-58.
법무부, 안전행정부(2014), 함께하는 우리 행복 대한민국: 제7회 세계인의 날 기념 재한외국인 생활체험수기 수상작, 68-73, 90-93, 94-98.
법무부, 행정자치부(2015), 차이를 넘어, 더 가까이: 제8회 세계인의 날 기념 재한외국인 생활체험수기 수상작, 12-16, 29-33, 39-43, 54-58, 64-67, 68-71.
법무부(2017), 모두가 행복한 어울림은 언제나 감동입니다: 제10주년 세계인의 날 기념 세계인이 함께하는 대한민국 수기 공모전 수상작, 15-20.
김안나, 이숙진, 김양미, 김민지(2011), 이주여성이 말하다, 문예미디어.
신은주(2009), 나의 선택 나의 꿈-다문화 결혼이주여성 수기. 정인출판사.

사이트

국가통계포털 http://kosis.kr/index/index.do
행정안전부
https://www.mois.go.kr/synap/skin/doc.html?fn=BBS_202210310246448230l&rs=/synapFile/202307/&synapUrl=%2Fsynap%2Fskin%2Fdoc.html%3Ffn%3DBBS_2022103102464482301%26rs%3D%2FsynapFile%2F202307%2F&synapMessage=%EC%A0%95%EC%83%81

11 유럽국가의 이주 배경 학생을 위한 정책과 교육 제도[1)]

이유인

1. 서론

현재 한국 사회는 결혼이민자, 외국인 노동자, 외국 국적 동포, 유학생 등 이주 배경 인구의 지속적인 증가로 다문화 사회로 진입했다. 사회적인 이주 배경 인구의 증가가 학교의 이주 배경 학생 증가로 이어지고 있다. 교육부 자료에 따르면 한국의 초 · 중 · 고교 전체 학생 수는 꾸준히 감소 추세를 보이고 있지만, 다문화 학생 수는 2022년 16만 9천 명으로 2012년(4만 7천 명) 대비 10년 새 3.6배나 증가한 것으로 조사됐다.[2)] 여기서 주목해야 할 점은 앞으로도 이주 배경 학생의 수는 꾸준히 증가할 가능성이 높다는 것이다. 그렇다면 한국 정부도 이들을 위한 준비가 필요하다. 이주 배경 학생들은 그들이 태어난 곳이 아닌 한국이라는 다른 문화권에서 새롭게 적

1) 이 글은 EACEA(Education and Youth Policy Analysis)의 Eurydice Report(Integrating Students from Migrant Backgrounds Education and Training Eurydice Report into Schools in Europe National Policies and Measures)의 내용을 기반으로 작성했음을 밝힌다.

2) 자료출처, 교육부 2022년 교육통계조사 결과 발표 보도자료

응해야 하는 심리적인 불안과 가정환경 등 다양한 불안 요소를 안고 있다. 이러한 이유로 학교나 지역 사회에 쉽게 적응하지 못하고 있다. 이는 한국뿐만 아니라 모든 국가의 이주 배경 학생이 가진 공통적인 문제이다. 유럽연합은 국가간 이주가 자유롭기 때문에 이주 배경 학생의 학교 이탈 문제가 2010년 이전부터 나타나기 시작했다. 유럽연합에서는 2016년 이것을 사회적 문제로 인식하고 유럽연합위원회를 중심으로 이주 배경 학생의 학업 포기 방지와 실질적인 교육 기회 보장을 위해 '이주 학생의 학교통합'이라는 목표로 교육정책과 제도 개선을 시작했다. 유럽연합에 가입된 국가는 이주 배경 학생의 학교 교육 관리를 위한 통합 교육 시스템을 만들고, 이주 배경 학생을 지도할 전문교사 양성 기관을 만들어 주기적인 교사 교육을 하고 있다. 이와 같은 교육정책과 제도 변화를 유럽연합의 국가들은 이주 배경 학생을 자국의 인재로 성장시키는 발판으로 삼고 있다. 한국도 이러한 유럽연합의 이주 배경 학생 대상 교육정책과 제도의 심도 있는 검토를 통해 한국에서 생활하는 이주 배경 학생들이 평등한 교육을 받고 성장해 한국 사회의 인재로 나아갈 수 있는 발판을 마련해야 한다고 생각한다. 이 글에서는 유럽연합의 EACEA에서 발행한 2019년 Eurydice[3)]Report를 분석해 유럽국가의 이주 배경 학생을 위한 정책과 제도, 전반적인 교육 시스템을 알아보고 한국의 이주 배경 학생을 위한 교육 제도 변화를 제언하였다.

2. 본론

OECD 국가 전체인구에서 15~34세의 27%가 이민 배경자로 나타났다. 이중 청소년의 약 7%는 이민자 부모 사이에서 태어나고 5%는 부모 중 한쪽은 외국 국적이며 자국이 아닌 외국에서 태어났다.

---

3) https://www.uhr.se/globalassets/_uhr.se/internationellt/eurydike/integration-of-students-with-migrant-background-in-schools-in-europe_full_report.pdf

유럽연합의 EACEA[4]에서 발행한 2019년 Eurydice[5] Report를 분석해 유럽국가의 이주 배경 학생의 학교통합을 위한 정책과 제도, 전반적인 교육 시스템을 알아보았다.

OECD 국가 전체인구에서 15~34세의 27%가 이민 배경자로 나타났다. 이중 청소년의 약 7%는 이민자 부모 사이에서 태어나고 5%는 부모 중 한쪽은 외국 국적이며 자국이 아닌 외국에서 태어났다. EU 전체에서는 15세 미만의 학령기 아동의 이민자 중 외국 출생자는 10% 정도 차지하며, 이외 약 4%는 이민자의 자녀이고, 5%는 혼혈 출신이다.

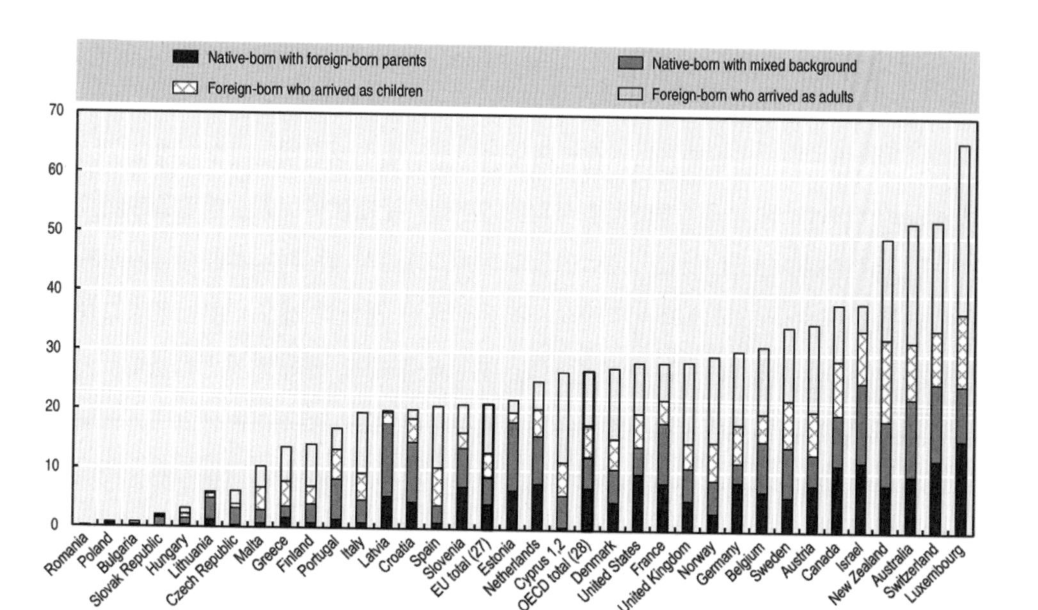

[그림 1] 국가별 이주 배경 학생의 현황 및 유형

4) Education, Audiovisual and Culture Executive Agency

5) https://www.uhr.se/globalassets/_uhr.se/internationellt/eurydike/integration-of-students-with-migrant-background-in-schools-in-europe_full_report.pdf

유럽의 이민율에 대한 Eurostat 데이터에 따르면 EU 회원국에 입국하는 사람의 수는 해마다 변동하며 국가마다 크게 다르게 나타난다. 지난 10년 동안 2007년(약 400만 명), 2015년(약 470만 명), 2016년(약 430만 명)에 가장 많은 숫자가 입국한 것으로 기록되었다.[6)]

통계에서 알 수 있듯, 유럽의 거의 모든 국가에서 15세 미만의 학생 약 10%가 외국 출생의 이주 학생으로 대부분 5%~10% 사이가 이주 학생인 것을 확인할 수 있다.

Figure 3: Proportion of foreign-born people under 15 years old among all young people in the same age group, 2017

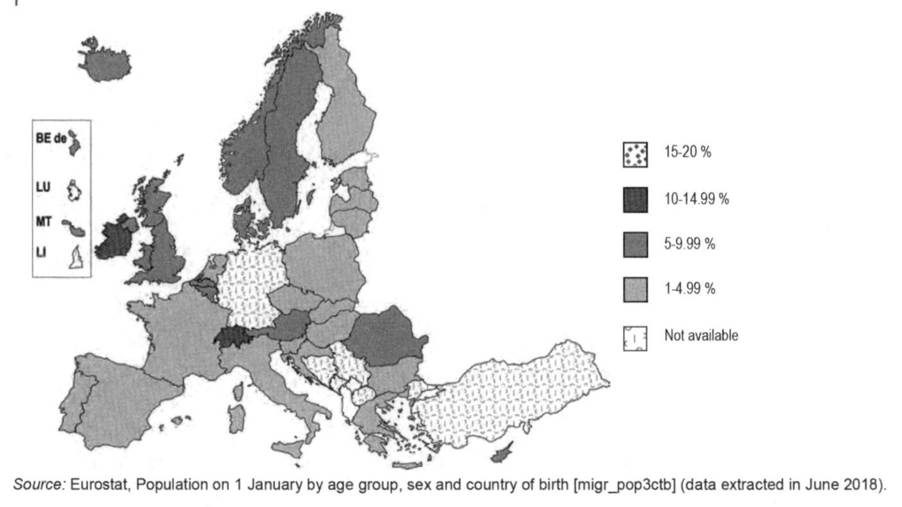

Source: Eurostat, Population on 1 January by age group, sex and country of birth [migr_pop3ctb] (data extracted in June 2018).

[그림 2] 국가별 15세 미만의 이주 배경 학생 비율

대부분 유럽국가의 정책 입안자들은 이주민을 국적과 거주지, 이민 상태로 식별하지만, 이주 배경 학생의 경우에는 모국어와 출생지가 중요한 기준이 된다. 또한 체류 기간에 따라 국가의 공식 교육 시스템에 참여할 권리 여부를 결정한다.

---

6) 이 수치에는 유럽 내 이주와 EU 외부로부터의 이주(8)가 포함된다.

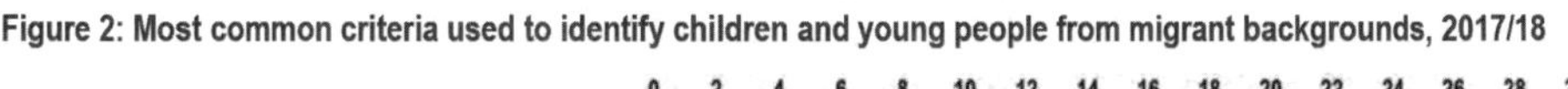

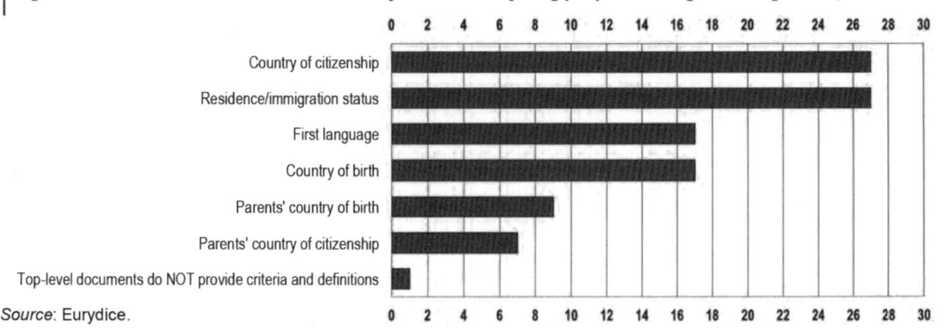

[그림 3] 유럽국가에서 이민자 배경의 어린이와 청소년 식별에 사용되는 일반적인 기준

우리가 눈여겨볼 부분은 유럽국가에서는 부모의 출생 국가는 다문화 학생을 나누는 기준이 되지 않는다는 사실이다. 한국은 부모의 국적이 중요하다. 부모 중 한쪽의 국적이 외국일 경우 한국에서 태어났음에도 이주 배경 학생 또는 다문화 학생으로 분류된다. 유럽국가에서는 이럴 경우, 이주 배경 학생이 아니다. 다시 말해 유럽국가는 자국에서 태어나지 않고, 모국어를 가진 학생을 이주 배경 학생으로 정의한다. 즉 언어와 문화가 다른 제3국에서 태어난 사람이어야 이주 배경 학생또는 이주 배경 학생의 자격이 된다. 이런 기준으로 유럽연합국가의 다문화 교육정책 대상자는 이주 2세대인 경우는 거의 없다. 한국은 2006년 다문화 정책 수립 당시 그 목적이 국제결혼에 의한 다문화가정의 증가로 인한 사회적인 문제 해결을 위해 만들어진 정책이기 때문이다. 이러한 이유로 한국의 다문화 교육정책의 핵심은 결혼이민자로 구성된 다문화가정의 자녀로 유럽국가의 주요 정책 대상인 이주 배경 학생과는 다르다. 이 글에서는 유럽국가의 이주 배경 학생구별 기준에 맞춰 부모의 국적이 아닌 학생의 출생 국가 모국어를 기준으로 하여 이주 배경 학생을 정의하겠다. 이는 한국에 거주하는 외국인 가정 자녀와 중도 입국자를 말한다.

2.1 유럽국가의 이주 학생 학교통합 지원 제도

문헌에 따르면 학문적으로나 사회적으로 교육 시스템에 잘 통합된 학생은 자기 잠재력에 도달할 가능성이 크다고 하였다. 그러나 이주 배경 학생들은 일반학생과 달리 교육적인 부분에서 불리한 위치에 놓일 수밖에 없다. 이러한 문제 극복을 위해 유럽국가는 통합적인 교육 시스템을 구축해 학생들의 교육과정과 학업 성과를 모니터하며 법적 지위와 관계없이 모든 학생이 양질의 교육을 받을 수 있는 정책에 중점을 두고 있다. 2장에서는 유럽연합에서 이주 배경 학생의 학교통합을 위해 개발한 교육정책과 제도와 구체적인 시행방안에 대해 분석하였다.

2.1.1 교육기관 지원 제도

이주는 어린이와 청소년의 삶에 중요한 변화를 가져온다. 그들이 살던 이전의 삶을 뒤로하고 새로운 국가에 도착해 새로운 언어를 습득하고 새로운 학교의 규칙과 일상에 적응해야 할 뿐 아니라 더 넓은 지역 사회에서 생소한 경험을 해야 한다(Hamilton, 2013). 이러한 변화에서 학생들은 잠재적으로 스트레스를 받게 되고 개인적인 성향에 따라 그들의 전반적인 삶과 학교 교육의 성취도에도 큰 영향을 미치게 된다. 또, 새로운 나라와 그 나라 사람에 대한 적대감으로 사회적 연결 고리 구축에도 장벽을 만든다. 이는 교사와 또래 아이들과의 부정적인 관계로 고립감이나 거부감이 나타나고, 결국 학교를 그만두게 되는 이유가 된다고 하였다(Hamilton, 2013). 이처럼 이주 배경 학생은 이주 과정과 이주 후 다양한 문제에 직면하게 되고 이런 문제가 제대로 해결되지 않으면 학교생활에 적응하지 못하고 결국 학교를 이탈하게 된다. 이에 전문가들은 이주 배경 학생들이 이주를 통해 직면하게 되는 문제를 6가지로 제시하였다. 이주를 통해 학생들이 직면하게 되는 문제는 다음과 같다.

① 학업 및 비 학업적(사회적, 정서적, 건강 등) 배경에 대한 부정확한 조사

② 부적절한 학년 배치

③ 불충분한 학습지원과 사회적, 정서적 지원 부족

④ 훈련되지 않은 교사

⑤ 불충분한 홈 스쿨 협력

⑥ 적절한 공급과 지원을 제공하기에 부족한 자금과 유연성

위에 제시된 6가지 문제를 제대로 해결하기 위해선 국가적인 맥락에서 포괄적

이고 체계적인 전략과 접근이 필요하다고 하였다(Rakes, 2007; Hamilton, 2013; Nilsson & Axelsson, 2013; Trasberg & Kond, 2017).

유럽연합위원회는 전문가들의 연구를 기반으로 적절한 정책 솔루션 제공의 중요성을 인지하고, 이주 배경 학생의 유년기부터 고등 교육에 이르는 모든 교육의 통합 관리를 위한 교육 시스템을 구축하였다. 이를 바탕으로 유럽연합위원회는 큰 틀에서 이주 배경 학생의 교육 개혁을 지원하고 국가별로 상황에 맞는 교육 관련 정책과 제도 개발을 지원하고 있다. 현재 유럽연합에서는 이주 배경 학생을 대상으로 어떤 정책 도구를 개발하여 지원하고, 교사 교육은 어떻게 하고 있는지 자세히 살펴보도록 하겠다.

(1) 교육 지원

이주 배경 학생의 학교통합과 관련해 유럽의 국가들은 일반적으로 언어 평가, 이전 교육 평가, 적절한 학습지원, 인프라 구축, (교사, 직원 등), 적절한 자금, 가족을 위한 안내 및 정보 지원, 교육 가능 시스템 등의 문제에 직면하게 된다. 유럽연합위원회에서는 먼저 이러한 문제 해결을 위해 각 국가에서 유용하게 실행될 수 있는 네 가지의 포괄적인 전략과 실행 계획이 포함된 정책 도구를 개발하였다.

① 정책 비전과 목표 정의

먼저 정책 비전과 목표 정의는 크게 두 가지의 전략으로 '교육 통합에 대한 구체적인 전략 및 행동 계획'과 '학교통합을 포함하는 광범위한 전략 및 실행 계획'이다. 국가별로 적용 범위의 차이는 있지만 대부분 국가에서는 교육언어 습득에 중점을 둔 '학교통합을 포함하는 광범위한 전략 및 실행 계획'을 목표로 일곱 가지 영역에서 정책을 시행하고 있다.

첫 번째는 이주 배경 학생주류 교육에 대한 접근 촉진, 두 번째는 학교와 교사에 대한 지원 보장(예: 커리큘럼 조정, 교육 방법, 자료, 학생 평가 등이 포함된다), 세 번째 포용적인 학교 분위기 보장, 네 번째 다양한 정책 영역 조정(예: 교육, 건강, 주택 등), 다섯 번째 교육 교사(ITE 및 CPD를 통한 지속적인 교육), 여섯 번째 아이들의 학교 분리 문제 해결, 일곱 번째 정책 관련 연구이다. 이 중에서도 모든 국가에서는 이주 배경 학생'주류 교육에 대한 접근 촉진'을 최우선으로 하고 있다.

② 통합 담당 정책 조정기관 설립

이주 배경 학생통합과 관련된 정책은 교육정책 외에도 주택, 건강, 청소년, 고용 및 기타 정책과 연결되어 있다. 다양한 분야에 걸쳐있는 다문화 정책은 정치적 영향력과 권한을 가진 단일 조정기관을 중심으로 일관성 있는 정책 개발로 변화에 신속하게 대응하는 것이 매우 중요하다. 현재 유럽의 11개 국가[7]만이 다문화 관련 정책을 전담하는 국가 차원의 전담 기관을 두고 있으며 이 기관들은 이주와 이주 교육에 영향을 미치는 정책을 개발 · 조정하고 이주와 관련된 모든 정책 의제를 조율한다.

③ 재정자원 식별

OECD(2009)에서는 교육 지원 자금의 격차가 결과적으로 자국민과 이주 배경 학생간의 교육격차 해소에 큰 영향을 미친다고 하였다. 유럽국가에서 이주 배경 학생을 위한 통합 지원금은 '이주민 통합지원 전용 예산'과 '취약 계층 학생을 위한 예산', '지자체 또는 교육기관의 자체 예산'으로 구분되고, 유럽의 절반 이상의 국가에서는 이주민 통합지원 예산과 취약 계층 학생을 위한 예산으로 이주 배경 학생관련 예산을 지원하고 있다. 유럽위원회에서는 교육 지원금 계획을 설계하는 정책 입안자가 자금 지원을 결정할 때 교육 시스템과 행정 수준에 따른 교육 차를 고려하고 현재 학교에 다니는 이주 배경 학생의 수와 언어 지원이 필요한 학생의 수를 고려해서 지원한다고 권고하고 있다. 그러나 유럽위원회에서 중요하게 강조하는 것은 이주 배경 학생의 통합에 사용되는 자금은 비용이 아닌 투자로 인식되어야 한다는 점이다.

④ 지속적인 모니터링

---

7) 유럽연합의 회원국 중 국가 차원의 최고 수준의 전담 기구를 가진 나라는 벨기에 (플랑드르 공동체), 독일, 크로아티아, 아일랜드, 포르투갈, 루마니아, 슬로베니아, 영국(스코틀랜드), 스위스, 노르웨이 및 세르비아의 경우가 이에 해당한다.

정책 개발을 위해서는 정책적 근거가 있어야 한다. 이주 배경 학생의 학교통합정책과 관련된 정책적 근거의 기준이 되는 중요한 요소는 교육 성과다. 유럽위원회에서는 일괄적인 교육 시스템 구축과 평가 결과 분석으로 이주 배경 학생의 학교통합 촉진을 위한 정책과 제도의 보완점과 개선점을 확인한다.

이를 위해 유럽국가의 교육기관에서는 유럽위원회가 지원하는 통합된 교육 시스템과 표준화된 평가와 이와는 별도로 국가별로 차별화된 평가를 실시해 그 결과를 시스템에 기록한다. 차별화된 평가는 유럽연합에서 시행하는 국제 테스트 이외의 평가로(이주 학생을 위한 특별 평가 도구), 교사 평가, 국가시험, 형성평가(일반학생과 이주 학생 모두 사용)'를 포함한다. 이와 함께 성적 유지 또는 학교 교육 참여에 대한 교사 보고서 등도 모니터링 도구로 사용된다.

유럽위원회는 모니터링을 통한 데이터 분석 결과로 이주 학생의 학교통합을 위한 정책과 제도의 보완점과 현실적인 문제점 등을 파악하고 제도 개선 및 정책 개발을 위한 근거로 활용한다. 각 교육기관에서는 언어 지원 및 교육 접근성에 대한 제도 보완과 교사교육과 상담, 전문가 조언 등을 위한 자료로 활용한다. 유럽위원회는 이처럼 학생과 교육기관, 교사 등에 대한 지속적인 모니터링을 통해 포괄적인 정책 도구를 제시하고 각 국가에서는 이를 기준으로 국가별 상황에 맞는 적절한 전략을 선택해 적용한다.

(2) 교사 교육 지원

이주 배경 학생의 학교통합을 지원할 때 교사는 가장 가까운 곳에서 그들의 통합을 돕는 중요한 인적 자원이다. 그러나 여러 연구에 따르면 교육 현장에는 이주 배경 학생을 가르칠 준비된 교사가 부족한 것으로 나타났다. 실제로 유럽의 28개의 교육 시스템에서 교사의 능력 부족이 주요 정책과제로 보고되었다. 유럽위원회에서는 에라스뮈스+ 프로그램을 통해 이주 배경 학생의 문화적 다양성과 교실에서의 통합을 위한 학교 교육 실무자 교육프로그램을 제공한다. 이는 온라인으로도 이용할 수 있도록 The e-Twinning 플랫폼의 ICT 도구를 통해 유럽 전역의 학교를 연결하고 교사와 학교 관계자들이 각자의 경험을 공유하며 상호지원할 수 있는 네트워크 교육

지원시스템이다. 그 밖에 교사 교육 지원으로 초기 교사 교육(ITE: Initial teacher education:)과 지속적인 전문성 개발(CPD: continuing professional development:) 차원의 전문성 교육을 지원하고 있다.

초기 교사 교육(ITE)은 전문적인 교사로서의 사고방식에 대한 토대를 마련한다. 대부분 국가의 교육기관은 교사 능력에 대한 구체적인 범위를 개발해 교사 교육 및 훈련 프로그램을 운영하고 있다. 지속적인 전문성 개발(CPD) 교육은 광범위하고 일반적인 역량만이 아니라 필요한 특정 기술, 지식과 태도 등 전문적인 교육을 한다. 이와 별도로 이문화 교사를 위한 교육과정도 있다. 이 교육은 교사가 문화 간 교육을 가르치는 데 필요한 특정 기술과 태도를 개발할 수 있도록 구성되어 있다.

SIRIUS(이민자 교육정책 네트워크)는 교사와 학교 지원을 위해 이주 교육 분야의 연구원, 정책 입안자, 실무자 등의 이주와 교육에 주요한 이해 관계자가 모여 이주가정 자녀의 표준화된 교육정책을 개발하고 그것을 유럽국가의 교육기관에 권장한다.[8)]

이처럼 유럽국가는 유럽위원회를 중심으로 다양한 정보 교환과 협력을 통해 네트워크 플랫폼을 구축하여 다국적 협력 체계를 만들었다. 이를 통해 국가 간 활발하게 정보 교환을 하고, 이를 바탕으로 새로운 정책 개발 및 기존 정책 개선을 위해 끊임없는 노력을 이어가고 있다.

2.1.2 학교통합 촉진 지원 제도

유럽연합위원의 Eurydice Network는 유럽국가의 42개 교육기관의 교육 시스템을 하나의 네트워크로 연결해 각국의 정책 및 제도에 대한 비교를 가능하게 한다. Eurydice Network를 기반으로 한 교육 시스템은 포괄적으로 사회-경제적, 정치적 맥락 안에 교육을 포함하고 그 안에서 학생들을 관리한다. Eurydice Network 교육 시스템의 개념적 구조는 다음과 같다.

---

8) SIRIUS 위원회에서는 새로 도착한 이주 아동에 대한 조건 없는 교육지원, 이주 배경 학생간의 다국어 교육 증진, 사회적 배제에 대응하기 위한 집중적인 학교 교육과 직업교육, 교사 교육을 통한 전문성 강화 방안을 개발하였다.

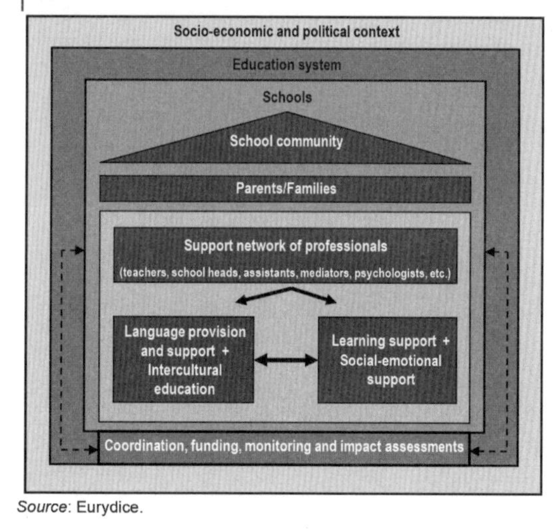

[그림 4] 이주가정 자녀의 학교통합 교육 시스템의 구조

유럽국가의 학교통합을 위한 교육 시스템은 사회와 정책의 큰 틀 안에서 교육 시스템이 작동한다. 교육 시스템은 지속적인 모니터링으로 교사와 학생을 위한 전문가 네트워크를 구축하여 학생들의 언어 학습과 정규 수업을 돕고, 학생의 개별학습을 지원한다. 또한 사회, 심리적 지원으로 결국 이주 배경 학생이 학교통합을 이룰 수 있는 구조로 설계되었다. 실제 이 교육 시스템으로 이주 배경 학생의 교육 관련 자료가 유럽연합의 모든 국가의 교육기관에서 자유롭게 공유되어 학교가 바뀌더라도 교사가 학생의 학습 이력과 학업능력을 확인하고 학습자에게 적합한 수업을 준비할 수 있도록 데이터를 축적하고 있다.

(1) 언어교육 지원 제도

유럽국가에서는 법적 지위와 관계없이 누구라도 각자의 수준에 맞는 학습지원 기회와 교육을 받을 수 있어야 한다(European Commission, 2013). Eurydice Network에 연결된 유럽국가에서는 이주 배경 학생이 처음 도착하면 교육 시스템을 통해 기초평가를 시행한다. 기초 평가는 교육 언어 능력과 사전학습에 대한 평가 결과에 따라 학생에게 적합한 학교와 학습지원 자료를 제공한다. 이는 교육 시스템에 등록된 모든 국가의 교육기관에서 표준화된 평가로 시행하고 있다. 이주 배경 학생은 기초평가 결과에 따라 '초기 통합 단계(=준비반)-〉 통합 준비 단계-〉 통합' 단계로 분류된 후 체계적인 교육언어 학습을 시작한다.

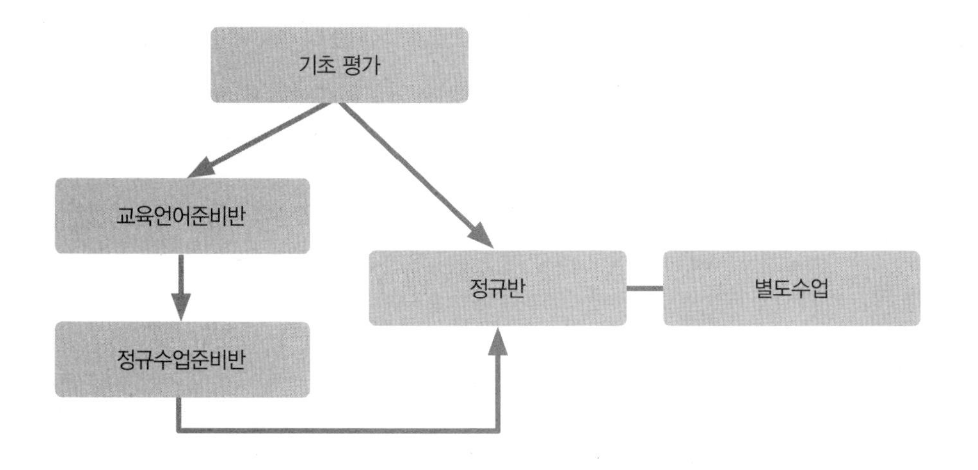

[그림 5] 이주 배경 학생교육언어 학습지원 과정

① 기초평가

기초평가는 이주 학생의 언어 능력과 지식수준에 대한 정보 수집을 위한 평가로 학교와 교사가 수행하는 기본적이고 필수적인 과정이다. 학생의 교육언어에 대한 기초평가를 통해 교사는 학생에게 필요한 적절한 교육언어 학습을 제공한다. 기초평가 결과를 기준으로 2가지(정규수업반, 학습언어 준비반) 또는 3가지의 교육 단계를 거쳐 정규과정으로 진입하게 되어있다.

[표 1] 교육언어 단계

정규수업반 (언어 능력이 충분한 경우)	정규 수업 전환 준비반 (학습언어 능력이 부족한 경우)	학습언어 준비반 (언어 능력이 없는 경우)
정규 수업에 배치되고, 교육 언어교육을 위한 추가 수업 지원.	교육언어 준비반 배치되고, 일부 정규 수업에 제한적으로 참여한다.	교육언어 준비반에 배치되고, 언어 집중 교육을 한다.

표에서 볼 수 있듯 교육언어는 3단계의 과정으로 나뉜다. 학생의 나이, 이전 국가에서의 교육 관련 증명서를 기준으로 언어 능력과 사전학습을 평가하고, 언어 능력은 CEFR을 기준으로 한다. 대부분 유럽국가는 기초평가 결과에 따라 교육 언어 능력이 있는 이주 학생은 정규 수업에 배치하고 필요에 따라 추가적인 교육언어 학습지원을 받을 수 있도록 한다. 전환 준비반과 교육언어 준비반은 정규 수업으로 통합되는 것을 목표로 집중적인 교육언어를 배운다.[9] 유럽위원회는 이주 배경 학생이 정규과정 수업에서 장기간 분리되는 것은 학교통합에 부정적일 수 있으므로 준비반 수업을 1년 또는 2년의 기간으로 설정하고 일정 기간이 지나면 정규과정으로 배치하는 것을 원칙으로 한다.

② 교육언어 준비반

유럽위원회에서는 모든 교육언어는 일상적으로 사용하는 어휘나 문법과 다르므로 학교에서는 학생에게 충분한 언어 학습 기회를 제공해야 할 의무가 있으며 교육언어의 빠른 습득을 위해 교육언어 준비반의 학급 규모에 상한선을 설정해 학습 조건을 보장하고, 학생의 필요에 맞는 교재 사용 등을 권장한다.

[표 2] 교육언어 준비반 교육지원 사항

· 교육기관의 직접적인 지원 조치	· 교실에서 교사의 교육지원 조치	· 동료 학생의 교육적 지원 조치
수업 규모 제한, 특정 교재 사용.	개별화된 학습지원, 차별화된 그룹 기반 학습지원	동료교육, 멘토링

준비반의 학습지원은 '교육기관, 교사, 학생' 지원으로 구분되며 대부분 유럽국가는 교사의 차별화된 교육을 가장 많이 지원한다. 이주 배경 학생은 교육언어를 제2언어 또는 추가 언어로 배우기 때문에 교육언어를 담당하는 교사는 제2언어로서 자국어를 가르칠 수 있는 자격을 갖춰야 한다고 권고하고 있다. 그러나 무엇보다도 유

9) 루마니아와 같은 나라에서는 기초평가 결과와 관계없이 모든 학생이 정규 수업에 배치되고 교육언어는 추가 수업으로 지원한다.

럽국가의 준비반에서는 정규과정의 일반 교육과정과 유사한 커리큘럼을 따르며 핵심 과목은 상대적으로 더 집중적으로 교육한다.

③ 정규 수업 전환 준비반

다문화 학생들은 준비반에서 정규과정으로 전환될 때 학습에 대한 어려움이 여전하다. 유럽위원회에서는 이주 배경 학생의 학업 부적응을 방지하고 정규과정으로 빠르게 적응할 수 있도록 일정 기간 정규 수업 전환 준비반 운영을 권고하고 있다. 이에 따라 초등교육에서는 일주일에 하루를 정규 수업에 참여하도록 하고 학생의 적응 속도에 따라 점진적으로 그 수를 늘려 학생이 어느 정도 적응이 됐다고 판단될 경우, 완전히 정규 수업으로 통합시키고, 중등 과정에서는 정규 교육과정 설명 기간이라고 하여 통합되는 모든 진행 상황을 학생이 이해할 수 있도록 돕고, 정규과정에 진입한 후에도 학습 과정에 문제가 없도록 일정 기간 수업 모니터링을 지원한다.

④ 정규과정의 교육언어 추가 지원

유럽위원회에서는 정규과정으로 진입한 학생에게 추가적인 교육언어 지원을 권장하고 있다. 이러한 추가 지원은 교육언어 준비반을 거쳐 정규과정으로 진학했어도 새로운 교과 과정과 학습 방식에 쉽게 적응하지 못하는 학생이 많고, 짧은 기간의 교육으로 일반 교육과정의 문제를 해결할 만큼 언어 능력을 갖추기 쉽지 않기 때문이다.

교육언어 추가 지원은 정규과정의 학업 성취 모니터링을 통해 평균보다 성적이 저조한 학생을 대상으로 지원한다. 국가에 따라 추가 수업은 학생의 모국어로 교육하기도 하고, 수업의 일부 또는 방과 후 시간에 진행되기도 한다. 이처럼 유럽국가에서는 학생의 학업능력 향상을 위해 교육언어에 대한 모니터링과 지속적인 평가를 시행하며 학생의 부족한 분야를 찾아 적절하게 지원함으로써 중도에 학업을 포기하지 않도록 노력하고 있다.

(2) 그 외 통합 촉진을 위한 지원 제도

① 모국어 교육 [10]

유럽국가에서 모국어 교육을 지원하는 이유는 크게 3가지로, 도구적인 목적과 이중 언어 교육 목적, 이주 학생의 모국어 보존 목적이다.

도구적인 목적의 모국어 교육은 이주 배경 학생의 교육언어 숙달도를 높이며 교육언어 학습을 촉진한다. 이중 언어 교육 차원의 모국어 교육은 일반학생에게 이중 언어 교육으로 확장해 다국어 교육을 실천하고 있다. 오스트리아와 스웨덴, 핀란드 등의 교육기관에는 이주 배경 학생의 모국어 교육을 위한 커리큘럼을 설계하여 운영하고 있다. 드물게 이주 배경 학생의 모국어를 정규과정에서 이중 언어 과목으로 채택해 교육하는 국가도 있다. 이러한 노력은 유럽연합의 모든 국가 학생에게 학교 내에 존재하는 모든 언어를 사용해야 한다는 언어 인식과 언어의 소중함과 가치에 대한 인식을 높이고 있다. 마지막으로 이주 학생의 모국어 보존이다. 이는 이주 학생의 언어와 문화 유지를 돕기 위함으로 이주 학생의 문화 간 역량을 높일 수 있으며 궁극적으로 이주 학생의 정체성 구축과 학교통합을 돕는다. 모국어 교육은 국가마다 상황에 따라 조건부로 지원되기도 하지만 대부분의 학교에서는 언어와 문화가 다양한 환경에서 제대로 교육될 수 있도록 지원하고 있다.

② 이문화 교육과 이문화 중재자

유럽위원회에서는 유럽국가의 교육 시스템에서 이문화 교육을 전체 교육과정에 포함하여 국적과 상관없이 모든 학생에게 교육할 것을 권장하고 있다. 이문화 교육은 이주 배경 학생에게는 긍정적인 학습 환경을 보장하고 일반학생에게는 다양성에

10) 유네스코는 1953년 수년에 걸친 과학적 연구의 결과로 모국어 교육이 이주 학생의 사회적, 인지적, 언어적 발달에 미치는 영향을 지속해서 강조해 왔다. EU에서는 1977년 이주 노동자 자녀교육에 관한 이사회 지침으로 모든 EU 회원국에서는 학교 출석이 의무적인 이주 어린이를 위한 모국어 교육 촉진을 권고하였다. 이 조치는 EU 회원국뿐만 아니라 출신 국가에 상관없이 모든 이주민의 언어를 대상으로 한다. 동유럽을 제외한 대부분 유럽국가에서 유럽연합위원회의 권고 조치를 시행하고 있다.

대한 이해와 존중을 증진하는 중요한 역할을 한다.[11]

유럽위원회에서는 이주 배경 학생이 새로운 언어와 문화를 받아들이는 과정에서 중요한 역할을 맡아 줄 문화간 중재자를 권장하고 있다. 문화간 중재자는 통역사 또는 학교생활 적응을 위한 조력자로 이주 학생의 학교생활과 관계 형성에 긍정적인 도움을 주고 이주로 인한 심리적 변화나 정서적 트라우마를 관리하는 역할을 한다. Hamilton(2013)은 문화간 중재자가 이주 배경 학생의 학업뿐 아니라 사회적 정서적으로 요구되는 것들을 필요한 시기에 적절하게 지원해 줌으로써 학생의 심리적인 안정을 돕고 학교통합의 성공을 위해 중요한 역할을 한다고 하였다. 일부 국가에서는 문화간 중재자 대신 조교를 지원하는데 이들은 통역사 수준으로 학급의 친구나 동료가 조교를 담당하고 있다.

③ 그 밖의 지원

유럽의 모든 교육기관에서 사회 심리 지원을 권장하고 있다. 이주 배경 학생의 필요에 따라 심리학자와 사회복지사 상담사 등 전문가로 구성된 지원 프로그램을 운영하고 있다. 특히 오스트리아는 2015년 이후 이주 학생이 많아지며 교육부에서 'MIT(Mobile Intercultural Teams)'를 설치하여 다문화 학생을 지원하고 있다.[12] 과외활동 지원은 학업적으로나 사회적으로 지원할 수 있는 추가 조치로 학교에서 제공되기도 하지만 NGO 단체, 지방 자체 단체, 자원봉사 단체 등과 같은 외부 기관에서 제공한다. 많은 국가에서는 학생들을 위한 언어 개발, 창의적 활동, 일반적인 학습 활동뿐만 아니라 사회적 상호작용 촉진을 위해 스포츠와 문화간 활동도 지원 등 다양한 유형의 활동을 지원한다. 학습 초기에는 학교에서 부모나 가족이 참여하는 활

11) 이문화 교육이 정규과정에 포함된 프랑스, 라트비아, 영국 및 노르웨이에서는 이문화를 핵심 과목으로 다루고 있다. 포르투갈과 루마니아의 경우 2018/19 학년도부터 모든 학교에서 문화간 교육이 필수과정으로 추가되었고 교육 방법은 학교에서 자유롭게 결정하도록 했다. 불가리아와 스페인은 일반적인 과목의 주제에 포함했고, 영국과 프랑스에서는 시민 교육과 함께 교육되고 있다. 그러나 그 외의 국가에서는 프로젝트 성으로 이문화 교육을 하고 있다.

12) MIT는 학교, 교사, 학부모 및 학생의 정서와 심리적 요구를 파악하고 이들에게 맞는 다양한 지원을 책임지고 있다. 2017/18년부터는 각 학교에도 사회복지사가 배정되어 이주 학생 지원에 노력하고 있다.

동으로 교사와 부모가 자연스럽게 접촉할 기회를 제공한다. 이는 부모와 교사가 자주 접촉하며 학생에 대해 상담할 수 있도록 한다. 이러한 활동은 학생의 학업 성취도와 학습 의욕을 높이는 방법으로 활용되고 있다.[13] 프랑스에는 학교 개방 프로그램이 있고, 영국의 북아일랜드에서는 1년 동안 다뤄질 학업 개요가 있는 'Toolkit for diversity'를 제공한다.

3. 결론

다문화 사회를 오랫동안 이루어 온 유럽국가는 자신들의 사회적 문화적 맥락과 경제적 정치적 이해관계 속에서 이주 배경 학생의 학교통합 방법을 모색하고 있다. 2000년 이후 유럽국가는 다문화 정책의 변화와 함께 이주 배경 학생의 학교통합을 위한 경험을 공유하고 협력을 통해 해법을 찾아가고 있다. 물론 각 사회의 특성과 정책 패러다임에 따라 독자적인 정책 방향성을 보여주기도 하지만 이주 배경 학생에 관련한 정책과 방향성에서 발견된 주요한 특징을 정리하면 다음과 같다.

첫째, 이주 배경 학생의 기준이다. 이주 배경 학생의 자격 기준이 지국 출생이 아니며 모국어를 가진 학생으로 한다는 점이다. 이러한 자격 기준은 언어교육에 있어 가장 중요한 요소가 된다.

두 번째, 학교통합을 위한 교육언어 집중 교육이다. 교육언어에 대한 올바른 지식은 모든 학생이 학업에 성공하기 위한 전제 조건이며, 교육언어는 이주 배경 학생의 제1 언어가 아니므로 자국 학생들보다 더 강력한 언어적 지원이 필요하다. 유럽국가에서는 체계적인 교육언어 교육을 위해 이주 배경 학생의 기초평가를 매우 중요하게

13) 프랑스에서는 학교 개방 프로그램을 통해 학교 운영방식을 설명하고 자녀교육에 적극적으로 참여할 수 있도록 부모 역량을 향상하는 노력을 하고 있다. 영국의 북아일랜드에서는 1년 동안 다뤄질 학업 개요가 있는 'Toolkit for diversity'를 부모에게 제공하여 자녀의 학습을 도울 수 있도록 권장하고 부모에게 출석과 교육 언어 지도를 위해 노력하겠다는 서명을 받기도 한다.

다루고 있다. 이 평가는 일반적인 교육 제도 진입을 위한 필수적인 과정으로 학생의 능력과 지식에 대한 기본적인 정보 수집을 위함이다. 교사는 학생의 학업능력을 파악하고 적절한 수업을 계획할 수 있는 기초자료로 활용한다. 그러나 초기에 제대로 된 기초평가를 받지 못하면 학생은 자기 능력에 맞지 않는 부적절한 학년에 배정받거나 불충분한 학습지원과 사회적, 정서적 지원 부족을 초래할 수 있으므로 유럽국가에서는 기초평가를 매우 중요하게 시행하고 있다.

세 번째, 모국어 교육을 통한 교육언어 지원방안이다. 유럽위원회에서는 모국어 교육을 이주 배경 학생의 학습 촉진과 유럽 사회의 다국어 교육 차원에서 장려하고 있다. 이주 배경 학생에게 모국어 교육은 많은 부분에 영향을 미치지만, 특히 교육언어 학습 촉진에 큰 영향을 미친다고 하였다. {Thomas와 Collier, 1997; Cummins, 2001; Garcia, 2009} 일반 학생에게는 이주 배경 학생의 모국어를 다국어 학습의 관점에서 이중언어교육으로 확장해 언어 능력 향상을 지원한다. 결과적으로 이주 배경 학생의 모국어 교육은 이주 학생과 일반 학생 모두의 언어 능력 향상을 지원하는 긍정적인 역할을 하고 있다. 한국의 교육기관에서도 이중언어교육은 이주 배경 학생을 위한 특별 지원 정책이 아닌 전체 학생의 다국어 능력 개발을 위한 이중언어교육으로 지원될 수 있는 제도적 장치가 마련되어야 한다.

네 번째, 체계적인 평가와 전문적인 학습지원을 위한 교사 교육이다. 유럽국가는 교육언어 능력은 학업능력뿐 아니라 학교에서의 사회화 과정을 촉진 시키기 때문에 대부분의 교육기관에서는 주기적인 평가를 통해 교사가 학생의 학업 성과를 모니터하고 부족한 부분은 추가로 교육을 받을 수 있도록 지원하고 있다. 교사가 학생의 학업성적 및 학교생활, 교육 태도 등 꼼꼼한 모니터링 과정을 거쳐 종합적으로 평가한다. 이로인해 교사에 따라 학생에 대한 평가가 달라지는 것을 방지한다. 또한 이주 배경 학생의 학습 모니터링과 평가를 위한 개별적인 교사 교육을 시행하고 있다. 17개 국가에서는 평가를 위한 교사 연수를 지원하고 있으며 그리스의 경우 이주 학생 평가를 위한 평가 지원 고문단이 모든 교사를 대상으로 평가를 비롯한 다양한 교육적 지원을 제공하고 있다. 학생의 학업에 가장 강력한 영향을 미치는 교사 자질의 중요성을 강조하며 초기 교사 교육(ITE: Initial teacher education:)과 지속적인 전문성 개발(CPD: continuing professional development:) 차원의 교사 교육을 지원하고 있다. 초기 교사 교육(ITE)은 전문적인 교사로서의 사고방식에 대한 토대를 마련하고 교실에서 의미 있는 학습이 이루어지도록 하는 핵심적인 기본 교육을 제공한다. 지속적인 전문성 개발(CPD)은 광범위하고 일반적인 역량 영역만이 아니라 필요한 특정 기술, 지식과 태도에 대한 전문적인 교육이 이루어진다. 이와 별도로 개발되어 운영하는 이문화 교사를 위한 교육과정은 문화 간 교육에 필요한 기술과 태도를 개발할 수 있도록 구성된 CPD 과정으로 영국(잉글랜드)을 제외한 모든 교육 시스템에서 지원하고 있다.

한국의 초 · 중 · 고교 전체 학생 수는 꾸준히 감소추세를 보이고 있지만, 이주 배경 학생 수는 꾸준히 증가하고 있다.[14] 그 유형을 살펴보면 국내 출생 · 중도 입국 · 외국인 학생이 모두 증가하고 있으며, 최근에는 중도 입국 · 외국인 학생의 증가세가 뚜렷하게 나타나고 있다. 이처럼 초중고의 이주 배경 학생 증가로 교육부에서도 이주 배경 학생의 학교 이탈 방지를 위한 다양한 정책을 시행하고 있다. 현재 교육부에서는 '학교 내 구성원의 다문화 관련 교육 참여를 확대하고, 맞춤형 교육 지원 사업 내실화, 중도 입국 · 외국인 학생을 위한 교육 불균형 해소'라는 세 가지 추진 방향을 세우고 다문화 정책을 시행하고 있다. 정부는 사회적 변화에 맞춰 법률로 정의된 다문화가정뿐 아니라 한국에 거주하는 외국인 가정 자녀와 중도 입국자도 다문화 정책 대상에 포함하고 있다. 그러나 여전히 다수의 이주 배경 학생들은 학교를 떠나고 있다. 이주 배경 학생이 새로운 환경과 문화에 적응하지 못하고 일반적인 교육 제도 안에서 교육받지 못한 채 성인이 된다면 그들은 언제나 평등하지 못한 위치에서 사회적 어려움과 경제적 빈곤함을 벗어나지 못할 것이다. 이주 배경 학생들이 한국 사회의 진정한 일원으로 성장하기 위해서는 사회의 기준이 되는 기본적인 자격을 갖추어야 한다. 이를 위해 다문화 관련 연구자들과 정책 입안자들은 유럽연합의 이주 배경 학생 대상 정책과 제도, 지원방안에 대한 면밀한 검토를 통해 한국의 이주 배경 학생 교육에 적용할 수 있도록 해야 할 것이다.

---

14) 자료출처, 교육부 2022년 교육통계조사 결과 발표 보도자료

참고문헌

교육부(2021), 다문화 교육 지원계획 발표, 교육부.

교육부(2022), 다문화 교육 지원계획 발표, 교육부.

여성가족부(2019), 다문화가족 지원 시행계획, 여성가족부.

Axelsson, M., MagnussonU.,(2012), Flerspråkighet och kunskapsutveckling. In: K.Hyltenstam, M.Axelsson and I. Lindberg, eds. Flerspråkighet – en forskningsöversikt. Stockholm: Vetenskapsrådet, pp. 247–367.

Council of Europe.(2015), The language dimension in all subjects. A handbook for curriculum development and teacher training. Hamilton, P.L., (2013), It's not all about academic achievement: Supporting the social and emotional needs of migrant worker children. Pastoral Care in Education, 31(2), pp. 173–190.

EACEA.(2019), Integrating Students from Migrant Backgrounds. into Schools in Europe: National Policies and Measures. European Commission/EACEA/Eurydice. (2018), Teaching Careers in Europe. Access, Progression and support. Eurydice report. Luxembourg: Publications Office of the European Union.

European Commission.(2013), Study on education support to newly arrived migrant children. Luxembourg: Publications Office of the European Union.

Nilsson, J., Axelsson, M.,(2013), "Welcome to Sweden…": Newly arrived students' experiences opedagogical and social provision in introductory and regular classes. International Electronic Journal of Elementary Education, 6(1), pp. 137–164.

OECD(2015), Immigrant students at school: Easing the journey towards integration. Paris: OECD Publishing.

OECD(2016), PISA2015 Results (Volume I): Excellence and Equity in Education. Paris: OECD Publishing.

Trasberg, K., Kond, J.,(2017). Teaching new immigrants in Estonian schools Challenges for a support network. Acta Paedagogica Vilnensia, 38, pp.99–100

http://www.oecd.org/education/immigrant–students–at–school–9789264249509–en.htm

https://eacea.ec.europa.eu/national–policies/eurydice/sites/eurydice/files/integrating_students_from_migrant_backgrounds_into_schools_in_europe_national_policies_and_measures.pdf

https://www.coe.int/en/web/language–policy/a–handbook–for–curriculum–development–and–teacher–training.–the–language–dimension–in–all–subjects

https://www.oecd.org/education/pisa–2015–results–volume–i–9789264266490–en.htm

12

외국어로서의 한국어교원 정책[1)]

김민수

1. 한국어교원 정책의 변천

한국어교원 정책이 앞으로 나아가야 할 방향과 개선점들을 발견하기 위해서는 그동안의 한국어 교육과 거기에 수반되는 정책이 어떤 양상으로 전개되어왔는지를 살펴보아야 한다. 특히 2005년 국어기본법 제정은 한국어교원 정책의 큰 분수령이다. 이에 한국어교원 정책 변천 과정을 국어기본법 이전의 태동 · 모색기(1959년–2005년)와 국어기본법 시대(2005년–현재)로 나눌 수 있다.[2)]

1.1 국어기본법 이전의 태동 · 모색기

외국인 대상의 한국어 교육은 근대 이전에 한국과 중국 간 교류에서도 파생되어

---

1) 이 글은 김민수(2018)의 박사학위 논문 '외국어로서의 한국어교원 정책의 발전 방안 연구'의 내용을 바탕으로 하였으며 몇몇 데이터는 최근 시점에 맞춰 수정하였으나 전체적인 논점은 2018년 당시에 맞춰져 있음을 밝힌다.

2) 한국어 교육의 발달사 구분은 조항록(2010), 유주명(2016) 등의 선행 연구를 참조하였다.

존재하였다. 다만, 1959년 최초의 대학 부설 교육기관인 연세대학교 어학당이 정책 적용의 여지가 있는 체계적 한국어 교육기관이라고 할 수 있다.

태동 · 모색기에는 국가 차원에서의 한국어 교육 이념이나 정책은 부재하였다. 선교사를 비롯한 특수 직업인들의 한국어 수요에 급하게 대응하는 교육이 이루어졌을 뿐, 한국어교원에 대한 체계적 정책이나 향후 한국어 교육이 나아갈 방향에 대한 고민은 부족하였다.[3] 이 시기의 한국어 교육은 주로 선교사를 위한 교육기관인 명도원과 같은 민간 교육기관이나 서울대학교 어학연구소, 연세대학교와 같은 대학의 부설 기관에서 이루어졌다. 또한 대부분의 교육기관은 자체적으로 교원을 양성하였고 교육과정이나 교재의 개발도 개별 기관의 역량에 기대는 수준이었다. 교원의 전공이 국어학이 아닌 경우도 많았다.

이후 1970년대의 경제발전, 1988년 서울 올림픽 등의 영향으로 한국어에 대한 수요가 증가하였다. 이에 대학 부설 한국어 교육기관이 늘어나면서 교원에 대한 관심도 증가하였다. 각 기관의 자체 기준에 따라 교원을 공개적으로 선발하고 나름대로의 교원 훈련 과정을 거친 후 한국어 수업을 담당하게 되었다. 한국어교원을 채용할 때 자격 요건은 대학 기관으로서 석사 학위 이상을 요구하기는 하였으나 한국어교육학이 존재하지 않았기 때문에 국어학을 비롯한 언어학, 교육학 등 관련 학문 배경을 갖춘 석사 학위면 충분했다. 또한 이 시기에는 한국어교원을 양성하는 학위 과정에 대한 노력도 미약하게나마 시작되었다. 우선 한국외국어대학교 사범대학에서 한국어 교육과를 운영하였다. 다만 한국외국어대학교에서 1974년에 설립한 한국어 교육과는 실제 교육과정에 근거할 때, 외국어로서의 한국어 교육이 아닌 국어교육 전공에 가깝다.[4] 이후 10년이 흐른 1984년에 이르러서야 비로소 외국어로서의 한국어 교육 관련 교과목을 개설하였다. 한편 대학원 과정을 최초로 개설한 곳은 연세대학교 교육대학원이다. 1983년 3월 연세대학교 교육대학원에 외국어로서의 한국어 교육이라는 명칭의 전공 영역이 개설된 것이다. 그러나 사회적 인식 부족과 대학의 홍보 부

---

3) 조항록(2010)에 따르면 1959–1970년 연세대학교 한국어학당 졸업생 183명 중 선교사가 175명이었다. 또한 1964년 설립된 민간 교육기관인 명도원 역시 선교사를 대상으로 하는 기관이었다.

4) 송향근(2011) 참조

족 등으로 1986년 3월까지만 학생 입학이 있었으며, 1990년대 초에 전공이 폐지되었다가 1997년에 운영이 재개되었다.

이처럼 이 시기에는 몇 개의 민간 교육기관이나 대학 부설 교육기관에서의 자체적인 교원양성과 임용을 하였다. 또한 한국어교원을 양성하는 학위 과정의 노력도 시도되었으나 여러 어려움으로 지속되지 못하였다.

이후 1990년대부터 2005년 국어기본법 제정 이전까지는 거시적 관점에서 한국어 교원 정책이 수립되기 위한 기본적인 교육 현장이 마련되기 시작하였다. 아직 공식적인 국가 차원의 교원 자격제도는 없었다. 그러나 한국어 교육기관이 크게 증가하면서 한국어 교육을 담당하는 한국어교원에 대한 수요가 늘어나, 제도 마련을 위한 환경이 조성되었다. 특히 1991년 한국어교원 양성 및 재훈련 과정으로 서강대학교에서 실시한 교원 양성 · 재교육 프로그램은 교원 연수과정의 선구자 역할을 하였다. 또한 1994년 연세대학교 한국어교사연구소가 설립되었다.[5] [표 1]에서 알 수 있듯이 정부 기관이 참여한 교원 연수 프로그램도 늘어났다.

[표 1] 1990년대 개설된 한국어교원 연수 프로그램[6]

프로그램 운영 교육기관	설립시기	교육 대상	교육 내용
서강대학교 한국어 교육 연구원	1991	현직 한국어교원	언어교육학 개론
연세대학교 한국어교사 연구소	1994	재외 한글학교 교사	한국어 이론, 교수법, 실습, 참관 등
국제교육진흥원 (현 국립국제교육원)	불명확	재외 한글학교 및 한국학교 교사	한글맞춤법 규정, 한국 전통 예절 등
국립국어연구원 (현 국립국어원)	1992	구 공산권 국가 한국어교원	국어 어문규범, 문법 등

또한 1990년대 후반부터 각 대학 및 대학원을 중심으로 외국어로서의 한국어 교

5) 해외의 한글학교 교사들을 위한 연수가 주목적이었다.

6) 조항록(1997)에서 인용

육과 관련된 전공이나 학과가 개설되었다. 그리하여 한국어 교육으로 학위를 받은 검증된 인력들을 양성하기 시작하였다. 2000년까지 아래 [표 2]와 같이 10여 개의 대학(원) 학위 과정이 개설되었다. 한국의 국제적 위상이 높아지면서 대학 부설 기관이나 정부 기관에서의 양성과정, 대학이나 대학원에서 학위 과정을 통한 교원양성이 크게 늘어났다.

[표 2] 2000년까지 개설된 외국어로서의 한국어 교육 학위 과정[7)]

과정	학교명	학과(전공)명	과정	개설연도
학부 과정	한국외국어대학교	한국어교육학과	학부	1974년
	경희대학교	한국어과	학부	1999년
	숙명여자대학교	국제한국어 교육 연계전공	학부	2000년
일반대학원	이화여자대학교	한국학과 한국어 교육 전공	석사 과정	1982년
교육대학원	연세대학교	외국어로서의 한국어 교육 전공	석사 과정	1983년
	이화여자대학교	외국어로서의 한국어 교육 전공	석사 과정	1997년
	경희대학교	외국어로서의 한국어 교육 전공	석사 과정	1998년
	고려대학교	외국어로서의 한국어 교육 전공	석사 과정	1999년
	한양대학교	외국어로서의 한국어 교육 전공	석사 과정	1999년
	한국외국어대학교	외국어로서의 한국어 교육 전공	석사 과정	2000년

1990년대 후반 한국어 교육은 이전에 비해 크게 세 가지 측면에서 국가적 기능이 확대되고 정부 정책의 대상이 될 수 있는 면모를 갖추었다. 이에 대하여는 조항록(2010)에 정리되어 있는데 이 책에서 교원 정책과 관련된 부분을 중심으로 재정리하면 다음과 같다. 첫째, 구 공산권 국가와의 수교가 이루어지면서 이들 국가의 언론인, 외교관 등이 정부 초청으로 한국에 와서 한국어를 배웠다. 이렇듯 한국어 교육에 정치적인 고려가 더해지기 시작하였다.

7) 강승혜(2011a) 참조

두 번째, 재외동포를 대상으로 하는 한국어 교육이 활성화되면서 민족교육적 요소가 강해진 것과 아울러, 문화예술진흥법 시행령 중 국어심의회 조항 안에 한글의 국외 보급을 명문화함으로써 한국어의 국외 보급 정책의 법적인 기반을 확립하게 되었다.[8] 세 번째, 1990년대 이전까지 특수 직업인들 위주로 한국어 교육이 이루어졌으나 이 시기에는 그 양상이 변화하기 시작하였다. 즉, 한국어를 배워서 한국에서 취업을 하려는 외국인이나, 유학 목적의 한국어 학습자가 늘어나기 시작하였다. 이는 과거에 비해 다양한 학습자를 대상으로 하는 교재와 교원을 양성해야 하는 필요성을 증대시켰다.

2000년대에 들어서면서 국내 · 외 한국어 교육 환경의 변화로 문화체육관광부에서 '한국어세계화추진위원회 연구 과제'가 시행되었다. 이는 4개 분과, 12개 세부 과제로 구분되어 한국어 교육 분야 혹은 관련 분야의 교육자, 유수한 학자들을 중심으로 수행된 것이다. 그 중에서 특히 '한국어 교사 자격 인증제도 시행을 위한 기초적 연구'(민현식 외, 2000), '한국어교원 자격 인증제도 시행 방안 개발 최종 보고서'(민현식 외, 2001) 등의 연구 덕분에 한국어교원의 양성과 인증의 제도화를 위한 토대가 마련되었다. 그 이후 2003년 '한국어 교사 인증제 평가 문항 개발과 인증제 시행 결과 분석 연구', 2004년 '한국어 교사 인증제 분석 및 한국어 교육능력 영역별(읽기, 문법) 평가연구' 등의 후속 연구가 이루어졌다.

이러한 노력과 정부와 학계의 협력이 결실을 맺어 2005년에 국어기본법의 입법안이 통과되고, 같은 해 7월 국어기본법 시행령이 공포되기에 이르렀다.

1.2 국어기본법 시대

한국어교원의 양성과 자격 인증에 대한 규정을 담고 있는 국어기본법은 한국어 교원 정책에 있어서 분수령적인 제도이다. 국어기본법 제정 논의는 문화관광부가 2002년 10월9일 한글날에 발표한 '국어발전 종합계획 시안'에 연원을 두고 있다. 이

8) 조항록(2004) 참조

후 공개토론회 등을 거쳐 2003년 국어기본법 초안이 완성되었다. 이 국어기본법안은 2004년 12월에 국회 본회의에 상정되어 통과하였다. 이러한 과정을 거쳐 국어기본법은 2005년 1월 27일 공포되었다. 2005년 7월 후속 법령인 국어 기본법 시행령이 공포됨으로써 국어기본법 시대가 개막되기에 이르렀다.[9]

국어기본법 제 3장의 19조에서는 한국어교원의 자격 부여에 대한 사항을 규정하였다. 이는 국가 차원에서 한국어교원의 자격을 관리하겠다는 선언이다. 이후 한국어 교육에서 많은 변화가 일어났다. 국어기본법 시행령의 제정으로 한국어교원 자격에 대한 법제도가 수립되었고, 한국어교원이 되기 위해 이수해야 할 교육과정 및 한국어교원 자격을 검증할 수 있는 시험이 시행되었다. 시행령에서 규정된 조항에 의거하여 대학·대학원에서 운영하는 학위 과정과 단기양성기관에서 운영하는 비학위 과정의 교원 양성이 체계화되고, 이는 교육의 내실화와 교원의 전문성 향상을 이끌었다. 이에 뒤따라 한국어교원을 양성하는 교육기관도 폭발적으로 증가하여 2015년에는 대학원 과정만 100개를 넘어섰다. 그러나 교원자격증 소지자가 크게 증가함에 따라 여러 양성 과정에서 이수해야 하는 교과목 시수 문제, 1, 2, 3급 교원의 승급 규정 문제 등 여러 문제점이 생겨났다. 이에 문화체육관광부에서 교원 정책의 문제점 개선을 위해 '한국어교원 수급 방안'(송향근 외, 2007), '한국어교원 자격제도 개선 방안 연구'(조현성 외, 2008) 등 여러 연구를 시행하였다. 이러한 연구의 결과들을 바탕으로 2010년 국어기본법의 일부 시행령이 개정된다.[10] 개정을 통해 교원의 자격 승급을 위한 경력 산출이 정교해지고, 한국어 교육 경력 인정 기관 확대 등 자격제도가 어느 정도 개선되고 정착되었다. 물론 여전히 자격제도의 개선을 위한 연구가 활발히 진행되고 있다.

이와 같이 국어기본법 시대에는 그동안 민간 주도로 이루어지던 한국어 교육의 발전이 국가의 정책 목표 중 하나로 자리하였다. 또한 한국어 교육의 질과 교원의 전문성을 보장하기 위한 한국어교원 자격제도가 생겨나고 성공적으로 정착한 시기라

---

9) 이 책에서 제시하는 국어기본법의 제정과정은 조항록(2007)을 참조하였다.

10) 구체적인 시행령의 개정 내용 등은 2장에서 다시 다룬다.

고 할 수 있다. 또한 한국어교원 양성이 체계화되고 한국어 교육기관에서도 검증된 자격을 갖춘 교원들을 요구하게 되었다.

2. 한국어교원 정책의 현황

이 장에서는 우선 한국어교원 관련 정책을 뒷받침하는 관련 법령에 대해 정리할 것이다. 이어서 문화체육관광부 산하 기관에서 시행하고 있는 정책에 대해 검토한다. 또한 교원 양성의 실제로서 교원 양성기관의 현황, 교원 자격 취득 현황 등을 살펴보고 여러 현황이 보여 주는 시사점을 분석한다.

2.1 관련 기관과 법령 현황

한국어와 그 기록 수단인 한글은 한국을 특징짓는 가장 중요한 요소임에도 불구하고 법적으로 명문화된 규정이 아주 빈약하였다. 21세기에는 언어 자체가 국가 경쟁력을 좌우하는 문화 자원으로 인식되고 있어 강력한 국어정책이 요청되었다. 더구나 2005년 당시 외국에서는 한글의 우수성에 대한 인식이 크게 증대되고 있었고 한국어 학습 열기도 확산되고 있었다. 이러한 상황에서 제정된 국어기본법은 국어 관련 법령을 한 곳에 모아 놓았다는 것 이상의 가치가 있다.

국어기본법과 동법 시행령에 대한 제정 취지는 주무부서였던 문화관광부에서 발표한 취지문에서 잘 알 수 있는데, 그 취지문에서는 '국어에 대한 법적 장치의 미비로 체계적인 국어의 보존 · 보급 및 발전에 어려움이 있다. 이에 국어 발전 기본 계획의 수립 · 시행, 국어 정보화, 국어능력 향상 시책의 시행 등 국어의 보존 및 발전의 기틀을 마련한다'는 내용이 담겨 있다. 최정순(2014)에서는 이러한 내용을 근거로, 국어기본법 및 시행령의 시행은 2007년 1월에 제정 · 공포된 재외국민의 교육지원에 관한 법률과 동년 7월에 제정 공포된 동법 시행령과 더불어 국내외 한국어 교육과 관련된 정책 수립에 크게 기여하게 되었다고 밝히고 있다.

국어기본법 및 동법 시행령 중 한국어교원 정책과 특히 관련이 있는 것은 기본법 제 19조와 그에 따른 시행령 제 13, 14조이다. 특히 제 19조 제 2항이 중요하다. 외국어로서의 한국어를 가르치고자 하는 자에게 자격을 부여하게 된 것은 중대한 변화임이 틀림없다. 그동안 외국인이나 재외 동포에게 한국어를 가르치는 일은 공교육에 포함되지도 않았고, 객관적 자격 인증이 부족했다. 그러나 이제 국어기본법에 따라 외국어로서의 한국어를 가르치는 사람에게 자격을 부여할 수 있게 되었고, 이는 외국어로서의 한국어 교육이 하나의 독립된 전문 분야로 인정받게 되었다는 상징적 의미도 있다.[11]

국어기본법 안의 한국어 교육 관련 조항의 내용을 보면 아래와 같다. 이러한 법 조항 및 시행령은 여러 측면에서 큰 의미가 있다고 할 것이다.

• 국어기본법 제 3장의 제 19조 (국어의 보급 등)

제 19조(국어의 보급 등)

① 국가는 국어를 배우려는 외국인과 「재외동포의 출입국과 법적 지위에 관한 법률」에 따른 재외동포(이하 "재외동포"라 한다)를 위하여 교육과정과 교재를 개발하고 전문가를 양성하는 등 국어의 보급에 필요한 사업을 시행하여야 한다.

② 문화체육관광부장관은 재외동포나 외국인을 대상으로 국어를 가르치려는 사람에게 자격을 부여하고, 자격증을 발급할 수 있다.

③ 제 2항에 따른 자격 요건 및 자격 부여의 방법 등에 관하여 필요한 사항은 대통령령으로 정한다.

- 국가는 외국인과 재외동포를 위한 교육과정 개발, 교재개발, 전문가 육성에 필요한 사업을 시행해야 함을 명시
- 문화체육관광부장관이 한국어교원의 자격을 부여할 수 있음을 명시
- 한국어교원 자격제도 시행과 관련하여 필요한 사항은 대통령으로 정할 것임을 명시

제 19조의 2 (세종학당재단 설립 등)

---

11) 김민수(2015)에서 참조

- 외국어 또는 제 2언어로서의 국어 보급을 위해 세종학단 재단을 설립할 것을 명시
- 외국어 또는 제 2언어로서의 국어와 한국문화를 교육하는 기관이나 강좌를 대상으로 세종학당 지정 및 지원
- 온라인으로 외국어 또는 제 2언어로서의 국어와 한국문화를 교육하는 누리집(누리 세종학당) 개발 · 운영
- 세종학당의 한국어 표준 교육과정 및 교재 보급
- 세종학당의 한국어교원 양성, 교육 및 파견 지원
- 세종학당을 통한 문화교육 및 홍보 사업

제 19조의 3 (자격취소)

부정한 방법으로 한국어교원의 자격을 취득하였거나, 자격증을 타인에게 대여한 경우, 문화체육관광부에서 자격을 취소해야 함을 명시

• 국어기본법 시행령 제 13조(한국어교원 자격 부여 등)

- 한국어교원의 자격 지정과 자격 급수별 교육경력(교육경력 연수+시간)을 제시하고 한국어교원자격심사위원회 구성을 명시
- 한국어교원자격 취득과 승급과 관련하여 교육 경력 인정 기관을 명시
- 한국어교원자격 취득에 필요한 영역 별 필수 이수학점, 이수 시간을 제시
  외국 국적의 한국어교원자격 취득자에게 한국어능력 인증을 요구

• 국어기본법 시행령 제 14조(한국어 교육능력 검정시험 실시)

- 외국어로서의 한국어 교육의 질을 높이기 위하여 매년 1회 이상 한국어 교육능력 검정시험을 실시해야 함을 명시.
- 한국어 교육능력 검정시험 영역 및 검정방법 제시

조항록(2007)에서는 위의 법 조항이 한국어 교육에 관련하여 갖는 의의를 크게

총체적 의의와 세부 사안별 의의로 나누어 제시하였다.[12] 우선 총체적 의의를 볼 때, 국어기본법의 제정과 시행은 한국어의 국외 보급에 관한 법적 뒷받침을 마련하였다는 점으로 요약할 수 있다. 이후 실제로 국어기본법에 한국어의 국외 보급 조항이 포함되고 동법 시행령에 이를 위한 구체적 시행 방안이 제시됨으로써 법제화의 실현과 함께 정책 개발 및 시행의 근거를 강화하게 되었다. 이는 민간 주도의 한계를 벗어나 독자적이면서도 강력하게 한국어의 국외 보급 및 한국어 교육 관련 정책의 실현을 추진할 수 있는 계기가 된다. 이전에도 재외동포를 대상으로 한 한국어 교육은 시행되어져 왔다. 그러나 위의 법 조항을 근거로 정부의 한국어 교육 지원 대상이 재외국민 뿐 아니라 한국어를 배우고자 하는 모든 외국인을 포함하는 것으로 확대된 것도 의미가 있다.

또 같은 연구에서는 한국어교원의 자격 요건을 정하고 국가가 이를 인증하는 한국어교원 자격제도의 내용과 절차를 구체적으로 규정한 것은 그간 다른 교육 분야와 달리 부재했던 교원 관련 요건이 생겨났다는 점에서 그 의미가 크다고 강조하였다. 이전에는 기관별 자체 기준을 가지고 교원을 선발해 왔다. 그러나 국어기본법과 같이 구체적으로 교원이 되기 위한 필수 이수 과목과 자격을 규정한 자격제도의 실시가 한국어교원의 전문성 확보에 도움이 될 것이다. 한국어 교육의 특성상 학습자와 학습 환경의 변인이 국내에서 이루어지는 공교육에 비해서 더 다양할 수밖에 없다. 교원은 교육 현장에서 학습자와 함께 수업을 진행하는 사람이다. 변수가 많은 한국어 교육 현장에서 학습자에 직접적으로 대응하는 사람이 바로 교원인 것이다. 그러므로 교원 자격제도 관련 법령에서 교원의 양성과 인증을 위한 검정 시험, 교원의 자격 취득 절차와 내용 등에 대해 규정한 것은, 그 의의가 크다.

국어기본법이 한국어 교육을 둘러싼 정책적 환경과 관련하여 갖는 의의도 적지 않다. 그간 한국어 교육은 그 대상과 목적에 따라 여러 정부 부처가 참여해 왔다. 결혼이주여성과 관련된 사업은 여성가족부가, 다문화 가정 자녀의 교육에는 교육부가 참여한다. 물론 사안별 목적과 특성을 고려하는 것은 당연한 일이나, 여러 부서가 관

12) 김민수(2015)에서 재인용

여하면서 발생할 수 있는 각종 정책의 중복을 방지하고 여러 책임 소재를 뚜렷하게 할 필요가 있었다. 이런 상황에서 국어기본법 및 교원 자격제도가 시행되면서 문화체육관광부 및 그 산하의 국립국어원이 한국어 보급의 확실한 주체로서 자리 잡게 된 것은 한국어 관련 정책 환경에 큰 의의를 지닌다. 문화체육관광부 및 국립국어원이 각종 관련 정책의 주무부서로서 여러 부서들 사이에서 정책을 주도하고, 조정 기구의 역할을 할 수 있기 때문이다. 문화체육관광부 및 그 산하기구가 한국어 교육 관련 정책 환경에서 주무부서의 역할을 수행해야 하는 근거는 한국어 교육의 본질적인 성격에서 찾을 수 있다. 국어기본법에서는 한국어 교육 및 교원의 자격 관련 법률을 "국어의 보급"의 한 분야로 다룸으로써, 한국어 교육이 교육의 성격과 문화 보급의 성격을 동시에 갖고 있음을 명시적으로 인정하였다. 공교육으로서 한국어 모어 화자를 위한 국어교육은 국민으로서 국어를 당연히 배워야 하는 필수 교육의 성격이 강하다. 그러나 외국어로서의 한국어 교육은 다르다. 이는 대한민국과 한국어의 저변 확대에 따라서 생겨난 한국 문화에 대한 수요의 산물이다. 우리 국민을 위한 공교육이 아니라 외국인을 위한 문화 보급의 일환인 것이다. 한국어 교육의 이러한 성격을 고려할 때 문화체육관광부가 관련 정책의 주무부서인 것이 적절하다.

2000년대 초반까지 한국어 교육의 목적이나 대상에 따라 여러 정부 기관이 한국어 관련 정책에 관여하였다. 그러나 뚜렷한 한국어 교육 정책 주무부서는 없었다. 이러한 상황은 정책의 중복이나 책임 소재 불명 등을 초래하여 정책 효율성 면에서 좋지 않았다. 그러나 국어기본법이 시행되면서 문화체육관광부와 그 산하 기관이 한국어 교육 정책에 있어서 주무 부서로 자리하게 되었다. 문화체육관광부의 산하 기관 중 국립국어원과 세종학당재단이 한국어 교육 정책을 수립하고 시행하는 주요 부서라고 할 수 있다. 이에 한국어교원 정책과 관련하여 두 기관이 실시하고 있는 주요 사업들에 대해 살펴볼 것이다.

2.1.1 국립국어원의 주요 정책

문화체육관광부 산하 국립국어원은 국어 발전을 위한 어문 정책을 수립하고 시행하며, 국민의 바른 언어생활을 위하여 다양한 사업을 하는 기관이다. 1984년 4월에 설립된 '국어연구소'가 1991년 1월 '국립국어연구원'으로 승격되었다가 2004년 11월 지금의 국립국어원이 되었다. 국립국어원은 기획운영과, 공공언어과, 교육연수과, 어문연구과, 언어정보과, 한국어진흥과, 특수언어진흥과, 사전팀으로 구성되어 있다. 이 중 한국어 교육과 관련된 부서는 한국어 진흥과이다. 한국어진흥과는 한국어 교재와 교육 자료의 개발, 한국어교원 자격 부여에 관한 사항, 한국어 교육자(교육기관) 간의 교류협력을 지원한다.

국립국어원은 국어기본법의 규정에 의해 매년 3회 '한국어교원자격'을 심사 신청을 받아 심사한 후에 한국어교원자격증(1 · 2 · 3급)을 발급해 준다. 개인뿐 아니라 양성기관을 대상으로 각 교과목의 적합 여부 등도 심사한다. 또한 2010년부터 국립국어원에서 해마다 〈한국어교원 자격제도 길잡이〉를 발간하고 있다. 이 자료에서는 교원 자격제도의 개념과 1, 2, 3급의 기준, 자격의 취득 절차 등을 안내한다. 그리고 대학(원)의 한국어 교육 전공 운영 지침, 교원양성과정을 운영하는 기관을 위한 운영 지침도 제공한다. 즉, 교원 자격증 취득 희망자와 교원 양성 교육기관에 제도의 개요와 변동 사항 등을 일목요연하게 제공하는 안내서이다.

또한 국내와 국외 한국어교원의 전문성 향상을 도모하기 위해 온라인 연수 과정, 교육 자료 등을 제공한다. 그뿐 아니라, 2010년부터는 '한국어교원 배움이음터(공동연수)'도 지속적으로 주최하고 있다.

더불어서 주목할 만한 것은 2017년부터 시작한 '한국어(예비)교원 국외 파견 실습 지원 사업'이다. 이 사업은 국내 예비 교원과 경력 교원, 국외 교원을 모두 지원하는 성격을 지닌다. 예비 교원에게는 해외 한국어 교육 현장을 경험하여 한국어교원으로서 갖추어야 할 전문성을 키울 기회를 제공한다. 이를 통해 한국어 교육기관 취업 시 활용할 수 있는 간접 효과도 기대된다. 교육기관은 당연하게도 경력을 갖춘 교원을 원하지만, 현실적으로 예비 교원이 다양한 교육기관에서 교수 경험을 쌓는 것이 쉽지 않기 때문이다. 비록 1~2개월의 짧은 기간이지만, 국립국어원의 집중적인 교육 실습 사전 교육과 해외 다양한 현장의 직접 교육 경험을 통해 교원으로서의 교수 능력과 자질을 함양할 기회를 가질 수 있을 것이다. 국내 경력 교원에게도 한국어 교육 현장 경험을 다양화하고, 예비 교원을 교육시킬 수 있는 경력 교원으로 발전할 수 있는 기회가 될 것이다. 경력 교원은 한국어 교육 관련 전공 석사 학위 이상 소지자로 한국어교원 자격 2급을 소지하고, 3년 이상의 한국어 교육 경력을 가진 사람을 이 사업의 지원 대상으로 한다. 위 사업에서 경력 교원의 역할은 매우 중요하다. 경력 교원은 파견 실습에서 예비 교원을 관리하면서 직접 시범 강의 등을 통해 현지 교원들에게 양질의 수업을 참관할 수 있도록 하는 역할을 하기 때문이다.

파견 실습 사업 외에도 국립국어원에서는 한국어교원과 관련된 정책적 노력을 지속하고 있다. 2020년 문화체육관광부와 함께 다양한 학습자와 교육현장에서 활용할 수 있는 범용 교육과정인 한국어 표준 교육과정을 제정, 고시하였다. 또한 2023년부터 국외에서 한국어를 가르치는 교원 및 외국 국적 교원의 전문성과 자긍심을 고취시키기 위한 K-티처 프로그램을 진행한다.[13] 연구 방면으로는 2021년에는 한국어교원을 양성하는 기관을 주기적으로 재심사하는 제도를 마련하기 위한 '한국어교원 양성기관 재심사 제도 연구'를 진행하였고, 2022년에는 '한국어교원 처우 개선을 위한 법 · 제도 개선 방안 연구' 사업을 진행하였다[14]

2.1.2 세종학당재단의 주요 정책

'국어기본법' 제 19조 2에 근거하여 2012년 10월 24일에 세종학당재단이 설립되었다. 세종학당재단은 세계인들이 한국어와 한국문화를 학습하는 배움터인 세종학당의 운영을 통해 한국어 교육의 저변을 확대하고 있다. 세종학당은 정부가 설치 · 지원하는 한국어 교육원, 한국문화원 등 모든 한국어 해외 보급기관을 통합한 단일 브랜드이다.

세종학당의 목적은 크게 세 가지이다. 첫째, 문화상호주의 원칙을 기반으로 하는 쌍방향 문화교류와 이해 촉진, 둘째, 국가 간의 문화적 연대와 공존을 위한 교류 협력 증진, 셋째, 지식인 중심의 엘리트 교육에서 대중적인 한국어 교육 확대이다.[15]

---

13) 신청자가 국외 한국어 교육 현장에 필요한 이론 · 실습 과목을 수강하고 국립국어원장 명의의 이수증을 받는 프로그램이다.

14) 이 연구의 과업 내용은 다음과 같다.
- 국내외 한국어교원 처우 현황 조사,
- 한국어교원 처우 개선을 위한 법 · 제도 개선안 연구
- 관계 기관의 향후 중점 추진 과제 및 역할, 방향 제시

15) 이정란 외(2017)에서 인용

이와 같은 목적은 우선 양적으로는 어느 정도 달성되어, 2022년 기준 244개소의 세종학당이 운영 중이다.[16] 세종학당재단은 세종학당 지정과 운영 지원, 세종학당 평가와 문화 교육 프로그램의 지원, 세종학당 한국어교원의 전문성 강화, '누리세종학당' 구축 및 운영, 세종학당에 대한 기업 후원 활성화 등의 직책을 수행한다.

교원 정책의 측면에서 살펴보면, 세종학당은 한국어교원의 전문성을 강화하기 위하여 앞 절에서 기술한 '세계 한국어 교육자 대회'를 개최하고 있다. 또한 국외 세종학당에 교원자격을 가진 한국어교원 파견을 실시하고 있다. 한국어교원 파견 사업을 시작한 가장 큰 이유는 세계 여러 지역에 있는 세종학당에 전문 한국어교원이 부족하였기 때문이다. 그리고 전문성을 지닌 교원 파견 사업은 국가별 교육 현장에 따른 한국어 교육의 질적 차이를 줄이는 역할을 한다. 따라서 세종학당의 한국어 교육 전문성을 강화하기 위한 교원 파견 사업은 매우 중요하다. 이는 현재 국내에서는 한국어교원의 수요보다 공급이 많은데 이러한 문제를 해소하고 국내 교원 자격증 취득자에게 해외 교육 경험과 취업 기회를 제공하는 의미도 있다.[17] 또한 세종학당에서는 경력은 있으나 한국어교원 자격을 갖추지 못한 교원들을 대상으로 '한국어교원 양성과정'을 운영하여 국외 한국어교원의 자격 취득을 도모한다.

이와 더불어 세종학당은 누리-세종학당을 운영하여 세계 곳곳에서 한국어 학습자 및 교원들이 상호 소통하고 한국어 교육 콘텐츠를 효과적으로 이용하게 하였다. 누리-세종학당에서는 교원에게 필요한 다양한 교재, 수업 보조 자료, 수업 동영상, 우수 수업 사례 등을 제공하고 있다. 또한 학습자-교원의 지속적인 교류가 이루어질 수 있도록 소통 기능을 강화하고 있다. 이러한 온라인 창구의 운영은 어느 곳에서 한국어를 교육하든지 일정 수준 이상의 교육을 제공할 수 있도록 돕고, 교육 환경이 열악한 일부 국외 교원의 전문성 향상을 이끌어낼 것이다. 그리고 2022년 11월에는 시 · 공간에 구애받지 않고 한국어로 소통하고 학습할 수 있는 메타버스 세종학당 캠퍼스(ksif.zep.site)도 오픈하였다.

---

16) 아시아 139개소, 유럽 57개소, 아메리카 32개소, 아프리카 12개소, 오세아니아 지역 4개소

17) 2023년 상반기에는 38개국의 48개 세종학당에 한국어교원을 파견한다.

이와 같이 문화체육관광부 산하 국립국어원과 세종학당재단은 한국어교원 정책 부문에서 크게 세 가지의 노력을 기울이고 있다. 첫째, 국내와 국외 한국어교원의 전문성 인증과 지속적인 역량 향상을 위해 노력하고 있다. 둘째, 한국어교원들의 취업 기회와 국내외 현장에서의 교육 경험 기회를 확대하기 위하여 노력하고 있다. 셋째, 한국어 교수에 필요한 여러 가지 정보에 대한 접근성의 향상과 교수 자료들의 공유를 위하여 노력하고 있다.

2.2 한국어교원 관련 현황

이제 교원 자격제도의 시행 이후 한국어교원의 양성이 실제로 어떻게 이루어지고 있는지 각종 현황을 중심으로 검토해 볼 것이다. 한국어교원 자격제도의 시행에 따라 한국어 교육 환경과 교원 임용 양상도 변화하고 있다. 2005년 당시 한국어 교육 전공 대학 학부 과정이 9개, 대학원(교육대학원 포함) 과정이 14개였으나 국어기본법 시행 후 17년 만에 한국어 교육 전공을 개설한 대학(원)은 2022년 기준 학부 61개, 대학원이 141개로 증가하였다. 그 외에 학점은행제 등의 온라인 학위 과정도 급격히 증가하였다. 이외에 비학위 양성과정을 통해서도 한국어 교육자가 양성되고 있다. 구체적인 한국어교원 양성기관 현황은 다음과 같다.

[표 3] 한국어교원 양성기관 현황 (2022년 기준)[18]

구분		2010년	2014년	2017년	2022년
대학(원) 학위 과정	학부	16	35	50	61
	대학원	54	96	114	141
	사이버 대학(원)	5	10	11	15
	학점은행제	6	22	30	64
	총계(누계)	81	163	205	281
비학위 양성기관(누계)		114	178	213	257

18) 국립국어원 누리집

[표 3]을 보면 현재 다양한 경로로 한국어교원 자격을 취득할 길이 열린 것을 알 수 있다. 이처럼 교원자격에 대한 접근성이 높은 것은 한국어 교육의 저변을 넓히는 데 어느 정도 기여하였다. 자연스레 한국어교원자격증 취득자도 꾸준히 늘어왔다. 구체적인 연도별 자격증 취득자 추이는 아래 [표 4]와 같다.

[표 4] 연도별 한국어교원자격증 취득 추이 (2022년 6월 기준)[19)]

연도		심사 신청자	1급 합격자	2급 합격자	3급 합격자	총 합격자	불합격자	합격률
2006년	1차	1,536	–	209	537	746	790	48.57%
	2차	218	–	60	62	122	96	55.96%
	총계	1,754	–	269	599	868	886	49.49%
2012년	1차	850	13	644	128	785	65	92.35%
	2차	719	21	593	60	674	45	93.74%
	3차	922	21	105	752	878	44	95.23%
	총계	2,491	55	1,342	940	2,337	154	93.82%
2022년	1차	4,016	133	3,016	767	3,916	100	97.90%
	총계	2,377	69	2,133	125	2,327	50	97.51%
합계		74,231	3,194	53,960	13,554	70,708	3,523	95.25%

[표 4]에서도 알 수 있듯이, 심사기관과 심사 신청자 간의 착오가 다소 있었을 것으로 추측되는 2006년(자격심사가 처음 시행된 해)을 제외하고 심사 신청자의 90% 이상이 자격증을 취득하고 있다. 이에 발맞추어 한국어 교육기관이 교사 임용과정에서 한국어교원 자격 취득자만을 임용 대상으로 제한하거나, 한국어교원 자격 취득자를 우대하고 있다. 이를 통해 볼 때 국어기본법은 대학 급 한국어 교육기관의 증가를 이끌어내고, 한국어교원의 임용 관행에도 영향을 끼치고 있다. 그리고 자격 취득자

19) 국립국어원 누리집

의 단순 수치로만 보아도, 2005년 제도 시행 후 자격증 취득자가 수만 명에 달한다. 이러한 점으로 보아 자격제도는 성공적으로 자리 잡고 있다.

이미 기술하였듯이 다양한 경로를 통한 자격증 취득은 한국어 교육의 대중화 등에 기여하였으나, 교원 자격자의 공급이 교육 현장의 수요를 초과하는 상황을 초래하였다. 특히 학점은행제의 증가는 자격제도와 관련하여 구조적인 문제를 야기하였다.[20] 학점은행제 과정을 이용하면 학사 이상 졸업자는 1년 반 이내에 학사 학위와 함께 한국어교원 2급 자격증을 취득할 수 있다. 단기간에 2급을 취득할 수 있는 이 과정에 학습자가 몰리면서 비학위 과정을 통한 3급 취득자 비율은 줄어들고 2급 자격자들이 늘어나고 있다.

비학위 양성 과정 이수자가 응시해야 하는 한국어교원 능력 검정 시험의 합격률이 30% 정도인 상황에서 무시험으로 자격 취득이 가능한 학점은행제에 대한 관심이 몰리는 것은 당연한 현상이다. 학점은행제 기관의 증가와 그로 인한 2급과 3급 간의 자격 취득자 역전 현상은 [표 4]에서 2006년과 2012년, 2022년의 2급 · 3급 취득자 수를 통해서도 분명히 확인할 수 있다. 통상적으로 상위 급수가 적고 하위 급수가 많아야 하는데, 이러한 2급과 3급 간의 역전 현상이 지속되면 2급 자격증의 가치와 의미를 떨어뜨릴 수도 있다.

또한 한국어교원 자격증을 취득한 사람은 외국 국적자를 가르칠 기회가 많다. 시간이 흐르면서 한국에 유학을 와서 한국어를 배운 것을 계기로 한국어 교육을 전공하려는 외국인 유학생들도 점점 더 늘어나게 되었다. 만약 한국어교원이 한국어 비모어 화자라면 외국인 한국어 학습자의 심리와 어려움을 잘 이해할 수 있는 장점이 있다. 이와 같은 특성과 아울러 국내외적으로 한국어 교육의 저변이 크게 넓어지면서 자연스럽게 외국 국적의 한국어교원도 여러 나라에서 배출되고 있다.[21] 이렇듯 한국어교원 자격제도의 시행 이후 15년이 넘는 시간이 경과하였고 제도는 비교적 성공적으로 정착되어 교원 양성에 많은 영향을 끼치고 있다. 한국어 교육을 대중화시키

---

20) 한국어교원자격과 관련하여 학점은행제로 인한 문제점은 정희원(2017)을 참조하여 정리하였다.

21) 2022년 6월 기준 57개국 3,207명이 외국 국적자로서 한국어교원 자격을 취득하였다.

고, 전문성을 지닌 교원을 양성할 수 있는 풍토를 조성하는 등 긍정적인 효과가 대부분이다.

3. 한국어교원 정책의 발전 방안

3장에서는 앞에서 논의한 내용을 바탕으로 한국어교원 정책의 개선 방안을 도출한다. 세부적으로는 다음의 몇 가지로 나누어 개선 방안을 모색하고자 한다.

첫째, 한국어교원 임용 전 단계의 교원 양성과 자격 인증에 대한 것이다. 그리고 자격 인증제도인 교원 자격제도 운영에 대한 개선 방안을 제언한다. 둘째, 임용 이후 교원의 전문성 향상을 위한 방안으로서 교원의 재교육 · 승급교육 제도에 대한 내용이 주를 이룬다. 셋째, 임용 이후 한국어교원의 위상 및 처우 개선을 위한 방안이다. 첫째, 둘째 개선 방안과의 연관성을 바탕에 두고 논한다.

3.1 한국어교원 자격제도의 개선 방안

한국어교원이 되기 위한 경로는 학위 과정과 비학위 과정이 있지만 이 책에서는 대다수의 자격 취득자가 선택하는 학위 과정의 발전 방안에 주목하였다.[22]

3.1.1 학위 과정의 이수 학점과 교과목 개선 방안

아래와 같이 학부의 학사 학위 과정에서는 최소 45학점을 이수해야 교원자격 2급을 취득한다. 반면 대학원 과정은 18학점만 이수하면 2급 자격을 취득한다.

22) 전체 자격증 취득자 중 80%가량이 학위 과정을 통한 취득자이며, 학위 과정의 우세함은 자격제도 지정 이후 지속되고 있다.

[표 5] 한국어 교육 전공 교과목 5영역 및 과정별 이수 학점

영역	이수 학점		
	학사 주전공(2급)	학사 부전공(3급)	대학원(2급)
1. 한국어학	6	3	3~4
2. 일반언어학 및 응용언어학	6	3	3~4
3. 외국어로서의 한국어 교육론	24	9	9~10
4. 한국문화	6	3	2~3
5. 한국어 교육 실습	3	3	2~3
합계	45	21	18

학부에 비해 대학원 과정의 이수 학점이 부족하다. 대학원을 졸업하면 무시험으로 2급 자격을 갖추게 되고, 기관에 따라서 교원 채용 시에 석사 학위 등을 요구하는 경우가 있다. 이미 한국어 교육 분야가 점차 고학력화되고 있고, 대학원 과정을 마친 사람에게 기대하는 전문성도 높아질 것이다.[23)]

또한 전체 5영역을 균등하게 배우려면, 대학원 필수 이수 학점을 24학점 이상으로 높이는 것이 바람직하다. 대다수 대학원 과정은 석사 과정 기준 24학점 이상을 이수해야 학위를 받을 수 있으므로, 24학점으로 강화하는 것은 현장의 반발과 혼란을 최소화하면서도 각 영역을 균등하게 더 많이 배울 수 있는 방안이다. 특히 학부에서 한국어와 무관한 분야를 전공한 대학원 진학자의 전문성을 향상시키는 데 도움이 될 것이다. 최근 국립국어원에서 한국어교원 양성을 위한 과정에서 필수 교과목 지정제(전공 교과목 지정제)를 시행하려고 준비 중인데, 필수 교과목 지정제와 이수 학점 증대는 병행되어야 할 것이다.[24)]

상대적으로 비중이 적고 한국 문화 관련 내용에만 치우쳐 있는 현행 한국어 교육

23) 2022년 국립국어원의 '한국어교원 활동 현황 조사'에 따르면 (조사에 응답한)한국어교원 중 석사학위 소지자가 전체의 53.1%이다.

24) 2021년 11월 국립국어원의 한국어교원 자격제도 개선 연구 공청회에서 필수 교과목 지정제와 이에 따른 교과목 명칭 관련 의견을 수렴하였다. 또한 이수 학점 상향 조정도 논의 중이다.

의 한국 문화 영역 교과목에도 제도 변화는 시사하는 바가 크다. 한국 문화 영역 교과목도 좀 더 확장 · 다양화하고, 점점 더 진전되어가는 다문화 사회에 필요한 다문화 수용성을 기를 수 있는 교과목도 신설해야 할 것이다. 예를 들어 미디어 콘텐츠와 미디어 리터러시에 대한 과목을 신설해야 한다. 한국은 인터넷과 미디어가 매우 발달한 국가이며, 다문화 가정, 외국인이 소재가 되는 방송도 많다. 이러한 방송 프로그램은 한국 원주민들의 이주민에 대한 시각에도 큰 영향을 준다. 꼭 외국인이 등장하는 방송이 아니더라도, 한국어교원이 수업에 사용할 영상물을 선정하거나 학생들과 영상에 대하여 이야기할 기회는 점점 더 늘어날 것이다. 이미 국립국어원에서도 멀티미디어 교수법에 대한 연수회와 노력은 많이 하고 있다. 그런데 멀티미디어 기기의 활용 뿐 아니라 미디어의 내용도 수업 소재가 되며, 방송이란 이주민(이민자)들이 숨을 쉬듯이 접할 수 있는 것이다.

그렇기에 앞으로 수업을 위해 영상을 선정하고 이용하는 교사에게 미디어 속 언어와 내용에 대한 문식성이 중요하다. 또한 한국에서 공부하며 살아가는 한국어 학습자에게도 미디어 문식성은 중요하다. 대중의 인식과 생각도 미디어의 내용과 노출 빈도 등에 따라 크게 달라진다.

이에 〈한국 문화와 미디어 리터러시〉, 〈미디어와 한국 문화〉와 같은 과목을 신설해야 한다. 최근 코로나 팬더믹 시대를 지나며, 사람들이 이전보다 더욱 집에서 미디어를 통해 많은 것을 판단하게 되었다. 미디어 관련 교과목의 필요성은 더욱 커진 것이다. 이러한 교과목의 신설 및 개선을 위해 앞서 언급한 이수 학점의 확대 등이 병행되어야 함은 물론이다.

3.1.2 1급 · 2급 · 3급 자격제도 운영의 고도화 방안

한국어교원 자격제도가 처음 도입될 당시에는, 단기간의 비학위 과정과 교육능력검정시험으로 자격을 갖춘 교원을 빠르게, 많이 양성해야 하였다. 그러나 지금은 7만여 명의 자격 취득자가 양산되었으며, 심지어 2급 자격자가 3급 자격자보다 많은 역전 현상이 지속되고 있다.

학부 · 대학원 등 2급 자격의 취득 방법이 다양하고, 학점은행제 등을 통하면 1년~1년 반 이내에 취득할 수 있는 것이 문제이다. 또한, 자격 급수 구별을 폐지하는 것은 교육 현장에 혼란을 초래할 수 있다. 3급과 구별되는 2급만의 새로운 혜택을 부여하는 것도 현실적으로 쉽지 않다. 따라서 비학위 과정과 학위 과정의 차별성을 강화하고, 기존의 급수별 차등 혜택을 높이는 것이 최선이다. 현재 2급과 3급의 실질적 차별성은 세종학당재단 등에서 해외로 파견되는 교원의 차이[25], 또는 근무 기관에 따라 자체적으로 정하는 급수별 임금의 차이이다. 2급 취득자의 증가 속도를 조절할 수 있는 방안을 지속적으로 고민해야 할 것이다.

교원 자격증 취득 절차에 대해서도 고민과 개선이 필요하다. 대학(원)에서 한국어 교육을 전공한 후 개인이 자격 심사를 신청하여 자격증을 교부받는 취득 절차가 다소 복잡하고 불편하기 때문이다. 현행 제도에서는 전공 교과목을 국어기본법 시행령에 예시하고 교육 기관은 이를 참고하여 과목을 개설한다. 때문에 기관별로 개설 교과목에 대한 기관 심사도 받아야 한다. 개인 자격 심사와 기관 심사가 모두 실시되기에 기관의 문제가 개인에게도 영향을 줄 수 있다. 대부분의 기관이 국어기본법 시행령에 예시된 교과목 명칭을 준용하지만 기관마다 영역별 과목명이 조금씩 차이가 있어서 기관 심사 결과 과목명을 수정하는 경우도 있다. 또 개설 교과목에 대한 기관 심사 결과 특정 교과목이 부적합 판정을 받으면 더 큰 문제가 발생한다. 해당 교과목을 수강한 사람은 전공 학점 이수로 인정받지 못하기 때문이다. 부적합 과목은 없더라도 영역별 개설 과목 수가 균등하지 않아서 전공자들의 불편을 초래하는 경우도 있다.

국립국어원에서 도입을 검토하고 있는 필수 교과목 지정제(전공 교과목 지정제)가 정착되면 교원자격 취득과 관련된 절차도 지금보다 간소화할 수 있다. 우선 모든 교원 교육기관에서 지정 교과목대로 교육이 이루어지면, 현재 이루어지고 있는 교과과정 및 교과목에 대한 기관 심사를 생략할 수 있다. 개인의 실수로 일부 과목을 잘못 수강하여 자격증을 취득하지 못하는 사례도 사라질 것이다. 뿐만 아니라, 지정된 필수 과목에 따라 학점을 이수하게 되면 교육대학이나 사범대학처럼 졸업과 동시에 자격증을 교부하는 것도 가능하다. 현재에는 졸업과 동시에 자격증을 취득하지 못하

25) 2023년 상반기 세종학당 해외 파견 교원 모집 공고에 따르면 2급 자격자와 3급 자격자를 각각 '나'급과 '다'급 교원으로 구분하여 대우를 다르게 하고 있다.

고 졸업 이후에 개인이 자격증 심사를 요청하여 한두 달 후에 자격증을 교부받고 있다. 이 때문에 졸업예정자들이 졸업 이후에도 상당 기간 무자격자로 지내는 경우도 있는데 이러한 모순점도 해결할 수 있을 것이다.

다만, 교과목 지정제가 실시되면 전공 과정에서 배울 수 있는 교과목의 다양성이 감소할 수도 있다. 윤소영 외(2011)에서도 다문화 사회로의 진입에 따른 한국 문화 과목의 강화 등을 이유로 교과목 지정제에 대해 부정적인 의견도 있음을 주지하고 있다. 교과목 지정제와 이로써 가능해질 자격증 자동 취득제의 장단점이 분명하다. 따라서 교과목 지정제의 도입은 서두르지 않고 신중하게 진행해야 한다. 전공 교과목의 다양성 유지와 어떠한 과목을 필수 과목으로 지정할지 명확한 기준을 마련하고 자격 심사 제도의 보완을 위한 노력도 병행해야 할 것이다.

3.2 한국어교원의 재교육과 전문성 제고 방안

교원 양성정책의 범주에는 교원 임용 이후의 지속적인 질 관리도 포함된다. 현직 교원에 대한 재교육도 임용 이후 교원의 전문성 유지를 위한 후속 정책 중 하나이다. 그러나 한국어교원은 한 번 자격을 취득하고 나면 법적으로 의무 재교육을 받을 필요가 없다. 현재 연수 형태의 한국어교원 재교육이 없는 것은 아니다.[26] 그러나 한국어교원들은 각 소속 기관별로 학사 일정이 상이하고 개별 교원의 근무 기간도 일정하지 않다. 게다가 교원 개인이 기관과 상호 협의 하에 시간을 내어 연수에 참여하거나 국외로 파견되어야 한다. 그 과정에서 상황에 따라서 현재 근무하는 기관을 그만두어야 할 수도 있다. 이러한 특성 탓에 재교육의 기회를 얻기가 어렵다. 공교육에 비해 다수의 교원을 대상으로 하는 재교육이 제도화되기 어려운 측면이 있는 것이다.[27] 덧붙어 국내 교원이 아닌 국외에서 활동하는 교원은 의무적인 재교육 연수에

---

26) 현재 근무 기관별, 담당 교육과정별, 교육 경력별로 다양한 한국어교원 대상 배움이음터(연수)가 실시되고 있다.

27) 2022년 국립국어원의 '한국어교원 활동 현황 조사'에 따르면 재교육에 대한 요구는 많았지만 강사에게는 부담일 것이라는 견해도 있었다.

참가하기가 더욱 어렵다.[28] 한국에는 아직 한국어교원의 재교육만을 전담하는 부서가 없어 아직 재교육 연수의 수시 운영이나 상설화는 당장 어려운 실정이다.

현재 국립국어원 한국어교수학습샘터 사이트에서도 이러한 점을 고려하여, 문법, 발음, 읽기, 문화 활용 교수법 등의 온라인 과정을 개설하고 수료자에게는 수료증을 발급한다.[29] 한국어교수학습샘터는 이미 한국어교원들 사이에 알려진 사이트이다. 새로운 제도를 만들기보다는 현재 교원들이 이용하고 있는 한국어교수학습샘터의 연수 과정을 활용해서 교원 재교육의 활성화를 이끌어내는 것이 옳다고 본다.

이에 이 책에서는 기존의 온라인 과정을 정비하고 질을 향상시키는 것과 더불어, 교원 자격 승급 시에 이수해야 하는' 승급을 위한 재교육과정'을 온라인으로 개설할 것을 제안한다. 경력별로 승급을 위해서 소정의 재교육과정을 필수적으로 이수하게 한다면, 교원들은 승급에 따라 자연스럽게 일정 수준 이상의 재교육을 받게 될 것이다. 또한 김민수(2018)의 한국어교원 대상 설문 조사에서는 응답자의 53%가 재교육의 내용으로 실제 수업사례 분석(수업관찰)을 선호하였다. 이해영 외(2016)에서 실시한 교원 대상 연수 프로그램 교과목에 대한 설문에서도 '동료 수업 관찰 및 분석'에 대한 교원의 관심도가 상당히 높은 것으로 나타났다.[30] 따라서 승급을 위한 재교육 과정에서는 수업 관찰 교과를 포함하여야 한다. 수업 영상을 업로드하고 제한된 인원만을 대상으로 공유하게 하면 온라인으로도 충분히 수업 관찰 활동이 가능할 것이다. 이와 같은 방안은 현행 제도의 수정과 교원의 부담을 최소화하면서 재교육을 활성화할 수 있다. 나아가 승급교육 제도를 도입하는 것과 유사한 효과까지 기대된다.

---

28) 여성가족부에서는 각 지역과 연계하여 다문화가정을 방문하여 돕는 '한국어 방문교육지도사'를 운영한다. 한국어 방문교육지도사 전체를 대상으로 일정한 주기로 연수 교육도 진행하고 있다. 그러나 이 경우, 고정된 소수의 교원들이 지역별로 나뉘어 일정한 기간 동안 근무하기에 전체 대상의 수시 교육이 용이하다. 본 연구에서는 한국어교원 대부분을 아우를 수 있는 제도적인 재교육이 어려움을 지적하는 것이다.

29) 이외에 누리-세종학당에서도 웹상에서 자가 연수 교육과정이라는 이름으로 일종의 재교육과정을 개설하였다. 그러나 이는 세종학당에서 실시하는 한국어교원양성과정과 동일한 교육과정을 공개하여 최소한의 재교육의 기회를 제공한 것이다. 이 연구에서 다루는 재교육(혹은 승급교육)이라기보다는 양성과정에 대한 복습 수준에 가깝다.

30) 이해영 외(2016)에서는 138명의 교원을 대상으로 연수 프로그램 교과목에 대한 요구 조사를 실시하였다. 그 결과 '동료 수업 관찰 및 분석'에 대한 교원의 요구도는 5점(매우 필요하다) 척도 기준 3.90을 기록하였다.

물론 장기적으로는 온라인에만 의존하지 말고 재교육 전담 부서를 운영하여 오프라인 재교육과정을 상설화하는 것을 고려해야 한다.[31]

3.3 한국어교원의 위상 및 처우 개선 방안

국립국어원의 한국어교원 활동 현황 조사(2022) 결과, 한국어교원의 53.1%가 석사 학위 이상을 보유하고 있고, 51.4%는 1개 이상의 외국어를 구사할 수 있다. 반면 교원의 평균 소득은 1,357만원에 불과하며 짧으면 3-6개월, 길어야 1년 정도의 계약직이 대부분이다. 한국어 교육이 빠르게 발전하면서 국가에서는 인증제를 마련하였고, 학위 과정과 비학위 과정을 비롯하여 여러 가지의 교원자격증 취득 경로를 마련하였다. 그 결과, 자격증 소지자가 급격하게 증가하였다. 어떠한 분야의 자격증이든, 해당 자격증 취득자의 급증은 그 가치와 취득자의 전문성에 부정적인 영향을 줄 수 있다. 결국 한국어교원 양성정책의 수급 균형 유지의 실패가 곧 교원의 전문성을 흔들고 지위와 대우를 어렵게 만든 측면이 있다.

김민수(2018)의 한국어교원 대상 심층 인터뷰 내용을 살펴보면, 성인 유학생을 가르치는 대학 부설 기관 소속 한국어교원과 일반 대학 학부 강의자를 비교하는 의견이 있다. 위 연구에서 대부분의 인터뷰 대상자는 대학 소속 시간 강사와 대학 진학을 준비하는 유학생을 가르치는 한국어교원은 그 담당 업무가 거의 같다고 생각하였다.[32] 그럼에도 불구하고 다수의 한국어교원은 대학 소속 시간 강사보다 더 적은 시간당 강의료와 더 짧은 계약만을 보장받는다는 지적도 있었다. 또한 중간급 규모 이상의 대학 부설 한국어학당의 경우, 일반 대학의 한 학부 이상의 학생 수를 확보하였으므로 학부처럼 전임 교원을 늘려야 한다고 주장하였다.

이와 같은 의견을 고찰해 보면, 단순히 규모가 학부 수준 이상이어서 꼭 전임을

---

31) 최근 각광을 받고 있는 XR(확장현실, eXtended Reality) 기술, 실감형 콘텐츠 등 수업에 이용할 수 있는 새로운 도구의 증가도 교원의 재교육 필요성이 더욱 커진 배경이라고 할 수 있다.

32) 교육 현장에서 일정 기간 이상의 경력과 박사 학위를 소지한 한국어교원의 경우 대학 부설 어학당과 학부 강의를 병행하는 경우도 적지 않다.

두어야 하는 것은 아니다. 그러나 현재 시행되는 대학 구조 개혁 평가에는 전임 교원 확보율을 평가 지표 중 하나로 두고 있다. 향후 도입될 한국어교원 교육기관 평가제에도 전임 교원의 비율을 평가할 가능성이 높다. 이미 교육 현장에서도 전임 교원의 확보가 교육기관의 질에 긍정적인 영향을 준다고 인정하고 있는 것이다.

최근 대학의 시간 강사의 임용 양상과 비교해 보면, 정년이 보장된 전임 교수는 아니더라도 비정년 연구 트랙, 강의 전담 트랙 등으로 전임 강사의 개념을 다양화하고 있다. 이는 시간 강사들의 신분의 불안정성을 조금이나마 해소하기 위해 일종의 준전임 제도를 도입한 것이다. 위 연구의 또 다른 심층 인터뷰 대상자는 이러한 흐름에 맞추어 한국어교원도 대학 기관 내에서 대우 교수나 겸임 교수 지위를 받아야 한다고 하였다.

이러한 견해와 같이, 한국어 교육기관을 운영하는 대학에서는 소속 한국어교원의 경력과 학위, 연구 실적 등에 따라 순차적으로 전임에 준하는 독립적 지위를 부여해 주어야 한다. 그리하여 경력이 적은 교원들도 점차 계약 보장 기간과 임금 수준을 높이는 방향으로 가야 할 것이다. 현재 한국어교원의 경우 경력과 학위, 연구 실적, 소속 기관 등에 상관없이 모두가 '한국어교원'으로만 구분하는 기관이 많다. 지위 확립을 위한 지위 구분의 체계성이 대학 소속 교원에 비해서 부족하다.[33] 이 점에 대해서는 앞으로 한국어 교육계가 함께 고민하고 보완해야 한다.

대학 기관에서 근무하는 교원 이외에도 초·중등학교, 사회통합프로그램 한국어 과정 강사, 다문화 가정 대상 한국어 방문지도사 등은 지역별로 분포하며 나날이 그 중요성이 증대되고 있다. 그러므로 이들을 대상으로도 각 소속 지역에서 예산

---

33) 대학 교원의 경우 고등교육법과 그 시행령 등에 다음과 같이 지위 구분 규정이 세분화되어 있다.
고등교육법 제 14조(교직원의 구분)
② 학교에 두는 교원은 제 1항에 따른 총장이나 학장 외에 교수·부교수·조교수 및 강사로 구분한다.
고등교육법 시행령 제 5조(교원 등의 자격기준)
법 제 16조의 규정에 의한 교원 및 조교가 될 수 있는 자의 자격기준에 관하여 필요한 사항은 따로 대통령령으로 정한다.
고등교육법 시행령 제 7조(명예교수 등)
학교의 장은 법 제17조제1항에 따라 명예교수·겸임교원 및 초빙교원 등을 다음 각 호의 구분에 따라 각각 임용 또는 위촉할 수 있다. (이하 생략)

을 확보하고 관련 제도를 정비하여 신분의 안정성과 임금 수준의 향상이 이루어져야 한다.

이상에서 언급한 한국어교원들의 고용 안정성이 커지고 처우가 개선되는 것은 단순히 한국어 교육계만을 위한 것이 아니다. 한국어교원들은 미시적으로는 학생을 가르치는 교육자이지만, 거시적으로 보면 그 위치가 차지하는 의의가 적지 않다. 한국어교원은 그 소속 기관과 분야에 따라 다문화사회로 돌입한 한국의 사회 통합과 안정화에 기여하고, 유학생의 유학생활을 성공을 이끌 수 있는 집단이다. 한국어교원의 처우 개선과 그로 인한 한국어 교육의 질적 향상 등이 한국의 이주민 정책과 유학생 정책의 성공으로 이어져 정책적 선순환을 이룰 수 있다.

참고문헌

강승혜(2011a), 한국어교원 양성 과정의 현황과 과제, 새국어생활, 21-3, 국립국어원.

국립국어원(2021), 한국어교원 자격제도 길잡이, 국립국어원.

김민수(2015), 국어기본법 상 한국어교원 자격 제도 연구-현황 및 발전 방향-, 한국언어문화학 12-2, 국제한국언어문화학회.

김민수(2018), 외국어로서의 한국어교원 정책의 발전 방안 연구, 상명대학교 일반대학원 박사학위논문.

송향근(2011), 한국어교원 자격 제도의 현황과 과제, 새국어생활 21-3, 국립국어원.

유주명(2016), 한 · 중 외국어로서의 자국어 교사정책 연구, 상명대학교 일반대학원 박사학위논문.

윤소영 외(2011), "한국어교원 자격 제도 개선방안 연구(2)"보고서, 국립국어원.

윤지환 외(2022) "한국어교원 활동 현황 조사, 국립국어원.

이정란 외(2017), 한국어 교육 실습 기관 기초 조사 연구, 국립국어원

이해영 외(2016), 국내 한국어교원 재교육 관련 연수 프로그램 개발 연구, 국립국어원

정희원(2017), 한국어교원 자격 제도의 현황과 발전 방안, 국제한국어교육학회 제48차 추계 학술대회 자료집.

조항록(1997), 한국에서의 한국어 교사 연수: 현황과 발전 방안, 한국어 교육 제8집, 국제한국어교육학회.

조항록(2004), 재외동포를 대상으로 하는 한국어 교육 정책의 실제와 과제, 한국어 교육 15-2, 국제한국어교육학회.

조항록(2007), 국어기본법과 한국어 교육: 제정의 의의와 시행 이후 한국어 교육계의 변화를 중심으로, 한국어 교육 18-2, 국제한국어교육학회.

조항록(2010), 한국어 교육 정책론, 한국문화사.

최정순(2014), 외국어로서의 한국어 교육 정책의 개선 방향, 국어교육연구 34, 서울대학교 국어교육연구소.

국립국어원 (www.korean.go.kr)

법제처 국가법령정보센터 (www.law.go.kr)

세종학당재단(https://www.ksif.or.kr/intro.do)

13 한국어 해외 확산을 위한 세종학당 추진 정책

손평[1]

1. 자국어 해외 확산 정책과 한국어 해외 확산 정책의 개념과 의의

1.1 자국어 해외 확산 정책과 한국어 해외 확산 정책의 개념

언어 정책(language policy, 言语政策)은 국가 공공정책의 중요한 구성 부분이라고 한다. 언어 정책은 여러 방면을 포함하고 있는데 그 중에 언어 보급 정책은 매우 중요한 부분이다.

언어는 문화를 만들고 문화는 미디어를 통해 외국에 전파되는 선순환으로 이어지는데 현대 주요 국가들의 해외 자국어 확산 정책은 자국우월주의, 자국중심주의, 문화동화주의에서 벗어나 다른 문화와의 교류, 이해, 통합 등의 개념으로 전개되고 있다. 이러한 변화의 시기에 '자국어의 세계화', '자국어의 국제화', '자국어의 사용 확장', '자국어의 국외 보급'과 같은 용어를 사용하면서 일방적인 보급, 자국어 우월주의나 자국 중심적인 자국어 확산 전략은 신중하게 추구하지 못한다면 외국인 학습자

1) 이 글은 손평(2021)의 박사학위 논문 '한국과 중국의 자국어 해외 확산 정책 연구'의 내용을 바탕으로 하였음을 밝힌다.

에게 반감을 불러일으킬 것이다. 따라서 본 글에서는 상호 이해와 문화 교류의 역할이 무엇보다 중요하다는 인식 하에서 출발하여 '확산'이라는 용어가 가장 적절하다고 보아 '자국어의 해외 확산'이라는 표현을 사용하고자 한다.

언어 확산 정책은 정부가 나라의 국익을 위해 자국어 확산을 시행하는 국가 정책이라고 하는데 언어 확산 정책의 범위에 따라 국내 언어 보급 정책과 국외 언어 보급 정책의 2가지로 분류할 수 있다. 언어 해외 확산 정책을 정의한다면 해외에 자국어를 확산시키는 데 있어서 국가 위상 강화와 문화 해외 진출의 차원에서 국가가 주도로 자국어의 국제적 확산을 추진하기 위해 만든 정책을 말한다. 한국 정부는 세종학당을 통해 단순히 한국어, 한국 문화의 확산을 목적으로 하는 것이 아니라 해외에서 한국에 대한 이해를 증진시키고 조화로운 국제적 관계 그리고 한국어, 한국 문화, 한국 사회에 대한 한국 담론을 형성하고자 하는 전략이라고 말할 수 있다. 여기서는 한국어 해외 확산 정책을 문화외교와 연계하여 설명하자면 한국이 자국어를 해외에 확산시킴에 있어서 문화외교적 차원에서 이루어지는 것을 의미한다. 이러한 측면에서 볼 때 국가 주도에 의한 한국어 해외 확산 정책을 시행함으로써 한국에 대한 우호적 정서가 형성될 뿐만 아니라 국제적 문화 교류 및 한국을 알릴 수 있는 인프라를 구축할 수도 있다고 볼 수 있다.

1.2 한국어 해외 확산 정책의 의의

한국어 해외 확산 정책을 시행하는 데에 있어서 각 나라의 문화 다양성을 존중하고 언어의 해외 확산은 공존을 위한 소통과 교류, 나눔이라고 보는 인식이 전제되어야 한다. 이러한 인식을 바탕으로 자국어 해외 확산의 의의는 3가지로 나누어서 요약할 수 있다. 첫째, 자국어 해외 확산 정책은 자국어와 자국 문화가 가진 창조적인 가치, 문화가 소통 및 교류를 기반으로 하는 국제관계의 구축에 기여하는 바에 주목하여 추진해야 할 것이다. 둘째, 학습권 보장으로 모든 사람들이 배우고 싶은 것을 배울 수 있도록 모든 사람들에게 필요한 학습자원이 공급되고 교육 체계를 제고함으로써 학습에 대한 권리가 행사될 수 있도록 모든 나라에 요청하는 것이다. 셋째, 언어 교육 관점에서 다언어 사회, 다문화 사회에 접하게 되면 문화적 장벽이나 언어적 장벽을 극복하게 하여 사회에 적응할 수 있도록 언어 교육을 해야 한다고 주장되고 있다. 예를 들어 2012년 고용허가제를 통해 한국에 들어오는 외국인근로자들이 본국에서 미리 한국어를 배울 수 있도록 하는 방침으로 베트남, 캄보디아, 우즈베키스탄 등 5곳에 특수형 세종학당을 개설한 것은 대표적인 언어 교육 관점에서의 언어 확산이라고 볼 수 있다.

이러한 맥락에서 한국어 해외 확산 정책의 긍정적 의의는 한국어 사용 권역의 확대를 통한 한국어와 한국 문화의 보존과 발전이라고 설정할 수 있으며 구체적으로 3가지로 나누어서 정리할 수 있다. 첫째, 한국어를 학습하고자 하는 외국인들의 한국어 의사소통 능력 신장의 지원 둘째, 세계 각지에 거주하는 한인으로 구성된 사회단체에 형성의 수단 제공 지원 및 세종학당 운영에 영향력 제공 셋째, 한국 문화와 타문화 간의 상호교류를 통한 한국 문화의 확산 지원이다.

2. 한국 정부의 한국어 해외 확산 정책의 역사적 전개

한국 정부의 한국어 해외 확산 정책의 시발은 어떻게 설정할 것인가에 따라 다를 수 있다. 특히 전 세계에 폭넓게 존재하고 있는 재외동포에 대한 한국어 교육 지원을 한국 정부의 해외 확산 정책에 포함하느냐의 여부는 정책 시점의 설정에 크게 영향을 준다. 재외동포에 대한 교육 지원을 포함하면 해외에서의 한국어 교육의 시발점은 1950년대에 이루어진 재외동포에 대한 민족 교육 차원에서의 교육 지원을 말한다.[2] 일본 내 재일동포 사회에서 민단과 조총련(재일본 조선인 총연합회) 사이의 경쟁이 성립되면서 조총련의 활동으로부터 민단의 활동을 보호하기 위해 한국 정부는 일본 내 몇몇 민족학교와 민족학급 설립을 지원하였는데 이것이 정부 차원의 최초의 국외 한국어 교육 활동으로 본다. 그 이후 1970년대까지는 재외동포를 대상으로 모

2) 조항록 외(2013)의 내용을 참고함

국어 교육과 민족 정체성 확립을 목적으로 재외동포 교육을 지원하였다. 그러나 한국어 해외 확산의 관점에서 본다면 이 시기에 한국 정부는 한국어 확산을 목적으로 정책을 실시한 것은 아니고 재외동포 교육을 위해 진행한 지원 활동에 불과하다. 또한 그때 교육 정책도 프로그램을 개발해서 체계적으로 이루어진 것이 아니었기 때문에 그런 의미에서 대외 지향적인 '한국어 해외 확산 정책'의 개념으로 한국어를 보급하고자 한 노력은 1980년대에 들어서야 비롯되었다고 볼 수 있을 것이다.

1980년대 경제발전을 이루어 88서울올림픽을 개최하면서 한국은 국제사회와의 관계와 민족의 정체성이기도 한 한글의 중요성을 인식하기 시작하였다. 즉 한국이 세계화를 인식하기 시작함에 따라 한국어는 단순한 소통수단인 모국어에서 한국 문화를 대표하는 하나의 콘텐츠로 채택되었다. 1980년대 이전에 재외동포를 대상으로 한 모국어 교육은 특성화 교육과정이나 교육 프로그램이 없었다. 한국 내에서 외국인을 대상으로 하는 한국어 교육은 1960년대부터 서울의 몇몇 대학에서 시작되었다. 1959년에 연세대학교 한국어학당이 설립된 것을 시작으로 1969년에 한국어과정이 서울대학교 어학연구소에 개설되었고 1962년에 재외국민교육원(현 국립국제교육원)이 한국어 프로그램을 진행하였고 긴 시간 동안 그 내용은 큰 변화 없이 유지되었는데 1990년대 이후 급격한 양적 증가를 보게 되었다. 한국어 교육 프로그램의 증가에 따라 외국어로서의 한국어 교육이 하나의 전공영역으로 인정되기 시작하였으며 교육대학원, 일반대학원, 학부과정에 외국어로서의 한국어 교육 전공도 생겨나게 되었다. 이에 비해 해외에서의 한국어 교육은 국어 교육의 연장선이었고 교육 실시도 재외동포에게 맡겨져 있었다. 한국어 교육은 역시 1980년대 후반을 기점으로 90년대, 2000년대 이후 한국 내의 대학이나 관련 학술 단체가 한국어 교육에 대한 수요가 높아짐에 따라 본격적으로 성장한 것으로 본다.[3]

1990년대에 들어 본격화된 해외 한국어 교육의 배경으로는 정부의 조직개편과 동시에 국어 정책 주관부서의 이관이 이루어진 것으로 볼 수 있다. 1990년 12월 정부조직법 개정에 따라 국어 정책을 주관하던 '문교부'는 명칭을 '교육부'로 바꾸고 신설

3) 조항록(2005)을 참고함

된 '문화부(현 문화체육관광부)'가 국어 정책을 주관하게 되었다. 1995년 문화예술진흥법의 전면개정에 따라 국어 관련 조항이 포함되면서 '국어의 발전 및 보급(동법 제5조)'이 처음으로 언급되었고 동법 시행령 제11조의 '국어발전계획의 수립'에 의하여 '한국어의 세계적 보급'이 국어발전계획에 포함되었다. 이에 따라 한국어가 처음으로 문화 정책의 일환으로 자리매김하였으며 동시에 정부가 한국어의 해외 확산 정책 마련에 들어갔다고 할 수 있다.[4)]

문화외교의 일환으로서의 한국어 해외 확산 정책의 중요성이 인식되어 2001년 1월 한국어세계화재단(세종학당재단의 전신)이 문화관광부 산하 단체로 설립되었다. 한국어세계화재단은 이름 그대로 한국어의 세계적인 확산과 진흥을 목적으로 설립된 재단이며 2010년 조직개편을 거쳐 세종학당을 중심으로 국내외 한국어 진흥과 확산에 필요한 사업을 담당하게 되었다.

「국어기본법」은 2005년 1월 공포되어 같은 해 7월부터 시행되었다. 「국어기본법」은 한국어의 해외 확산을 위해 국가가 해야 할 의무를 명시하고 있는데 제19조 제1항에 따르면 국가는 외국인과 재외동포를 위하여 교육과정과 교재를 개발하고 전문가를 양성해야 한다고 규정하였다. 제19조 제2항에서 문화관광부장관은 재외동포나 외국인을 대상으로 한국어를 가르치고자 하는 자에게 자격을 부여할 수 있도록 규정하였다. 그전까지는 제도화된 자격이 없었기 때문에 한국어 교육과 무관한 전공을 한 사람이 가르치는 일도 많았지만 「국어기본법」에 따라서 외국어로서의 한국어 교육을 전공한 사람만이 한국어교원의 자격을 취득할 수 있게 되었으며 이로써 더욱 교육의 전문성을 높일 수 있게 되었다.

또한 국어기본법에 의하면 문화체육관광부장관은 국어의 발전과 보전을 위하여 5년마다 국어발전기본계획을 수립 · 시행하여야 한다고 규정하였다. 이에 따라 제1차 국어발전기본계획(2007년-2011년)은 2007년에 수립 · 시행되었다. 이어서 2012년부터 추진할 제2차 국어발전기본계획(2012년-2016년)이 발표되었는데 5대 추진과제의 하나로 '한국어 보급을 통한 우리말의 위상강화'를 강조하여 ① 세종학당의 운

---

4) 성혜진(2018)의 내용을 참고하여 재구성함

영 및 확대, ② 한국어 교육 콘텐츠의 개발 및 보급, ③ 한국어교원의 현장역량 강화, 3가지 구체적인 세부과제를 제시하였다. 국어기본법의 기본이념에 근거하여 제2차 국어발전기본계획이 제1차 계획보다 더 구체적으로 한국어 확산 정책을 추진하겠다는 뜻과 그 핵심사업으로 세종학당을 추진할 것을 밝혔다.[5)]

3. 세종학당 추진 정책의 주요 내용

3.1 세종학당 추진 정책의 비전과 가치

한국어와 한국 문화 확산 사업의 총괄 기구 역할을 수행하기 위해 국어 기본법(법률 제11424호)에 의거하여 법인 '세종학당재단'을 설립하였다. 국어기본법에 근거하여 정부의 한국어 해외 확산 정책지침에 따라 설립된 세종학당재단은 세종학당의 사업주체로 전에 한국어세계화재단에서 맡아서 하던 해외 자국어 확산 업무를 맡게 되었다.

세종학당재단은 한국어와 한국 문화로 세계와 소통한다는 비전을 두고 한국어와 한국 문화 확산 사업을 통한 상호 문화 교류 확대로 전 세계 공존공영과 국민행복에 기여하는 것을 목표로 하여 각지의 세종학당을 총괄적으로 관리 · 운영하고 있다. 세종학당재단은 한국어 해외 확산 사업을 통한 한국 문화 확산 및 교류 확대의 문화 · 외교적 목표를 달성하는 역할을 하고 있으며 상호주의, 전문성, 소통과 협업, 혁신 등의 4대 핵심가치가 부여된다. 또한 한국어 해외 확산의 정책 목표를 달성하기 위해 4가지 전략방향이 수립되었는데 첫째는 국정과제와 정부 문화 교류 정책을 연계한 세종학당 지정 및 운영 확대, 둘째는 고품질 · 맞춤형 교육과정 보급을 통한 차별화, 셋째는 세종학당의 기능을 한국어와 한국 문화(한류) 보급 플랫폼으로 확대, 마지막은 사회적 가치 실현 선도이다.

5) '제2차 국어 발전 기본 계획'의 내용을 참고하여 재구성함

3.2 세종학당 추진 정책의 추진체계

3.2.1 한국어 해외 확산에 관한 법률 개요

국가, 지역에 따라 사회제도와 문화적 배경이 다르고 언어 확산 업무에 관한 법률, 규약이나 관련 교육정책도 다르다. 이에 따라 자국어 해외 확산 사업의 법적 지위의 확립이 자국어 해외 확산 사업의 효과를 크게 좌우할 것으로 보인다. 여기에서는 한국어 해외 확산의 추진체계를 살펴보기 위해서 관련 법률부터 정리하도록 한다.

[표 1] 한국어 해외 확산 관련 법 조항 및 관련 기관[6]

주관 부처	교육부	외교부	문화체육관광부
관련 법률	재외 국민의 교육 지원 등에 관한 법률 제2조, 제29조, 제34조, 제35조	재외동포재단법 제7조 한국국제교류재단법 제6조	국어기본법 제19조
관련 기관	국립국제교육원 한국교육원 재외한국학교 한국학중앙연구원 재외동포교육진흥재단	재외동포재단 한국국제교류재단 한국국제협력단	국립국어원 세종학당재단 한국문화원

이처럼 한국 정부는 한국어 해외 확산 사업 추진을 국가 발전 전략에 포함시킴에 따라 정부의 의지는 한국어 확산에 관한 법에서 구체적으로 표현되고 나아가 한국어 해외 확산의 주요 담당기관을 통해 실시하고 있다. 이러한 점에서 보면 한국어 해외 확산 정책의 핵심적인 것 중의 하나가 관련 법의 제정 및 개정이다. 정책을 강화시키기 위해서는 법의 뒷받침이 중요하다. 위에서 제시한 세 주관 부처 외에 법무부, 고용노동부, 여성가족부도 있으며 이들 부처는 사회통합 프로그램, 한국 내 진출 외국 인력 지원, 한국 사회 적응 지원을 위한 국내 이주민을 대상으로 하는 한국어 교육 지원 정책을 전개한다는 점에서 논외로 한다.

6) 박미경(2018)을 참고하여 재구성, 한국어 해외 확산과 관련한 법령 및 정부 내 부서의 활동에 대하여는 조항록 외(2013)에 정리되어 있음

3.2.2 세종학당 활용

세종학당 운영기관은 세종학당을 운영하는 현지운영기관과 국내운영기관의 통칭이다. 현지운영기관은 재단으로부터 세종학당을 운영하도록 지정받은 현지 국가의 정부기관, 대학(원) 또는 대학 부설기관, 비영리 법인이나 민간단체 등을 가리키며, 국내운영기관은 세종학당을 운영하도록 지정받은 대한민국의 정부기관(재외공관 포함), 대학(원) 또는 대학 부설기관, 비영리 법인이나 민간단체 등을 가리킨다.

[표 2] 세종학당 운영 유형

유형	정의	운영 방식
독립형	세종학당을 현지운영기관이 단독으로 운영하는 유형의 세종학당	현지운영기관이 지원금을 교부 받아 직접 운영 및 정산
연계형	현지운영기관과 국내유영기관이 기관 간 업무협약 체결을 통해 공동으로 운영하는 유형의 세종학당	현지운영기관과 국내운영기관이 협력하여 공동으로 세종학당을 운영하되, 국내운영 기관이 재단의 지원금을 교부 받아 관리 및 정산
협업형	재단이 대한민국의 공공기관 등과 업무협약 체결을 통해 지정 · 지원하는 세종학당	재단으로부터 교육적인 부분을 지원 받아 운영 및 결과 보고
기업 연계형	재단이 해외 진출 국내 · 현지 기업과 업무 협약 체결을 통해 지정 · 지원하는 세종학당	재단으로부터 교육적인 부분을 지원 받아 운영 및 결과 보고
거점	재단이 타 세종학당에 모범이 될 수 있는 표준을 정립하고 운영 사례를 확산하기 위해 직접 설치하거나 지정하여 운영하는 세종학당	재단에서 직접 운영

3.2.3 세종학당 운영내용 및 사업 추진절차

세종학당의 운영내용은 첫째, 세종학당 표준교육과정에 따른 실용 중심의 한국어와 한국 문화 교육이며 둘째, 한국어와 한국 문화 관련 자료실 운영 및 정보를 제공하고 셋째, 한국어와 한국 문화 관련 전시, 공연 및 각종 경연대회를 하고 넷째, 기타 교육 및 확산에 관련된 사업 등의 내용으로 구성되어 있다.

세종학당재단은 외국인들이 한국어와 한국 문화를 조금 더 쉽고 가깝게 접할 수 있도록 세계 곳곳에 세종학당을 운영하고 있는데 세종학당의 사업 추진절차에 대해 다음과 같이 신규 세종학당과 기존 세종학당으로 나누어서 볼 수 있다.[7)]

신규 세종학당은 세종학당 신규 지정 신청→신규 세종학당 지정 심사→선정 및 발표→운영 및 예산계획서 심의 및 지원금 확정, 업무위탁계약 체결, 최종 운영 · 예산 계획서 제출 및 확정, 세종학당 지원금 교부, 신규 세종학당 지정서 교부 및 운영자 교육→세종학당 운영 보고→세종학당 시범운영 결과 보고, 세종학당 재계약 여부 확정→세종학당 정산 · 결과 보고 절차로 진행된다.

기존 세종학당은 지원금 안내→운영 예산계획서 제출, 운영예산계획서 확정→지원금 교부→세종학당 운영 보고→지원금 중간정산 보고→다음 연도 운영 및 예산계획서 제출 및 당해 연도 사업 마무리→세종학당 정산 · 결과 보고→정산 확정, 세종학당 운영 평가에 따른 자체점검보고서를 제출하는 것으로 절차가 완료된다.

3.2.4 세종학당의 지정 요건 및 기준

세종학당 지정을 받기 위해 현지운영기관이 갖추어야 하는 조건은 첫째, 현지 국가의 정부 기관, 대학(원) 또는 대학 부설 기관(부속 기관)에서 한국어 교육기관을 운영 중이거나 운영하려는 기관이어야 한다. 둘째, 현지 국가에 공식 등록된 비영리 법인 또는 민간단체에서 공익을 목적으로 한국어 교육을 운영 중이거나 운영하려는 기관이어야 한다. 국내운영기관이 갖추어야 하는 조건은 첫째, 국내 정부 기관(재외공관 등), 지방자치단체에서 직접 또는 위탁하여 해외에서 한국어 교육기관을 운영 중

---

7) 세종학당재단 홈페이지(http://www.ksif.or.kr) 참조.

이거나 운영하려는 기관이어야 하며, 둘째, 국내 대학(원), 비영리 법인 · 민간단체가 공익을 목적으로 해외 기관과 협력하여 해외에서 한국어 교육기관을 운영 중이거나 운영하려는 기관이어야 한다. 또한 학원의 설립 · 운영 및 과외교습에 관한 법률에 의거하여 설립된 사설기관은 제외된다.

3.2.5 세종학당 예산 집행

세종학당의 예산 집행은 사업기간 내에 하여야 하며 사업 이외의 집행은 인정하지 않는다. 또한 업무위탁계약 체결 후 지원금을 수령하기 전, 사업비를 집행해야 할 경우에는 재단과의 사전 협의 후 기존의 운영기관이 확보한 자금(자부담금 또는 수익금)을 지원금 전용 통장에 우선 입금하여 집행하고 지원금을 수령한 후 선집행한 금액을 지원금 전용 통장에서 운영기관이 확보한 자금 계좌로 송금해야 한다. 지원금, 자부담금, 수익금 등의 세종학당 예산은 매년 예산계획서에 따라 집행하여야 한다.

세종학당 본부가 각 세종학당에 지원하는 예산으로 금융기관을 통하여 각 세종학당에 송금되며 학당별 총예산에서 본부로부터 받는 지원금이 차지하는 부분이 가장 크다. 세종학당 운영을 통해 발생하는 수익금은 지원금과 별도의 계좌에서 관리 · 집행을 하는 것을 원칙으로 한다. 또한 세종학당이 시작된지 얼마 되지 않은 곳은 지원금에 전적으로 의존하고 있으며 현지 사정에 따라 예산 집행액 및 수익금이 다양하게 나타난 것으로 보인다.[8)]

3.2.6 세종학당 운영 평가

세종학당은 해외 한국어 · 한국 문화 확산 대표 기관으로서 세종학당 운영 상태를 점검하여 세종학당의 효율적인 운영 내실화 도모 및 성과관리 기반 구축, 세종학당의 일반운영 및 교육운영 점검을 통한 전문성 강화, 세종학당 운영 평가 결과를 바탕으로 우수 운영 사례 발굴 및 학당 맞춤형 자원 기반 마련을 목적으로 세종학당 운영 평가를 실시하고 있다. 평가 결과는 등급으로 나누고 이 결과는 차년도 지원 사업 심

8) 세종학당재단(2018), 세종학당 운영 지침서의 내용 참고

사 및 향후 재계약 여부 결정에 반영한다. 그 중에 우수학당(상위등급)에는 혜택 제공으로 지원금 추가 및 사업 참여 시에 인센티브 부여하고 하위등급 학당을 대상으로 현지 방문 교육 및 컨설팅을 통해 중점 관리를 진행하도록 한다.

3.3 세종학당 추진 정책의 주요 산물과 성과

3.3.1 세종학당 교육과정 및 교재 개요

전 세계 세종학당은 표준화된 한국어 교육과정을 제공하며 교육과정은 '한국어 표준 교육과정'에 근거해 운영하고 있다. 세종학당 교육과정은 한국어 의사소통 능력 향상을 위한 기본 교육과정과 현지 학습자의 요구에 맞춘 특별 교육과정으로 구성되어 있다.

[표 3] 세종학당 교육과정[9]

기본 교육과정 한국어 의사소통능력 향상을 위한 교육과정	한국어	입문: 세종한국어 입문 세종학당 한국어 입문
		초급: 세종한국어 1A~2B 세종학당 실용 한국어1~2 세종학당 한국어1~2
		중급: 세종한국어 3A~4B 세종학당 실용 한국어3~4 세종학당 한국어3A~4B
	한국 문화	세종한국문화 1~2
특별 교육과정 현지 학습자의 특수한 요구에 맞춘 교육과정	기능 심화	세종통번역 1-1~2-2(중, 고) 세종학당 한국어 읽기(중, 고) 세종학당 한국어 쓰기(중, 고)
	취업 목적	비즈니스 한국어 1~2(초)
	관광 목적	여행한국어(초)
	이주 목적	세종학당 결혼이민자 한국어 1~2(초)

9) 세종학당재단 홈페이지(http://www.ksif.or.kr) 참조.

3.3.2 세종학당 한국어교원 정책

세종학당은 한국어교원 전문성을 강화하기 위하여 세계한국어 교육자대회, 한국어교원 파견 그리고 한국어교원 양성과정을 운영하고 있다.

세계한국어 교육자대회는 매년 7월에 세종학당 운영자, 교원 등 세계한국어 교육 관계자를 초청하여 협력망 구축 기회를 제공하는 한국어 교육자들의 대표적인 교류 행사이다. 이를 통해 세계 한국어 교육 종사자들의 협력망을 구축하고 한국어교원의 전문성을 향상시키며 우수한 세종학당 운영 사례를 공유하는 데에 목적이 있다.

우수 한국어교원 해외 파견 프로그램은 전 세계 여러 지역에 있는 세종학당에 전문 교원이 부족한 상황을 고려하여 교육 전문성을 강화하고 국내외 한국어교원 수급 불균형을 해소하고 한국어교원의 일자리를 창출하기 위하여 한국어교원 자격증 소지자를 해외로 파견하는 것이다.

또한 교육의 전문성을 제고하기 위해 세종학당에서 현지 교원의 교육 능력 향상을 가장 중요시한다. 국외 상황에 따라 현지에서 한국어교원 자격을 갖춘 교사를 구하기 어려운 경우가 많으므로 세종학당에서는 경력은 있으나 한국어교원 자격을 갖추지 못한 교원들을 대상으로 '한국어교원 양성과정'을 운영하여 국외 한국어교원의 자격 취득 기회를 지원해 오고 있다.

3.3.3 세종학당 평가 체계

세종학당에서 교육과정에 따른 학습자의 단계별 한국어 학습 성취 정도를 진단할 수 있도록 연 2회로 성취도 평가를 시행하고 있다. 세종학당 성취도 평가는 각 교육과정의 학습 목표에 맞춰 학습자의 전반적인 한국어 능력을 평가할 수 있도록 언어 기능별로 말하기, 듣기, 읽기, 쓰기 평가 문항을 구분해 평가하고 있다. 그리고 세종학당 예비 학습자와 전 세계 한국어 학습자들이 자신의 한국어 능력을 온라인으로 확인할 수 있도록 온라인 진단평가도 시행하고 있다. 언제, 어디서나 컴퓨터와 모바일을 통해 온라인 평가에 응시할 수 있고 자동 채점을 통해 시험 결과를 바로 확인하고 자신에게 맞는 한국어 학습 콘텐츠를 추천 받을 수 있다.

또한 시행되고 있는 세종한국어평가(SKA, Sejong Korean language Assess-ment)는 한국어 표준 교육과정에 근거하여, 세종학당 졸업생 및 (예비)학습자를 대상으로 한국어 의사소통 능력에 중점을 둔 평가이며, 초급 학습자부터 고급 학습자까지 말하기, 듣기, 읽기, 쓰기 한국어 구사 능력을 종합적으로 평가하고 있다. 인터넷 세종한국어평가(iSKA, internet Sejong Korean language Assessment)는 한국어 평가에서 최초로 도입된 단계적 적응형 평가로 응시자의 수준에 따라 문항 난이도가 자동으로 조절되어 학습자의 정확한 한국어 능력 측정이 가능하다.

세종학당 추진 정책의 주요 성과를 해외 현지 한국어 교육기관 운영 추진의 측면에서 봤을 때 한국은 2007년 3월부터 해외 자국어 및 자국 문화 교육기관 세종학당을 설립 · 운영하기 시작하였으며 2023년 기준으로 전 세계 80개국 244개소로 확대되었다. 문체부와 세종학당재단은 코로나19 이후 시대에도 한국어와 한국 문화에 대한 관심을 계속 이어나가기 위해 비대면 사업을 늘려나갈 계획이다. 문화체육관광부는 세종학당을 통해 현지 외국인(일반 대중), 한국어를 제2언어로 공부하고 싶은 자를 대상으로 '문화상호주의 원칙'에 입각한 한국어 교육과 쌍방향의 문화 교류 확대 및 문화적 연대를 도모한다. 그 외에 현지 한국어 정규 교육기관인 대학, 초 · 중 · 고등학교가 있으며 사설학원 등 다수의 교육기관도 있다.

해외 한국어 교육적인 측면에서 봤을 때 세종학당의 현지 교재 개발 및 보급의 경우는 교육의 표준화 및 체계적인 교재개발이 필요하다. 대부분의 학당이 초 · 중급 위주로 교육과정이 개설되어 있어 고급과정 학습을 희망하는 일부 수강생들의 수요를 반영하지 못하는 실정이다. 한국어 시험의 경우는 한국 교육부의 통계를 따르면 한국 대학 입학이나 졸업, 장학생 선정에 활용되는 한국어능력시험(TOPIK)은 응시자가 1997년에는 2,692명이었는데 2022년 기준으로는 연간 전 세계 37만명이 넘게 응시했을 정도로 규모가 커졌다. 코로나19 여파로 2020년 21만명대로 급감하였지만 2021년 33만16명, 2022년 35만6665명으로 다시 이전 수준으로 회복세로 보인다. 한국어능력시험은 한국어를 전 세계에 확산시키고 국가브랜드 가치를 높이는 역할을 하고 있다.

한국어 교육적인 교류와 협력 확대 차원에서 봤을 때 한국어 해외 확산의 4대 핵심가치 중의 하나가 전문성이며 한국어 교육의 전문성을 제고하는 것은 한국어 해외 확산의 바람직한 전략방향이라고 할 수 있다. 그리고 한국어 해외 확산 사업이 발전하면서 한국어 교육 전문성 강화를 위한 방안이 꾸준히 제안되어 왔다. 한국어 학습자 층이 넓어지면서 각지에서 한국어 교육기관, 한국어 교사가 증가하여 미처 준비되지 않은 비전문 교사들도 교육 현장에 몸담게 되는 문제가 발생하였기 때문에 한국어 교육과정, 교재, 교수법 개발 등에 전문성이 향상되어도 교육을 실행하는 교사들의 전문화가 이루어지지 못한다면 교육의 질을 담보하기 어려우므로 교육과정, 교재, 교수법, 교사 등 다방면에서 전문성을 높이려는 노력이 필요하다. 그러나 한국어 교육 발전이 지역마다 편차가 크므로 교사의 전문성 강화를 통해 교육의 질을 높이기 위해 교육자 간의 상호 교류, 경험 공유, 공동 연구 등 할 수 있는 정기적인 교류의 장을 마련해야 하는 데 이를 위해서는 정부나 기업의 지원이 필요하다.

한국어 교사 역량 강화를 통해 한국어 교육 전문성을 높이기 위해 무엇보다 정책적 지원과 각 국가 교육기관 간의 협력이 필요하다. 현재 세종학당 교원 연수, 한글학교 교사 연수 등 지역별, 교육기관별 정기적으로 이루어지고 있어서 많은 교사들이 참여하고 있다. 그러나 아직까지 장단기 연수 프로그램, 특성화 연수 내용은 체계화되지 못한 한계가 있어 한국어교원을 대상으로 한 전문화, 세분화 연수 프로그램 개발 · 운영이 이루어져야 할 것이다. 그리고 전문 교원이 사회 변화에 맞추어 지식의 변화, 인식의 변화, 교수 기술의 변화를 가져올 수 있도록 지속적인 연수가 이루어져야 할 것이다.

한편, 한국어 확산 정책의 전략으로 진행하는 지원 사업들 이외에도 한국어 · 한국 문화 관련 행사나 회의 등 다양한 지원 사업을 진행하고 있다. 해외에 개설된 관련 학과 · 학회 등과의 유기적 연대를 위한 해외 한국어 교육 관련 워크숍, 학술회의 개최, 한국어 말하기 대회 등을 예로 들 수 있다. 이러한 한국어 · 한국 문화 교육 프로그램이 한국어 학습을 유도하는 역할을 한다는 점에서 한국어 해외 확산에 도움이 된다고 할 수 있다.

한국어 학습자의 상당수가 한국 문화를 통해 한국과 한국어에 관심을 갖게 되었다. 세종학당은 이런 학습자의 한국 문화 이해 증진을 위해 다양한 교재 기반의 문화 수업과 문화 교류 사업을 진행하고 있다. 그리고 세종학당재단은 각지에서 수준별로, 주제별로 차이가 컸던 각종 문화행사를 통합하고 제대로 된 한국 문화를 확산하기 위해 2013년부터 다양한 사업을 진행 중이다. 가장 중점적으로 추진하는 사업은 한국 문화 확산 사업이다. 세종학당재단의 문화 확산 사업은 크게 한국 문화 체험 프로그램 개발 지원, 한국 문화 전문가 파견, 체험 연수 초청으로 나뉜다. 특히 문화 체험 프로그램의 경우는 매년 주제를 다르게 하여 다양한 한국 문화를 확산하고 있다. 이에 프로그램 참가자들이 문화 프로그램을 통해 이전에는 쉽게 알 수 없었던 한국의 다양한 문화와 그 함의를 배웠다며 긍정적인 반응을 보였다. 한국 문화 전문가 파견 사업은 문화 소개에 전문성을 더하기 위해 한국 문화 전문가와 한국 문화 전공 대학(원)생을 각 학당에 파견하는 사업이다. 체험 연수 초청은 매년 1회씩 전 세계 세종학당의 교원과 학습자를 한국으로 초청하는 한국 문화 체험 연수를 개최하고 있다. 교원들을 대상으로 하는 '세계 한국어 교육자 대회'와 학습자를 대상으로 하는 '세종학당 우수 학습자 초청 연수'가 그것이다.

4. 나가기

이상에서 한국어 해외 확산 정책으로서의 세종학당 추진 정책을 역사적 변천, 주요 내용, 추진체계와 정책 산물 등을 중심으로 살펴봤다. 분석한 내용을 종합해서 봤을 때 한국은 정부의 노력으로 해외의 한국어 확산 사업은 이미 세종학당 사업을 통해 단순한 '대외 자국어 교육'의 단계에서 '자국 문화의 확산을 중요시하는 자국어의 세계 확산'으로 새로운 단계로 바뀌었다. 국가 전략 차원으로 적극 추진하고 있으며 세종학당의 글로벌한 전개를 넓히고 있다. 한국어 해외 확산 정책에 대한 분석 결과를 바탕으로 본 연구의 결론을 도출해보면 다음과 같다.

첫째, 정책의 역사적 변천을 보면 한국은 오랜 기간 민간이 주도하였고 한국어 교육 전문성이 결여된 상태였다. 2000년대 문화체육관광부에서 한국어 교육을 주도하면서 국어기본법이 나오게 되었으며 한국어교원 전문성을 제고하는 부분을 상당히 강조하게 되었다. 그렇지만 한국어 교육 현장이 대학 내 교육기관뿐만 아니라 일반 사회교육에도 많이 퍼져 있는 상태였다.

둘째, 자국어 해외 확산 정책을 강력하게 추진되기 위해서는 법령의 뒷받침이 중요하다. 외국어로서의 한국어 교육에 직접적인 관련이 있는 법령에는 국어기본법,

재외국민의 교육지원 등에 관한 법률, 재외동포재단법, 국제교류재단법이 있다. 재외동포재단법과 한국국제교류재단법은 국어기본법보다 일찍 제정됨을 알 수 있다. 이를 통해 외국인 대상 한국어 교육 정책보다 재외동포를 위한 한국어 교육 정책이 훨씬 더 일찍부터 추진되었음을 알 수 있다. 또한 이렇게 보면 한국 정부는 한국어 해외 확산 정책의 일환으로 법령을 통해 정책을 시행하고 해외 한국어 교육의 방향성을 제시하고 있으므로 관련 법령과 제도 제정 차원에는 긍정적인 부분이 많다.

셋째, 세종학당 한국어 교육에 종사하는 한국어교원들은 한국어교육능력검정시험을 합격하여 한국어교원 자격증을 취득해야 한다. 한국어교육능력검정시험은 한국어 교육을 담당하는 교사의 질을 제고하여 교육의 전문성을 확보하고, 한국어 해외 확산의 효율성을 높이는 등의 긍정적인 역할을 하고 있다.

넷째, 세종학당의 기관 운영 평가를 보면 세종학당의 평가 기준은 엄격하다. 운영평가의 평가영역은 일반운영과 교육운영으로 구분되며 각 평가영역 당 5개의 평가항목으로 구성되어 각 항목에 배정된 점수는 상이하다. 학당 간 수준 차이에 대한 평가보다는 필수요건 인증제와 같이 절대 기준에의 도달 정도를 평가한다. 그리고 성과영역의 평가는 기본영역의 수준과 성과영역을 동시에 측정하여 종합평가하는 방식을 채택한다. 세종학당 운영 평가 과정은 자체 점검→ 서류평가→ 현장평가로 구성되어 자체점검을 통한 서류평가는 해마다 실시하고 2-3년에 한 번씩 지정 학당 대상 현장 실사를 실시한다.

한편, 지금까지 한국어 해외 확산 정책에 대해서는 세종학당을 중심으로 한 연구가 많이 진행이 되었으며 한국어 해외 확산 관련하여 세종학당의 교육과정, 교재연구, 파견 교원 교육 등의 연구가 대부분이다. 그러나 2010년대부터 세계적으로 K-POP, K-드라마, K-BEAUTY 등 한국 문화에 관심을 갖고 접근하려는 학습자가 많아지고 있는 만큼 현재의 한국어와 한국 문화 확산 정책도 그 대상과 영역을 확장해야 할 필요가 있다. 특히 한국 문화의 일방적인 확산이 아닌 서로 상호적 교류를 통해 문화 교류 추진을 위한 정책까지 확대시킬 필요성이 있다. 또 이를 통하여 한국어의 위상을 높이고 한국어 해외 확산 정책의 지속적인 발전도 기대할 수 있다고 본다.

마지막으로 본 연구에서 제안하는 것은 앞으로 한국의 경제 발전, 한국어의 세계적 확산, 다문화 사회의 확대가 지속되어 한국어 확산 정책을 둘러싼 환경이 변화할 여지가 있다. 그리하여 그 변화에 대응하기 위하여 정책의 핵심 문제의 개선 방안에 대해서 근거 자료를 확보하여 보다 심도 있는 연구가 이루어져야 할 것이다.

참고문헌

강효식(2018), 문화상호주의 기반 '세종한국어' 문화 교육과정의 개발 방안, 남서울대학교 복지경영대학원 석사학위논문.

권재욱(2010), 한국어 국외 보급 정책의 통합 방안 연구, 동국대학교 대학원 석사학위논문.

권혁민(2021), 외국인 노동자(E-9)를 위한 한국어 교육 정책 개선 방안, 연세대학교 교육대학원, 석사학위논문.

김아영(2011), 한국어 국외 보급 정책으로서의 세종학당 연구: 세계 주요 국가자국어 보급 정책과의 비교를 중심으로, 상명대학교 교육대학원 석사학위논문.

김일수 · 최형룡(2014), 중국의 소프트파워 정책과 공자학원의 역할, 한국동북아논총 Vol.19 No.4, 한국동북아학회, 25-44.

박춘태(2013), 한국어 국외 보급 정책 연구, 부산대학교 대학원 박사학위논문.

성혜진(2018), 한국어 국외 보급 활성화를 위한 정책집행연구: 세종학당을 중심으로, 숙명여자대학교 대학원 박사학위논문.

양수화(2009), 중국의 대회중국어교육에 대한 국가정책의 연구, 관동대학교 교육대학원 석사학위논문.

오문경(2013), 한류 콘텐츠를 활용한 한국어 국외 보급 정책 연구: 한류 기반 잠재적 학습사를 대상으로, 한국외국어대학교 대학원 박사학위논문.

유주명(2016), 한 · 중 외국어로서의 자국어 교사정책 연구, 상명대학교 일반대학원 박사학위논문.

이수진(2021), 중국 내 한국어 학습자의 한국어 학습 동기 및 탈동기 요인 연구, 경희사이버대학교 문화창조대학원, 석사학위논문.

이유인(2018), 한국 정부의 이주노동자 대상 한국어 교육 정책 연구, 상명대학교 일반대학원 박사학위논문.

이종수(2009), 행정학 사전, 대명문화사.

이호영(2021), 국내 · 외 한국어 교육정책 현황 분석과 발전 방향, 서울교육대학교 교육전문대학원, 석사학위논문.

장미왕레(2020), 중한 문화외교 정책의 비교연구: 공자학원과 세종학당 사례를 중심으로, 서울대학교 대학원 석사학위논문.

장빈빈(2019), 한국과 중국의 자국어 국외 보급 정책 연구: 세종학당과 공자학원을 중심으로, 상명대학교 일반대학원 석사학위논문.

정서윤(2022), 이주 배경 청소년을 대상으로 하는 한국어 교육 정책 연구, 상명대학교 일반대학원 박사학위논문.

조진(2014), 외국어로서의 한국어 교육 정책과 중국 대외한어 교육 정책 비교 연구: 세종학당과 공자학원의 비교를 중심으로, 상명대학교 대학원 석사학위논문.

조항록(2001), 한국어 교육의 현황과 교육 정책, 외국어로서의 한국어 교육, 제25 · 26집, 연세대학교 언어연구교육원 한국어학당.
조항록(2002), 한국정부의 재외동포 정책 연구: 한국어 교육 정책을 중심으로, 동국대학교 대학원 박사학위논문.
조항록(2004), 재외동포를 대상으로 하는 한국어 교육정책의 실제와 과제, 한국어 교육 Vol.15 No.2, 국제한국어교육학회, 100-232.
조항록(2005), 국내 한국어 교육의 발달 과정과 특징, 한국어 국외 보급 정책 수립을 위한 대토론회 기조발제문, 한국어세계화재단.
조항록(2010), 국제어로서의 한국어의 실제와 과제, 외국어로서의 한국어교육 Vol.35 No.-, 연세대학교 언어연구교육원 한국어학당원, 129-156.
조항록(2010), 한국어 교육정책론, 한국문화사.
조항록 외(2013), 한국어 교육 현황 점검 및 교육 지원 전략 연구, 문화체육관광부.
조항록(2016), 한국어 교육 정책의 이론화를 위한 시론, 이중언어학 Vol.62 No.-, 이중언어학회, 159-183.
진정원(2021), 재외동포 고려인을 위한 한국어 교육 정책 연구: 국내 거주 고려인을 중심으로, 연세대학교 교육대학원, 석사학위논문.
董雪峰(2016), 国家语言战略背景下的汉语国际推广研究, 东北师范大学 博士论文.
胡仁友(2014), 汉语国际推广战略研究, 东北师范大学 博士论文.
金多荣(2017), 中国孔子学院和韩国世宗学堂的语言文化传播策略对比研究, 哈尔滨师范大学 硕士论文.
金英信(2018), 世宗学堂与孔子学院的比较及其启示, 辽宁师范大学 硕士论文.
马超(2017), 中韩语言文化国际传播的比较分析, 西安外国语大学 硕士论文.
LI XIAOYU(2021), 한·중 자국어 국외 보급 정책에 대한 비교 연구: 국외 자국어 교육기관 운영을 중심으로, 연세대학교 대학원 석사학위논문.

14 한·중 외국어로서의 자국어 교사 양성 정책[1)]

유주명

1. 들어가기

21세기로 접어들면서 세계는 정치력, 군사력, 경제력 등을 주도하는 하드파워 시대로부터 언어, 문화, 예술 등을 주도하는 소프트파워 시대로 접어들었다. 세계 여러 나라들은 자국의 국제위상을 높이고 국가 이익을 최대화하기 위해 문화의 캐리어(carrier)인 자국어를 적극 보급하고 있다. 그 이유는 언어가 민족의 사상을 표현하고 문화를 이해시키는 수단일 뿐만 아니라 사회구성원 간의 공감대를 형성해 주며, 타국과의 정치적 · 문화적 동화를 만들어 내기 때문이다. 이에 많은 국가들은 언어를 통해 소프트파워를 배양하기 위한 거시전략 수립에 앞장서서 외국인들에게 자국의 언어를 교육하고 문화를 보급하고 있다.

자국 언어와 문화를 보급하는 데에는 교육의 효율성이 매우 중요하다. 교육의 효율성을 높이려면 교육의 질적 수준을 높이고 다양하고 체계적인 교육 제도가 마련되

1) 이 글은 유주명(2016)의 박사학위 논문 '한 · 중 외국어로서의 자국어 교사정책 연구'의 내용을 바탕으로 하였으며 몇몇 데이터는 최근 시점에 맞춰 수정하였으나 전체적인 논점은 2016년 당시에 맞춰져 있음을 밝힌다.

어야 한다. 자국어 교육의 질을 높이는 데 제일 중요한 것은 교육을 담당하는 교사의 질을 제고하고 이들을 위한 실효성 있고 체계적인 정책이 뒷받침되는 것이다. 다시 말하면, 교사 전문성 향상 및 직업 안정성을 위한 다양한 정책을 필요로 하는 것이다. 이에 한 · 중 정부는 국내외 환경을 고려하여 외국어로서의 자국어 교사 정책을 실시하고 있다.

한 · 중 외국어로서의 자국어 교육은 20세기 중반부터 시작되었다. 각국은 교사 정책에 있어서 공통점이 있고 차이점도 있다. 서로 적용할 수 있는 시사점도 적지 않을 것이다. 본 글은 한 · 중 외국어로서의 자국어 교사와 관련된 정책을 조사하고 상호 간의 시사점을 도출하는 데에 목적을 둔다.

2. 교사 양성 정책 변천과 실제

외국어로서의 자국어 교사는 '외국인을 대상으로 하는 자국어 교육을 담당하는 교사'이다. 국어기본법 제19조 2항과 국어기본법 시행령 제13조 1항에는 '재외동포나 외국인을 대상으로 국어를 가르치는 사람을 '한국어교원'으로 규정한다. 통상적으로 국내외 한국어 교육 현장에서 한국어 교육을 담당하는 사람을 다 한국어교원이라고 한다.

외국어로서의 중국어 교사는 법률적 개념이 존재하지 않는다. 통상적 외국어로서의 중국어 교사는 국내외 교육 현장에서 외국인을 대상으로 중국어를 가르치는 교사를 가리킨다. 2007년 이전에는 대외한어교사라고 하였는데 2007년 이후에는 국제한어교사라고 부른다.

2.1 교사 양성 정책의 변천

한중 외국어로서의 자국어 교사 정책의 발전 역사를 보면 양국은 비슷한 점도 있고 차이점도 있다. 한국어교원 정책 역사를 크게 태동기(1959년–1990년), 모색기

(1990년-2005년), 확립기(2005년-2010년), 발전기(2010년~현재) 네 단계로 나누어 볼 수 있고 국제한어교사 정책 역사는 크게 모색기(1949년-1978년), 회복기(1979년-1987년), 도약기(1987년-2005년), 전환기(2006년-현재) 네 단계로 나누어 볼 수 있다.

외국어로서의 한국어 교육은 1950년대 외국인 선교사를 대상으로 한 명도원부터 시작하였으며, 최초의 한국어 교육기관으로는 1959년에 설립된 대학부설기관인 연세대학교 한국어학당이다(조항록, 1997). 태동기에는 국가 차원에서 한국어 교육에 대한 인식이 부족한 상황이어서 정부 측면에서의 교사 정책이 없으며 몇 개 민간 교육기관이나 대학 부설 교육기관에서의 자발적인 교사 양성과 임용을 했을 뿐이다. 또한 이 시기에 한국 외국어대학교 등 몇 개의 대학교에서 한국어교원을 양성하는 학위과정 노력도 시도되었으나 여러 어려움으로 학위과정 교원 양성은 개설되다가 폐지되었다.

1990년부터 2005년 국어기본법 제정 이전까지는 한국어교원 정책의 모색기다. 이 시기에는 한국어 교육 기관이 수적으로 증가되면서 한국어 교육을 담당하는 한국어교원에 대한 수요도 늘어나기 시작했다. 1991년 서강대학교에서 실시한 한국어교원 양성 및 재교육 프로그램, 1994년 해외의 한글학교 교사들을 위한 연수를 주목적으로 하고 설립된 연세대학교 한국어교사연구소는 한국어교원 양성 및 훈련하는 데 선구적인 역할을 하였다(조항록, 1997). 그밖에 정부 유관 기관으로 한국어교원 초청 연수를 담당한 교육부 산하 국립국제교육원과 문화체육관광부 산하 국립국어원이 한국어교원 연수 프로그램을 운영하였다. 또한 1990년대 후반부터 각 대학 및 대학원을 중심으로 외국어로서의 한국어 교육과 관련된 전공이나 학과가 개설되어 한국어 교육 전문 인력을 양성하였다. 2003년까지 학부에 3개 과정, 일반 대학원에 2개 과정, 교육대학원에 7개 과정이 개설하게 되었다. 모색기에는 국가 차원에서 명문화되는 한국어교원 정책은 부재했으나 정책을 수립하기 위한 일련의 연구는 활발했다. 국내외 한국어 교육 환경의 변화를 대비하여 시행된 연구는 한국어교원 양성과 인증이 제도화된 바탕을 마련하였다.

2005년 국어기본법 시행부터 2010년까지는 한국어교원 정책 확립기라 할 수 있다. 이 시기에는 국어기본법이 제정되면서 최초로 국가 차원의 한국어교원 자격제도가 시행되었고 각종 미비점을 보완하고 개선하였다.

2010년 국어기본법 시행령 개정 및 시행 규칙 제정부터 현재까지는 한국어교원 정책의 발전기라 할 수 있다. 이 시기에는 승급을 위한 경력 계산, 한국어 교육 경력 인정 기관 확대, 외국인 자격증 취득 요건 등 문제들이 어느 정도 개선되며 자격 제도가 정착되기 시작하였다. 한국어교원 자격제도의 개선에 대한 논의는 여전히 활발하게 진행 중이다. 필수 이수 영역 및 이수 시간 조정, 교원 수급, 한국어교육능력검정 시험의 타당도와 난이도, 비학위과정 최소 이수시간 확대, 보수 교육 필요성, 자격 심사의 비효율성, 자격증 활용 등 확립기에 개선되지 않은 문제에 대한 논의가 지속적으로 이어지고 있으며 전문학사 자격 요건 도입 등 새로운 논의도 이루어지고 있다.

외국어로서의 중국어 교육은 1949년 중화인민공화국 수립부터 시작되었다. 중화인민공화국 수립부터 개혁 개방 정책 실시 이전까지는 교사 정책의 모색기라 할 수 있다. 이 시기에 대외한어 교육 및 대외한어 교사 양성과 관련된 정책은 사회주의 국가와 교류하는 일종의 외교 수단과 전략으로 수립된다. 1950년대의 대외한어 교사는 주로 정부에서 국내외 유명한 학자나 명문대 중문과 교수를 초빙하거나 중문과 졸업생, 외국어 전공 졸업생을 선발하여 국내외 교육 현장으로 배정하는 방법으로 하였다. 1960년대에는 중국 정부에서 북경어언학원(현 북경어언대학교) 해외파견교사 전공을 개설하여 4년제 전문 교육을 실시하였다. 이 프로그램을 통하여 전문 인력을 확보하였다. 1960년대 후반 문화대혁명이 일어나 국내의 대외한어 교육이 거의 중단되는 상태였다. 그러나 1961년~1964년 중국 정부에서 전문적으로 4차례에 걸쳐서 한어를 지도할 교사를 배양하고 이러한 교사들은 대외한어 교육 영역에서 중견 역량으로 평가를 받고 있다.

개혁 개방 정책 실시부터 1987년 국가한판 설립 이전까지 국제한어교사 정책의 회복기라 할 수 있다. 이 시기에는 개혁 개방 정책을 펼치면서 대외한어 교육도 새로운 발전기를 맞이하게 되었다. 1978년~1989년 사이에 40,221명의 유학생이 중국에서 한어를 학습하고 대외한어 교육 기관은 1979년~1987년 불과 6년 사이에 40여개 넘는다(崔希亮, 2010). 이에 교육부는 지정된 몇 개 대학교에 교사 양성을 위한 전문 학과를 개설하였다. 그리고 현직 교사 전문 지식 및 능력을 높이기 위해 취임 전 단기 교육, 경험 교사와 신입 교사 1:1 교육, 교육세미나, 여름방학 연수, 해외 연수, 학술대회 참가, 학계 전문가 특강, 외국어 교육 등 프로그램을 실시하고 정부 교육 기관과 대학교에서 현직 교사 연수를 적극적으로 추진하였다.

1987년 국가한판의 설립부터 2000년 대외한어 교육 전략을 바꾸기 전까지를 도약기라 할 수 있다. 이 시기에는 정부 기관인 국가한판이 설립되어 국가적 차원에서 전국 대외한어 교육 사업을 주관하며 대외한어교사 양성 학위 과정이 체계화되고 대외한어교사 전문성 향상을 위한 교사 자격제도도 수립되었다.

2006년 전국대외한어교학업무회의의 개최부터 현재까지는 전환기라 할 수 있다. 특히 2006년 7월 전국한어국제추진업무회의에서 국무위원인 陳至立은 국제한어교육과 공자학원을 6가지의 방향으로 이끌어 나가야 한다고 하였다. 그 내용을 보면 1) 발전전략은 국내의 대외한어 교육에서 전면적인 국제한어보급으로 바꾸고, 2) 업무의 중점이 외국인을 '초청'하던 대외한어 교육의 형태에서 직접 해외로 나가서 교육하는 '진출'의 형식으로 바꾸며, 3) 국제 한어보급의 이념은 전공국제한어교육에서 이제는 대중화 · 보급형 · 응용형의 국제한어교육으로 바꾸고, 4) 보급의 기제는 공교육체계부터 정부, 민간단체, 국내외 교육 기관 공동으로 하는 기제로 전환되며, 5) 교육 방법은 교재 중심의 교육에서 최신 정보 기술을 이용하는 현대 교육 방법으로 바꾸고 6) 운영 모델은 정부 주도부터 시장 주도의 모델로 바꾸어야 한다고 말하였다. 회의의 결정에 따라 2007년 교육부에서 한어국제교육 전문 석사학위를 신설하여 국제한어교사를 양성한다. 한어국제교육 전공의 개설은 국내 교육 현장에서의 교사 양성을 보다 넓은 해외 교육 현장에서의 인재 양성으로 방향을 바꾸는 것을 보여준다.

동시에 국가한판이 책임지고 조직하고 관리하는 '국제한어교사 중국지원자 계획'도 실시되었다. 교육부 · 재정부 · 국무원 교무판공실 등 부서들의 지지와 지원으로 '지원자 계획'이 국내외 교육 기구로부터 응원을 받고 매년 파견 인원이 지속 증가하는 추세이다.

또한 2007년 한판은 전 세계 한어교육 전문가 300여 명의 연구와 의견을 종합하여 '국제한어교사표준(國際漢語教師標準)'을 제정하였다. 제2언어 교육이론 및 수십 년 대외한어 교육 경험을 바탕으로 제정된 표준은 국제 한어교사가 구비해야 할 자질을 언어 능력, 문화 및 이문화 소통 능력, 제2언어 습득이론 및 학습 전략, 교수방법 활용, 교사 종합 능력으로 5가지를 제시하였다. 그리고 교사 전문성을 향상시키기 위해 2014년부터 국제한어교사 자격제도도 시작하였다. 2010년 5월, 국무원 상무회의에서 통과된 "국가 중장기 교육 개혁과 발전 계획 요강"(2010-2020)에서는 국제한어교육을 강조하였다. 시진핑 주석이 '세계 각국이 창조한 찬란한 문화는 인류 공동의 소중한 재산이라고 말하며 공자학원은 중국뿐만 아니라 세계의 것'이라고 역설한 점에서 중국 정부가 한어 국제 교육에 대한 관심이 어느 정도인지 엿볼 수 있을 것이다.

2.2 교사 양성 정책의 실제

국어기본법 제정 이후, 한국어교원과 관련된 정책은 주로 교원 자격제도를 중심으로 전개되어 왔다. 한국어교원과 관련된 법령으로는 국어기본법 및 국어기본법 시행령이다. 국어기본법 및 동법 시행령 안의 한국어교원과 관련된 조항을 보면 국어기본법은 정부 차원에서 한국어교원 자격제도를 인정하는 최초의 법령으로 한국어교원을 양성하기 위한 교육과정의 개발 기준을 제시하여 이는 국가적 · 교육적의 의의가 크다고 할 수 있다. 국어기본법 시행령 규정에 의거하여 교원 자격을 부여함에 따라 한국어교원 양성을 위한 대학이나 대학원의 정규 학위 과정, 기타 기관이 운영하는 비학위 단기 과정의 양성 체계가 확립되었다. 국어기본법 제정 이후, 제도상의 미비점에 대한 논의가 지속되는데 여러 차례 개정을 거쳐서 상당 부분을 개선 · 보완하게 되었으나 국어기본법 제19조와 국어기본법 시행령 제 13조에서 한국어교원이라는 개념의 모호성, 교육과정 한국문화 영역을 학습자 문화, 문화 비교 등 문화 영역으로 바꾸는 방향성, 자격 취득에 필요한 필수 이수 영역 추가 및 필수 이수 기간 확대의 필요성, 제도상 한국어교원에 대한 임용 및 처우의 누락 등 문제가 아직 남아 있다.

또한 정부에서 발표된 국어발전 기본계획에는 한국어교원과 관련된 국가 정책이 들어 있다. 국어발전 기본계획은 정부가 한국어의 중요성을 정책으로 반영하여 실질적으로 추진할 수 있도록 하는 종합 계획이다. 국어기본법 제6조에 따라 문화체육관광부에서 새로운 정책 환경에 부합하는 제4차 국어발전 기본계획이 2022년에 발표되었다. 2005년 한국어교원 자격제도 시행 이후, 교원 자격증 취득자는 2021년까지 총 66,395명에 달한다. 한국어교원 자격증 소지자 급증과 더불어 제4차 산업혁명, 코로나19 이후 새로운 일상으로 변화된 비대면 교육 환경에서는 교원 역량 강화 문제가 다시 제기되었다. 이에 제4차 계획에는 한국어교원 자격제도 내실화를 하기 위한 관련 추진 방향이 제시되어 있다. 즉 1) 한국어교원 자격 법령 정비 등을 통해 한국어교원 자격제도를 내실화하고 2) '한국어교원 양성 교육과정'과 '한국어교육능력검정시험' 개선으로 한국어교원 양성 품질을 제고하며 3) 교원의 성장주기별 특성을 고려하여 역량 강화 프로그램을 개발하고 맞춤 연수를 한다는 내용이 제시되어 있다.

그 이외에 세종학당에서도 한국어교원 전문성 제고 및 교원의 자격 취득을 위한 한국어교원 양성과정 운영, 교원 자격시험의 해외 현지 시행, 현직 교원 대상 교수법 · 학사관리 방법에 관한 온 · 오프라인 교육 제공 등 정책을 추진한다. 국립국어원은 국어 발전을 위한 어문 정책을 수립 · 시행하고, 국민의 바른 언어생활을 위하여 다양한 연구 사업을 수행하고자 설립된 문화체육관광부 소속 기관이다. 국어 기본법의 규정에 의해 국립국어원에서 매년 상 · 하반기 2회 '한국어교원자격'을 심사 신청을 받아 심사한 후에, 한국어교원자격증(1 · 2 · 3급)을 발급해 준다. 2010년부터 국립국어워에서 해마다 〈한국어교원 자격 제도 길잡이〉를 발간하여 교원 자격증 취득 희망자나 한국어교원 양성 교육 기관에 필요한 정보를 체계적으로 제공하는 역할을 한다. 또한 국립국어원에서 한국어교원을 위한 표준화된 교육 연수 과정을 개발하고 최신 한국어 교육 이론과 교수법의 수용, 교육 방식의 첨단화에 따른 학습자 등의 변화하는 요구에 부응하기 위하여, 국내외 한국어교원을 대상으로 재교육 연수 사업도 실시하고 있다. 국내 한국어교원을 대상으로 하는 재교육 연수 사업은 범정부적인 성격을 지닌다.

중국 내의 한어국제교육은 정부 주도의 공적 교육 형태로 이루어지고 있다. 국제한어교사와 관련된 법령으로는 중화인민공화국교사법 및 중화인민공화국고등교육법이 있다. 국제한어교사는 고등교육기관 정규직 교사로 교사법에는 교사의 권력과 의무, 자격과 임용, 양성과 훈련, 평가, 장려, 법적 책임 등이 규정되어 있다. 고등교육법에서는 교사 자격제도, 교사직무제도, 초빙제도 등이 규정되고 있으며 학교에서 교직 생활을 위한 근무조건과 생활조건 개선, 교육의 질을 제고하기 위한 교사 훈련, 연구 및 학술 교류 등 환경을 조성해야 한다고 내용이 명시되어 있다.

해외의 국제한어교사와 관련된 정책은 정부에서 발표된 〈국가중장기교육개혁 및 발전계획 요강(國家中長期教育改革和發展規劃綱要)〉, 〈공자학원발전계획(孔子學院發展規劃2012-2020)〉에서 찾아볼 수 있다. 2010년 중국 국무원에서는 〈국가중장기교육개혁과 발전계획요강〉 초안이 사회에 공개되었다. 요강은 국가적 차원에서 한어국제교육의 총제적인 목표를 확립하였다. 즉 한어국제교육을 지원하고 공자학원 교육의 질을 제고하며 개발도상국의 전문가 인재 양성에 힘쓰며 인재 양성 경로와 영역을 확대하여 대학교 졸업생의 해외 지원자 교사 복무 시스템을 구축하는 것이다. 이는 정부 차원에서 국제 교육과 공자학원을 지원하는 입장을 보여주고 해외 지원자 교사를 통한 대학교 졸업생 진로 방향을 제시한다.

요강에 따라 중국 교육부는 한어국제교육 추진 방안을 제시하는 공자학원발전계획(2012-2020)을 발표한다. 7대 중점 프로그램 중 국제한어 교사와 관련된 것은 교사 재교육 시스템의 설립과 자원 교사 인력망의 구축이다. 국제한어 교사 교육과 훈련의 질을 제고하기 위해 국내의 경우, 우수한 대학에 위탁하여 국제한어교육 보급 및 교사 교육 기지를 만들고 국외의 경우, 국외 대학과 협력하여 현지 사범대학에서 중국어 전공을 개설하고 교사 재교육 기지로 활용하여 본토 한어 교사를 양성 · 훈련한다. 자원봉사 교사 인력망을 구축하기 위해 인문사회과학 계열 학생 한어국제교육 해당 과목 수강 격려를 통한 자원봉사 교사 선발 범위 확대 및 한어국제교육 석사 교육과정에 해외 실습제도 도입을 실시한다. 공자학원 발전계획은 국제한어교사 양성-인증-임용-재교육 정책 체계를 마련하였다는 점에서 국가적 · 교육적의 의의가 크다. 즉 정부의 주관으로 원어민과 비원어민을 대상으로 한어국제교육 학위과정을 통해 국제한어교사 양성, 전문 고시를 통한 교사인증, 전임교사 및 자원봉사 교사를 통한 교사 임용, 국내외 국제한어교사 기지를 통한 원어민과 비원어민을 대상으로 한 중국어 재교육의 체계가 확립되었다는 것이다.

3. 교사 양성 정책의 비교

3.1 정책 목적

역사적 변천을 보면 한국어 교육은 오랜 기간 민간이 주도하였고 한국어 교육 전문성이 결여된 상태였다. 2000년대 문화체육관광부는 한국어 교육을 주도하게 되어 국어기본법이 나오면서 한국어교원 전문성을 제고하는 부분을 상당히 강조하게 되었다.

중국의 경우, 문화대혁명 이전에는 사회주의국가 간의 정치 · 외교 정책의 일환으로 한어교사 정책을 수립하고 문화대혁명 이후에는 등소평의 실용주의 노선으로 개방 정책을 하면서 한어를 국제적으로 널리 전파하는 것이 국가 이익에 도움이 되어 국제한어교사 정책을 시행했다. 특히 국제화, 세계화 시대에 대응하기 위해 중국은 사회주의 체제를 동원하고 한어국제교육을 전담하는 기구인 한판/공자학원을 만들고 국제한어교사 자격제도를 비롯한 교사 정책을 수립하게 한다.

이렇게 보면 한국 교원 자격제도는 귀납적으로 현장의 문제를 해결하기 위한 대안으로 제도가 나오는 것이고 중국은 목적과 목표를 정하고 그것을 실현하기 위해서 제도가 수립되는 것이다.

3.2 관련 국가 법령

한국은 국어의 보존과 발전, 사용의 규범화와 사용 능력 제고, 국내외 보급 등을 위하여 국어기본법을 제정함으로써 국어의 법적 지위를 확보한다. 국어기본법에는 국어보급 및 세종학당재단의 설립 등 국어 보급에 관한 내용이 들어 있고 법적으로 한국어교원의 정의 및 자격 수여를 명시한다. 그리고 동법 시행령을 통해서 한국어교원 양성 · 인증 체계를 수립하고 이는 국가적 · 교육적인 의의가 크다고 할 수 있다.

또한 국어기본법에 따라 한국은 5년을 단위로 국어발전기본계획을 수립 · 시행한다. 국내외 국어 환경을 근거로 제정된 기본계획은 한국어교원과 관련한 내용은 국내의 경우, 다문화 사회 대비 및 유학생 언어 교육을 위한 한국어교원의 양성, 인증,

재교육에 집중되고 국외의 경우, 세종학당 한국어교원의 양성, 인증, 재교육이 주를 이룬다.

중국은 언어문자의 규범화, 표준화 및 발전을 위한 법령인 '중화인민공화국 국가통용 어언문자법'을 통해 언어 및 문자의 법적 지위를 확립한다. 그러나 어언문자법에는 중국어 세계화에 관한 내용이 없고 언어문자의 사용 및 관리 규정만 염두해 두고 있다. 대신 중국 내 한어국제교육이 공교육 체계에 포함되어 있기 때문에 교사법과 고등교육법을 통해서 교사와 관련된 제도를 찾을 수 있다. 교사법에는 교사의 권력과 의무, 자격과 임용, 양성과 훈련, 평가, 장려, 법적 책임 등이 규정되어 있다. 고등교육법에는 대학에서 교사 자격제도, 교사직무제도, 초빙제도를 실시해야 한다고 규정하며 학교에서 교직 생활을 위한 근무조건과 생활조건 개선, 교육의 질을 제고하기 위한 교사 훈련, 연구 및 학술 교류 등 환경을 조성해야 한다고 명시되어 있다.

해외 중국어교육의 경우, 국무원에서 〈국가 중장기 교육 개혁과 발전계획요강〉을 발표하여 국제교육 및 공자학원 지원 등 한어해외보급과 관련된 내용을 제시한다. 요강에 따라 교육부에서 국가 교육 정책의 일환으로 국제한어 교육 인재 양성 및 해외 한어보급 지원자 서비스 체계 구축이라는 정책을 제시한다. 국제한어교사와 관련된 구체적인 정책을 공자학원 발전계획에서 찾아볼 수 있다. 공자학원 발전계획에는 국제한어교사표준 수정을 통한 교사 자질의 명문화, 한어국제교육 석사과정을 통한 원어민과 비원어민 교사의 양성, 국제한어교사 자격 인증 고시의 실시를 통한 전문성 향상 강화, 전임교사 및 지원자 교사를 통한 교사 임용제도, 근무 전 교사 교육 및 현직 교육을 통한 재교육 정책을 명시하고 있다.

이렇게 보면 한국은 언어 정책의 일환으로 법률을 통해 한국어교원 제도를 확정하고 국가언어발전계획을 통해 한국어교원 정책의 방향성을 제시한다. 중국은 교육 정책의 일환으로 법적으로 교사 제도를 확정하고 언어 정책의 일환으로 교육부 공문을 통해 국제한어교사 정책의 방향을 제시한다. 또한 한국은 체계적인 한국어교원 정책의 추진을 주로 국내 한국어 교육 환경 중심으로 이루고 있는 반면에 중국은 국내 한어교육 환경이 이미 정착된 상황에서 주로 국외 한어교육 환경에 초점을 맞추어 추진한다는 것을 알 수 있다.

3.3 담당 기관

한국어교원 정책과 관련된 정부 담당 기관은 주로 문화체육관광부, 문화관광부 산하 기관인 국립국어원 및 세종학당재단이다. 이는 한국어 교육은 외국인을 위한 문화 보급의 일환으로 문화체육관광부가 관련 정책의 주무 부서로 선정된다.

문화체육관광부 산하 기관인 국립국어원은 원래 국어와 관련된 정책을 개발 · 연구하는 기관인데 국내외 국어 환경 변화로 현재 국어 정책의 수립 및 정책 집행 기구로 기능을 수행하고 있다. 국립국어원은 한국어교원 양성교육기관이나 교원 자격증 취득 희망자에게 필요한 정보 제공, 교원 자격 심사, 한국어교원을 위한 표준화 교육 연수 과정 개발, 국내외 한국어교원 대상 재교육 연수 사업 등을 담당하고 있다.

세종학당재단은 한국어 교육 통합 브랜드인 세종학당을 통해 외국어 또는 제2언어로서의 한국어와 한국 문화를 확산하고자 설립되었다. 세종학당은 교원 전문성을 강화하기 위해 세계한국어 교육자대회의 개최, 한국어교원 해외 파견, 온라인과 오프라인 결합 한국어교원 양성과정의 운영, 시스템 고도화를 통한 한국어교원 관리 및 연수 지원 등의 사업을 하고 있다.

중국의 경우, 국제한어교사와 관련된 정책은 교육부 및 산하기관인 공자학원총부/국가한판에서 이루어지고 있다. 이는 교육부가 교육사업과 언어문자 사업을 주관하는 행정기관으로 교육 정책의 일환으로 하는 교사 정책이든 언어문자 정책의 일환으로 하는 국제한어 교사 정책이든 교육부는 주관기관으로 선정된 것은 가장 적절한 기관이다.

교육부의 산하기관인 공자학원총부/국가한판은 교육부 직속 비영리기관으로 국내외 한어교육과 중국 문화 전파 사업을 주력하며 국내에는 대학을 통해 한어국제교육 사업을 추진하고 국외에는 공자학원을 중심으로 세계 각국에 중국어 및 중국 문화 교육 자원을 제공한다. 국가한판은 한어국제보급영도소조의 일상 사무 기구로 설립되었고 2008년 국무원 13호 문서에 따라 한어국제보급영도소조가 취소되면서 기존의 45명 정원을 95명으로 확충하여 공자학원총부/국가한판의 명칭으로 국내외 한어보급 사업을 한다.

담당 기관을 보면 한 · 중 양국은 하나의 정부 행정기관 및 산하기관의 주도로 교사 정책을 추진한다. 이는 여러 부서가 관여하면 각종 정책의 중복을 발생할 수 있어

이를 방지하기 위한 정책이라 하겠다. 중국은 교육부를 주관부서로 선정한 반면 한국은 문화 보급의 일환으로 문화체육관광부로 선정했다. 그런데 이는 한국어교원 자격증이 한국 국내 공교육 기관에서 활용하기 어렵게 되는 근본적인 원인이 되고 있다. 또한 구체적인 업무를 담당하는 기관을 보면 국립국어원은 정책을 추진하는 데에 강제력이 떨어지는 경우가 있다. 이는 문화체육관광부가 상위 행정 기관으로 정책 제정을 담당하며 국립국어원은 문화체육관광부 산하의 기관으로 정책에 대한 연구를 담당하기 때문이다. 한국은 모든 정책 연구가 즉각 정책에 반영되는 시스템이 아니므로 정책 연구 기관으로서의 국립국어원은 연구 방안들이 제기되었으나 이는 실질적인 정책으로 확정되지 못하고 권장 사항 정도로 반영하게 되는 것이다.

중국 공자학원총부/국가한판의 경우, 교육부의 직속 기구와 국외 공자학원을 관리하는 기구로 일단 정책을 제정하게 되면 해당 교육 기관들은 제대로 정책을 집행할 수 있다. 이는 국제한어교사의 양성, 인증, 임용, 재교육 정책을 효과적으로 추진하는 중요 원인이 된다. 구체적인 산하기관 업무를 보면 공자학원총부와 국가한판은 업무 관련성과 중복성이 많기 때문에 하나의 기구로 업무 처리를 하며 사이트도 공동적 운영하고 있다. 반면에 국립국어원과 세종학당 재단의 경우, 업무 처리를 하는 데에 겹치는 부분이 많아 서로의 역할 및 관계 정립을 재검토할 필요가 있다.

3.4 관련 제도

한국어교원 정책은 주로 한국어교원 자격제도를 중심으로 전개되어 있다. 국어기본법에는 문화체육관광부 장관이 한국어교원에게 자격을 부여하는 것을 규정하고 시행령에서 자격을 부여하는 조건을 명시한다. 자격을 부여하는 조건을 기저로 학위과정과 비학위과정 양성체계의 확립과 함께 교원의 승진 기준도 규정한다. 그러나 국어기본법에 따른 한국어교원 자격제도는 교원 양성 및 인증에만 머무르고 교원의 임용이나 신분 보장 등내용은 포함되지 않는다. 이는 한국어교원으로서의 직업 안정성을 확보하지 못하는 근본 원인이 된다.

현재 한국어교원 정책의 쟁점은 주로 교원의 양성 및 관리에 집중되어 있다. 현행 한국어교원 자격제도에 따른 교원 양성은 국어기본법 별표1에서 정해진 5영역의 필수이수학점이나 시간을 최저 기준으로 교육과정을 운영한다. 하지만 한국어 교육 목적 및 목표 달성을 위한 전문 교원의 양성은 단일한 양성 모델이 아니고 집단별 교원의 양성을 필요로 한다. 학문 목적 한국어 교육을 담당할 교원과 특수 목적 한국어 교육을 담당할 교원, 언어권별 교원, 문화교육 전문가, 다문화 전문가, KSL 교육 전문가 등을 구분하여 양성할 필요가 있다. 한국어교원 자격을 취득하기 위한 현재의 한 가지 교육과정을 통한 전문 교사의 양성-관리는 분명히 불가능한 일이다.

또한 현재 한국어교원의 양성은 교육 현장의 수요에 대한 예측 없이 양산되고 있는 상황이다. 양산되는 교원의 수보다 더 중요한 것은 교육의 질을 제고하기 위한 교원의 자질, 자격 등의 질적인 문제에 대한 점검 및 대안 등이 필요하다. 국가의 법과 제도, 정책으로 양성되는 교원에 대한 질적인 보장이 담보되지 못하면 최종적으로 한국어 교육 분야의 위기감을 가져올 것이다.

중국의 경우, 국제한어교사는 국내 공교육 체계에 속하는 대학 정규직 교수와 국외 공자학원이나 기타 교육기관에서 근무하는 국제한어교사로 구분되기 때문에 교사제도도 국내외 요인에 따라 차이가 보인다. 대학 국제한어교수의 경우, 고등교육법에는 교사 자격제도, 임용제도, 직무제도, 연수제도가 명시되어 있어 교사제도가 정착되어 있는 상황이다. 해외 국제한어교사의 경우, 법적으로 규정되어 있는 제도가 없고 교육부 산하기관인 공자학원총부/국가한판에서 발급하는 자격증서가 있다. 국제한어교사자격증서는 국외 공자학원이나 기타 교육기관에서만 교사 임용의 요건으로 활용하고 있다.

4. 상호 간의 시사점

지금까지 한국과 중국 외국어로서의 자국어 교사 정책에 대하여 구체적으로 알아보았다. 이러한 정부 정책과 노력을 바탕으로 한 · 중 외국어로서의 자국어 교사 정책 상호간의 시사점을 한번 살펴보겠다.

첫째, 국내외 자국어 교육 환경 변화에 따라 법이나 제도적으로 교사 정책을 가능한 한 빨리 수립 · 개정하거나 정부의 지속적인 정책 제시와 더불어 개선이 필요하다.

중국의 경우, 90년대 초에 대외한어교사 전문성을 제고하기 위해 교육부의 주도로 대외한어교사 자격제도를 실시하였다. 그러나 2004년 공자학원을 통한 한어국제교육 정책이 추진되면서 대외한어교사 공급이 부족한 환경을 조성하게 되어 2005년 교육부에서 대외한어교사 자격제도를 폐지하였다. 그 후, 대외한어교사 자격제도가 폐지된 8년 후인 2014년 다시 국제한어교사 자격제도가 실시되고 이는 국제사회에서 공신력이 있는 한어교사 자격제도에 대한 요구와 함께 국제한어교사 전문성을 제고하기 위한 것이다. 대외한어교사 자격제도와 국제한어교사제도뿐만 아니라 국제한어교사표준(2007)의 제정과 국제한어교사표준(2012)의 발표, 대외한어교학 전공을 한어국제교육 전공으로의 전환에서도 볼 수 있듯이 중국 정부는 국제한어교사의 질을 향상하기 위해 끊임없이 제도나 정책을 제시하고 사회의 변화에 따라 수정하고 있다.

한국의 경우, 21세기에 들어와 국내외 한국어 교육 환경 변화로 한국어 교육은 국어발전 및 보전 계획의 일환으로 추진되면서 교육의 질에 대한 요구를 제기하게 된다. 이에 국어기본법이 제정되면서 한국어교원 자격제도를 수립하게 되었다. 그 후 2010년 국어기본법과 동법 시행령이 대폭 개정되어 미비점을 많이 보완하였으나 새로 제기된 문제점에 대한 제안들은 국어기본법이나 시행령의 개정으로 거의 이어지지 못했고, 국립국어원의 한국어교원 자격제도 길잡이에 권장사항 정도로 반영되어 아쉬운 점이라 할 수 있다. 이는 정부 측면에서의 적극적인 노력을 필요로 한다.

둘째, 교사 정책 시행전담 기관이나 부서의 선정과 이를 통한 일관성 있고, 효율성 있는 정책의 수립과 시행이 필요하다. 중국의 경우, 효율성의 확보와 일관성, 대표성을 위해 중앙부서 협의체인 '한어국제교육추진소조'와 그 상설 업무 추진 기구인 '국가한판'이 설립되어 조직기제가 잘 갖추어졌다. 한어국제교육추진소조는 중국 중앙정부 12개 부서가 공동으로 운영하는 협의체라는 점에서 국가한판의 교사 정책이 바로 중국정부의 행위라는 점을 누구나 쉽게 인식할 수가 있다. '국가한판'도 교육부 직속 사업 기관으로 중국 교육부에서 운영하고 있다. 이를 통해서 국가정책 차원에서 제도적 · 조직적으로 그리고 정상적으로 예산을 배정하고 집행할 수 있는 기능이 갖추어졌다. 구체적으로 교육부는 대학교 및 대학원 전공 목록을 발표하여 한어국제교육 전공을 통한 학위과정 양성체계를 구축한다. 국가한판은 국제한어교사 표준을 제정하여 국제한어교사로서의 자질을 명시하고 이를 참고로 대학이나 대학원마다 특성화된 전문교사 양성과정을 운영한다. 다양한 교육 현장에서 한어교육을 담당할 수 있는 국제한어교사를 선발하기 위해 국가가 인증하는 자격증서고시를 실시하여 전공자 및 비전공자 중에서 우수한 인재를 임용한다. 또한 국가한판/공자학원총부는 전임한어교사 및 국제한어지원교사 인력망을 구축하여 국외 교육 현장의 수요에 따라 교사를 파견한다. 파견될 교사는 국가한판에서 지정된 교사입문교육 및 현직 교육을 의무로 한다. 이렇게 중국은 교육부 학위과정 양성 체계 구축 – 국가한판 국제한어교사 자격 인증 – 국가한판 전임한어교사 및 지원교사 임용 – 국가한판 교사 연수까지 일관성 있고 효율성 있는 교사 정책을 수립 · 시행한다.

한국의 경우, 국어기본법 및 동법 시행령의 제정으로 교원 양성 체계가 구축되고 문화체육관광부는 교원 자격 인증 전담 기관으로 지정된다. 그러나 법적으로 교원의 임용 및 연수에 대한 조항이 없는 것이어서 교원의 임용은 교육 기관의 자율에 맡기고 연수도 문화체육관광부, 교육부, 외교부, 법무부, 여성가족부 등 다양한 부서에서 정책을 실시하고 있다. 이는 재고할 필요가 있다. 또한 국립국어원과 세종학당재단 사이에서 각 기관의 역할 및 관계 정립도 재검토되이야 한다. 이는 지속적인 구조 개선을 필요로 할 것이다.

셋째, 외국어로서의 자국어 교사 정책의 핵심은 교사 양성이다. 집단별 양성이 필요하다. 중국의 경우, 국가한판은 대학 교육 기관의 특성을 고려하여 특성화 한어국제교사 양성 기지를 만들고 국가별 전문 교원의 양성, 같은 언어권 교육 대상에 따른 교사 양성, 비원어민교사 양성 등 다양한 교육과정을 운영하고 있다. 예를 들면 북경어언대학에서 한국과 터키 학습자를 대상으로 한 국제한어교사 양성과정을 운영하고 있고 복건사범대학 태국 초 · 중등학교 학습자를 대상으로 한 국제한어교사 양성, 흑룡강대학 러시아어권 학습자를 대상으로 한 교사교육과정을 운영하고 있다. 이렇게 집단별 학습자를 위한 교사 양성은 교육의 질을 제고하는 데에 효과적이라 하겠다. 한국의 경우, 교원 자격을 취득하기 위한 교원 양성은 다양한 학습자 집단의 학습 요구를 만족하지 못하다. 이에 학위과정 자동 자격취득제를 선행하여 해당 정부

기관이나 교육기관이 한국어 학습자 집단의 학습 요구를 조사하여 관련 분야 교원교육과정을 운영하는 좋은 방법이라 하겠다.

궁극적으로 한국어교원이든 국제한어교사든 정책의 핵심 문제는 교사 전문성의 제고 및 교사 직업 안정성을 위한 제도적 지원이다. 이를 위해서는 관련 기관뿐만 아니라 교육계 내부의 자발적인 노력도 기울여야 교사의 미래 또한 밝아질 수 있을 것이다.

참고문헌

강승혜(2015), 한국어교원 자격 제도 10년의 회고, 「새국어생활 25-3, 국립국어원.

권재일(2010), 세계화 시대의 국어 정책 방향, 「국어국문학」155, 국어국문학회.

김가람(2015), 비원어민 한국어교원 교육의 과제와 방향 – 중국의 한어 국제교육과 비교를 중심으로, 「이중언어학」59권 1-24, 이중언어학회.

김일수 외(2014), 중국의 소프트파워 정책과 공자학원의 역할, 「한국 동북아논총」73권, 한국동북아학회.

김중섭(2011), 한국어 교육의 변화와 한국어교원의 미래, 「새국어생활」.

민현식 외(2001), 「한국어교원 자격 인증 제도 시행 방안 개발 최종 보고서」, 문화관광부 한국어세계화재단.

송향근(2012), 소통을 위한 한국어 교육: 한국어교원 자격 제도를 중심으로, 「어문논집」 65, 민족어문학회.

이정희(2011), 한국어교사 교육 관련 연구 동향 분석, 이중언어학 47, 이중언어학회.

조항록(1999), 21세기 한국어 교육 정책의 현황과 과제, 국제한국어교육학회 국제학술발표논문집.

조항록(2007), 국어기본법과 한국어 교육 – 제정의 의의와 시행 이후 한국어 교육계의 변화를 중심으로, 「한국어 교육」18-2, 국제한국어교육학회.

조항록(2008), 한국어 교육 환경의 변화와 발전을 위한 과제, 「한국어 교육」19-1, 국제한국어교육학회.

최은규(2013), 한국어 교육기관의 교사 재교육의 현황과 발전 방안, 「어문연구」41-1, 한국어문교육연구회.

허용 외(2007), 「세종학당 교육과정 개발 방안」, 국립국어원

崔希亮(2010), 對外漢語教學與漢語國際教育的發展與展望, 「語言文字應用」.

崔希亮(2015), 關於國際漢語學科的定位問題, 「世界汉语教学」, 第3期.

劉軍(2015), 國際漢語教師資格考試的回顧與現狀, 「雲南師範大學學報(對外漢語教學與研究版)」, 第5期

龙俊灵(2015), 漢語國際教育人才培養模式研究, 「文摘版 : 教育」

(Footnotes)

15 한국적 상호문화주의와 사회통합 정책

강병석

1. 서론

한국은 전 세계에서 사례를 찾기 어려울 정도로 이민자들이 급속하게 확대되었다. 전통 이민 국가인 독일, 네덜란드, 프랑스, 영국 등은 이민자들 유입에 일정한 패턴을 가지고 있는데 예를 들어 단기순환에서 장기체류에 이어 가족동반과 다문화주의, 사회통합 강조, 쌍방향주의, 비자 포인트 제도로 발전해 온 것이 그것이다. 이주와 관련한 국내, 국외의 상황은 정도의 차이가 있지만 비슷한 공통점을 유지하고 있다. 나라마다 여러 가지 형태의 이민자의 모형들이 있는데 이 글에서는 상호문화주의를 기반으로 한 사회통합 정책의 개선 가능성과 한계를 논하고자 한다.

2023년 6월 현재 한국 내 체류자가 241만 명에 이르고 있다(2023년 6월 출입국 · 외국인정책 통계월보). 이민자 숫자는 코로나19 이전에는 250만 명을 넘었지만 다소 주춤해졌다. 저출산 고령화현상이 심화되고 있는 상황에서 출산율 저하 문제를 해결하고자 하는 정책이 지속적으로 나오고 있지만 정책의 효과를 기대하기는 어려운 실정이다. KBS가 고등학생을 대상으로 실시한 설문 조사에서 응답자의 60%가 결혼하지 않겠다는 통계가 나왔는데 이는 향후 출산율 제고와 관련하여 더욱 기대하기 어렵게 만드는 사례이다. 이는 곧 생산인구 부족을 가져오는 것으로 한국 사회의 동력을 떨어뜨리는 결과를 가져올 것이다. 심지어는 지방 소멸이 급속히 진행되고 국가의 유지조차 힘들어질 수 있다는 예측이 가능하다.

이에 따라 시간이 지날수록 이민자들의 유입이 해결 방안으로 떠오르고 있다. 이민자의 유입은 손쉬운 방법이라고 하는 논자들도 많다. 그렇지만 이민자들의 유입은 그렇게 쉬운 문제는 아니다. 전통 이민 국가들도 자국의 인구 문제와 경제를 재건하고 발전시키기 위해서 손님초청식으로 이주민들을 받아들이고 단기순환식으로 다시 고국으로 돌아갈 사람들로 간주하였다. 초창기에는 사실 계획적으로 이루어졌으나 원주민들은 숙련된 사람들과 계속해서 같이 일하고 싶어서 보다 더 정주할 수 있는 장기체류비자를 요구하였으며 이를 유입국이 받아들였다. 1970년 오일쇼크로 세계 경제가 어려워지자 고국으로 돌려보내기 위해서 귀국교환프로그램을 만들어서 많은 사람들이 돌아갔지만 남아 있는 사람들은 가족을 초청하기 시작하였다. 장기체류가 이루어지고 국적을 취득하고 영주권을 소유하였다. 1980년대 세계 경제의 호황기를 맞이한 전통 이민 국가들은 출산율 저하로 인한 생산인구 부족 문제를 해결하기 위하여 지속적으로 많은 이주민들을 유입하였다. 그리고 국적을 취득한 이주민들이 특정한 지역에 모여 사는 게토화가 형성되었다. 귀화한 이민자 2세들은 취업에서 차별받음으로써 폭력을 일어나게 하였다. 이러한 혼란으로 인해 전통 이민 국가들인 영국, 프랑스, 독일 등의 정상들은 다문화주의의 실패를 선언하였다. 이를 계기로 사회통합을 강조하기 시작하였고, 그 방법의 하나로 상호문화주의가 등장하게 되었다. 그러나 한국은 전통적인 이민 국가와는 다른 여러 요인들이 존재하고 있기에 아직은 상호문화주의에 대한 이해와 인식이 낮은 편이다. 이러한 맥락에서 한국에서 상호문화주의가 사회통합 정책의 주요 원리로 활용될 수 있는 방안을 논하고자 한다.

2. 이론적 배경

2.1 사회통합 개념과 유형

통합(Integration)의 국어 사전적 의미는 둘 이상의 조직이나 기구 따위를 하나로 합침이다. 사회통합은 집단체 내에서 다른 집단이 분열과 갈등에서 탈피하여 서로 공존하며 협동을 통해 사회를 진보하게 하며 개인적으로 발전하고 성숙하며 기존 사회에 기여하도록 하는 행위로 볼 수 있다.

이민자의 사회통합은 큰 틀에서는 그 개념에 있어 나라마다 유사한 의미를 갖고 있지만 한국의 경우, 재한외국인처우기본법과 다문화가족지원법에서 규정하고 있으나 사회통합의 구체적 내용은 제시하지 않고 있다(김혜련, 2014). 그러나 재한외국인처우기본법 제1조를 통해 사회통합의 개념을 유추할 수 있다. 즉, 이주민이 한국사회에 적응하여 개인의 능력과 재능을 충분히 발휘할 수 있도록 하고, 출생 국가에서 습득한 문화 가치와 한국의 문화 가치를 접목하여 대한민국 국민과 재한 이주민이 상대방을 이해하고 존중하는 것이 사회통합이고, 그것이 가능하도록 제정된 정책을 사회통합 정책이라고 할 수 있다(설동훈, 김명아, 2008).

1994년 UN이 개최한 세계사회발전정상회의(World Summit for Social Development)에서는 사회통합을 다음과 같이 두 가지 의미로 정의하는데 첫째는 '배제(exclusion)'와 대비되는 '포용(inclusion)'이라는 의미로 더 많은 사람들에게 정의, 물질적 복지, 정치적 자유 등의 더 많은 혜택을 주는 것을 의미하고 둘째는 '해체'와 대비되는 '조화와 유대(harmony and solidarity)'라는 의미로 가족이나 공동체 등이 해체되고 범죄나 부패 등으로 사회 질서가 와해되는 것을 방지하는 것이라고 정의한다(이재열 외, 2014).

개인의 이익을 최우선으로 하는 지구촌 시대 탈 국가주의와 경제적인 부분이 최우선시되는 사회 그리고 선진국이 가지고 있는 공통적인 패턴인 인구절벽 문제와 생산인구 문제 등으로 발생되는 이주 현상은 앞으로 가속화될 것이고 이에 각국은 이민 정책에서 특히 사회통합 문제를 각국이 가지고 있는 상황과 맥락에서 결정하게 되리라 생각한다.

2.2 상호문화주의 개념

상호문화주의는 다문화주의 한계를 해결하기 위한 대안으로 1990년대 후반에 등장한 것으로 알려진다. 한국에는 조금 늦은 근간에 상호문화주의(interculturalism) 담론이 확산하고 있다. 사전적으로 살펴보면 국어 사전에서 상호(相互)는 상대가 되는 이쪽과 저쪽이 함께 상호 밀접한 영향 관계이며 영어 사전에서 inter는 ① 간 ② 협력 ③ 연동, 협력 등을 의미한다. 그런데 원래 inter는 라틴어(intervalle, intervenir)에서 유래한 것으로 몇몇 낱말의 앞에서 붙여서 그 '사이'라는 뜻을 더해 주는 접두사이다. '상호(inter−)'가 접두사로 사용되고 있는데 용어들을 살펴보자면, interval(간격), intermediate(중간의), intercept(중간에 가로채다), interaction(상호작용), intervene(중재하다), interpret(통역하다), intersection(교차점), intercourse(교제, 왕래), intercede(조정하다), interpose (중재하다), interchange(교환하다), interchangeable(호환할 수 있는), interior(내부의), interdependence(상호의존), international(국제적인, 국가 간의), interpersonal(대 인간의) 등이 있다. 이 용어들의 용법은 주로 사람과 사람이나 집단과 집단, 또는 내부나 그 '사이'에서 간섭이나 개입, 그리고 어떠한 작용이 일어날 경우에 사용되고 있음을 알 수 있다. 즉, 'inter−'가 접두사로 사용되는 단어들은 관계, 사이, 연결과 연관된다(김정흔. 2022).

1986년 유럽평의회의 『교사 훈련을 위한 상호문화교육』 지침서에서 미셰린 레이(Micheline Rey)는 상호문화교육에서 최초로 '상호문화(intercultural)'를 정의하였다. 레이는 '상호(inter)'의 의미를 "상호작용, 교류, 장벽을 무너트리는 것, 상호성, 객관적 연대"라고 정의하며,1) '상호문화'라는 단어는 역동성을 표현하고 문화와 정체성을 구성하고 있음을 강조하고, "다양한 형태의 자기중심주의(egocentrism)에 대한 의문을 제기할 수 있는 능력"2)이라고 공식화하였다.(김정흔. 2022).

한편 상호문화의 또 다른 정의를 찾을 수 있는데 2005년 10월 3일부터 21일까

---

1) R. Micheline, Training Teachers in Intercultural Education?, Council for Cultural Cooperation, 1986, p. 17.

2) R. Micheline, "The Intercultural Perspective and its Development Through Cooperation With the Council of Europe", C. A. Grant, & A. Portera(ed.),

지 프랑스 파리에서 개최된 유네스코(UNESCO) 제33차 총회에서 채택된 문화적 표현의 다양성 보호와 증진 협약이 있다. 제4조의 여덟 번째 항목에 보면 '상호문화성'은 "다양한 문화의 존재와 문화 간의 형평한 상호작용 그리고 대화와 상호 존중을 통한 문화적 표현의 공유 가능성을 말한다"고 정의되어 있다.3) 여기서의 핵심은 '다양한 문화의 존재를 인정하고 상호작용을 통해 다문화를 공유한다'는 것이다(김창근, 2015).

상호문화의 이슈화를 가속화한 것은 영국에서 나왔는데 2001년 영국 의회에서는 원주민과 이주민 사이에서 사회통합의 방법을 논의한 Cantle 보고서(Home Office, 2001)이다. 영국 의회의 캔들이 보고서를 발표하여서 상호문화의 빈번한 서로 간의 접촉을 권유하여서 일반화의 도화선이 되었다. 독일에서는 각 도시 지역에서 각 나라의 종교 지도자들을 포함하여 지도자들이 주기적으로 모여서 서로 여러 문제들을 상의하였다. 상호문화주의라기보다는 초기에는 쌍방주의라는 용어로 소개되어서 한국에서도 한때는 많이 사용되었다. 지금까지 '상호문화'라는 용어는 'intercultural'의 번역으로 상용되고 있으나, 해외의 이론을 받아들였던 초기에는 'intercultur-al'의 번역이 '간문화' 또는 '이문화', '상호문화'로 병용되었음을 주지할 필요도 있다.4)(김정흔, 2022)

이를 반영하여 본 글에서는 이제는 일반화된 용어로 정착되어 있는 상호문화라는 용어를 사용하고자 한다.

---

3) "Records of the General Conference, 33rd session, Paris, 3–21 October 2005," p.87. http://unesdoc.unesco.org/images/0014/001428/142825e.pdf (검색일: 2014.11.20.) 원문은 "'Interculturality' refers to the existence and equitable interaction of diverse cultures and the possibility of generating shared cultural expressions through dialogue and mutual respect."이다.

4) 한국어에서 'inter–'는 영어의 접두사 'inter'를 어떻게 번역하는가에 의해서도 그 의미가 달라진다. 국내에서 접두사로서의 'inter–'는 '상호(相互)'이외에 '간(間)', '이(異)' 등으로 번역되고 있다. 한국어에서 '간'은 대상과 대상 사이의 거리나 간격을 의미한다. 그리고 '이'는 다름을 의미한다. 반면, '상호'는 서로 간의 관계나 작용이 강조된다. 따라서 'intercultural'에서 'inter'는 한국어로 대상들 간의 관계와 상호작용을 지향하는 '상호'로 번역하는 것이 의미상 적절하다고 할 수 있다.

3. 상호문화주의 변인들 실제

한국 사회에서만 볼 수 있는 다양한 이주민 변인들이 있다. 상호문화주의 핵심인 각 변인들의 실제 상황을 보고자 한다. 이를 통하여 바람직한 상호문화주의 답을 찾고자 한다.

3.1 외국인노동자

외국인노동자들은 한 나라에서 타국 국적을 가진 사람들이 그 나라에서 일자리를 찾아 일하는 사람을 가리킨다. 이들은 종종 이주노동자라고도 불리며, 다른 나라로 이주하여 그 나라에서 경제 활동을 수행하는 경우가 많다. 외국인노동자는 종종 일부 국가에서 부족한 노동력을 보충하거나 특정 업종에서 필요한 노동력을 공급하는 역할을 한다. 이들은 자국과 이주지 국가 간의 노동력 이동과 다양한 사회 경제적 문제에 영향을 미칠 수 있다.

한국은 정부가 나서기 전 외국인노동자들이 유입되었다. 외국인노동자에 대해 정부가 뒤늦게 관계하고 제도를 도입한 것이 산업연수제도이다. 1991년 '해외투자기업연수제도'이다. 해외에서 사업장들이 국내에서 연수하고 귀환하는 제도이다. 이 제도를 본래의 취지대로 제대로 운영하고 정부가 관리 감독을 잘 하였다면 인구절벽으로 인한 생산인구가 부족한 현실에서 대기업에도 좋고 유출한 다른 나라에 기술 이전을 할 수 있는 Win-Win으로 좋은 제도였다. 왜냐하면 이 제도는 일본이 사용하는 것으로 정부가 도입하여 사용한 것인데 일본 정부는 지금도 잘 관리하여 이민 정책의 한 축으로 사용하고 있기 때문이다. 이 제도는 필요한 제도였지만 관리, 운영, 감독 차원에서 원칙대로 진행하지 못하고 브로커 개입으로 외국인노동자들의 유입 비용이 증가되었다. 그리고 유입 비용을 충당하기 위해서 사업장을 이탈하는 불법체류자 가 많아졌다. 제도의 실패로 결정되었는데 사실 제도의 실패가 아니라 관리 감독을 제대로 하지 못한 정책의 실패이고 제대로 준비되지 못한 급조한 결과물이다.

해외투자기업연수제도 이후 산업연수생제도는 주로 동남아시아 등 개발도상국의 유휴인력을 도입하여 중소기업 현장에 근무하도록 함으로써 우리나라의 기술을 연수시키는 한편 국내 인력으로 대체가 곤란한 분야에 중소기업 인력을 지원해 주고 해당 국가 간 협력을 증진시키자는 취지로 시행되는 제도이다.

외국인 산업연수제도는 정부가 민간 단체에게 제도를 위탁함으로써 송출 비리가 문제되었고 대선 과정에서 정치인들의 개입으로 정치적인 이유로 방관하였고 정부가 불법체류 문제를 묵인하였다. 그 당시의 불법체류자가 70% 이상을 차지하였다. 지금도 불법체류자는 40만 명이 넘는다. 정부가 1993년부터 2007년까지 산업연수제도를 유지하고 운영했다는 점은 외국인 산업연수제도의 장점을 정부 스스로가 인정하고 있는 것을 증명하는 것이다. 사실 재한 외국인 가운데 불법체류자는 합법체류자가 나중에 체류 기간을 초과하여 불법체류자가 된 수는 많지 않다. 오히려 관광으로 들어 왔다가 출국하지 않거나 밀입국하여 들어와 불법체류자가 된 수가 훨씬 더 많았다. 외국인 산업연수제도에서는 연수생이라는 신분 때문에 병원에서 의료보험 적용이 불가능하고, 업주들이 불법체류자 된 산업연수생을 악용하여 임금 체불, 인권 유린 등으로 많은 피해를 입었다. 또한 외국인 노동자 정책을 정치인들이 대선 과정에서 개입하여 이용하였다. 각 부처의 지나친 경쟁으로 칸막이로 인한 부처 간 패권주의를 볼 수 있다.

그 다음으로 나온 제도가 고용허가제도이다, 이 제도는 국내 인력을 구하지 못한 중소기업이 고용노동부로부터 고용허가서를 발급받아 합법적으로 외국 인력을 고용하는 제도를 말한다. 고용 시 외국인근로자는 일반 외국인근로자(E-9)와 특례 외국인 근로자(H-2)로 나뉜다. 비자 종류에 따라 일반고용허가제 외국인 근로자는 E-9(비전문 취업비자), 특례 외국인근로자는 H-2(방문취업 비자)를 통해 입국 허가를 받는다.

이 제도는 일부 전통 이민 국가에서 사용하고 있었고 한국도 이 제도를 벤치마킹하여 사용하였다. 고용허가제도는 불법체류자 숫자가 많아서 막고자 도입한 것이 가장 큰 이유이다. 이 제도를 시행하기 시작한 시점이 사회통합 정책을 외국인노동자들에게 적용하기 시작한 시점이기도 하다. 고용허가제도는 특별한 의미가 있다. 외국인 노동자의 신분을 연수생에서 노동자로 신분이 바뀌었고, 의료보험 적용 대상자가 되었다. 임금 체불과 같은 문제 등 외국인노동자 정책이 안정적으로 이루지는 면이 있다.

고용허가제는 일부 국가에서 외국인이 그 나라에 일자리를 얻기 위해 필요한 승인 또는 허가 시스템을 가리킨다. 이 시스템은 외국인 노동자가 일자리를 구하고 그 나라에서 일할 수 있는 자격을 얻기 위해 정부의 승인을 받아야 하는 절차를 포함한다. 고용허가제는 국가마다 다를 수 있으며, 일반적으로 일부 업종이나 직종에 대한 규제와 함께 외국인노동자의 입국, 체류 및 일자리에 대한 권한을 규제하는 데 사용된다. 이러한 시스템은 일부 국가에서는 비자나 특별한 허가서로 구현되며, 노동 시장의 규모, 현지 경제 상황, 그리고 이주민 정책에 따라 다양하게 조절된다.

고용허가제도 실시 이후 제도 안에서 계속된 변화는 2011년에 특별한국어시험을, 2012년에 성실근로자제도를, 2017년에는 숙련기능공 점수제 비자인 E-7-4, F-2-99, 지역특화비자 F-2-R을 신설하여 사용자 측 요구와 외국인 노동자 측의 요구를 반영하여 외국인 노동자를 계속 고용할 수 있게 되었다. 최근에는 E-9 체류자격에서 E-7-4, F-2-99, F-2-R 비자는 단기체류에서 장기체류로 가족동반 허용, 10년 장기비자 신설, 장기 체류자격으로 이동하고 있다. 최근 지역 특화 F-2-R 비자를 신설하여서 고용허가제도는 사업주들의 권한이 권력으로 사용되었는데 신설된 비자의 특징은 여러모로 기업주들의 입지가 많이 좁아지고 외국인노동자들의 자유권이 추가된 모습을 보이고 있다. 지금까지는 기업주들의 사인이 있어야 타 회사로 이직을 할 수 있었는데 신설된 지역특화(F-R) 비자는 비자 포인트에 충족하고 적합하면 기존 기업주의 허가나 사인이 없어도 얼마든지 이직을 할 수 있기 때문이다. 이 제도는 한정된 범위에서 고용 자유를 허용하고 있다

고용허가제도를 도입하면 정부는 외국인노동자의 모든 문제를 해결할 것이라고 했다. 또한 불법체류 방지를 위한 방법으로 사용된 고용허가제도를 적용하고 있지만 여전히 지금도 불법체류자 문제는 심각하다. 다음은 연도별 이주노동자 수이다.

[표 1] 연도별 이주노동자

구분	2017	2018	2019	2020	2021
전문인력	47,404	46,851	46,581	43,258	45,143
단순기능인력	534,076	548,140	520,680	409,039	361,526

출처: 법무부 전자 누리집

종합적으로 한국의 30여 년의 외국인노동자 역사에서 일정한 패턴을 형성하고 있는데 제도의 변천에서 제도의 수명이 짧다. 약간의 모순된 제도는 여론과 부처 간의 지나친 경쟁으로 제도를 폐지하여 수명이 짧은 패턴을 보여주고 있다. 긍정적으로 보면 상황에 맞게 처리를 잘한 것이고 부정적으로는 빨리빨리가 적용되고 있다. 제도의 변화도 중요하지만 사실은 제도의 내용과 본질을 살리는 것은 아주 중요한 문제이며 제도를 수정 보완하며 써야 할 것이다. 폐지만이 능사는 아니고 새로운 제도만이 좋은 것도 아니다. 제도의 운영, 관리, 감독이 더 중요하며 부처 간 협력을 해야 하고, 이주민들 관리 감독도 미국처럼 서류 조사와 현장 조사를 통하여 정말 적합한 능력을 가지고 있는지 철저한 관리가 필요하다. 불법체류자 문제도 감독 인력이 부족하다고 하는데 법무부와 고용노동부의 부분적으로 협업이 필요하다. 미국 911테러 이후 전통 이민 국가들은 보수적이고 자국의 이익을 위해서 엄격한 사회통합 정책을 운영하고 있다.

최근에는 장기 체류화되는 현상으로 전통 이민 국가 패턴처럼 가족 동반이 허용되고 있다. 전통 이민 국가들은 자녀와 배우자들을 위한 언어 교육과 비자 체계를 이루었는데 한국은 가족 동반은 허락하였으나 자녀와 배우자를 위한 교육과 취업 문제, 언어 지원이 이루어지지 않고 있다. 준 숙련공들 중에는 현재 한국 비자 수준으로도 영주권을 인정해 주는 나라인 캐나다. 호주 등으로 이주를 모색하는 사람들도 있고 이주를 준비하고 있는 사람들도 있다. 각국에서는 준 숙련공들을 경쟁적으로 유입하려는 과정이 심화되고 있어 이를 방지해야 할 것이다.

외국국적동포는 외국국적동포(F-4), 외국인근로자(H-2)로 나누어 두 개의 비자 제도를 운영하고 있다. 중국 동포의 경우 외국인근로자(방문취업자 H-2)에 포함하여 차별 배제와 동화주의적으로 받아들이고 있다. 중국 동포는 특정 지역을 중심으로 한국 안에 작은 중국 세계인 차이타운을 만들어 게토화 경향을 보이고 있다. 이는 1992년 한국과 중국의 수교 이후 일자리를 찾아 대거 한국으로 떠난 것이 가장 큰 원인으로 꼽힌다. 한중 수교 이후 국내 체류 조선족은 지속적으로 증가, 2020년 1월 기준 70만8000명에 달한다(조선비즈 2022.01.19.).

3.2 다문화가정

다문화가정은 여러 가지 문화나 국적을 갖는 가족 구성원이 함께 생활하는 가정을 가리킨다. 이러한 가정은 종종 한 가족 내에서 다양한 문화적, 언어적, 종교적, 민족적 배경을 가진 구성원들로 이루어져 있다. 다문화가정은 이주민 가정, 국제 결혼 가정, 혼혈 가정 등 다양한 형태를 가질 수 있으며, 이들은 서로 다른 문화 간의 소통과 문화 적응에 도전을 겪을 수 있다. 정부와 사회단체는 다문화가정을 지원하기 위한 프로그램과 서비스를 제공하며, 이들의 가정의 다양성을 존중하고 그들이 사회에 통합되는 데 도움을 줄 수 있도록 노력하고 있다.

다문화가정은 한국적인 사항에서 담론이 활발하지 않아 우선적으로 활발한 담론이 조성되어야 하며 결과물로써 국민적인 합의와 여론 형성이 중요하다. 변인 중에 결혼이민자들에게 동화주의 유형을 강요하고 있어서 많은 갈등을 일으키고 있다. 보완하고 수정된 동화주의를 적용하여 결혼이민자들이 한국 사회에 적극적인 사회참여를 하여 원주민들과 함께 세계시민 사상을 가져야 할 것이다. 지구촌시대 세계화 시대에서 다민족 다인종들이 더불어 살아야 하므로 이주민들에 대하여 관심을 가질 수 있도록 해야 한다. 2006년 정부의 다문화가정의 정책 개입으로 정착이 되고 있다. 하지만 정부의 이주민 정책은 한쪽으로 지나친 편향주의와 지원정책이 원주민들에게 역차별을 의식을 주기도 하였다. 다음은 연도별 결혼이민자 수이다.

[표 2] 연도별 결혼이민자 수

구분	2017	2018	2019	2020	2021
결혼이민자	155,457	159,206	166,025	168,594	168,611

출처: 법무부 전자 누리집

결혼이민자의 사회통합정책은 순혈주의와 단일민족사상을 강요하는 동화주의와 폐쇄적이고 소극적인 사회통합 정책이 아니라 개방적이고 보다 깊은 정책을 마련하여 공평한 정책을 추구하여야 한다. 전통 이민 국가들은 사회통합 정책에서 가장 중요시하는 언어 정책을 의무화하였다. 아직도 한국은 언어 정책에 대하여 합의가 이루어지지 않고 있다(강병석. 2019). 근본적으로 결혼이민자와 이주민 부모들의 언어

교육을 강화하여야 하는데 일부 여성단체들의 반발로 무산되었다. 빠른 시간 내에 결혼이민자들에게 한국어를 의무화하여 언어로 인한 갈등으로 빚어지는 사회적 비용과 문제를 해결해야 할 것이다. 결혼이민자의 사회통합 정책을 많은 부처가 서로 경쟁적으로 정책을 수반하고 있어 부처 간 지나친 경쟁으로 인한 갈등 증폭, 중복사업, 예산 낭비, 부처 책임 회피 등 컨트롤타워나 강력한 조정기관이 필요하다.

3.3 난민

난민은 국가 또는 지역 내에서 어떤 이유로 인해 자신의 고향을 떠나야 하는 사람들을 가리키는 용어이다. 난민이 발생하는 이유로는 전쟁, 국가 간 갈등, 인권, 침해, 자연재해, 경제적 어려움, 정치적 억압 등이 포함될 수 있다. 난민들은 자신의 안전을 위해 다른 국가로 피신하거나 이주할 수밖에 없는 상황에 처한 사람들을 나타낸다. 난민 상태에 있는 사람들은 국제적 보호와 도움을 필요로 할 수 있으며, 국제법과 국제 조직이 이들을 지원하고 보호하기 위한 프레임을 제공한다.

한국은 가장 먼저 아시아에서 최초의 난민법을 제정했지만 국제 단체에서 난민 지정 숫자가 적은 점이 지적되었다. 이민자법 중에서 마지막에 법을 제정했으며 2018년 제주도 예멘 사태는 뜨거운 감자로 대두되어 난민을 사회통합 정책 차원으로 논의하게 되었다. 여성가족부가 2022년 3월 30일 발표한 '2021 국민 다문화수용성 조사'에 따르면 국내 난민 수용에 동의하는 비율은 청소년 54.6%, 성인 33.7%로 20% 이상 격차가 났다(더나은미래 2022. 3. 31.). 아프가니스탄인들이 417명 정도가 한국에 체류 중인데 인도적 차원에서 특별체류자로 인정할 것으로 보인다(경향신문2021.08.24.). 인도적 차원에서 아프가니스탄인들의 체류 문제는 난민에 대한 국민들의 인식을 개선하기 좋은 기회였지만 독일 등 다른 나라들이 난민으로 수용한 것과 달리 한국 정부는 국가 차원에서 특별체류자로 처리하여 난민들에 대한 국민 정서를 퇴보시켰다(강병석. 2021).

사회적 문제로 부상한 난민들에 대한 사회통합 정책은 필요하며 고도화된 정책이 정비되어야 하고 또한 개선되어야 한다. 개선점은 먼저 외국인노동자의 체류 연장을 위한 난민 신청은 근절되어야 한다. 둘째로 체류지 제한이 필요하다. 셋째로 심사 기간 조정 및 난민 조사관의 수를 늘려야 한다. 넷째로 한국인들의 난민 인식을 교육하고 홍보해서 수용성을 높게 개선해야 한다. 다섯째 난민 신청자들의 불법 취업 문제를 개선해야 한다. 여섯째 난민들의 게토화 현상을 개선해야 한다. 마지막으로 난민 신청자 무국적 자녀의 국적 취득에 관해 입법화해야 한다. 이러한 개선점은 사회통합 정책 차원에서 반 난민 정서에 해소에 도움 주며, 또한 질서를 바로잡는 역할 할 것이다.

3.4 유학생

유학생은 한 나라에서 타 나라의 학교나 대학으로 교육을 받으러 간 학생을 의미한다. 이러한 학생들은 종종 국제 학생이라고도 불리며, 다른 나라의 교육 기관에서 학위나 전문교육을 취득하기 위해 임시로 그 나라에 거주하거나 이주하는 경우가 많다. 유학생들은 다양한 국가에서 다양한 학문 분야에서 공부하며, 국제 교류와 문화 교류에 기여할 수 있다.

한국은 원래 해외로 유학생을 보내는 유학생 유출국이었다. 한국은 여전히 유학생들을 보내는 숫자가 유입된 유학생 숫자가 많은 국가이다. 기러기 아빠라는 용어가 탄생할 정도로 어어 연수를 비롯해서 많은 학생들을 송출하고 있다. 지금도 20만 명이 넘은 학생들을 선진국으로 보내고 있다. 그러나 2000년 초부터는 중국과 동남아시아를 중심으로 많은 외국인 유학생들이 유입되고 있다. 다음은 연도별 외국인 유학생 수이다.

[표 3] 연도별 외국인 유학생 수

구분	2017	2018	2019	2020	2021
국내 유학생	135,067	160,671	180,131	153,361	163,699

출처: 법무부 전자 누리집

외국인 유학생은 증가하고 있지만 그로 인하여 발생하는 사회적 문제들도 발생하고 있는데 예를 들어 유학생들을 대상으로 교육 장사를 한다는 것으로 인식되었고,

유학생들이 지방대학을 소멸을 방지하는 역할을 하고 있으며, 유학생 비자는 불법체류자를 발생시키는 비자로 변질되고 있다.

유학생 유치와 관련하여 이미정(2019)에서는 한국 유학 홍보 및 정보 지원 강화가 필요하다고 하였다. 한국 유학 홍보 강화를 위해서는 SNS를 활용할 필요가 있다. SNS는 정보 제공 및 공유가 빠르고 파급성이 높으며 함께 참여할 수 있다는 등의 장점을 가지고 있기 때문에, 블로그, 페이스북, 트위터 등을 활용하여 한국 유학 정보를 제공하고, 유학을 희망하는 외국인과 한국에 체류 중인 외국인 유학생이 서로 정보를 공유할 수 있도록 한다면 매우 효과적일 것이다. 한국 대학교에서 현지에 파견하여 학교 간에 MOU 체계를 하거나 직접 면접과 인터뷰를 해서 영입해야 한다.

외부적으로는 외국인 유학생들은 졸업 후 민간외교관이 될 수 있고 해외에 있는 기업에서 소중한 인재가 될 수 있을 것이다. 내부적으로는 한국어를 잘하는 실력 있는 우수 인재를 양성하여 저출산과 고령화로 인구 감소를 해결하는 인구 정책으로 활용할 수 있는 장점이 될 수 있을 것이다. 이미 선진국들은 유학생들을 우수 인재로 유치하는 중요한 수단으로 활용하고 있다. 한국은 이민 정책 가운데 한 번도 성과를 이루지 못한 부분이 바로 우수 인재 유치이다. 한국적인 특징을 살려 외국인 유학생들을 실력을 키워 점수제를 활용하고 한국에 계속해서 살고자 하는 갈망을 채우면서 한국에서 필요한 인재를 양성하여야 한다. 학생으로서 공부에 열중하기 위해서 각 대학의 학사 처리를 엄격하게 해야 하며, 이들은 한국어와 한국문화를 학교 공부를 통해서 달성하게 됨으로써 원주민들도 거부감을 덜 느끼도록 학업에 대한 투명성과 기준을 지켜야 한다. 지방대학들을 인문계 중심에서 벗어나 지역 특성에 맞게 학생들을 유입하여야 하며, 이공계, 농업대학의 고급 인재를 육성하기 위해서 유입하여 인센티브를 주어야 하며 취업과 연결하여 현실성을 반영해야 한다.

3.5 이주배경 청소년

이주배경 청소년은 실제 상황을 보면 많은 아이들이 학업에서 차별을 받고 있으며 정상으로 진학하지 못하고 중도에 이탈하여 고학력으로 진급할 때 중퇴율이 높아지고 있다. 법과 제도는 늘어나고 있고 지원 체계는 많은데 실효성이 떨어지고 있는 현실이다. 한국은 이주노동자와 그 가족의 권리 보호에 관한 국제협약에 가입하지 않고 있다. 인구 정책상 앞으로도 지속될 외국인노동자, 난민과 유학생 등의 가족들에 대한 체류는 허용하고 있는데 법과 제도가 준비되지 않은 상태이다. 국가가 차지하는 국제적 의무 사항에 역행하고 있는 현실이다(강병석 2022). [그림 1] 이주 배경 학생 수 추이다.

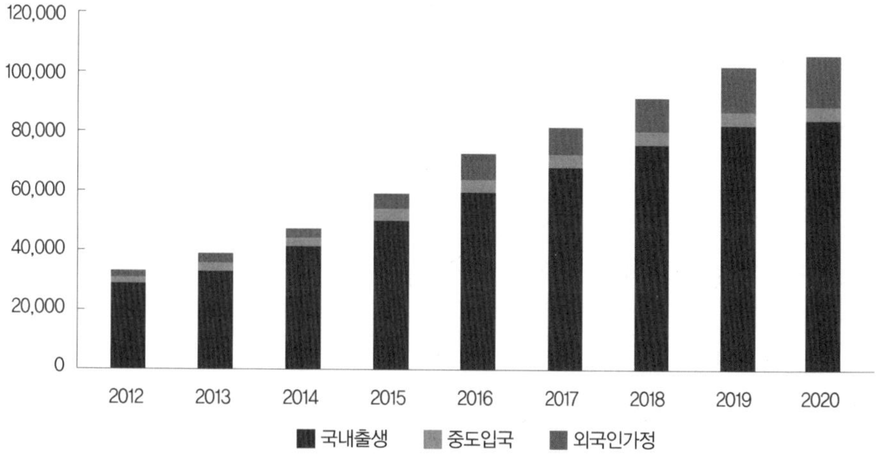

출처: 교육통계서비스(2021.4월 기준)

[그림 1] 이주배경 학생 수 추이

[그림 1]에서 보듯이 최근 초등학교 이주배경 학생 중 국내 출생 및 중도입국 비중은 낮아진 반면 외국인 자녀 비중은 높아지는 추세이다.

이주배경 청소년들은 이주민 출신인 청소년을 가리킨다. 한국 이주민 가정에서 태어나거나 자라며, 한국 사회에서 이주민 출신으로서 특별한 경험을 겪는 청소년을 의미한다. 이들은 한국 문화와 이주민 출신 부모님의 문화 사이에서 자아 정체성을 형성하고 많은 어려움과 기회를 마주하게 될 수 있다. 이주배경 청소년들을 지원하고 이해하는 것은 사회적 통합과 다양성 존중을 위해 중요한 과제 중 하나이다. 이들을 위한 개선은 첫째로, 교육을 개선해야 한다. 정부에서 각 부처별로 나서서 여러 프로그램을 운영하지만 근본적인 도움이 되지 않고 있다. 지금까지의 정부의 교육 정책은 상당 부분 긍휼, 시혜적 성격을 지니고 있다. 황정미(2010)에서는 다문화교육에 대한 진지한 고찰 없이 단기적으로 사업 추진이 쉬운 프로그램을 선호한 결과라고 해석했다. 외국인노동자의 어린이집과 유치원비는 지자체마다 지원이 다르다. 체류별로 혼재된 상황이고 체계적인 정책이 부재한 상황이다. 이주배경 청소년을 위한 교육프로그램이 본래 계획된 목적으로서의 사회통합을 이루기 위해서는 주류문화와 더불어 비주류인도 대상에 따라서 다문화 또는 소수문화의 정체성 및 다양성을 보다 개방적으로 배려하고 존중할 필요가 있다.

둘째로, 언어와 취업, 정체성에 대하여 바른 인식을 심어 주어야 한다. 전통 이민 국가에서 2-3세대가 국적 취득했는데도 차별 대우를 받아서 그 자신의 정체성 혼돈으로 인한 갈등이 폭동, 폭력으로 표현되었다. 이것은 이미 벌써 내재된 시한폭탄과 같은 것이다. 한국도 점점 2세대가 성장하고 있고 더 많은 통제된 상황에서 가족들이 동반되고 이주자들이 유입되고 있고 부분적으로 전통 이민 국가와 같은 현상들이 학교에서 일어나고 있는 현실이다. 산발적으로 흩어져 있는 예산과 인력들을 집중화해야 한다. 셋째로, 사업의 내용과 유아 중심의 편중성을 개선해야 한다. 사업의 내용을 부처별로 명칭만 다르고 내용을 보면 같은 경우가 있는데 국가 예산의 낭비이다. 또한 같은 내용을 실행하는 중복성에 대하여 정리를 하여야 한다. 언어 교육에 집중되어 있는데 이중 언어에 대하여 좀 더 진전된 내용을 다루어야 한다. 잠깐 운영하고 사라지는 것이 아니라 지속적이고 연계성이 있고 체계적으로 발전되어야 하며 성장한 후에도 쓸 수 있어야 한다. 어릴 적에 잠깐 프로그램으로 배우는 것이 아니라 실제적이어야 한다. 현실적으로 쓰이지 못하는 언어는 비전이 부족하고 곧 도태된다. 유아 중심의 편중된 성향을 벗어나 성장기에 따라 적절히 배분하여 특성에 맞는 접근을 해야 한다.

넷째는 용어의 통일을 해야 한다. 각각 부처마다 해석하여 남발하여 만든 내용을 통계로 포함시키거나 배제하여 정확하게 집계되지 않아서 정책 집행의 사각지대를 이루어 소외되고 차별받게 된다.

3.6 원주민들의 수용성

원주민들의 다문화 인식인 다문화수용성을 다양성 · 관계성 · 보편성으로 구분하여 8개의 구성 요소로 측정하여 산출하였다. 다양성에는 문화개방성, 국민정체성,

고정관념 및 차별이 있으며 관계성에는 일방적인 동화 기대, 거부 · 회피 정서, 교류 행동 의지가 있다. 마지막으로, 보편성에는 이중적 평가와 세계시민 행동의지가 있다. 2021년 성인의 다문화수용성은 52.27점으로 71.39점인 청소년에 비해 19.12점 낮게 나타났다(2022.03.30. 청소년가족. 2021년 국민 다문화수용성 조사결과 발표). 다음은 성인과 청소년의 다문화수용성 지수이다.

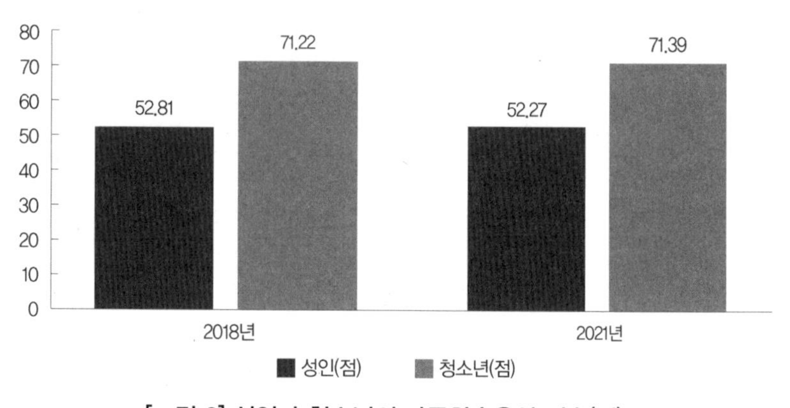

[그림 2] 성인과 청소년의 다문화수용성 지수(점)

[표 4] 성인과 청소년의 다문화수용성 지수 연도별 추이

구 분	2015	2018	증감	2021	증감
성인(점)	53.95	52.81	1.14 감	52.27	0.54 감
청소년(점)	67.63	71.22	3.59 증	71.39	0.17 증

출처: 2021년 국민 다문화수용성 조사(청소년가족정책실 다문화가족과)

여가부는 성인과 청소년 사이에 다문화 인식차가 벌어진 원인 중 하나는 관련 교육이나 활동 참여율이라고 분석했다. 다문화 교육을 받았다고 응답한 성인은 5.2%였지만, 청소년은 53.6%에 달했다. 성인 중에서도 다문화 활동에 참여한 경험이 있는 이의 다문화수용성 점수는 57.65점으로 미참여자(52.12점)보다 높았다. 정영애 여가부 장관은 "다문화 관련 교육이나 활동이 다문화수용성에 긍정적인 영향을 미치

고 있다"며 "앞으로 연령별 다문화 이해교육을 더 강화하고, 교류 · 소통 기회를 늘려 나감으로써 한국 사회의 다문화수용성을 높일 수 있도록 노력할 것"이라고 했다(더 나은미래 2022. 3. 31.).

이러한 다문화수용성의 결과는 한국은 단일민족주의가 형성되어 있고, 특정 미디어 영향으로 잘못된 정보를 제공한 것이 한몫을 하고 있다. 인구절벽으로 생산인구 부족, 지방소멸 등의 문제가 심각한 상황에서 필요에 따라 이주민을 수용할 수 있지만 같은 동네 이웃으로 같이 삶을 공존하고 누리는 것은 반대하고 있는 이중적인 태도를 가지고 있다.

현재 다문화 인식 개선 사업내용이 단순한 기초적인 정보전달이 많다. 보다 더 깊이 있게 교육을 내용을 다루어야 하고 지역주민들에게 대한 이주민에 대한 인식 수준을 높여야 한다.

4. 상호문화주의 개선방안 제언

한국에서 상호문화주의에 논의가 나타난 시기는 다소 늦은 1990년 후반부터이며, 최근에 활발히 전개되고 있으며, 상호문화주의를 연구자들이 해외의 이론들을 소개하고 있다. 상호문화주의가 형성되기 위해서 기본적인 여건 조성이 필요하다, 우선적으로는 한국에서만 볼 수 있는 특징을 고려하여야 한다, 조항록(2017)에서는 한국의 다문화 사회 진전 과정에서 나타나는 구성 변인이 다양하다고 하였다. 이에 따라 본 글에서는 대상별로 가지는 특징에서 상호문화주의로 가기 위해 반드시 고려하여야 할 방향을 제시하고자 한다.

첫째, 이주노동자 대상자 중 2-7-4 비자를 받은 준 숙련공들은 회사나 정부에서 자격을 인정한 사람들로 이들은 적어도 7-10년 이상 체류하고 있으며 1년에 한 번씩 비자가 검증을 받아 인정되면 재차 체류 연장을 받는다. 그러나 이러한 절차는 체류 불안을 주고 있다. 2-7-4 자격을 4-5년 이상 통과하면 F-2나 고용허가제의 취업 범위를 넓혀 주어야 한다. 그리고 아이들과 동반 가족의 배우자들의 취업을 허용해야 한다.

둘째, 중국 동포는 외국인 근로자의 변인에 속하여 있어서 이주민 중에 가장 많은 수를 차지하지만 사회통합 정책에서 제외되고 있었다. 그러나 여러 면에서 중국 동포를 활용하는 것은 비용뿐만 아니라 통일에서 중요한 위치를 차지하고 있다. 중국 동포가 1세대-4세대까지 확대된 상황에서 한국어 의무를 부여하고 세대마다 세밀하게 분석하고 생애주기맞춤형으로 접근해야 한다. 60세 이상에게 무조건 주는 F-4 비자는 고령화 사회에서 사회적비용 문제가 발생하여 젊은이들에게 추가 부담을 더하여 주고 있어서 원주민들의 다문화수용성에 부정적 영향을 준다. H-2와 F-4 양 제도로 이루어진 부분은 합쳐야 한다는 논의도 많고 조금 더 명확한 구분이 필요하며, 우월적인 비자가 아니라 역할을 다르게 하며, 특징적인 부분을 강화해야 한다.

셋째, 결혼이민자의 결혼 중개업소의 지나친 상업화로 양산된 위장결혼, 사기결혼에 대한 방지를 위해서 사후 결혼중개업자 책임을 강화해야 한다. 아이들은 그 가족과 지자체와 지역 중심으로 풍부한 노인 인력 활용해서 돌봐야 하며 진로와 취업 교육을 강화해야 한다.

넷째, 난민 대상자들은 정부의 일관성 있는 정책을 유지해야 하며, 국민들의 잘못된 정보로 인한 불신을 선결해야 한다.

다섯째, 유학생이 학업을 확실히 이행하도록 엄격히 해야 하며, 유학생 비자에 대하여 어떠한 준비를 해야 하는지 명확히 제시되어야 한다. 졸업 후 현재 상태의 불투명한 진로가 아니라 진로 지도를 분명히 제시해 주어야 한다. 인문 계열과 이공계열, 농업, 수산업 계열 숫자 비율을 조정해야 하며, 4차 혁명 시대에 맞는 이공계, 우수 농업, 수산업 인재를 육성하여 이를 지자체에서 활용해야 한다.

여섯째, 이주배경 청소년을 위하여 정체성 문제, 교육 문제, 부처마다 가지고 있는 사업 부분을 하나로 통합하여야 하며 협업이 절실하다.

일곱째, 비자는 가장 기본 바탕이다. 사실은 비자만이라도 확실히 정립되어 있으면 이민 정책은 성공적이라고 할 수 있다. 한국은 순간적이고 땜질식으로 필요하면 부처마다 만들고 있다.

마지막으로 기존의 국민들은 다문화수용성 인식과 세계시민의식을 갖추어야 한다.

이상에서 각 집단별로 상호문화의 실현을 위한 제언을 살펴보았다. 중요한 것은 한국적인 상황과 맥락이 가지고 있는 역사 배경에서 이주민과 어울려 공존하기 위하여 현실을 직시해야 한다. 이러한 상태에서 한국에서 상호문화주의는 어떠해야 하며 나아갈 방향이 어떻게 전개되어야 하는가 고민을 해야 한다. 각 나라마다 처한 상호문화주의를 보면서 성찰하게 된다. 비록 상호문화주의의 실현이 때로는 추상적이고 때로는 어려운 과정으로 인식되겠지만 이는 한국만의 특수 상황이 아님을 주지할 필요가 있다. 전통 이민 국가들은 상호문화주의를 탄생하기 위하여 많은 아픔과 역사적으로 긴 시간을 부여하여 이민 정책으로는 완전하지 않지만 상호문화주의가 발생하여 발전되어 오고 있음을 주목할 필요가 있다.

5. 결론

이주민들을 유입하기 시작하면서 시대에 따라 이민 정책이 변천하였다. 다른 나라들의 상호문화주의 발생 과정을 통해서 그 나라만이 가지고 있는 특징이 반영된 것을 살펴보았다. 예를 들어 미국은 역사적 상황에서 가장 빠르게 상호문화주의를 채택했지만 교육학자들의 견해와 여러 정치적 과정에서 결국은 채택되지 않고 있다. 아직 한국은 전통 이민 국가들처럼 취업문제로 차별받은 청년들의 폭동 등은 발생하지 않고 있다. 한국적 상황은 크게 이슈화가 되지 않고 있지만 이민 유입과정에서 발생하는 공통적인 패턴은 무시할 수 없다. 최근 한국은 E-7-4, F-2-99, F-2-R, F-2, D-2-2 비자 등은 가족동반을 허용하고 있으며, 고용노동부는 10년 비자를 신설하고 법무부는 4년 10개월 이후 본국에 다녀와야 하는 것을 4년으로 단축하고 본국에 가지 않아도 되는 비자로 바꿨다, 이는 전통이민 국가에서 나타나는 장기 체류화, 가족동반이 가능한 패턴과 유사한 모양이다. 2023년에는 출입국은 가족동반이 허용되는 E-7-4 비자를 3만 6천 명을 뽑는다. 최근에 낮은 점수로도 이 비자를 받은 사례가 나타났다. 이는 곧 한국에서 전통 이민 국가보다 빠른 속도로 장기체류가 진행되고 있음을 의미하기도 한다.

본 글에서 한국적인 상황에 있는 특별한 다양한 변인들이 있는데 장점과 문제점들을 살펴보면서 한국적 상호문호주의가 정착하기 위해서 선결되어야 할 점을 살펴보았다. 상호문화를 증진하고 문화 간 갈등을 해결할 방법은 원주민과 이주민들 쌍방 간 문화 다양성을 증진하고 다른 문화에 대한 이해를 높이기 위해 교육, 특히 성인들의 상호문화 교육을 활발히 실시해야 한다. 이를 통해 선입견과 편견 줄이고 상호 이해를 촉진할 수 있다. 서로 간 접촉할 수 있는 문화 교류프로그램과 이벤트를 촉진하여 다른 문화를 경험하고 이해할 수 있는 기회를 제공해야 한다. 나라별 문화 축제, 공연, 토론 등이다. 갈등 해결과 상호이해 증진을 위해 대화와 대화의 장소를 만들어야 하고 대화를 촉진하는 플랫폼과 공간이 있어야 한다. 문화 간 갈등을 발생했을 때 중재 및 조정을 위해서 조직을 만들어야 하고 활용하여 해결하는 프로세스를 갖추어야 한다. 2000년 초에 언론과 미디어 활용하여 인식개선을 해서 많은 다양한 문화적 배경에 대하여 스며들었는데 미디어 시대에 맞추어 다시 지속적으로 다양한 이야기를 전달하는 것이 중요하다.

각 변인들은 한국이 필요해서 만들어 낸 것이며 이를 무시할 사람은 아무도 없다. 또한 이러한 변인들의 전체를 아울러 통제할 컨트롤 시스템이 꼭 필요한 시점이다. 이러한 시스템이 빠른 시간에 이루어지지 않더라도 각 변인들의 문제점들을 하나씩이라도 수정보완하면 한국적 상호문화주의가 정착할 수 있을 것이라고 기대하며 본 논의 역시 이러한 배경에서 진행되었음을 밝히고자 한다.

참고문헌

강병석(2019), 외국인 노동자 대상 사회통합정책의 개선 방안, 상명대학교 대학원, 박사학위논문

강병석(2021), 난민 대상 사회통합정책의 개선 방안, 2021년 상명대학교 대학원 한국학과 하계 학술세미나발표논문집, 19-37.

강병석(2022), 이주배경 청소년의 사회통합정책 개선방안 연구, 2022년 한국이민정책학회 동계 학술대회발표논문집, 한국이민정책학회, 143-164.

강병석(2022), 비자와 사회통합에 관한 연구, 2022년 한국이민정책학회 하계국제학술대회, 발표 논문집, 한국이민정책학회, 1-26.

강휘원(2006), 한국 다문화사회의 형성 요인과 통합정책. 국가정책연구 20(2), 중앙대학교 국가 정책연구소, 5-34.

강휘원,강성철(2010), 독일 이주정책의 변화와 사회통합 거버넌스, 한국정책과학학회보 14(4), 한국정책과학학회, 291-316.

길강묵(2011), 이민자 사회통합 정책의 현황과 과제: 법무부의 이민정책 현황과 과제를 중심으로, 다문화사회연구 제4권 제2호, 숙명여자대학교 다문화통합연구소, 139-168.

김영란(2013), 다문화사회 한국의 사회통합과 다문화주의 정책, 고려대학교, 한국사회 14(1), 한국사회연구소, 3-30.

김정숙(2012), 프랑스의 '상호문화주의'에 대한 소고, 한국언어문화학 제9권, 제2호, 국제한국언어문화학회, 75-92.

김정흔(2022), 상호문화주의 특성 비교연구 유럽, 미국, 캐나다, 라틴아메리카와 한국을 중심으로, 한국외국어대학교대학원 박사학위논문.

김준혁,문병기(2014), 이민자 사회통합 서비스전달체계연구: 국가 간 제도비교를 중심으로, 한국사회와 행정연구, 서울행정학회 25(3), 59-90.

김창근(2015), 상호문화주의의 원리와 과제: 다문화주의의 대체인가 보완인가? 윤리연구 Vol.103 No.1, 한국윤리학회, 183-214.

김태원(2012), 다문화사회의통합을 위한 패러다임으로서의 유럽 상호문화주의에 대한 이론적 탐색, 유럽사회문화 9권, 연세대학교 유럽사회문화연구소, 179-214.

김형민,이재호(2017), 유럽의 상호문화주의, 시인인문학, 32, 경기대학교 인문학연구소, 9-39.

김혜련(2014), 한국형 이주민 사회통합정책 모형 연구: 재한 중국인의 사례를 중심으로, 전남대학교 대학원 박사학위논문,

김희석(2017), 다문화시대의 사회통합에 관한 연구: sns를 활용한 사회자본 형성을 중심으로, 동국대학교 대학원 박사학위논문,

문병기,이향수,황민철(2016), 사회통합프로그램 이수 의무화 방안 연구, 법무부 출입국□외국인정책본부.

박영준(2013), 일본의 다문화공생 정책과 그 사례 연구, 다문화콘텐츠연구, 14, 중앙대학교 문화콘텐츠기술연구원, 247-273.

박진경,임동진(2012), 다문화주의와 사회통합: 캐나다와 호주를 중심으로, 한국정책학회보, 21(2), 한국정책학회, 124–151.

박채복(2008), 한국 이주자 사회통합정책의 방향과 과제. 한국동북아논총 Vol.13 No.1, 한국동북아학회, 253 - 274.

백석인(2008), 스웨덴의 이민자 복지와 사회통합 정책에 관한 연구 및 한국사회에 주는 시사점, 스칸디나비아 연구 제9호, 한국스칸디나비아학회, 35–68.

손병덕(2012), 다문화 사회와 사회통합: 중앙정부, 지방자치단체, 지역민간기관의 역할, 한국케어매니지먼트연구 Vol.7 No, 한국통합사례관리학회, 67–85.

송수진(2010), 결혼이민자가족의 사회정착을 위한 법제개선방안, 충남대학교 석사학위논문.

이선영(2017), 한국 지방자치단체 외국인 사회통합의 과제와 방향, 다문화콘텐츠연구 Vol.0 No.25, 중앙대학교 문화콘텐츠기술연구원, 103–136.

신지원 외(2011), 이민자 통합정책과 다층적 통합거버넌스: 영국 · 독일 · 한국 사례를 중심으로, IOM 이민정책연구원 연구보고서.

이성순(2010), 이민자 사회통합정책의 현황과 과제: 사회통합프로그램을 중심으로, 사회과학연구, 21(4), 충남대학교 사회과학연구소, 165–187.

이유진(2009), 캐나다의 이민자 통합정책 레짐에 대한 연구: 온타리오주를 중심으로, 다문화사회와 연구, 2(1), 숙명여자대학교 아시아여성연구원, 5–31.

이정미(2019), 중국 동포 대상 사회통합정책의 개선 방안, 2019년 한국이민정책학회 동계학술대회, 81–100.

이정은(2017), 다문화주의와 상호문화주의의 대결–한국적 적용을 위한 연구–, 시대와 철학 28권1호(통권78호), 한국철학사상연구회, 192–234.

정재각(2011), 독일의 이주정책과 사회통합간의 갈등에 관한 연구, 한독사회과학논총 21(3), 한독사회과학회, 79–106.

조항록(2011), 이민자 사회통합 정책의 실제와 과제, 다문화와 평화, 5(2), 성결대학교 다문화평화연구소, 5–31.

조항록(2017), 다문화 사회와 한국어 교육, 한글파크. 15

조화성(2010), 한국 결혼이민자 사회통합 모델의 검토: 쌍방향 통합모형의 적용, 민족연구 Vol.0 No.44, 한국민족연구원.

최병두(2014), 상호문화주의로의 전환과 상호문화도시 정책, 현대사회와 다문화, 제4권 1호 , 대구대학교 다문화사회정책연구소, 83–116.

최연선(2009), 다문화가정을 위한 사회통합정책의 현황과 과제, 임상사회사업연구 6(3), 한국임상사회사업학회, 161–179.

한상우(2010), 독일의 다문화사회 통합정책과 시사점, 한독사회과학논총 20(3), 한독사회과학회, 65–86.

홍종열(2012), 유럽의 다문화정책에 나타난 상호문화주의 고찰: 독일, 프랑스, 영국을 중심으로, 철학과 문화 제25집, 한국외국어대학교 철학문화연구소, 273-288.
황미혜(2012), 한국의 이민자 사회통합정책에 관한 연구, 동아대학교 대학원. 박사학위논문.

언론기관

yeon@chosun.com
조선비즈 https://biz.chosun.com

한국어 교육과정과 정책의 실제

초판 인쇄	2023년 11월 22일
초판 발행	2023년 11월 28일

저자	조항록 외 14인
편집	권이준, 김아영
펴낸이	엄태상
디자인	공소라
조판	이서영
콘텐츠 제작	김선웅, 장형진, 조현준
마케팅	이승욱, 왕성석, 노원준, 조성민, 이선민
경영기획	조성근, 최성훈, 김다미, 최수진, 오희연
물류	정종진, 윤덕현, 신승진, 구윤주

펴낸곳	한글파크
주소	서울시 종로구 자하문로 300 시사빌딩
주문 및 교재 문의	1588-1582
팩스	0502-989-9592
홈페이지	http://www.sisabooks.com
이메일	book_korean@sisadream.com
등록일자	2000년 8월 17일
등록번호	제300-2014-90호

ISBN 979-11-6734-043-6 (93710)

* 한글파크는 랭기지플러스의 임프린트사이며, 한국어 전문 서적 출판 브랜드입니다.